UTB **1540**

Eine Arbeitsgemeinschaft der Verlage

Böhlau Verlag · Köln · Weimar · Wien
Verlag Barbara Budrich · Opladen · Farmington Hills
facultas.wuv · Wien
Wilhelm Fink · München
A. Francke Verlag · Tübingen und Basel
Haupt Verlag · Bern · Stuttgart · Wien
Julius Klinkhardt Verlagsbuchhandlung · Bad Heilbrunn
Lucius & Lucius Verlagsgesellschaft · Stuttgart
Mohr Siebeck · Tübingen
Orell Füssli Verlag · Zürich
Ernst Reinhardt Verlag · München · Basel
Ferdinand Schöningh · Paderborn · München · Wien · Zürich
Eugen Ulmer Verlag · Stuttgart
UVK Verlagsgesellschaft · Konstanz
Vandenhoeck & Ruprecht · Göttingen
vdf Hochschulverlag AG an der ETH Zürich

Gerhard Bach / Johannes-Peter Timm (Hrsg.)

Englischunterricht

Grundlagen und Methoden einer handlungsorientierten Unterrichtspraxis

Vierte, vollständig überarbeitete und erweiterte Auflage

A. Francke Verlag Tübingen und Basel

Gerhard Bach ist Professor für Didaktik des fremdsprachlichen Unterrichts (Englisch) an der Universität Bremen.

Johannes-Peter Timm ist Professor für Englisch mit den Schwerpunkten Sprachwissenschaft und Fremdsprachendidaktik an der Pädagogischen Hochschule Heidelberg (im Ruhestand).

Bibliografische Information der Deutschen Nationalbibliothek

Die Deutsche Nationalbibliothek verzeichnet diese Publikation in der Deutschen Nationalbibliografie; detaillierte bibliografische Daten sind im Internet über <http://dnb.d-nb.de> abrufbar.

4., vollständig überarbeitete und erweiterte Auflage 2009
3., vollständig überarbeitete und verbesserte Auflage 2003
2., überarbeitete und erweiterte Auflage 1996
1. Auflage 1989

Dischingerweg 5 · D-72070 Tübingen
ISBN 978-3-7720-8340-2

Gedruckt auf chlorfrei gebleichtem und säurefreiem Werkdruckpapier.

Internet: www.francke.de
E-Mail: info@francke.de

Einbandgestaltung: Atelier Reichert, Stuttgart
Druck und Bindung: CPI – Ebner & Spiegel, Ulm
Printed in Germany
ISBN 978-3-8252-1540-3 (UTB-Bestellnummer)

Inhalt

Vorwort zur 4. Auflage

„Training is everything" ist eine von Mark Twains bissigen Weisheiten: „cauliflower is nothing but cabbage with a college education" *(Pudd'nhead Wilson,* 1894). Zwar führt der Autor nicht näher aus, was er unter „training" verstand. Allerdings war er Autodidakt und verlangte allen Dingen einen unmittelbar praktischen Nutzen ab. So konnte *training* für ihn nur Aneignung von etwas bedeuten, das Sinn macht und konkrete Ergebnisse zeitigt: Tom Sawyer und Huckleberry Finn sind dafür beredte Zeugen. Nun legt Mark Twain diese Weisheit aber einem *puddinghead* namens Wilson in den Mund, einem Menschen, der umso weniger lernt, je mehr man sich abmüht, ihm etwas beizubringen. Das lässt die Pädagogen aufhorchen. Können vielleicht nur jene, denen es erspart blieb, „unterrichtet" zu werden, zu dieser Weisheit gelangen - eben aus Erfahrung, Erleben und Einsicht?

Wenn wir in diesem Buch - inzwischen in der 4., wiederum grundlegend überarbeiteten und erweiterten Auflage - Wege zu einem handlungsorientierten Englischunterricht aufzeigen, dann nicht, weil wir glauben, einen Königsweg in der Methodenvielfalt entdeckt zu haben, mit dem es uns gelingen möchte, *cabbage* in *cauliflower* zu verwandeln. Vielmehr geht es uns darum, Aufgaben- und Problemfelder aus dem täglichen Unterrichtsgeschehen aufzugreifen und zu durchleuchten, um so Lehrkräften Anstöße für ein pädagogisches Handeln zu geben, das die seit der Erstauflage von 1989 bewährten Prinzipien weiterführt und dabei zugleich auf gegenwärtige schulische Gegebenheiten ausrichtet.

Der wichtigste Aspekt eines handlungsorientierten Englischunterrichts ist für uns nach wie vor, dass er es den Schülern ermöglicht, die fremde Sprache als Mittel zum sprachlichen Handeln zu erfahren - in einer auf persönlichem Betroffensein, auf eigenen Erfahrungen und Interessen beruhenden Interaktion zwischen Gesprächspartnern im Kontext ihrer gemeinsamen Lern- und Lebenswelt. Ein solcher Unterricht ist methodisch sowohl an den schulischen Bedürfnissen der Schülerinnen und Schüler als auch an den Erfordernissen ihrer außer- bzw. nachschulischen Lebenswelt orientiert, und er bahnt die dafür notwendigen sprachlichen und sozial-affektiven Qualifikationen bereits im Klassenzimmer konsequent an. Wir greifen damit einen grundlegenden reformpädagogischen Ansatz auf, den John Dewey schon vor über hundert Jahren so formulierte: „Cease conceiving of education as mere preparation for later life, and make it the full meaning of the present life." („Self-Realization as the Moral Ideal", 1893)

Seit dem Ende der 1990er Jahre haben in der schulischen Praxis des Fremdsprachenunterrichts zahlreiche neue Herausforderungen Einzug gehalten, insbesondere der Frühbeginn in der Grundschule, der Bilinguale Sachfachunterricht, das Spektrum der neuen Medien (PC und Internet) sowie die Diskussion um Bildungsstandards und Kompetenzniveaus. Neue Erkenntnisse aus verschiedenen Wissenschaftsbereichen ergänzen dieses Spektrum und führen zu verstärkten Akzentsetzungen auf Themen wie Konstruktivismus, Lernerautonomie, Prozessorientierung und subjektive Theorien. Die Ergebnisse dieser Entwicklungen in Unterricht und Forschung sind umfassend in diese Neuauflage eingearbeitet worden, wobei der Dialog zwischen Wissenschaft und Praxis nach wie vor auf konkrete unterrichtliche Entwicklungen hin ausgerichtet ist.

Ausgehend von den Grundlagen, die den handlungsorientierten Ansatz charakterisieren und stützen (Kapitel 1 bis 3), werden einzelne Lernkontexte und Aufgabenfelder des Englischunterrichts in den Blick genommen (Kapitel 4 bis 10), die sich wiederum auffächern hin zu grundsätzlichen Aspekten des Lernens und Lehrens von Fremdsprachen sowie der Beurteilung von Fremdsprachenkompetenz (Kapitel 11 bis 13). Die bewährten Grundlagenkapitel sind auf den neuesten Stand der fachdidaktischen Diskussion gebracht worden. Dabei folgt der fremdsprachendidaktische Ansatz des Buches jetzt noch stringenter als bisher den Erkenntnissen der neueren Kognitionswissenschaften und Neurobiologie und verknüpft diese – dem sozial-konstruktivistischen Paradigma folgend – mit der Handlungsorientierung. Dementsprechend ist in allen Kapiteln die grundlegende Bedeutung von handlungsorientierten Interaktionen für das Sprachlernen deutlich verstärkt worden.

Es war das gemeinsame Ziel des Autorenteams, durch die Vernetzung und fachgebietsübergreifende Darstellung von Einzelthemen eine konzeptuelle Geschlossenheit herzustellen. Dabei werden verschiedene Spannungsbögen erkennbar: von den Grundlagen eines handlungs- und lernorientierten Unterrichts über dessen Umsetzung im frühbeginnenden Englischunterricht in der Grundschule bis zum Bilingualen Sachfachunterricht in den Sekundarstufen; von Lernszenarien im Umfeld des Klassenzimmers bis zu Kommunikationsszenarien im virtuellen Raum des Web 2.0; von der unterrichtlichen Kommunikation bis zum lernstrategischen Umgang mit Fehlern und Feedback und von dort weiter bis zu nationalen und europäischen Bildungsstandards und festgeschriebenen Kompetenzniveaus; vom Umgang mit Texten in kulturell vielschichtigen Lernkontexten bis zur Verortung des Englischen als Kultursprache und als *lingua franca* – ehe sich der Blick abschließend und zusammenfassend nochmals der lehrenden Position zuwendet mit der Frage, wie wir als *reflective practitioners* uns diesen Aufgaben stellen.

Ein solches auf innere Kohärenz angelegtes Werk verlangt von allen Beteiligten ein betont anderes Arbeiten, als es für eine Anthologie von Einzelaufsätzen notwendig wäre. Den Mitautorinnen und -autoren gilt deshalb unser besonderer Dank für ihre engagierte Kooperation und ihre Bereitwilligkeit, sich an zahlreichen konzeptionellen, inhaltlichen und formalen Vorgaben der beiden Herausgeber zu orientieren.

Im wissenschaftlichen und unterrichtsbezogenen Gedankenaustausch für dieses Buch haben die Autorinnen und Autoren naturgemäß stark auf die Ressourcen des Internets zurückgegriffen. Allerdings sind Internetquellen nicht immer langlebig, was den Hinweis verlangt, dass alle im Text genannten Internetquellen letztmalig im Juli 2009 geprüft wurden.

„A book without an index is like a filled warehouse without windows or shelves!" (Thomas Carlyle, *Letters*, 1841) Um unserer Leserschaft das Tappen im Dunkeln zu ersparen, sind auch dieser Auflage ausführliche Sach- und Personenregister angefügt, bei deren Erstellung wir auf die sachkundige Hilfe von Katharina Prüfer zählen konnten. Ihr gilt unser besonderer Dank.

Unser größter Dank geht jedoch an Isabella Bach und Barbara Timm, die die Entwicklung auch dieser 4. Auflage wieder konstruktiv-kritisch begleitet haben und die uns vor allem die Zeit und die Freiräume geschenkt haben, ohne die dieses Buch nicht möglich gewesen wäre.

Bremen/Regensburg, im September 2009

Gerhard Bach
Johannes-Peter Timm

The ideal of using the present simply to get ready for the future contradicts itself. It omits, and even shuts out, the very conditions by which a person can be prepared for the future. We always live at the time we live and not at some other time, and only by extracting at each present time the full meaning of each present experience are we prepared for doing the same thing in the future. This is the only preparation which in the long run amounts to anything.

John Dewey, *Experience and Education* (1938)

Kapitel 1

Handlungsorientierung als Ziel und als Methode

Gerhard Bach, Johannes-Peter Timm

1 Handlungsorientierung im Kontext: Schule als Lebenswelt

Richtziel des Fremdsprachenunterrichts ist die Befähigung der Schüler zu fremdsprachlichem Handeln. Dabei besteht in der Fremdsprachendidaktik Einvernehmen darüber, dass diese Befähigung nur Ergebnis von *Lernprozessen* der Schüler[1] sein kann; unterrichtliche *Lehrprozesse* können dabei lediglich eine vermittelnde Rolle spielen. Ebenso herrscht Einvernehmen darüber, dass „fremdsprachliches Handeln" nicht nur das *Ziel* dieses Lernprozesses meint, also fremdsprachliche Kommunikation außerhalb des schulischen Schonraums, sondern auch den *Weg* dorthin. Dies sind die beiden Kernpunkte eines handlungsorientierten Unterrichts.

Aber wie kann Fremdsprachenlernen ein „handelndes" Lernen sein, wenn es in der Institution Schule stattfindet, das heißt in einem nichtnatürlichen, weil vorbereiteten und gesteuerten Kommunikationskontext, der ganz eigenen institutionellen, fachspezifischen, methodischen und lernpsychologischen Bedingungen folgt? Dieser Widerspruch wird oft, von Schülern ebenso wie von Lehrern, als ein Dilemma empfunden. Wenn sich jedoch beide Seiten auf den Dialog, das engagierte Gespräch oder das Sprachhandeln im Spiel bzw. beim gemeinsamen Lösen einer Aufgabe einlassen, kommt es zu echter Kommunikation, die, zumindest phasenweise, althergebrachtes und systembedingtes Unterrichtsverhalten vergessen lässt.

---

[1] Wenn in diesem Buch von Schülern, Lernern, Lehrern usw. gesprochen wird, sind weibliche Personen immer inbegriffen. Die Verkürzung erfolgt aus stilistischen Gründen.

Ein einfaches Beispiel für den Unterschied zwischen „echter" und „didaktisch motivierter" Kommunikation ist die Lehrerfrage *Where is the duster?*, die Widdowson in seinem Buch *Teaching Language as Communication* (Widdowson 1978: 5ff.) diskutiert: Wenn der Wischlappen im Blickfeld des Lehrers und der Schüler liegt, ist die Frage kommunikativ unsinnig; einen Sinn ergibt sie dann nur als Teil einer systematischen Übung von adverbialen Bestimmungen, also von der didaktischen Zielsetzung her. Wenn der Lehrer den Lappen dagegen braucht und nicht weiß, wo er ist, dann handelt es sich um eine Bitte um Information, die ein bestehendes Problem lösen soll, also um eine *sprachliche Handlung im Kontext der gemeinsamen Lebenswelt „Schule"*.

Der Begriff der „Lebenswelt" ist für unsere Überlegungen ganz zentral. Lehrer wie Schüler müssen das soziale Umfeld der Schule und des Klassenzimmers, in dem die Fremdsprache gelernt wird, ebenso als Lebenswelt begreifen wie die Welt außerhalb der Schule. In dem Maße wie dies gelingt, wird das Fremdsprachenlernen Teil eines Sozialisationsprozesses, d. h. des Erwerbs neuer sozialer Kompetenzen - ebenso wie zuvor der Erwerb der Muttersprache (oder, bei mehrsprachigen Schülern, auch zweier Muttersprachen) ganz eng mit der individuellen Sozialisation des Kindes verwoben war und wie auch beim späteren Erwerb einer Zweitsprache im fremdsprachigen und fremdkulturellen Kontext eines anderen Landes die neue Sprache im Rahmen eines neuen Sozialisationsprozesses gelernt wird (vgl. ausführlicher Abschnitt 2.1).

Natürlich ist es für die Schüler nicht selbstverständlich, Schule und Klassensituation als Lebenswelt zu akzeptieren. Immerhin geschieht schulisches Fremdsprachenlernen in einer eigens für diesen Zweck arrangierten Umwelt sowie mit institutionell aufgezwungenen und fast immer fremd bleibenden Bezugspersonen. In diesem künstlichen Lernumfeld, das durch einen Komplex von administrativen, räumlich-personellen und organisatorischen Vorgaben, pädagogischen und fachlichen Norm- und Zielsetzungen sowie entsprechenden methodischen Steuerungsmechanismen geprägt ist, ist der Gebrauch der Fremdsprache außerdem lediglich Mittel zum Zweck: Er dient nur ihrer eigenen Erlernung. All dies macht aus dem Sozialisationsprozess einen Bildungsprozess, in dem die fremdsprachlichen Regularitäten kaum als soziale Regularitäten erfahren, sondern allzu oft nur als bloßer Wissensstoff gelernt werden.

Im Folgenden gilt somit unser besonderes Augenmerk den Gemeinsamkeiten und Unterschieden zwischen fremdsprachlichem Handeln im schulischen Kontext und mutter- bzw. fremdsprachlichem Handeln im außerschulischen Kontext, und wir diskutieren methodische Prinzipien, wie die Schüler das angestrebte Lernziel erreichen können.

2 Sprachliches Handeln und Handlungskompetenz

2.1 Aufbau von Handlungskompetenz im Kontext der Lebenswelt

Äußerungen wie *Where is the duster?*, *The dishes are dirty.*, *Can I make you a cup of coffee?* oder *I love you* können unter verschiedenen Bedingungen mit verschiedenen Absichten geäußert und, entsprechend den Lebenserfahrungen der Beteiligten, verschieden interpretiert werden. Inwieweit die Interaktion erfolgreich ist, hängt dabei davon ab, inwieweit die jeweiligen Einschätzungen der Situation übereinstimmen; fehlende Gemeinsamkeiten können aber durch weiteres sprachliches „Aushandeln" schrittweise hergestellt werden:

A: *The dishes are dirty.*
B: *Why should* I *always do the washing-up?*
A: *You know very well that I have to prepare for tomorrow's test.*
B: *Okay.I guess we can do them later.*

Durch ein solches „Aushandeln von Bedeutung" (*negotiation of meaning*) kann die Bedeutung eines Ausdrucks oder einer Äußerung präzisiert, ergänzt oder explizit erklärt werden, z. B. durch Rückfrage, Bitte um Bestätigung einer Vermutung oder Umformulierung einer Äußerung.

Die sozialen Regeln, die solchen Interaktionen zugrunde liegen, sind dem Fremdsprachenlerner von seiner primären Sozialisation her, zu der auch der Erwerb der Muttersprache gehört, prinzipiell vertraut. Von Geburt an hat das Kind seine Sprache im Verlauf des Hineinwachsens in seine Umwelt gelernt. Es hat gelernt, zum einen sprachliche Äußerungen seiner Bezugspersonen auf vertraute Gegenstände und Vorgänge zu beziehen (Sprachverstehen) und zum andern so auf diese Personen einzuwirken, dass seine wechselnden und wachsenden Bedürfnisse befriedigt werden (Sprachproduktion). In diesem ureigenen Kontext hat es die relevanten Phänomene dieser Umwelt – zu denen auch sprachliche Äußerungen gehören – konzeptuell verarbeitet und ihre vielfältigen sprachlichen und sozialen Regelhaftigkeiten ganz unbewusst und automatisch gelernt (vgl. ausführlicher Kap. 3, Abschnitt 2).

Bei diesem Sozialisationsprozess spielen die Bezugspersonen des Kindes (*caretakers*) eine besondere Rolle. Anders als Lehrer beziehen *caretakers* Gegenstände und Ereignisse der gemeinsamen Lebenswelt nämlich immer in ihrer Funktion und mit einem persönlichen Bezug in die sprachliche und außersprachliche Kommunikation mit dem Kind ein, und erst so bekommen nicht nur die Dinge, sondern auch die entsprechenden Wörter, Wortformen, Satzteile, als Ganzheiten gespeicherte *chunks* sowie bald auch sprachliche Regularitäten für das Kind einen Sinn.

Erfolgreiches Fremdsprachenlernen setzt eine vergleichbare Haltung bei Lernenden und Lehrenden voraus: bei den Lernenden den Wunsch nach Befriedigung funktionaler und sozialer Bedürfnisse sowie im weiterführenden Unterricht auch nach Akkulturation, bei den Lehrenden die Bereitschaft, eine „caretaker"-Rolle zu übernehmen. Sie ermöglichen es damit den Schülern, ihre Lebenswelt durch das Medium der fremden Sprache neu zu erfahren und mit ihrer Hilfe entsprechende Bedürfnisse zu befriedigen. Unmittelbare Lebenswelt ist hierbei, wie gesagt, die Unterrichtssituation im Kontext des schulischen Lebens; in einem weiteren Sinne gehört dann auch das außerschulische Umfeld von Familie, Freunden, Freizeitaktivitäten sowie die mediale Kommunikationswelt (Internet usw.) dazu, Welten, die durch die sprachliche Vermittlung ja ebenfalls ins Unterrichtsgeschehen eingebracht werden können.

2.2 Reale und arrangierte Kommunikationsanlässe: Wider die Trennung von „Schule" und „Leben"

Wenn wir im Restaurant Essen bestellen, am häuslichen Frühstückstisch um die Butter bitten oder im Klassenzimmer nach dem Wischlappen fragen, haben wir es mit echter Kommunikation im Rahmen *realer Kommunikationsanlässe* zu tun. Wenn mit solchen Aktivitäten allerdings in der Schule fremdkulturelle Besonderheiten, ein bestimmtes (Fach-)Vokabular, grammatische Strukturen oder sprachliche „Routinen" wie *I'd like ...* oder *Could you pass me ...?* vermittelt und eingeübt werden sollen, handelt es sich um einen *arrangierten Kommunikationsanlass.*

Diese Diskrepanz muss allerdings nicht a priori als Nachteil gesehen werden. Wir haben in den vorangegangenen Abschnitten festgestellt, dass Lehrer wie Schüler die Schule als „Lebenswelt" begreifen müssen. Als solche bietet sie nämlich eine Vielfalt von echten Handlungsmöglichkeiten, die diese Diskrepanz wenigstens teilweise aufheben und die sich mit einiger Übung auch in der Fremdsprache realisieren lassen.

Voss (1998: 106) stellt diese kommunikativen Potentiale der „Lebenswelt Schule" differenziert dar: „Wir gehen aus von der grundsätzlichen Beobachtung, dass die Unterrichtssituation selbst die einzige authentische Kommunikationssituation ist, über welche der institutionalisierte Fremdsprachenunterricht verfügt". Hinsichtlich der „Bezugsfelder" unterrichtlicher Äußerungen unterscheidet er im Folgenden zwischen

- dem *Thema* („Who was Jim Dixon?"),
- der *Realsituation* („It's nice to see you back, Peter." / „May I borrow your eraser?" / „May I go to the restroom?"),

- der *Sprache* („I'm not sure whether I have made myself understood, but what I mean is ..." / „Could you explain your last point again?"),
- der *Organisation* („Who'll do the next sentence?" / „Are we supposed to work on this in groups?" / „I haven't had my turn yet.") und
- der *Disziplin* („Could you pay attention for once?" / „No prompting, please.") (ebd.: 106f.).

Gerade die (keineswegs „nebensächliche") „Nebenkommunikation" (Baurmann et al. 1981) über Fragen der Organisation und der Disziplin, über Arbeitsaufgaben und Lösungsschritte, aber auch über außerhalb des „eigentlichen" Unterrichts liegende Themen, die für die Schülerinnen und Schüler von aktuellem Interesse sind, hat einen besonders hohen Realitätsbezug. In diesem Kontext betont Voss auch die Bedeutung *phatischer Äußerungen* wie Begrüßung, Verabschiedung und Ermutigung oder ritualisierter Äußerungen wie „Many happy returns.", „That's all right." oder „Bless you." sowie von *Digressionssignalen* („Incidentally"), *Verzögerungssignalen* („How shall I say ..."), *Handicap-Signalen* („I haven't perhaps understood this properly, but has it to do with ...?") sowie *Hilfeersuchen* („How does one say this in English again?") (ebd.: 108). Er bilanziert das Ergebnis seiner Arbeit:

> [Es ging] darum, eine Sensibilisierung für die Stellen im Fremdsprachenunterricht zu erreichen, an denen ein bewussterer Umgang mit der Unterrichtssprache den Zielen eines kommunikationsorientierten Fremdsprachenunterrichts förderlich zu sein vermag. ... Es hat sich auch gezeigt, dass es fruchtbar sein kann, die muttersprachlichen Äußerungen im Rahmen des Unterrichtsgeschehens als Anlass zu interpretieren, Lernende bei ihren eigenen Ausdrucksnotwendigkeiten und -begehren abzuholen, die in der Regel eher durch die Lexikalisierungen der Muttersprache sowie ausgangskulturelle institutionelle Kontexte geprägt sind als durch die entsprechenden der Zielsprache. (Ebd.: 110; für weitere Überlegungen und konkrete Vorschläge zur Unterrichtssprache sowie zum Verhältnis von Mutter- und Fremdsprache vgl. Butzkamm 2006)

Wie die Lebenswelt der Schule auch in die *Grammatikarbeit* einbezogen werden kann, zeigt das folgende Beispiel: Zur Einführung der Formen *must* und *needn't* (6. Klasse Realschule) führt die Lehrerin zu Beginn der Stunde an der Tafel ein Wettspiel mit drei Gruppen durch, bei dem die Schüler bestimmte Wörter nach Diktat schreiben müssen. Die Auswertung der drei Tafelanschriebe zur Ermittlung der siegreichen Gruppe ergibt eine natürliche und selbstverständliche Situation zum Gebrauch der genannten Modalverben: *Which words must we correct? Must we correct „usally"? – Yes, we must. – Okay, let's do so. ... Must we correct „breakfast"? – No, we .... – Right, we needn't correct it: it is correct.* usw. Trotz der formalen

Orientierung sind Kommunikationsanlass und Situation auch hier – bezogen auf die Lebenswelt „Schule" – real.

Zweifellos sind didaktisch motivierte und vorstrukturierte Arrangements als Handlungssituationen für weite Teile des Fremdsprachenunterrichts, insbesondere im Anfangsunterricht, weiterhin unverzichtbar. Wir können den Schülern jedoch helfen, sich auf solche Arrangements einzulassen, indem wir Situationen und Aufgabenstellungen, die nicht ihren Alltagserfahrungen entsprechen, so gestalten, dass sie in ihnen einen Sinn erkennen und sie so als „lebensecht" akzeptieren können (vgl. Abschnitt 4). Darüber hinaus verweist Littlewood, unter Rückgriff auf eine poetische Formel von Samuel Taylor Coleridge, auf die Parallelität zwischen kommunikativem Fremdsprachenunterricht und dem Schauspiel auf der Bühne: Worauf es in beiden Fällen ankommt, ist nicht die *objektive* Realitätsnähe oder Künstlichkeit der Situationen und Dialoge, sondern ihre *subjektiv* wahrgenommene Realität, „for which a certain ‚suspension of disbelief' is required in order to eliminate inconsistencies" (Littlewood 1975: 19). Dieser Abbau der „inneren Distanz" gelingt nach Littlewood umso leichter, je positiver die Schüler der fremdkulturellen Realität gegenüberstehen und je präziser die Vorstellungen sind, die sie von ihr in den Unterricht einbringen (vgl. die Überlegungen zur „distanzierten Wirklichkeit" in Abschnitt 5.3.2). Darüber hinaus können sie sich umso leichter auf die Künstlichkeit der unterrichtlichen Arrangements einlassen, je mehr sie vom außerschulischen Nutzen des Fremdsprachenlernens überzeugt sind und je häufiger bzw. je besser sie die zu lernenden Fertigkeiten schon hier ergebnisorientiert einsetzen können.

Das „Leben außerhalb der Schule" lässt sich teilweise durch Direktkontakte mit *zielsprachlicher Realität* in den Unterricht einbeziehen, insbesondere über Briefe, E-Mail oder das Internet und Besuche, privat oder im Rahmen von Schul- und Städtepartnerschaften. Gerade in Austausch- und Begegnungsprogrammen werden nicht erst seit heute hohe Erwartungen gesteckt, erlaubten sie doch schon immer, „den Klassenraum zu verlassen und mit den angestrebten Handlungsprodukten in reale gesellschaftliche Entwicklungen einzugreifen" (Meyer 1980: 211). Solche Programme „öffnen enge Auffassungen von Sprache und Kultur hin zu Kommunikation und symbolisch vermittelter Praxis, verändern Unterricht mit seinen festen Rollen, u. a. weil die Beteiligten leiblich in die fremde Kultur eintauchen und vielfach Grenzen, auch von Privatsphären, überschreiten" (Ertelt-Vieth 2007: 275). Die europäischen Programme und Maßnahmen zur Förderung des Fremdsprachenlernens, der Kulturbegegnung und generell der Mehrsprachigkeit sind seit dem „Europäischen Jahr der Sprachen" (2001) und den daraus hervorgegangenen europaweiten

Programmen und Projekten stärker ins öffentliche Blickfeld gerückt. Ein besonderes Anliegen dieser Programme ist es, die Mobilität der (jungen) Europäer zu fördern (vgl. Kap. 12).

Von seiner pädagogischen Zielsetzung der „gesellschaftlichen Qualifikation" her muss der Unterricht aber auch Bestandteile der außer- bzw. nachschulischen Lebenswelt in Beruf und Freizeit, auf die er die Schüler letztlich ja vorbereiten soll, in die Schule hereinholen. Indem er die Schüler über ein „Probehandeln" in der Schule befähigen will, sich auch in diese Lebenswelten sozial, also lebensbezogen, selbstverantwortlich und partnerorientiert, einzubringen und damit „in reale gesellschaftliche Entwicklungen einzugreifen", zielt handlungsorientierter Unterricht darauf ab, neben der unmittelbaren Ausbeutung der Schulsituation selbst auch auf diesem Wege die Trennung zwischen „Schule" und „Leben" aufzuheben und den Schülern zu helfen, Sozialkompetenz zu entwickeln.

2.3 Sozial-affektive Faktoren des handlungsorientierten Fremdsprachenunterrichts

Stärker als früher sind dabei von Lehrern und Schülern, über die rein sprachlichen Fertigkeiten hinaus, sozial-affektive Eigenschaften wie Autonomie, Empathie, Engagement, Flexibilität, Kommunikationsbereitschaft und Mut zum kommunikativen Risiko (allgemein: Kontaktfähigkeit und Kontakfreude), Neugier, Offenheit für die Belange Anderer, Toleranz, Kreativität, Risikobereitschaft und Bereitschaft zu Selbstverantwortung gefordert. Die Grundbedingung eines behavioristisch geprägten Lernens, die Belohnung der fehlerfreien, reibungslosen Anpassung, wird im handlungsorientierten Unterricht deshalb radikal revidiert (vgl. Kap. 9, Abschnitte 5 und 14). Unter dieser sozial-affektiven Zielperspektive müssen die Schüler nicht nur Arbeitsformen, sondern auch Inhalte, Gesprächsstrategien und sprachliche Ausdrucksmittel in den verschiedensten Kommunikationssituationen immer wieder selbst bestimmen und erproben und dabei ihre Wirkungen erleben und prüfen können. Nach Luhmann (2008) können sich nämlich soziale Systeme nur in solchen Kontexten ausdifferenzieren, in denen das Gegebene und das Mögliche in Aushandlungsprozessen wahrgenommen, verändert und reflektiert werden. Nur wenn auf diese Weise Autonomie schon im Unterricht konkret handelnd erfahren und praktiziert wird, kann sie zu einem stabilen persönlichen Verhaltenskonzept entwickelt werden.

Diese individualisierende Komponente darf allerdings nicht auf die Selbstentfaltung des Einzelnen eingeschränkt werden. Das Konzept der

Autonomie des Einzelnen beinhaltet die Autonomie aller, also auch die des Gegenübers:

> We are social creatures, and as such we depend on one another in an infinity of ways. Without the stimulus and comfort of social interaction, for example, child development is disastrously impaired: it is our condition that we learn from one another. Thus, the independence that we exercise through our developed capacity for autonomous behaviour is always conditioned and constrained by our inescapable interdependence. In contexts of formal learning as elsewhere, we necessarily depend on others even as we exercise our independence. (Little/Dam 1998)

Der handlungsorientierte Ansatz ist in seinem Selbstverständnis somit nicht nur von spracherwerbstheoretischen, sprachlernpsychologischen und pädagogischen Faktoren geprägt, sondern auch von der Lernverhaltensforschung und der pädagogischen Psychologie, denn anders als in einem lehrer- und vermittlungszentrierten Unterricht ist die Fremdsprache hier nicht nur *Lerngegenstand* und *Lernmedium*, sondern gleichzeitig auch *Medium zur Entwicklung von Sozialverhalten.*

2.4 Steuerung und Offenheit

Die eben angesprochene Identität von Lerninhalt und Lernmedium im Fremdsprachenunterricht wird leider von vielen Verfassern von Lehrplänen und Lehrwerken wie auch von vielen Lehrerinnen und Lehrern immer noch als ein Problem gesehen, das es durch eine strikte Steuerung der Lernprozesse zu kompensieren gilt. Dabei wird übersehen, dass gerade diese Koppelung nicht nur als Chance, sondern darüber hinaus sogar als Grundlage eines handlungsorientierten Fremdsprachenunterrichts zu sehen ist: *learning the foreign language through interaction in the foreign language* (vgl. Abschnitt 4.1).

Dieses Prinzip einer strikten Steuerung fremdsprachlicher Lernprozesse führt zu starren Lehrplänen und Lehrwerken, in denen Lerninhalte nach didaktischen Prinzipien ausgewählt und nach linearen Phasenmodellen gestuft, Lern- und Übungssituationen am grünen Tisch vorweg geplant und arrangiert und Lern(um)wege, die sich aus den jeweils eigenen Voraussetzungen und Lernstrategien der Schüler ergeben sollten, eingeebnet und abgekürzt werden. (Zur Kritik an diesem Vorgehen vgl. Bleyhl 1998: 60-62 sowie Kap. 2, Abschnitt 4 dieses Buches, Stichwort „Selbstorganisation".) Damit ergeben sich auch die unterrichtlichen Kommunikationsanlässe (vgl. Abschnitt 2.2) nicht mehr aus der Unterrichtssituation selbst, sondern weitgehend nur noch aus „fiktiven Setzungen mit der übergeordneten Funktion, den Sprachgebrauch zu erlernen" (Hüllen 1987: 48). Dazu passen dann auch die Rituale der

Leistungsfeststellung (Abfragen, Tests, Klassenarbeiten), mit denen das Erreichen der entsprechenden Unterrichtsziele, nämlich die möglichst fehlerfreie Wiedergabe des Gelernten, überprüft wird.

Ein am Diktat unbedingter sprachlicher Korrektheit orientierter Fremdsprachenunterricht lässt jedoch nicht nur Chancen für Kommunikation ungenutzt, er weiß auch nicht neuere Erkenntnisse über die natürlichen Sprachlernvoraussetzungen und Spracherwerbsstrategien des Kindes zu nutzen, über die wir heute verfügen (vgl. Lightbown/Spada 2006). Die Bandbreite der Möglichkeiten, sie in einem handlungsorientierten Unterricht umzusetzen, ist groß, vor allem im frühbeginnenden Fremdsprachenunterricht (vgl. Kap. 4). Ebenso wenig weiß ein fremdsprachlicher Unterricht, der auf das Prinzip der absoluten Steuerbarkeit von Lernprozessen setzt und so Lernerfolge garantieren möchte, die von einem engagiert handelnden Lerner individuell eingebrachten Strategien zu nutzen, ob in Lernszenarien, bei der Arbeit mit den vielfältigen elektronischen Medien oder bei produktionsorientierter Textarbeit (Kap. 5 bis 7). Handlungsorientiert unterrichten heißt also auch, über das bloße Arrangement unterrichtlicher und außerunterrichtlicher Handlungssituationen und das Schaffen von „Kommunikationsanlässen" hinaus, insbesondere jene Kommunikations- und Lernstrategien zu fördern, die Schüler bei der Kommunikation mit Anderen und beim Lernen einsetzen (vgl. Kap. 10).

Für einen Unterricht, dessen Ziel „fremdsprachliche Handlungskompetenz" ist, kann es also keine Lösung sein, die gegenüber dem mutter- oder zweitsprachlichen Spracherwerb reduzierten Bedingungen des Fremdsprachenlernens durch eine verstärkte Steuerung der Lernprozesse zu kompensieren. Notwendig ist vielmehr eine *Öffnung des Inhaltsangebots* (vgl. Abschnitt 5.3.1) sowie, in Verbindung damit, eine *Öffnung des Unterrichts für lebensnahe Kommunikations- und Lernprozesse* in unmittelbar-realen oder als lebensecht akzeptierbaren Situationen und Aufgabenstellungen (*tasks*) - was eine in diese Richtung zielende Unterrichts*planung* natürlich nicht ausschließt. Im Gegenteil: Offenheit und Handlungsorientierung sind in der Schulsituation ja nicht von vornherein gegeben, sie müssen vielmehr geplant und konsequent angestrebt werden.

3 Motiv, Inhalt und Sprache: „Etwas zu sagen haben" und „Sagen können, was man sagen will"

Ein Beispiel aus der eigenen Unterrichtspraxis (8. Klasse Realschule) soll dazu anregen, über das Verhältnis dieser Faktoren zueinander nachzudenken:

L: *Richard, where is your homework?*
S: *I couldn't do it. I was by my uncle and I come late at home.*
L: *What time was it when you came home? When did you come home from your uncle's?*
S: *At eight or so. At half past eight.*
L: *And what did you do at your uncle's?*
S: *We repaired the car.*
L: *Your uncle's car?*
S: *Yes. We had – äh – Probleme – äh – problems. We did not find a – 'n Engländer, an Englishman* (lacht) *– so'n* (unverständlich, Klasse lacht).
L: *Well, what you mean is a tool, ein Werkzeug, ein Schraubenschlüssel, for turning nuts ...* (macht entsprechende Geste). *I think it's called a spanner. Did you find a spanner in the end?*
S: *No.*
L: *So you couldn't repair the car after all?*
S: *No, we couldn't. But we – äh – tried long, till late in the night.*
L: *I see. And therefore you couldn't do your homework. Well, do it for tomorrow then, will you?*

Wie ist die sprachliche Leistung Richards einzuschätzen? Nach traditioneller Vorstellung enthalten seine Äußerungen viele grammatische Fehler, die vom Lehrer hätten verbessert werden müssen. Wäre es dann aber überhaupt zu diesem für unterrichtliche Verhältnisse doch recht langen und erfolgreichen Dialog gekommen? Vielleicht hätte Richard nach der ersten peniblen Korrektur, womöglich noch mit erzwungener Wiederholung der korrekten Form, auf weitere Kommunikationsbemühungen verzichtet – und als Strafe für die fehlende Hausaufgabe eine Zusatzaufgabe bekommen. Demgegenüber bleibt die Kommunikation hier, trotz der „Reparaturhilfen" des Lehrers, die Richard zum Teil ja auch aufgreift, „didaktisch" ungestört. In Kooperation mit dem Gesprächspartner, was auch in muttersprachlichen Gesprächssituationen völlig normal ist, gelingt es Richard, seine Redeabsicht sprachlich umzusetzen: Er formuliert eine Erklärung, die vom Lehrer akzeptiert werden kann. Funktional ist er also erfolgreich: Er hält den Diskurs aufrecht und erreicht sein Ziel – trotz kleinerer Probleme bei der inhaltlichen Begründung infolge sprachlicher Formulierungsschwierigkeiten. Übrigens ist sein Rückgriff auf die deutsche Sprache bei seinem Problem mit dem „Engländer" ebenso situationsadäquat wie die Reaktion des Lehrers: eine Mischung aus kommunikativem Handeln und unterrichtlich etablierten Formen der Verständigung.

So gesehen hat der Unterricht sein Ziel, den Schüler zu einem weitgehend selbstbestimmten Gesprächsablauf zu befähigen, bis zu einem gewissen Grad schon erreicht: Richard appelliert an gemeinsame Lebenserfahrungen, er will mit seinen Äußerungen etwas erreichen, er ist in einer unmittelbaren, nicht vorstrukturierten Situation einigermaßen fähig, einen Diskurs „ungeschützt" zu bewältigen, und er belebt ihn - durch das bewusste Spiel mit dem „Engländer" - sogar mit einem Schuss Humor.

Zwar ist es, die Kooperationsbereitschaft der Beteiligten vorausgesetzt, auch bei eingeschränkter sprachlicher Kompetenz bis zu einem gewissen Grad möglich, kommunikativ erfolgreich zu sein. Dennoch macht gerade dieses Beispiel deutlich, dass der Erfolg eines Dialogs zu einem nicht geringen Ausmaß auch von der Fähigkeit der beteiligten Gesprächspartner abhängt, das sagen zu *können*, was sie sagen *wollen*. Es kann also nicht Ziel des Unterrichts sein, die Schüler zu befähigen, mit Wortbrocken und Satzfragmenten „Kommunikation" zu betreiben. Sie müssen auch bestimmte Sprachmittel erwerben und möglichst korrekt gebrauchen können, denn nicht immer sind Kooperationsbereitschaft und Toleranz des Gegenübers so groß wie im vorliegenden Fall. So formuliert Kramer sehr treffend: „Was jemand sagen *will*, ist inhaltlich (von seinem Motiv, seiner Intention) bestimmt; was er sagen *kann*, ist von seinem sprachlichen Vermögen abhängig. Damit ein Lerner sagen *kann*, was er sagen *will*, ist die Ausbildung einer - beide Bereiche integrierenden - Sprachhandlungsfähigkeit nötig" (Kramer 1981: 193). Beide an einer Kommunikationshandlung beteiligten Aspekte, der Inhalts- wie der Beziehungsaspekt (Watzlawick) sind also auf eine *angemessene* sprachliche Realisierung angewiesen. Insofern können gezielte Vokabel- und Grammatikarbeit, systematisches Üben und Verbessern von Fehlern nicht völlig einem undifferenzierten Toleranzdenken geopfert werden.

Andererseits kann der Unterricht natürlich nicht bei der Vermittlung sprachlicher Redemittel stehen bleiben. Es genügt also z. B. nicht als Lernziel, dass die Schüler das *going to-future*, wie es in Lernzielformulierungen oder Unterrichtsentwürfen oft heißt, „in vorgegebenen Kontexten richtig anwenden können"; vielmehr muss die Handlungsintention als *can-do-statement* in eine solche Lernaufgabe hineinformuliert werden: „Die Schüler können mit Hilfe des *going to-future* darüber Auskunft geben, was sie in einer bestimmten Situation zu tun beabsichtigen." Hierfür ist es dann allerdings auch notwendig, dass es im Unterricht etwas gibt, was die Schüler tun und dementsprechend sagen *wollen*, sonst bleibt der Unterricht doch wieder im bloßen Übungsgeschehen stecken.

4 Handlungskompetenz und handlungsorientierter Unterricht

4.1 Handlungsorientierung als Ziel und als Methode

An dieser Stelle wollen wir die bisherigen Überlegungen zunächst in zwei Definitionen zusammenfassen, eine zielbezogene und eine methodenbezogene:

- *Sprachliche Handlungskompetenz* ist die Fähigkeit, im Kontext der gemeinsamen Lebenswelt situations- und partneradäquat zu kommunizieren, um sich über bestimmte Inhalte zu verständigen und damit bestimmte Absichten zu verfolgen. Dabei verweist der Begriff „Handeln" noch mehr als der Begriff „Kommunikation" darauf, dass Äußerungen Konsequenzen haben, die gegebenenfalls verantwortet werden müssen.
- *Handlungsorientierter Fremdsprachenunterricht* ermöglicht es den Schülerinnen und Schülern, im Rahmen authentischer, d. h. unmittelbar-realer oder als lebensecht akzeptierbarer Situationen inhaltlich engagiert sowie ziel- und partnerorientiert zu kommunizieren, um auf diese Weise fremdsprachliche Handlungskompetenz(en) zu entwickeln.

Handlungsorientierung ist also unter einem Zielaspekt und einem Methodenaspekt zu sehen. Unter dem *Zielaspekt* entwickeln die Schüler fremdsprachliche Handlungskompetenz für die außer- und nachschulische Lebenswelt. Unter dem *Methodenaspekt* wird das genannte Ziel über ein aufgaben- und ergebnisorientiertes *learning through interaction* – oft in Partner- oder Gruppenarbeit – angegangen, das auch die emotionale Seite der Schülerinnen und Schüler anspricht und ihre sozial-affektiven Kompetenzen fördert.

Handeln im Unterricht erfordert dabei keineswegs immer das Projekt und die große Inszenierung. Schon der Schüler, der sich mit *Sorry I'm late, but my bus was late* für sein Zuspätkommen entschuldigt, der bei der Lehrerin mit *Yesterday you said we could ...* an die Einlösung einer Zusage erinnert oder der auf Englisch erklärt, warum er am Tag zuvor auf keinen Fall seine Hausaufgaben machen konnte, „handelt" im besten Sinne des Wortes:

- er stellt über den Kommunikationsakt eine Beziehung zum Gesprächspartner her;
- er übermittelt Ideen, Emotionen, Erfahrungen, Kenntnisse und Wünsche und „verhandelt" so persönlich relevante Inhalte; und
- er löst im Kommunikationspartner bestimmte Handlungsreaktionen aus.

Diese Betonung der *sprachlichen Interaktion* bei unserer Charakterisierung von *unterrichtlichem Handeln*, das sonst über „materielle Tätigkeiten der Schüler" (Wopp 1986: 600) definiert ist, steht im übrigen im Einklang mit Hilbert Meyers bereits in den 1980er Jahren ausformulierter Definition von „Handlungssituationen" als „*kleinste*, vom Lehrer und den Schülern bewusst gestaltete und mit Sinn und Bedeutung belegte Interaktionseinheiten" (Meyer 1987: I, 116). Sie soll auch dem Lehrer, der sich noch nicht an das große Projekt wagt, Mut zu einem „handelnden" Unterricht machen!

4.2 Prinzipien der Handlungsorientierung

Unter Berücksichtigung dieser ziel- und methodenorientierten Überlegungen kann handlungsorientierter Fremdsprachenunterricht zusammenfassend durch folgende Prinzipien charakterisiert werden:

4.2.1 Das sprachliche Handeln der Schüler wird auf zwei Bereiche bezogen: die Schulsituation selbst und die außer- bzw. nachschulische Lebenswelt.

Dabei wird auch die Schulsituation, wie in Abschnitt 2.2 festgestellt wurde, als zentrale lebensweltliche Situation der Schüler gesehen, wo unterrichtsorganisatorische und administrative Fragen sowie das soziale Leben der Klasse und der Schule, aber auch der Einsatz von Lerntechniken und Lernstrategien soweit wie möglich in der Fremdsprache verhandelt werden. Dieser Aspekt zeigt sich besonders auch in den bilingualen Bildungsgängen, bei denen Sachfächer, z. B. Geographie, Biologie oder Geschichte, in der Fremdsprache unterrichtet werden (vgl. Kap. 8). Darüber hinaus findet in der Schule jedoch auch „Probehandeln" für andere Lebenswelten statt, seien es gegenwärtige wie Familie, Wohnort, Sport, Hobbies, Urlaub usw. oder – im Vorgriff auf die zukünftige Lebens- und Berufswelt – mutmaßliche nachschulische (vgl. Kap. 12).

4.2.2 Aufgabenstellungen, die nicht den Alltagserfahrungen der Schüler entsprechen, werden so gestaltet, dass sie für die Schüler einen Sinn ergeben (z. B. im Spiel).

Es spielt also eine untergeordnete Rolle, ob Handlungssituationen im konkreten Augenblick real oder arrangiert sind; wesentlich für die Authentizität einer Situation ist allein, dass sie von den Kommunikationspartnern als lebensecht akzeptiert wird.

4.2.3 *Die Schüler erfahren die fremde Sprache so oft wie möglich als ein Instrument sprachlichen Handelns.*

Wichtig für den Lernprozess ist, dass in solchen handlungsorientierten Unterrichtsphasen, anders als in formalen Übungs- und Testsituationen, dem kommunikativen Erfolg mehr Bedeutung zugemessen wird als der formalen Korrektheit (vgl. Kap. 9).

4.2.4 *Sprachliche Handlungsfähigkeit setzt, wie oben bereits festgestellt, auch sprachlich-formale Teilkompetenzen voraus.*

Die Schüler müssen das, was sie sagen wollen, auch so sagen können, dass ihr Anliegen „rüberkommt". Im Gegensatz zu traditionellen linearen Phasenmodellen, wo sich erst an die Übungsphase die Kommunikations- oder Transferphase anschließt, bewertet der hier vertretene Ansatz von Beginn des Unterrichts an beide Komponenten als gleichrangig.

4.2.5 *Handlungsorientierte Aufgabenstellungen fördern bewusst mentale Verarbeitungsaktivitäten und Lernstrategien.*

Dieser Ansatz verbindet linguistisch-handlungstheoretische mit kognitionspsychologischen Argumenten. Danach wird ein reichhaltiges Gesprächs- und Textangebot (*rich learning environment*), das inhaltlich und sprachlich in der Reichweite der Schüler liegt (*comprehensible input*) und das thematisch für sie so bedeutsam ist, dass es sie zu sprachlichen Äußerungen herausfordert (*meaningful interaction*), als Grundlage für Lernaktivitäten und Lernprozesse angesehen (*Lernorientierung*; vgl. Kap. 3, Abschnitt 3).

4.2.6 *Der Unterricht hilft den Schülern, Selbstvertrauen, Experimentierfreude und Risikobereitschaft zu entwickeln.*

Sie lernen, wie im Leben außerhalb der Schule, Unsicherheit und Vagheit in Kauf zu nehmen und zunächst selbständig - einzeln oder in der Lerngruppe - plausible Vermutungen anzustellen, um im weiteren Verlauf der Interaktion nach Bestätigung oder Korrektur zu suchen.

4.2.7 *Der Unterricht hilft den Schülern, sich zu autonomen Lernern und Aktionspartnern im (sprachlichen) Lernprozess zu entwickeln.*

Lernerautonomie bezieht sich auf Lernformen, in denen - teilgesteuert durch Anregungen und Arrangements - die Schüler in die Prozesse einbezogen werden, die erforderlich sind, um Lernwege optimal zu gestalten, Lernerfolge zu sichern und Lernergebnisse zu gewichten (z. B. durch *self-assessment*-Verfahren, lernbegleitende Portfolios) und selbst Verantwortung für das eigene Lernen zu übernehmen (vgl. Benson 2007 und 2008 sowie Kap. 3, Abschnitt 4.1 in diesem Buch).

4.2.8 *Da der Mensch nur vor dem Hintergrund seiner gesamten Persönlichkeit handeln kann, spricht der Unterricht die Schüler ganzheitlich an.*

Der handlungsorientierte Unterricht, der von seinem wissenschaftlichen Ansatz her primär der Linguistik, der (Sprach-)Handlungstheorie sowie der Kognitionspsychologie verpflichtet ist, beruft sich dabei immer auch auf biologisch-psychologische, neurophysiologische und pädagogische Konzepte der „Ganzheitlichkeit".

4.3 Ganzheitlichkeit

In seinem grundlegenden Werk *UnterrichtsMethoden* wendet sich Hilbert Meyer gegen die „Verkopfung" des Unterrichts, die weit verbreitete Praxis einer „einseitig kognitiven Zielausrichtung" (1987: II, 93). Von den Beispielen, die er hierfür nennt, ist in unserem Zusammenhang vor allem die zunehmende „Veranschaulichung" durch Medien und andere Arbeitshilfen charakteristisch: „... aber diese Veranschaulichung bleibt notwendig eine didaktisch motivierte Reduzierung und Abstraktion der wirklichen Lebensfülle und lebendigen Unordnung der Welt" (II, 65). Unter Bezugnahme auf Hartmut von Hentigs These vom „allmählichen Verschwinden der Wirklichkeit" äußert auch Kiersch (1992: 107) ähnliche Bedenken speziell für den Fremdsprachenunterricht: „Die kognitive Präzision, die eine professionell aufbereitete Mediendarbietung in der Schule haben kann, ist eine kümmerliche Entschädigung für die verlorengegangene Wirklichkeit."

Dabei wendet Meyer sich nicht gegen den Einsatz von Medien schlechthin, sondern dagegen, dass sie das Unterrichtsgeschehen einseitig auf eine Ebene verlagern, die kopflastig ist und eine „distanzierte Wirklichkeit" schafft (vgl. Abschnitt 5.3.2). Darüber hinaus werden in einem lehrerzentrierten (instruktivistischen) Frontalunterricht sprachliche Kenntnisse und Fertigkeiten häufig über metasprachliche Prozesse, d. h. begrifflich und sachlogisch vorstrukturiert vermittelt, wodurch ganzheitliche und multisensorische Konzeptbildungen eher verhindert werden. Solche mit Lernerfahrungen vernetzte Konzeptbildungen sind sinnstiftende, im Lernprozess notwendige Lernschritte, die bei entsprechender Begleitung oder Steuerung seitens des Lehrers zu selbständig entwickelten Lernergebnissen führen. Damit charakterisieren wir als „ganzheitlich" – im Sinne von Wygotskis *zone of proximal development* – solche Sprachaktivitäten, die (auch mit Hilfestellung des Lehrers) vom Schüler selbsttätig initiiert werden und in denen sich kognitive, affektive und sozial-interaktive Verhaltensweisen zu Strategien des sprachlichen Handelns verbinden.

Instruktivistische Verfahren der Stoffvermittlung legen darüber hinaus auch begrifflich (durch Definitionen oder Regelformulierungen) eindeutig fest, was gerade im sprachlichen Bereich oft nicht eindeutig festlegbar ist. Viele Facetten sprachlicher Erfahrungen, die der *native speaker* im „Sprachgefühl" hat und die für ihn voller Lebensbezüge stecken, wegen ihrer Komplexität und *fuzziness* aber auch nicht systematisch erfasst und deshalb auch nicht systematisch gelehrt werden können, gehen so verloren. Gerade für den Fremdsprachenlerner, dessen Lernwelt ja von vornherein schon extrem reduziert ist, wird durch diese „glatte", begrifflich und strukturell „kanalisierte" Wissensvermittlung ein nicht nur für die Motivation, sondern auch für erfolgreiches Lernen zentraler Bereich verbaut (vgl. Kap. 2, Abschnitt 3).

Insgesamt lässt sich ein ganzheitlich-handelnder Unterricht folgendermaßen kennzeichnen:

- Er geht aus von einem *ganzheitlichen Bild des Menschen*, das die Schülerinnen und Schüler als Einheit aus Körpererfahrungen, Sinneswahrnehmungen, Gefühlen, Denken und Handeln sieht (vgl. Löffler/ Schweitzer 1988, Löffler 1996, Bach 2005),
- sowie von einem *ganzheitlichen Sprachbegriff*, wonach aus der Fremdsprache nicht „kognitive", „affektive", „psychomotorische" oder sonstige Lernziele und -inhalte herauspräpariert werden; sie wird vielmehr, wie die Muttersprache, als ein spontan und unreflektiert zu gebrauchendes Instrument sprachlichen Handelns angesehen, dessen Ziel in erster Linie im kommunikativen Erfolg (Verstehen und Reagieren, Mitteilen und Bewirken) liegt (vgl. Timm 1987).
- Aus diesen beiden Aspekten resultiert eine *ganzheitliche Methodenkonzeption*, die vom Menschen wie von der Sache (der Sprache) her auf erfolgreiche und damit befriedigende Interaktionen der Beteiligten abzielt:

- Unter dem *psychischen* Aspekt unterstützt sie Faktoren, „die von ihrer biologischen Aufgabe her die Speicherung und das gesamte weitere Verarbeiten des Stoffes, also das Denken und Lernen fördern" (Vester 1985: 473): einen Wechsel von Konzentration und Entspannung (z. B. über Entspannungsübungen), ein mehrdimensionales Lernen über vielfältige Sinneswahrnehmungen („Eingangskanäle") sowie die Freude an sprachlicher Ästhetik, Rhythmik und Melodie und damit an Bewegung, Reim und Lied. Dieser Aspekt kommt besonders im

(Rollen-)Spiel, Fantasiereisen, *rhymes, action songs, jazz chants* und *rap songs* zum Tragen. (Zum Spiel vgl. Löffler 1981 und 1996, Löffler/ Kuntze 1983 und Löffler/Schweitzer 1988; zu *songs, rhymes* und *chants* vgl. Kap. 4, Abschnitt 3.2, zu *songs* auch http://www.songsforteaching.com/movement. htm.)

- Unter dem *kommunikativen* Aspekt unterstützt sie inhaltliches Engagement und Mitbestimmung, also das „tua res agitur", das Ingrid Dietrich schon 1976 als wesentliches motivationales Element des Fremdsprachenunterrichts erkannte. Demzufolge müssen Aufgabenstellungen emotionale und kognitive Bedürfnisse der Schüler befriedigen sowie zu eigenen Ideen und Intentionen anregen.
- Dabei geht die ganzheitliche Methodenkonzeption auf der *rezeptiven* Ebene in erster Linie von einem situativ, kontextuell oder durch einschlägige Vorkenntnisse gestützten (Vor-)Verständnis des Ganzen, von einem (gegebenenfalls zu weckenden) Interesse an der kommunikativen Intention des Anderen aus und führt von da zur Interpretation einzelner sprachlicher Formen.
- Auf der *produktiven* Ebene stehen emotionales und inhaltliches Engagement und die eigene Sprechabsicht, die über das (im Unterricht zu entwickelnde) intuitive Sprachgefühl realisiert wird, im Vordergrund – notfalls unter Verzicht auf Korrektheit im Detail.

Dieses Konzept der Ganzheitlichkeit findet sich neuerdings vor allem bei den Vertretern der „multiple intelligences theory" wieder, jene von dem Neurobiologen Howard Gardner (1993) entwickelte Theorie des Zusammenspiels diverser Fähigkeiten („intelligences"), die Lernen generell aktivieren. Für das Lernen in schulischen Kontexten, einschließlich von Fremdsprachen, wurde die Gardnersche Theorie von Armstrong (2000) angepasst. (Vgl. die Kritik an der Theorie der „multiple intelligences theory" in Bach 2005.)

5 Ausblick

5.1 Neue Aufgaben ...

Bündelt man die in Abschnitt 4 genannten Prinzipien, so ist *handlungsorientierter Fremdsprachenunterricht*

- *erfahrungsbasiert, unmittelbar und authentisch* im Hinblick auf Lernsituationen und Lernaktivitäten,
- *engagiert, interaktiv und autonom* im Hinblick auf sprachliche Kommunikationsprozesse,

- *prozess-, lerner- und und lernorientiert* im Hinblick auf die unterrichtlichen Aufgabenstellungen und die damit initiierten Verarbeitungs- und Lernprozesse,
- *ergebnisorientiert* im Hinblick auf unterrichtliche Handlungsprodukte,
- *emanzipatorisch* im Hinblick auf die Entwicklung von Sozialkompetenz,
- *ganzheitlich* im Hinblick auf die Schülerpersönlichkeit sowie auf den Lerngegenstand „Sprache".

Fremdsprachenlehrer, die diesen Prinzipien Rechnung tragen wollen, stoßen aber bereits bei der Planung ihres Unterrichts auf Probleme. Mit diesen Fragen bzw. Widersprüchen setzen sich die folgenden Kapitel auseinander; hier sollen sie nur punktuell aufgelistet werden:

- Was bedeutet meine Rolle als *learning facilitator* und *co-communicator* im Unterricht? In welche Konflikte bringt sie mich in meiner Rolle als „Lehrer"?
- Kann ich ganzheitliches und handelndes Lernen überhaupt planen und steuern? Und wie verträgt sich unterrichtliche Steuerung mit dem Konzept der „Selbstorganisation" des Gehirns?
- Welche Funktion weist mir das Lehrwerk zu? Stehen Medien, insbesondere die technologiegestützten Medien, nicht überhaupt im Widerspruch zur handlungsorientierten Vermittlung einer fremden Sprache und Kultur, die im Prinzip auf Unmittelbarkeit angewiesen ist?
- Welche Ziele und Aufgaben verbinden sich mit der Arbeit an Texten? „Verlieren" oder „gewinnen" Textarbeit, Literaturanalyse und *Cultural Studies* an Bedeutung in einem auf sprachliches Handeln hin orientierten Unterricht?
- Verträgt sich dieser Unterricht mit der Aufgabe, sprachliche Teilsysteme zu vermitteln? Welche Möglichkeiten kognitiven Lernens vereinbaren sich mit diesem Ansatz? Darf ich als „Handlungspartner" überhaupt noch Schülerfehler korrigieren, und welche Mittel stehen mir dabei zur Verfügung?
- Wie vereinbare ich den unmittelbaren, auf *learner autonomy* fokussierten Charakter der Handlungskompetenz mit den pragmatischen Erfordernissen und wachsenden Ansprüchen der nachschulischen Welt an konkrete Fremdsprachenkenntnisse?
- Wie lassen sich Lernprogression und Lernerfolg im Kontext kompetenzorientierter „Standards" messen und bewerten?

Für die Aus- und Weiterbildung der Fremdsprachenlehrer sind diese Strukturveränderungen eine Herausforderung; es stellt sich die Aufgabe, zukünftigen bzw. sich weiterbildenden Lehrern Wege zur eigenen Handlungskompetenz zu zeigen. Es ist damit die Frage des pädagogischen

Selbstverständnisses angesprochen, das Unterrichten - durchaus nicht nur in einem Nachhall zur Reformpädagogik - bewusst als Erziehungs*kunst* versteht (vgl. Kiersch 1992, Jaffke 1996). Neben den fachlichen Kenntnissen und praktischen Fähigkeiten benötigt der Fremdsprachenlehrer also pädagogische Kompetenzen, um

- *Lerngegenstände* in authentische Situationen und Aufgabenstellungen einzubetten, die von den Schülern als unmittelbar und lebensnah akzeptiert werden können,
- *die Schüler* zu Engagement für die jeweilige Sache selbst anzuregen, sie zu autonomem Handeln zu befähigen und ihnen dabei Erfolgserlebnisse zu vermitteln,
- *die Lernumwelt* offen zu halten für spontane Entwicklungen und Entscheidungen, sie motivierend und lernfördernd zu gestalten, und
- *Lernprozesse* organisch zu strukturieren.

5.2 … führen zu neuen Unterrichtsformen ...

Notwendig ist damit eine pädagogische Verankerung des Unterrichtsgeschehens, in der die „gesellschaftliche Qualifikation" der Schüler nicht nur instrumental auf die Beherrschung bestimmter Fertigkeiten beschränkt, sondern viel umfassender in ihrer Befähigung zu einer insgesamt „mündigen", also lebensweltbezogenen, selbstbewussten, selbstverantwortlichen und partnerschaftlichen Lebensführung gesehen wird. Nur so kann das unterrichtliche Geschehen aus der Dominanz vorgegebener Listen mit Strukturen, Vokabeln und Redefloskeln sowie landeskundlicher Inhalte und der hierfür zu arrangierenden Vermittlungssituationen befreit werden.

Damit bedingt handlungsorientierter Unterricht zunächst einmal eine veränderte Einstellung zum Unterricht und seinen verschiedenen Elementen. Scheinbar selbstverständliche Konzepte müssen unter diesem Aspekt neu überdacht werden: Unterrichtsziele und -inhalte, Lern- und Arbeitsformen, die Rolle von Fehlern, Prüfverfahren und Noten usw. Darüber hinaus bedingt er ganz wesentlich auch veränderte Einstellungen des Schülers zu seinem Gegenüber und damit auch zu sich selbst: Schüler stehen dem *teacher* nicht als bloß re-agierende *„teachees"* gegenüber. Lehrer wie Schüler müssen sich selbst und einander als „Handlungspartner" verstehen und als solche ernst nehmen. Dies setzt voraus, dass

- möglichst viele unterrichtliche Interaktionen in einem *personalen und sozialen Kontext* stattfinden und auf ihn bezogen sind,
- Interaktionen *inhaltsorientiert* und auf ein *konkretes Ziel* hin ausgerichtet sind,

- *Lerngegenstände* auf diese Weise zu Inhalten zielgerichteter *Lernaktivitäten* und dementsprechender *Lernprozesse* gemacht werden,
- sprachliche und andere Handlungsprodukte über den Horizont einer jeweiligen Stunde und über die Grenzen des Klassenzimmers hinausreichen und damit für Lehrer wie Schüler *soziale Konsequenzen* haben (können) und
- einseitig kognitive Lerndispositionen zurückgedrängt werden zugunsten *seelischen Erlebens, inhaltlichen Engagements* und *praktischen Tuns.*

5.3 ... und zu neuen inhaltlichen Gewichtungen

Die hier beschriebene fremdsprachendidaktische Konzeption sieht ihr oberstes Ziel darin, Kontexte für die Ausbildung einer weitgehend autonomen Sprachhandlungsfähigkeit der Schülerinnen und Schüler anzubieten. Dies führt notwendigerweise zu einer Verschiebung nicht nur der oben angesprochenen didaktisch-methodischen, sondern auch der inhaltlichen Gewichtungen.

5.3.1 *Öffnung des Inhaltsangebots*

Die Unterrichtsinhalte werden so ausgewählt, strukturiert und „verhandelt", dass sie beim Schüler das Bedürfnis wecken, mit ihnen emotional-engagiert und nicht nur kognitiv-wissensbereichernd umzugehen. Das Problem liegt hier darin, dass über mehrere Unterrichtsjahre und Lernergenerationen hin die Inhalte durch die Lehrwerke bereits vorweg ausgewählt und in der Regel dadurch auch methodisch vorstrukturiert sind. (Zu dieser Problematik vgl. auch oben Abschnitt 2.4.) Allerdings gehen heute die Lehrwerke mehr zu offenen Strukturen über, also zu einem Angebot verschiedener Textsorten, die eng verzahnt sind mit gestuften Grammatikbereichen und einem Angebot relativ offener Sprechakte. Das so aufbereitete *pick-and-choose*-Angebot an Texten, Songs, Cartoons, Fotos, Schaubildern, Diagrammen und anderen Materialien erhält damit den Charakter eines „Steinbruchs". Diese Flexibilität, die die frühere strenge Linearität abgelöst hat, fordert Lehrerinnen und Lehrer nun geradezu heraus, handlungsaktivierende Unterrichtsstrategien zu entwerfen. Dies verlangt von ihnen nicht nur zusätzliches Engagement, methodische Sicherheit und eigene fremdsprachliche Flexibilität, sondern auch eine ausgeprägte *cultural awareness* bezüglich eigenkultureller und fremdkultureller Phänomene.

5.3.2 *Aufhebung der distanzierten Wirklichkeit*

Der Fremdsprachenunterricht ist zwangsläufig an Inhalte und Materialien gebunden, die aus der fremdkulturellen Wirklichkeit ins Klassenzimmer hereingetragen werden. Dort kann die Lebenswirklichkeit anderer Kulturen also zumeist nur durch Sprache und Medien „vermittelt" werden, so dass die einzelne Unterrichtsstunde immer nur eine „distanzierte Wirklichkeit" (Hüllen 1976: 40) der fremden Kultur herstellt. Vermittlungsträger sind dabei primär Lehrbuchtexte, textbasierte Materialien und multimediale Technologien. Wenn dann, wie im traditionellen lehrerzentrierten Unterricht, Sprache und Medium sich als stoffliche bzw. methodische „Autoritäten" verselbständigen und eine Schaltstelle zwischen Inhalt und Schüler einnehmen, wird die Distanz zur fremdkulturellen Wirklichkeit eher größer als geringer. Erst wenn die Schüler durch die Aufgabenstellung direkt in die Auseinandersetzung mit dieser Wirklichkeit hineingestellt werden und die entsprechenden Kontexte so als authentisch erleben, und wenn sie dabei auf außerhalb des Klassenzimmers erworbenes Wissen (z. B. über persönliche Erfahrungen, selbstentdeckte unterrichtsrelevante Informationen, selbstentworfene Lernkontexte) zurückgreifen können, kann diese Wirklichkeit auch im Aktionsraum des Klassenzimmers so verhandelt werden, dass die Schüler relativ direkt in kulturelle Fremdverstehensprozesse und damit in die Aushandlung kulturell spezifischer Verhaltensweisen eingebunden werden. Kultur ist damit nicht mehr nur eine normative Verstandeskategorie (*awareness culture*), sondern eine dynamische Verhaltenskategorie (*behaviour culture*) (Byram 1997; vgl. Bach 2002).

Diese methodische Positionierung ist mehr als ein curricular und unterrichtstechnologisch bedingter Paradigmenwechsel. Sie bedeutet eine konsequente Verzahnung schulischer und außerschulischer Handlungsräume – das Klassenzimmer öffnet sich für Erfahrungs- und Verstehensprozesse, die das Eigene bereit machen für das (noch) Fremde.

R & R

Review and Reflect

Textverständnis/Reproduktion:

- Welche Widersprüche ergeben sich aus dem Anspruch, Schüler zu fremdsprachlichem Handeln zu befähigen, und dem Kontext „Schule als Institution"? Was folgert daraus für die Gestaltung des Unterrichts? Was bedeutet der Begriff „Probehandeln"?

- Welche Rolle kommt im handlungsorientierten Ansatz Erkenntnissen aus dem Erstsprachenerwerb zu?
- Wie lässt sich die „Selbstorganisation“ von Lernprozessen mit der Dichotomie von „Steuerung“ und „Offenheit“ vereinbaren? In welchem Maße können (oder müssen) Lernprozesse überhaupt gesteuert werden?
- Wie kann der Unterricht den Schülern helfen, „etwas zu sagen zu haben“ *und* „sagen zu können, was man sagen will“?
- Welche Sicht von Sprache liegt dem handlungsorientierten Ansatz zugrunde? Welche Rolle hat Sprache in diesem Ansatz?
- Auf welchem Schülerbild basiert der handlungsorientierte Ansatz?
- Welches sind – auf den Punkt gebracht - die Kernelemente eines handlungsorientierten Unterrichts?

Reflexion:

- Wie würden Sie einem Englischsprecher den Ansatz der Handlungsorientierung generell sowie in Bezug auf den Fremdsprachenunterricht in seiner Sprache erklären?
- Können Sie aus Ihrer eigenen Erfahrung als Schüler bzw. Schülerin Beispiele nennen, in denen die Prinzipien des handlungsorientierten Unterrichts ganz oder teilweise verwirklicht wurden?
- Würden Sie insgesamt den Englischunterricht, den Sie erfahren haben, als handlungsorientiert bezeichnen? Warum (nicht)? Wenn ja: Inwieweit hat dieser Unterricht Sie auf die „nachschulische Lebenswelt“ vorbereitet? Welche andere Bezeichnung würden Sie Ihrem Unterricht ggf. geben?

Stellungnahme:

- Bitte nehmen Sie Stellung zu dem Zitat von B. Voss auf Seite 4: „Wir gehen aus von der grundsätzlichen Beobachtung, dass die Unterrichtssituation selbst die einzige authentische Kommunikationssituation ist, über welche der institutionalisierte Fremdsprachenunterricht verfügt.“
- An welcher Stelle würden Sie sich kritisch gegenüber dem handlungsorientierten Ansatz äußern? Auf Seite 18 sind bereits eine Reihe kritischer Fragen formuliert. Wie sehen Ihre Antworten aus?
- Welche der folgenden Gleichungen ist Ihrer Meinung nach zutreffender? „Handlungsorientierter Unterricht = *learning by doing*“ oder „Handlungsorientierter Unterricht = *doing what you have learned*“. In welchem Verhältnis stehen beide Gleichungen ggf. zueinander? Wie sieht Ihre eigene Gleichung aus? Begründung?

Kapitel 2

Sprachlernen: Psycholinguistische Grunderkenntnisse

Werner Bleyhl

1 Allgemeine Sprachlernvoraussetzungen
2 Konkretisierung: Wörterlernen
3 Sprache: ein System mit „offenen Rändern"
4 Die Dynamik alles Sprachlichen
5 Blick auf das Fremdsprachenlernen
6 Didaktisch-methodische Konsequenzen für den Englischunterricht

La vie est un désordre qui fonctionne.
Paul Valéry

In diesem Kapitel soll gezeigt werden, welche Mittel den Lernenden zu Gebote stehen für die eminent schwierige Aufgabe der Aneignung einer Sprache, auch einer fremden, und zugleich auch, wie sie sich erfolgreich in eine Sprache hineinfinden können. Damit soll deutlich gemacht werden, wo die Unterrichtenden effektiv den Aneignungsprozess der Schülerinnen und Schüler unterstützen können, damit sie nicht weiterhin - mitunter sogar kontraproduktiv - ihre Energie an der falschen Stelle einsetzen.

1 Allgemeine Sprachlernvoraussetzungen

Das Zusammenspiel von Sprache und Denken ist faktisch unfassbar. Jedenfalls lässt es sich nicht in einheitlichen, eindimensionalen Beziehungsmustern erfassen. Heute, so betont S. Weinert (2000: 313), darf gelten, dass weder die Vermutung einer kognitiven Determinierung der Sprachentwicklung, wie es die klassische Auffassung Piagets war, noch die reine Interaktionshypothese Wygotskis noch die Unabhängigkeitshypothese Chomskys (wonach Sprache sozusagen ein „biologisches Organ" ist, das sich relativ input-unabhängig entwickelt) diesem Zusammenspiel gerecht werden. Vielmehr zeigt der Verlauf einer optimalen Entwicklung, dass

Sprachentwicklung das „Ergebnis des Zusammenwirkens bereichsspezifischer Umweltinformationen und bereichsübergreifender Lern- und Entwicklungsprozesse" (ebd.: 343) ist – Stichwort „reiche Lernumgebung":

> Der Erwerb der Sprache ist ein zeitlich über mehrere Jahre hinweg sich erstreckender kumulativer Lernvorgang, in dessen Verlauf das Kind eine Vielzahl sich wechselseitig ergänzender und unterstützender Informationen flexibel nutzt und der unter anderem dadurch charakterisiert ist, dass der Erwerb neuen (sprachstrukturellen) Wissens entscheidend durch das bereits verfügbare Sprachwissen beeinflusst wird. ... Modulare Spezialisierungen sind ... das Ergebnis der Entwicklung. (Ebd.: 343f.)

Dabei darf das sozialpsychologische Verhalten des Individuums keinesfalls außer Acht gelassen werden. Erwähnenswert ist hier besonders die *Bindungstheorie*, wonach auch Kinder, wie alle Jungen der Säugetierarten, die Nähe einer Bindungsperson suchen und brauchen, wenn sie sich unwohl fühlen. Gerade die Erfahrung einer kontinuierlichen emotionalen Zuwendung ist anerkannte Voraussetzung für die Entwicklung einer stabilen Persönlichkeit. Entscheidend für die Qualität einer solchen Bindung ist dabei die Feinfühligkeit der Bezugsperson (*caretaker*). Besitzt sie diese Feinfühligkeit, kann sie die Signale des Kindes richtig deuten und angemessen reagieren. Feinfühligkeit im Interagieren ist aber auch ein wesentliches Qualitätskriterium für gute Fremdsprachenlehrer und -lehrerinnen; sie ist im übrigen auch einer der Erfolgsgründe für die Methode des *Total Physical Response* (vgl. Bleyhl 1982, 2000d: 31ff. sowie Kap. 4, Abschnitt 3.1).

Versucht man nun die allgemeinen Sprachlernvoraussetzungen herauszuarbeiten, stößt man auf das auch für die jüngste Neurowissenschaft nicht voll aufgelöste Rätsel der Beziehungsherstellung zwischen, in traditioneller Terminologie, der objektiv gegebenen Erfahrungswelt und der vom Einzelnen subjektiv erfahrenen Erlebnisqualität. Enthalten ist darin auch das so genannte „Bindungsproblem", nämlich *wie* im einzelnen das Gehirn aus der Vielzahl von Wahrnehmungen von Formen, Farben, Bewegungen, Lauten usw. ein Bild von Gegenständen, mentalen Kategorien usw. bildet. Dabei sind diese langsam gebildeten Kategorien (auch die für Phoneme, Lexik, Syntax, Schemata) die Voraussetzung für eine mentale Verarbeitung von Sprache sowie das Imitationsvermögen (Bleyhl 2009).

Verschiedene Erkenntnisse scheinen gesichert (vgl. Bauer 2006, 2008; Damasio 1994; Fuchs 2008; Roth 2007; Spitzer 2009):

- Der Großteil der menschlichen kognitiven Aktivität erfolgt unbewusst. (Die Vieldimensionalität ist vom Bewusstsein nicht zu bewältigen.)
- Körper, Geist und (wiederum in traditioneller Terminologie) Seele alias Psyche sind untrennbar. Person, Bewusstsein, „Ich", Subjekt sind

nicht nur jeweils in einzelnen Gehirnpartien, sondern im gesamten menschlichen Organismus verkörpert.[1]

- Wahrnehmung, Gedächtnis, Intention, Wille sind nur in der integralen Kausalität des Lebendigen zu verstehen.
- Die materiellen Verankerungen der Erfahrung und der kognitiven Aktivitäten befinden sich im Gehirn. Aber die Effektivität dieser Aktivitäten ist nur aus der Koevolution von Organismus und Umwelt zu verstehen. Das Gehirn ist somit letztlich ein soziales und kulturelles, zugleich aber auch ein persönlich historisches Organ.

Damit nun ein Lerner die für jede Sprache spezifischen Eigenheiten erkennen und lernen kann, sind ihm nach Hörmann (1981) fünf „kognitive Bestände" mitgegeben:

(1) *Die Fähigkeit zur Gliederung und Strukturierung der Welt*
(2) *Die Fähigkeit zur zeitlichen Gliederung oder Strukturierung der nichtsprachlichen, und später auch der sprachlichen, Akte und Verhaltensweisen*
(3) *Die Fähigkeit, diese beiden gegliederten Welten, die gegenständlich-ereignishafte und die lautlich-gestisch-handlungshafte, in Beziehung zu bringen*
(4) *Die Fähigkeit zur symbolischen Lokalisierbarkeit von „ich"*
(5) *Die Fähigkeit zum kreativen Sprachgebrauch*

Hinsichtlich der drei ersten kognitiven Bestände brachte Hörmann (1981: 40) schon vor fast drei Jahrzehnten das *psycho-soziale Geschehen des Sprachenlernens* in einem Satz auf den Punkt - und skizzierte damit zugleich die psycholinguistische Basis für einen (primär inhaltlich, semantisch orientierten) Bilingualen Sachfachunterricht:

> Sprechenlernen vollzieht sich im gemeinsamen Handeln; die strukturierte Äußerung entsteht als Teil oder „am Rande" der gemeinsamen Aktion, die dem bezeichneten Gegenstand oder dem bezeichneten Ereignis gilt.

Hier liegt der Grund dafür, weshalb Sprachenlernen auch *Enkulturation* in die betreffende Sprache bedeutet: Die *joint attend*-Situation, in der beide, Sprecher und Lerner, zusammen ihre Aufmerksamkeit auf dasselbe Objekt richten, „ist so dicht geschlossen, daß einer der beiden Teilnehmer das Bewusstsein und das Handeln des anderen mitnehmen und dadurch mitbestimmen kann (ebd.: 28)."

Der vierte kognitive Bestand ist notwendige Voraussetzung für die *Individuation* (Simon 1984) eines jeden Menschen. Diese Fähigkeit ermöglicht das stets gültige Koordinatensystem von „ich, hier und jetzt". Das

[1] Damit ist die in der didaktischen Literatur zur „Ganzheitlichkeit" häufig zu findende Vorstellung von einer „interhemisphärischen Interaktion" zwischen der rechten und der linken Gehirnhälfte nicht mehr haltbar.

„Ich" wird sozusagen zum archimedischen Punkt beim Fassen, beim Erkennen der Welt. Das Erkennen als Errechnen einer Realität dient dazu, die ungeheure Komplexität der Welt zu reduzieren. Dieses Errechnen, dieses Aushandeln der Realität in der Begegnung mit der Welt, in der Interaktion mit anderen (vgl. Kap. 3, Abschnitt 1.2 zum „Interaktionistischen Konstruktivismus), erfolgt dadurch, dass die dynamischen Abläufe, die in der Zeit erfolgen, als zeitunabhängig konstant „repräsentiert" werden und dass erkannt wird, was mit mir identisch ist. Aber auch dieser Prozess erfordert Zeit. Das „Ich" hat dabei die Funktion, die Anpassung des Menschen an die Welt als Organisationsprozess zu gewährleisten. Dabei werden innere (der körperlichen Natur des Menschen entsprechende) Regeln und äußere (kulturelle) aufeinander abgestimmt (Simon 1984: 35).

Der fünfte kognitive Bestand liegt eher im Wesen der Sprache selbst, nämlich darin, dass auch vom Individuum noch nicht erfahrene Kombinationen der Sprachsymbole erlaubt sein können, der *Sprachgebrauch* somit *kreativ* ist. Zugleich gilt es aber wiederum sich vor Augen zu halten, dass, Bezug nehmend auf Fillmore, „ein enorm großer Teil der natürlichen Sprache formelhaft ist, automatisiert und auswendig gelernt eher als propositional, kreativ oder frei generiert" (Hörmann 1981: 118).

Die alles entscheidende Ur-Voraussetzung für Sprache - und damit für die den Menschen auszeichnende Fähigkeit zur Sprache - ist jedoch die zu einer *joint attend*-Situation. Sie nur ermöglicht die Fähigkeit zur *shared intentionality*, zur *„Wir-Intentionalität"*, wie Greffrath (2009) den Begriff von Michael Tomasello übersetzt. Diese *joint attend*-Situation war schon für den Psychologen Bruner (1986) die Angel für das Verständnis des Sprachenlernens, diesen bio-psycho-sozialen Prozess (Bleyhl 2000d). Die *joint attend*-Situation wird auch in ihrer neurobiologischen Dimension von Bauer (2006) in Bezug auf die Spiegelneuronen als entscheidend für den Prozess der sozialen Koppelung angesehen. Im Gehirn kommt dabei physiologisch die Hebbsche Regel, *„neurons that fire together wire together"*, zur Anwendung: Die Neuronen, so sie im selben Rhythmus, auch in verschiedenen Hirnarealen, aktiv sind, schließen sich zu Neuronenensembles zusammen (etwa bei mentalen Begriffsbildungen). Die empirisch ermittelte neurophysiologische Voraussetzung ist, dass die Rückmeldung innerhalb kürzester Zeit, längstens nach gut zwei Sekunden, erfolgen muss (Striano; vgl. Bleyhl 2009: 148), damit die mentale bzw. neuronale Koppelung erfolgen kann.

Hörmann (1981: 29) zitiert, ohne die eben angeführten neueren neurobiologischen Befunde zu kennen, Macnamara von 1971: „Kleinkinder erlernen ihre Sprache, indem sie zunächst unabhängig von der Sprache das bestimmen, was der erwachsene Sprecher meint, und dann die Beziehungen herausarbeiten, welche zwischen dem Gemeinten und dem sprachlich Gesagten besteht." Hörmanns eindringliche Betonung des für das Sprachenlernen so zentralen *Verstehens* ist zugleich unabdingbare Voraussetzung für jedes erfolgreiche Lehren einer Sprache.

Genau diesen Ansatz bestätigen auch die neuesten Forschungen am Leipziger MPI für Evolutionäre Anthropologie unter der Leitung von Michael Tomasello. *Joint attention*, die gemeinsame und geteilte Aufmerksamkeit, ist der Schlüsselbegriff. Diese Fähigkeit der Wir-Intentionalität, zu wissen, was der andere meint, ist der „Urgrund der menschlichen Kommunikation sowie des späteren Lebens in Institutionen, Normsystemen, Ethiken. Und natürlich für Sprache" (Greffrath 2009).

Zwar ist auch heute noch im Gefolge Chomskys der Glaube an eine angeborene Universalgrammatik anzutreffen, an eine biologisch angelegte Sprache (*langue*) hinter dem Sprechen (*parole*), denn in Chomskys Denken galt: „Das Regelsystem der Sprache wird zum wirklichen Erzeugungsmechanismus des Sprechens" (Krämer 2002: 100). Diese Hypothese darf jedoch heute als falsifiziert angesehen werden.

Für die praktische Arbeit im heutigen Englischunterricht ist die Frage, ob wir von einer Universalgrammatik ausgehen können oder nicht, relativ belanglos. Für frühere methodische Konzepte, insbesondere die Grammatik-Übersetzungs-Methode, war die Annahme, dass im Regelsystem der „wirkliche Erzeugungsmechanismus des Sprechens" liege, jedoch keineswegs eine akademische Frage. Diese Annahme rechtfertigte nämlich den alten, dem Platonismus entlehnten Glauben an die Abstraktion „Grammatik" als dem Wesen der Sprache und an ihre - eben angesprochene - wenn auch eingebildete Macht. (Die normative Macht grammatischer Regeln relativiert sich entscheidend, wenn man sie mit Keller 1994 als kulturell entstandene Bräuche versteht.) Deswegen tut es not daran zu erinnern, dass es spätestens seit der philosophischen Schule der Phänomenologie etwa eines Edmund Husserl Konsens der Denker - wenn auch nicht der Didaktiker - ist, dass die Substanz nicht im theoretisch Allgemeinen, sondern in der jeweils individuellen Realisation einer Sache, für uns: in der jeweils angemessenen Sprachäußerung liegt. Die methodische Konsequenz daraus ist: „Hin zu den Sachen!", zum jeweils situativen Gebrauch, wie es charakteristisch ist für den Erstspracherwerb, den natürlichen Zweitspracherwerb oder auch den fremdsprachlich so erfolgreichen Bilingualen Sachfachunterricht mit seinem primären Fokus auf Inhalte, wie sie für die Welt und die jeweiligen Sprecher relevant sind.

Sprache entwickelt sich also aus dem Gebrauch, aus der Kommunikation mit *caretakers* und anderen „Experten" im Umgang mit der Welt.

Genau dies hatten schon Kant und Wittgenstein gesagt. Jüngere, empirisch arbeitende Linguisten formulieren dies ähnlich wie Tomasello (1999, 2008): *Sprache* muss heute nicht als Instinkt, sondern als ein *kulturelles Werkzeug* betrachtet werden, das im Gebrauch in der sozialen Interaktion mit Experten erworben wird (vgl. Krämer/König 2002). „Eine fundamentale Architektureigenschaft von Grammatiken (ist) Konsequenz der Gebrauchsbedingungen" (Fanselow 2002: 230). „Grammatik entsteht als Nebenprodukt des Sprechens in der sozialen Interaktion" (Haspelmath 2002: 263, 274f.). Es besteht also folgender Konsens: Sprache, jenseits einer angeborenen Sprachfähigkeit, wird nicht genetisch, wohl aber kulturell (und *nur* kulturell!) vermittelt (Tomasello 1999, 2008). Allgemein formuliert: Der traditionelle Glaube im Fremdsprachenunterricht, dass (grammatisches) *Wissen* Können bewirke, ist sowohl theoretisch wie empirisch widerlegt. Es gilt vielmehr: *Erfahrung und Können sind die Voraussetzungen für Wissen*.

Auch die aus der Schule der Chomskyschen generativen Grammatik kommende Spracherwerbsexpertin Rosemary Tracy spricht zwar von der „biologischen Verankerung" (2008: 167) des Spracherwerbs, formuliert aber dezidiert: „Um sich auf den Weg (des Spracherwerbs) zu machen, benötigen Lerner und Lernerinnen auf regelmäßiger Basis natürlichen und reichhaltigen Input, kein Training[2]" (ebd.).

Erlaubt man sich schon hier einen ersten Vergleich von Erstspracherwerb und schulischem Fremdsprachenlernen, so ergibt sich, dass in der Schule die erste der genannten fünf Fähigkeiten, die zur Strukturierung der Welt, relativ wenig gefordert wird, weil sie zu diesem Zeitpunkt im wesentlichen schon gegeben ist und weil überdies das angebotene Material (als Repräsentation von „Welt") im allgemeinen didaktisch aufbereitet ist. Die zweite Fähigkeit, Körperbewegung und Sprache synchron zu erfahren, und auch die dritte Fähigkeit, körperliche Bewegung in der Welt mit Sprache zu verknüpfen, wird allenfalls im Anfangsunterricht in Anspruch genommen, in der Phase, an die alle Schüler stets mit Freude

---

[2] Tracy (2008) gibt in diesem Sinne ganz detaillierte Vorschläge etwa zur systematischen Wortschatzarbeit (S. 192 ff.) über die Etappen: 1. Einführung, Fast Mapping (erste Wort-Konzept-Verknüpfung), 2. Wiederholung in verschiedenen Kontexten, 3. Wiedererkennung von Wörtern, 4. Aktive Verwendung, 5. Überprüfung des Erreichten. Unmißverständlich erklärt sie: „Neue Wörter werden nach und nach erworben. ... Schweigen heißt *nicht* Nichtverstehen, Stillsein *nicht* Stillstand" (S. 197). - Zum Aufbau von Syntax und Morphologie sagt Tracy: „Überhaupt sind *Kontrast* und *Variation* die zentralen Leitideen für die Förderung von Syntax und Morphologie. Durch die gezielte Variation von Wort- und Satzformen (also: **Ich gehe** *da rein,* **Gehst du** *mit? Kannst du* **mitgehn**?) wird das Spracherwerbstalent des Kindes dazu angeregt, nach Gesetzmäßigkeiten, d. h. Regeln, zu suchen, die ihm helfen, die Zusammenhänge zwischen unterschiedlichen Mustern zu verstehen" (S. 199).

zurückdenken. Dass außerdem der persönliche Bezug des Lernenden, der Bezug seines Ichs zum Du, zu den Sprechern der zu erlernenden Sprache, unverzichtbar ist, haben vielleicht die erfahren, die eine Fremdsprache im jeweiligen Ausland oder sonstwie in der Begegnung mit ihren Sprechern gelernt haben. Eine solche positive Erfahrung in der Schule zu erleben ist nicht die Regel.

Es ist schließlich, um eine weitere allgemeine Sprachlernvoraussetzung zu nennen, das große Verdienst der *Kommunikationstheorie*, darauf aufmerksam gemacht zu haben, dass sprachliche Kommunikation nicht nur auf einer Ebene, etwa der des Inhaltlichen, geschieht. Neben der Ebene des sachlichen Informierens, also neben der *Inhaltsebene* (digitale Kommunikation), geschieht Kommunikation immer auch auf der *Beziehungsebene* (analoge Kommunikation) - und diese letztere Ebene ist bei der Begegnung mit Anderen immer gegeben: „Man kann nicht *nicht* kommunizieren" (Watzlawick et al. 1985: 53). Die analoge Kommunikation mittels Körpersprache, Gestik, Mimik, Intonation usw. ist für den Menschen mindestens ebenso existentiell, weil sie nicht zuletzt auch der Erhaltung des Ich-Bewusstseins dient - übrigens ein nicht unwichtiges Moment für die leicht konfliktträchtige Überschreitung von Kulturgrenzen, wie sie der Fremdsprachenunterricht mit sich bringt und wozu er schließlich befähigen soll (vgl. Tomasello 2008, Kap. 8, Stichwort „Fremdverstehen").

Dabei existieren digitale und analoge Kommunikationsformen „nicht nur nebeneinander, sondern ergänzen und durchdringen einander in oft sehr komplexer Form" (ebd.: 61). Diese Koppelung ist auch absolut notwendig. Das menschliche Bewusstsein ist nämlich so begrenzt, dass es nur einen Aspekt fokussieren kann. So ist das Bewusstsein im allgemeinen nur auf den inhaltlichen (digitalen) Aspekt einer Äußerung gerichtet. Hieraus aber ableiten zu wollen, dass die darüber hinausgehenden analogen Informationen von den kognitiven Prozessen der Informationsverarbeitung und -repräsentation nicht erfasst würden, ist seit der kommunikationstheoretischen Erkenntnis vom *gleichzeitigen* Geschehen auf der Inhaltsebene *und* der Beziehungsebene nicht mehr gerechtfertigt. Denn jede Mitteilung birgt zugleich körpersprachlich, mimisch, gestisch, intonatorisch usw. mit-übermittelte und unbewusst aufgenommene Informationen, die für das subjektive Urteil über Wichtigkeit, Wahrhaftigkeit usw. einer Mitteilung sogar ausschlaggebend sind.

Es ist somit offensichtlich, dass die ersten vier „kognitiven Bestände" als Säulen der Sprachlernfähigkeit im schulischen Fremdsprachenunterricht nur wenig in Anspruch genommen werden. Selbst die in der fünften Bedingung implizierte Folgerung für das Fremdsprachenlernen, dass nämlich – bei aller Anerkennung des kreativen Charakters der Sprache – den Schülern ein hohes Maß an Sprache als Modellreservoir angeboten werden muss, wird ebenfalls durchweg recht unzureichend erfüllt. Mit anderen Worten: Auf die Fähigkeiten zum Erwerb der Sprache, wie sie in der Natur des Menschen liegen, wird im schulischen Fremdsprachenunterricht weitgehend verzichtet!

2 Konkretisierung: Wörterlernen

Wie Sprache insgesamt, so wird auch die Bedeutung von Wörtern bei der *Erfahrung ihres Gebrauchs* gelernt. Denn im sprachbegleiteten Handeln, im Schnittpunkt der Wahrnehmung von Verbalem mit den Wahrnehmungen der anderen Sinnesorgane (in Verbindung mit dem vorhandenen Weltwissen), erschließen sich für den Lernenden relevante Bedeutungen. Auf Grund der sozialen Rückmeldung in der Interaktion ist auch ein gewisses Maß an Intersubjektivität zu erreichen. „Um das Symbol am Zeichen zu erkennen, muss man auf den sinnvollen Gebrauch achten. ... Wird ein Zeichen *nicht gebraucht*, so ist es bedeutungslos" (Wittgenstein 1963: 28). Denn da das Wort nur als Zeichen für die *Vorstellung* eines „Objekts" (eines Gegenstands, Sachverhalts oder Ereignisses) oder einer Idee steht, diese aber im Gehirn einer anderen Person nicht einzusehen, zu greifen, zu fassen ist, kann es immer nur bei der Vermutung, vielleicht auch Hoffnung bleiben, dass die beiden Gesprächspartner mit demselben Wort bzw. mit derselben Äußerung auch dasselbe „Objekt" oder dieselbe Idee verbinden. Relative Gewissheit schafft nur gemeinsames Handeln. Verbalisierendes Definieren dagegen riskiert zum Glasperlenspiel zu werden. Nicht von ungefähr warnt Karl Popper: „'Was ist'-Fragen sind immer in Gefahr, zu einem Verbalismus zu degenerieren – zur Diskussion über die Bedeutung von Worten oder Begriffen oder zur Diskussion über Definitionen. Aber im Gegensatz zu einem immer noch weitverbreiteten Glauben sind solche Diskussionen nutzlos" (Popper/Eccles 1984: 134).

Beobachtungen des Erstspracherwerbs (Bruner 1997, Gopnik et al. 2000) ebenso wie empirische Untersuchungen aus dem Bereich der Sprachtherapie (Bartsch 1983, Irmischer/Irmischer 1988) legen folgende sprachlernpsychologische Stufung des Bedeutungslernens[3] nahe, die so auch für den Fremdsprachenunterricht insgesamt gelten kann:

- *Enaktiv*: Sprache und Welt werden in der physischen Bewegung, im interaktiven Handeln verbunden erlebt.

---

[3] Zu Bruners Stufentheorie der kognitiven Entwicklung des Kindes vgl. auch Kap. 4, Abschnitt 2.3.2.

- *Ikonisch*: Sprache bezieht sich auf eine im Bild schon abstraktere Welt, auf eine abgebildete Welt.
- *Symbolisch*: Nachdem in bestimmten Bereichen (einschließlich des phonologischen Systems oder der elementaren Grammatik) auf Grund der gemeinsam gemachten sinnlichen Erfahrung die sprachlichen Konventionen etabliert sind, ist eine gewisse intersubjektive Sicherheit über die Bedeutung einer Anzahl sprachlicher Zeichen erreicht. Sie können nun eigenständig als Symbole verwendet werden.

Es geht beim Wörterlernen also nicht um das Speichern von Wörtern als Lautkonglomerate oder Buchstabenketten bzw. beim Fremdsprachenlernen um Korrespondenzen solcher Wörter in der Ausgangs- und der Zielsprache. Es geht um die *Begriffe*, die *Konzepte*, für die solche Wörter stehen.[4] Diese Konzepte, die Konzepte einer bestimmten Kultur, müssen entwickelt werden.

Um den rezeptiven Wortschatz von 30.000 bis 60.000 Wörtern zu erreichen, die ein amerikanischer Erwachsener durchschnittlich versteht (Brown 2007), muss er täglich ungefähr 5 bis 10 Wörter lernen. Das *Erkennen* eines Wortes als neu geschieht dabei sofort, ebenso die rasche Zuordnung zu einem bestimmten semantischen Feld. Das *Ausdifferenzieren der genauen Bedeutung*, d. h. die Ausbildung des mentalen Begriffs hinter der Wortform und der Unterschiede innerhalb einer semantischen Kategorie, geschieht aber in einem langsamen Prozess, in dem die Unterschiede und Beziehungen zwischen den Wörtern, ihr syntaktisches und morphologisches Verhalten eruiert werden, wozu immer wieder neue, andere (Kon-)Texte nötig sind. Auch die Erinnerung an die Lautung muss mehrfach aufgefrischt werden. Dieses Stadium der Ausdifferenzierung in einem Zwischenbereich von Verstehen und Benützenkönnen dauert lange (bei den ersten 50 Wörtern liegen fünf bis sieben Monate zwischen Verstehen und Produktion) und ist für viele Wörter im Leben nie abgeschlossen. So lässt sich beim Wörterlernen im Detail ablesen, dass das Lernen von Sprache nicht ein Input-Output-Geschehen ist, sondern ein nichtlinearer Prozess, der auch in der „Natur der Sache" liegende natürliche Schweigephasen benötigt, die dem aktiven Gebrauch vorausgehen.

Wie beginnt nun ein Sprachlerner das Netz seines Wortschatzes aufzuspannen? Welche Wörter werden zuerst gelernt? Nach Kauschke (2000) teilen sich die ersten Wörter, die ein Kind im Alter von etwa 12 Monaten spricht, folgendermaßen auf: Die häufigsten sind: 50 % relationale Wörter („weg", „rein"), 35 % persönlich-soziale Wörter („hallo", „nein", „aua"),

---

4 Vgl. Kap. 3, Abschnitt 2. – Die Bedeutung der Konzept- und Begriffsbildung in (sprachlichen) Lernprozessen erfährt besonderes Gewicht im Bilingualen Sachfachunterricht (vgl. Kap. 8, Abschnitte 2.1, 3.1 und 3.2).

5 % Nomina (ebd.: 123ff.). Dabei zeigt sich, bei aller individueller Variationsbreite, trotz unterschiedlichster Alltagserfahrungen und verschiedenstem sozio-kulturellem Umfeld bei den persönlich-sozialen und den relationalen Wörtern eine überraschend große interindividuelle Konstanz. Sie scheinen also die Knoten des Netzes zu sein, in das die Lernenden dann auch andere Wörter „hängen" können.

Verwiesen sei an dieser Stelle noch auf die Nachfolge der generativen Theorie, wo das „Minimalistische Programm" auf Regeln und ein Kategoriensystem verzichtet und „nur noch von lexikalisch projizierten *bare phrase structures* ausgeht" (Tracy 2000: 32f.). Nachdem sich die Linguistik jahrzehntelang fast ausschließlich Fragen der Syntax gewidmet hat, überlässt sie das Feld der Grammatik nunmehr weitgehend der Lexik, weil sie erkannt hat, dass es eben die Wörter und ihre Bedeutung sind, die die Syntax determinieren, und nicht umgekehrt. Auch dieser Umstand scheint in der Fremdsprachendidaktik, trotz Lewis (1993), Bleyhl (1995) und Bleyhl/Timm (1998), noch nicht hinreichend rezipiert zu sein.

Die Zahl der verfügbaren lexikalischen Einheiten ist offenbar auch entscheidend für die Geschwindigkeit des Spracherwerbs. Der Zeitpunkt, zu dem ein Kind etwa die 50-Wörter-Grenze erreicht hat, ist einer der sichersten Marker für die übrige Sprachentwicklung. Das heißt, reiche Lexik ist Voraussetzung für Sicherheit in der Syntax, beim Hörverstehen, Lesen und Schreiben, für das Ausdrucksvermögen und gleichzeitig für die Präzision des Denkens. Trotz aller individuellen Unterschiede muss das System des Sprachlerners anscheinend über eine „kritische Masse" von etwa 400 bis 500 Lexemen und *chunks* (ganzheitlich übernommene Wendungen) verfügen, ehe er selbst syntaktische Produktionen vornimmt (Marchman/Bates 1994). Das Alter spielt demgegenüber faktisch keine Rolle, die Zahl der verfügbaren lexikalischen Einheiten ist entscheidend. Wenn in früheren Lehrplanrevisionen der Wortschatz von Mal zu Mal reduziert wurde, weil die Schüler beim Lernen der von der Wirklichkeit losgelösten und womöglich noch kontextlos präsentierten Wörter Probleme zeigten, so war genau dies kontraproduktiv.

3 Sprache: ein System mit „offenen Rändern"

Ein für den Sprachlernenden wahrnehmungspsychologisch keineswegs triviales Problem besteht in dem Umstand, dass jedes Element einer jeden sprachlichen Schicht - Phonem, Wort, syntaktische Regel usw. bis zur Textsorte - im tatsächlichen Gebrauch unscharfe Ränder aufweist (vgl. Aitchison 2003, Bleyhl 2000d, Timm 1995b, 1995c). Jeden unserer Freunde erkennen wir an der Stimme, weil jeder sich vom anderen schon im Physiologischen unterscheidet. Wir nehmen die unterschiedlichen Artikulationen von [e] in *bed* aber alle als dasselbe /e/ wahr, weil wir einen inneren Verrechnungsmechanismus haben, der sie als gleich kategorisiert, wie wir das Rot eines Tuches in der Sonne oder im Schatten als dasselbe Rot erkennen trotz der recht unterschiedlichen Lichtfrequenzen. Es gibt in den Erscheinungsformen keine unverrückbaren, absoluten Grenzen, sondern überall nur fließende Übergänge („fuzzy concepts"). Die Eindeutigkeit der Kategorisierung regelt das Gehirn. Ob in einer Handschrift bei einem *a* mit längerem Aufstrich dieser Buchstabe als *a* oder als *d* zu dekodieren ist, ob ein *großer Teller* schon eine *Schale* ist usw., entscheidet (unbewusst) unser Sprachgefühl. Ebenso wenig gibt es eine Eins-zu-Eins-Zuweisung von Form und Bedeutung. So kann eine Vergangenheitsform wie *came* durchaus auch auf die Zukunft verweisen (etwa in *If he came ...*).

Gerade wegen der *fuzziness* ihrer Erscheinungsformen erweist sich die Sprache als geschmeidiges, anpassungsfähiges Kommunikationsinstrument: Die Erscheinungen jeder Schicht, vom Laut bis zur Äußerung (einschließlich Mimik und Gestik, die etwa beim Erkennen von Ironie oft unverzichtbar sind), werden beim Gebrauch mit denen der anderen Schichten „verrechnet" und durch sie „getragen", und jeder Sprachbenutzer hat im Laufe seines Sprachlernprozesses die in ihren Abgrenzungen unscharfen Formen und Verwendungsmöglichkeiten sowie die wechselseitigen Abhängigkeiten im sozialen Kontext erfahren und gegebenenfalls „ausgehandelt". Dabei war vor allem auch die sofortige Rückmeldung einschließlich der damit verbundenen emotionalen Valeurs entscheidend, wie die in Abschnitt 1 angesprochene Bindungstheorie deutlich macht.

Auch das Klassenzimmer ist ein sozialer Kontext. Aber dort bemüht man sich, den Schülerinnen und Schülern dieses mühsame Aushandeln zu ersparen, indem man die Sprache didaktisch aufbereitet und so darbietet, als ob die Spracherscheinungen alle einem bestimmten, mit festen Definitionen und Regeln zu fassenden Verhalten gehorchten. Damit schaltet man aber gerade die natürlichen Sprachlernvoraussetzungen und Spracherwerbsstrategien der Lernenden ab, lässt sie zumindest verkümmern. Man meint, Sprachlernen mittels des rationalistisch-didaktischen Hebels verbessern zu können, indem man die Mäander der Natur durch einen Stichkanal abkürzt. Die Schüler erfahren im weiteren Verlauf der Sprachbegegnung jedoch, dass diese ihnen offerierten Definitionen und Regeln oft nur eine sehr beschränkte Reichweite haben. (Man erinnert sich an die dann einsetzenden, manchmal verzweifelten Hilfskonstruktionen bezüglich der „Ausnahme-Regeln".) Je mehr der Lernende über seine Anfängerphase hinauswächst, desto mehr bewirkt dieses relativ rasche, mehr unbewusste Wahrnehmen der Relativität jener „Regeln" eine wachsende Verunsicherung. Und je nach Persönlichkeitsstruktur reagiert er darauf verschieden: Ist er unkritisch sich selbst gegenüber, so wird er an einer Regel, die er verstanden zu haben glaubt, starr festhalten und seine Fehler werden „fossilisieren" (vgl. den Schüler Erik in Zimmermann 1992 sowie den Schüler Stephan in Kap. 9, Abschnitt 1.1 dieses Buches). Ist er dagegen selbstkritischer, wird er in seiner wachsenden Verunsicherung und in der Einsicht über sein beschränktes Sprachvermögen immer stiller und sprechscheuer werden. Dass eben wesentliche Bereiche im Sprachlichen *implizit* gelernt werden, will man nicht anerkennen und riskiert wegen seines Glaubens an die Allmacht der rationalen Machbarkeit das lähmende Tausendfüßlerphänomen, statt dass man umgekehrt erst dort, wo die Lernenden selbst Probleme erkennen, sich bemüht, ihnen mittels einer rationalen Analyse bei ihren jeweiligen Problemen zu helfen.

4 Die Dynamik alles Sprachlichen

Wie die klassische Physik geht auch die orthodoxe Kognitionswissenschaft von festen Größen als potentiell kalkulierbaren „Faktoren" aus. Symbole, z. B. Wörter als Symbole ganz bestimmter Informationen, werden ihrer Auffassung nach gemäß bestimmten Regeln verarbeitet, manipuliert, so wie der Computer die ihm eingegebenen Informationen gemäß bestimmten Regeln verrechnet. Im Gegensatz dazu sieht die neuere Kognitionswissenschaft ihre Untersuchungsgegenstände als dynamische Systeme. Dementsprechend entwirft sie ihre kognitiven Modelle nicht gemäß einem linear arbeitenden Rechnermodell, sondern in Form neuronaler Netzwerke, in denen nicht eine „Information" nach der anderen verarbeitet wird, sondern wo die Verarbeitung parallel in einzelnen neuronalen Einheiten geschieht, die sich jedoch in einem wechselseitigen Zusammenspiel befinden. Gemäß diesem dynamischen Ansatz besteht Kognition nicht in der Manipulation von Symbolen, sondern in einem eher als „evolutionär", d. h. als Wachstumsprozess zu bezeichnenden Geschehen, das in Anpassung an die Erfordernisse des Gesamtsystems zur Emergenz von Ordnungen und Strukturen führt.

Nach diesem Netzwerk-Modell schickt sich die *Theorie der dynamischen Systeme* an, das fruchtbarste Modell im Bereich vieler Wissenschaften weit über die Naturwissenschaften hinaus zu werden. Interessanterweise kann die philosophische Begründung durchaus schon bei Goethe und in der Philosophie Heideggers und seiner Nachfolger gefunden werden, die den Geist als abhängig vom *Dasein*, von seiner aktiven Beteiligung in der Welt, sehen. In der Tat erfahren Gestaltpsychologie und Husserls Phänomenologie in der Neurophänomenologie eine Art Integration in die Kognitionswissenschaft neuer Prägung (Varela 1999, Roy et al. 1999, van Gelder 1999). Während Husserl bei seiner phänomenologischen Beschreibung damit rang, wie die Gleichzeitigkeit des Hörens etwa eines Musikstückes erklärt werden kann, dessen Tonfolge in der Zeit fließt, d. h. mit Davor und Danach, mit Vergangenheit und Zukunft, jedoch in der Gegenwart als Einheit erlebt wird, schickt sich die Neurophänomenologie an, hierfür Erklärungen anzubieten.

Und was für das Erlebnis der Musik gilt, ist auch auf das Verstehen von Sprache anwendbar. So betont Tracy mit Bedauern:

> Offensichtlich sind wir trotz eines insgesamt besseren Verständnisses der konzeptuellen Herausforderungen des Lernbarkeitsproblems noch weit von einem angemessenen Verständnis des Spracherwerbs und damit einer korrekten Einschätzung der Interaktion von bereichsspezifischen Voraussetzungen, allgemein kognitiver Prädisposition und Umwelt entfernt. ... Zukunftsweisend erscheinen mir allerdings allein nichtreduktionistische Perspektiven, in denen die Koexistenz (und damit die Koalition) von unterschiedlichen Zugangsmöglichkeiten unterstrichen wird ... und die in den Prinzipien der Selbstorganisation dynamischer Systeme *eine dritte, zwischen Umwelt und Anlage vermittelnde Instanz* anerkennen. (Tracy 2000: 5f.; Hervorhebung WB)

Selbstorganisation als Charakteristikum lebender Systeme ist ein Prozess der evolutionären Anpassung des Individuums an die Erfordernisse seiner Umwelt.[5] Sie entsteht in dem bewegten, dynamischen System auf Grund eines gegenseitigen und gemeinschaftlichen Zusammenwirkens der Einzelkomponenten, ohne von außen direkt steuerbar zu sein; Ausgangs- und gewisse Rahmenbedingungen begrenzen den Entwicklungsraum (vgl. auch Richter/Rost 2002). Tracys Zitat wirft damit auch ein Schlaglicht auf die traditionelle Sicht des Fremdsprachenlernens: Sie macht deutlich, dass der bisherige kognitivistische (und zugleich lineare) Ansatz unzureichend ist. Und in der Tat erfolgen seit Jahren mit den Stichwörtern *Selbstorganisation, dynamische Systeme, Nichtlinearität* und *Komplexität* immer wieder Anstöße für eine solche nichtreduktionistische Perspektive (vgl. Bleyhl 1988, 1998, 2000c, 2009 sowie Karpf 1990, Larsen-Freeman 1997, Peltzer-Karpf/Zangl 1998). Lehrer, die das Sprachlernen in diesem Sinne verstehen, versuchen nicht, mittels vermeintlich präzise umschriebener, d. h. didaktisch genau aufbereiteter und linear präsentierter „Informations-Lego-Steine" eine Sprachwelt zu bauen. Sie wollen die Schülerinnen und Schüler vielmehr herausfordern, ihre evolutionär angelegten Fähigkeiten zu aktivieren, ein sprachlich angemessenes Verhaltensrepertoire für die neue Sprachkultur zu erwerben. Hierzu müssen sie ihnen

---

5 Dies ist die zentrale Aussage der Evolutionären Erkenntnistheorie (vgl. Kap. 3, Abschnitt 1.1).

vor allem Gelegenheit geben, ihre eigene Lebenswelt sowie das Leben in dieser Fremdkultur möglichst vielfältig in Verbindung mit der fremden Sprache zu erfahren und sich damit auseinander zu setzen. Dies ist der *hermeneutische Zirkel aus Erwartung und Erfahrung*, der heute auf Grund der Erkenntnisse der Neurobiologie und Biokybernetik präzisiert werden kann (vgl. Bleyhl 2002).

Der Mensch ist so insgesamt zu verstehen als ein individuelles, aber auch historisch, kulturell und sozial eingebundenes (und damit auch sprachliches) Wesen, das - nicht zuletzt dank seines parallel arbeitenden Gehirns - seine Regeln aus den persönlichen Erfahrungen weitgehend unbewusst extrahiert. Sein Lernen findet also in den für ihn selbst wesentlichen Bereichen *implizit* statt. Sein Bewusstsein setzt er lediglich in von ihm als „problematisch" wahrgenommenen Fällen ein, um seine Situation zu optimieren (vgl. Roth 2001: 451).

5 Blick auf das Fremdsprachenlernen

Für Fremdsprachenlehrer rundet sich das Bild insofern, als die Erfahrung von der ausbleibenden Wirkung mancher grammatischer Lehrbemühung sich mit den Befunden der Unterrichtsforschung (Pienemann 1989, 2006) deckt, wonach das Lernen sprachlicher Phänomene und Relationen eben *nicht* mit den entsprechenden Lehrprozessen korreliert, sondern nach einem inneren „Lernplan" erworben wird (vgl. auch Peltzer-Karpf/Zangl 1998). Und in der Tat hat die bislang umfassendste empirische Langzeituntersuchung an 30 Klassen (Diehl et al. 2000) genau diese Ergebnisse zu Tage gebracht, die, obwohl im Unterricht Deutsch als Fremdsprache gewonnen, ebenso relevant sind für Fremdsprachenlehrer des Englischen:

1. Der Erwerb der ... Grammatik unter gesteuerten Bedingungen verläuft anders, als üblicherweise in der Fremdsprachendidaktik angenommen wird. ... Der Grammatikerwerb unterliegt internen Gesetzmäßigkeiten, die durch den Unterricht nicht kurzgeschlossen und nicht geändert werden können. Der Weg über Erwerbsstrategien ist unvermeidlich; lernersprachliche Abweichungen sind konstituierender Bestandteil des Erwerbsprozesses.
2. ... der Erwerb [erfolgt] in einer festen Abfolge von Phasen. ...
3. In keinem der (untersuchten) Bereiche verläuft der Erwerb parallel zum schulischen Grammatikprogramm. ...
4. Eine sehr viel größere Rolle, als wir ursprünglich angenommen hatten, spielt im Erwerbsprozess das Memorieren von sprachlichen „Fertigteilen", das *chunk learning*. (Ebd.: 359f.)

Zusammengefasst bedeutet dies: „Implizite Lernmechanismen sind bei der Bewältigung komplexer Aufgaben (wie zum Beispiel Spracherwerb) effektiver als explizite" (ebd.: 377; vgl. auch Bleyhl 2001b).

Interessant ist in diesem Kontext ein Blick über den Zaun zur Didaktik des Rechtschreibenlernens im muttersprachlichen Deutschunterricht, die sich auf reiche empirische Forschung stützt. Dort hat man festgestellt, dass schon die

> deutsche Orthographie ein viel zu komplexes Gefüge aus Regeln und sich überlagernden Prinzipien [ist], als dass sich die richtige Schreibung in jedem Falle durch Nachdenken und das Anwenden von Regeln sicher erschließen ließe. ... Neuere Untersuchungen belegen, dass auch ein großer Teil des Rechtschreiben*lernens* implizit stattfindet, d. h. dass die Kinder durch vielfältigen Schriftgebrauch zunehmend über orthographische Muster und Strukturen verfügen, die langfristig dazu führen, dass sie immer häufiger auch bei ungeübten Wörtern zur korrekten Schreibweise gelangen. (Brinkmann 2000: 59)

Fremdsprachenlehrer und -lerner haben im Vergleich hierzu eine noch komplexere Aufgabe: Die Lehrer müssen die ganze Sprache vermitteln, und die Schüler müssen alle Sprachschichten mit ihrem Wechsel- und Zusammenspiel simultan verinnerlichen. Im Unterricht wird mit der bewusstmachenden Fokussierung von Einzelaspekten dabei oft von Schicht zu Schicht gesprungen. Diese Wechsel sind für die Lernenden nicht immer nachvollziehbar, weil auch die grammatische Terminologie keineswegs immer für Klarheit sorgt. Wie viele Lehramtsstudenten des Englischen haben z. B. Probleme, „Substantiv" und „Subjekt" zu unterscheiden, weil ihnen nicht klar ist, auf welcher Sprachbeschreibungsebene sie sich befinden. Den Schülern wiederum erscheinen die Wechsel der Perspektiven, die dem Unterrichtenden selbst häufig gar nicht auffallen, oft als willkürlich, und sie werden - unbewusst - oft als unfair empfunden. Auch dies ist ein Grund, weshalb die lernpsychologisch so wesentliche Motivation häufig bald verloren geht.

6 Didaktisch-methodische Konsequenzen für den Englischunterricht

Aus dem bisher Gesagten sollte deutlich geworden sein, dass das traditionelle cartesianische „Lego-Menschenbild" *Geist - Seele - Körper*, schön separierbar als *roter Block - blauer Block - gelber Block*, unangemessen ist. Vielmehr werden bei der Wahrnehmung, beim Denken, bei der Suche nach Sinn dem eigenen Handeln und der Bewegung des eigenen Körpers große Bedeutung beigemessen. Körper und Geist beeinflussen sich gegenseitig. Und in der neuen Kognitionswissenschaft, ja selbst im jüngsten Zweig der

Künstlichen Intelligenz und in der Robotik, spielt der Körper als „enaktive Brücke", als Schnittstelle zwischen Ich und Welt eine große Rolle.

Wofür hier als Konsequenz aus all diesen Erkenntnissen plädiert werden soll, deckt sich mit den Ergebnissen der oben zitierten Studie von Diehl et al. (2000): Fremdsprachenunterricht sollte so beschaffen sein, dass die natürlichen Erwerbsmechanismen zum Zuge kommen können. Insgesamt ist dies die Forderung nach einer ganzheitlichen, „ökologischen Didaktik", die das vielfältige Wechsel- und Zusammenspiel der hier angesprochenen Kräfte berücksichtigt, neben Körper und Geist auch die „Umwelt" der Sprachbenutzer mit einbezieht und dem Einzelnen die Gelegenheit gibt, Sprache auch als soziales Instrument in sich zu entwickeln - eine Didaktik, die den Fluss „Lerner" nicht in einen Kanal presst, sondern ihn auch einmal freier „mäandern" lässt, die einen *sensus* aufweist für die Komplexität der Aufgabe, die eben nicht auf lineare Prozesse zu reduzieren ist, sondern - auf der Grundlage der Mehrfachverdrahtung des Gehirns und der damit verbundenen Möglichkeit zum parallelen Verarbeiten von Signalen - dem menschlichen Geist im Zusammenspiel mit der sozialen Interaktion die Fähigkeit zur Selbstorganisation belässt.

Der Hauptvorschlag von Diehl et al. (2000: 378) kann deshalb nicht nachdrücklich genug unterstützt werden: Die Schulkinder sollten mit der Fremdsprache in ihrer „natürlichen" Form konfrontiert werden und nicht mit einem reduzierten Input, aus dem alles herausgefiltert ist, was noch nicht im Unterricht behandelt wurde - vorausgesetzt natürlich, es ist ihrem Alter angemessen und vermittelt Inhalte, die ihren Interessen entgegenkommen. Die Auswahl der „bearbeitbaren" Strukturen innerhalb dieses Inputs kann dann den impliziten Lernvorgängen überlassen bleiben; sie setzen sich, wie wir gesehen haben, unter gesteuerten Erwerbsbedingungen ohnehin ebenso durch wie unter natürlichen. Motivation und „reicher Input" sind die beiden Grundvoraussetzungen für Fremdsprachenerwerb - auch in der Schule.

Das dabei bislang ungelöste Problem besteht natürlich zum einen in der Erhebung des sprachlichen Leistungsstandes der Klasse bzw. sogar des einzelnen Schülers, zum andern in der geringen Steuerbarkeit des sprachlichen Lernens, die für den Sprachlehrer auch das Aufgeben des Ideals einer leistungsmäßig homogenen Klasse zur Folge hat. Willkürlich gesetzte „Standards", wie Richtlinien oder Lehrpläne, aber auch die neuen KMK-Standards bringen hier wenig Hilfe. Was not tut, sind mit den natürlichen Erwerbssequenzen vielleicht noch genauer in Einklang zu bringende „Stufenprofile", wie sie Piepho (2001) vorlegt hat. Hier liegt ein weites Feld, in dem aber Arbeiten wie die von Zydatiß (2002b) oder der

Gemeinsame Europäische Referenzrahmen (Europarat 2001) Orientierungsmarken gesetzt haben (vgl. ausführlich hierzu Kap. 11).

Der Fremdsprachenunterricht darf dabei ruhig den Blick wagen hinüber zu den Kollegen im Fach Deutsch als Zweit-/Fremdsprache, wo mit der genannten Untersuchung von Diehl et al. beachtliche Vorschläge zur Ermittlung von Erwerbsständen gemacht worden sind und wo für Kinder mit Sprachschwierigkeiten, oft auf Grund von unzulänglichen Sprachwahrnehmungsleistungen, ein sich bewährendes Diagnose- und Therapie-Instrumentarium entwickelt wurde (z. B. Breuer/Weuffen 1993, Ledl 1994), das auch für den Fremdsprachenunterricht wertvolle Impulse liefern kann.

Ganz wesentlich erscheint es mir aber auch, nochmals auf einen Punkt hinzuweisen, dessen Wichtigkeit auch von Diehl et al. betont wird: die „Inkubationszeit". François Gouin (1884), Palmer/Palmer (1925/1970), die den Ausdruck meines Wissens als erste verwenden, Billows (1961), sinngemäß auch Winitz (1981) haben auf die Notwendigkeit der Inkubationszeit neuer sprachlicher Erscheinungen im Sprachaneignungssystem der Lernenden hingewiesen. Krashen/Terrell (1983) sprechen von einer „silent period", für die der Unterricht, wie es die Methode des *Total Physical Response* tut, entsprechende „pre-speech activities" anbieten muss. Der neuronale Apparat bedarf, wie überall im natürlichen Spracherwerb beobachtbar, offenbar einer Adaptationszeit, um das Zufällige vom Allgemeinen zu trennen. Diese für das Gehirn der Lernenden auch physiologisch notwendige Verarbeitungsphase wird ihnen aber nicht gestattet von einem Unterricht, der dem Input-Output-Denken, also dem sofortigen Nachsprechen und (re-)produktiven Verwenden des Neuen, verfallen ist. Ein Lehrer, der dies fordert, handelt wie ein Gärtner, der den Sämling sofort nach dem Säen und Pflanzen immer wieder aus der Erde nimmt, um zu überprüfen, ob die Würzelchen auch richtig wachsen. Selten überlebt ein Sämling ein solches Schicksal.

Lange Phasen des *Hörverstehens,* d. h. der Erfahrung von Sprache im Gebrauch, die Einräumung einer *Inkubationszeit,* das Schaffen eines gemeinsamen Praxishintergrunds durch *Handlungsorientierung,* gemeinsame *körperlich wahrnehmbare Erfahrungen*: Das alles ist der Nährboden für ein erfolgreiches Lernen der Erstsprache und aller weiteren Sprachen. Das Verlangen nach einem Stabilisierungselement, einer rationalen Ordnung des wachsenden Sprachgefühls bzw. der Sprachbewusstheit, stellt sich, individuell wohl unterschiedlich ausgeprägt, erst nach dem Sammeln einer genügend großen „kritischen Masse" an Erfahrung, an Sprachbegegnung (*language exposure*) ein.

Ideal wären Unterrichtsformen, die sich ganz an den natürlichen Spracherwerb anlehnen und schnell für eine große Menge an Erfahrung sorgen, im Anfangsunterricht also eine Art Immersionsunterricht, so wie Wode (2002) es für das Kindergartenalter beschreibt. *Ideal* wäre auch ein Unterricht, wie ihn Petit (2002) schildert. Bei den von ihm begleiteten Klassen im Elsass war die Unterrichtssprache zur Hälfte der Zeit in der Grundschule von Anfang an die Fremdsprache Deutsch, die anderen 13 Wochenstunden wurde in der Muttersprache Französisch unterrichtet. Am Ende der Grundschulzeit waren die Kinder dieser Klassen in der Fremdsprache muttersprachlichen Altersgenossen in der Verstehensfähigkeit äquivalent. Sie machten natürlich noch Fehler, konnten sich funktional aber in allen Bereichen altersgemäß behaupten. Das Bemerkenswerte aber ist, dass diese Kinder in ihrer Muttersprache den monolingual erzogenen Altersgenossen leistungsmäßig überlegen waren, in Mathematik sogar signifikant überlegen.

Nur, solche idealen Bedingungen haben wir kaum. Man muss also das Gegebene optimieren. Wie man Unterricht unter den real existierenden Umständen im Einzelnen gestalten kann, dafür gibt es erprobte Vorschläge, z. B. für das Fremdsprachenlernen in der Grundschule (Bleyhl 2000b, Mayer/Köhler 2009) oder für den darauf aufbauenden weiterführenden Unterricht in der Sekundarstufe (Zeitschrift *Fremdsprachenunterricht*, Heft 4/2001) sowie die Vorschläge von Brusch (1994) und Brusch/Heimer (2000) für einen effektiven, das Lesen forcierenden Unterricht.

Fazit: Das Eingeständnis, dass die Machbarkeit im Unterricht beschränkt ist und damit auch die Macht des Lehrers, der eben nicht einem beliebig steuerbaren Geschehen vorsteht, muss nicht in Resignation enden. Erinnert sei an die eingangs angesprochene Bindungstheorie, wonach als Voraussetzung für die Entwicklung einer stabilen Persönlichkeit die kontinuierliche emotionale Zuwendung und die Feinfühligkeit der Bezugsperson als entscheidend anzusehen sind. Zwei Schlüsselbegriffe sind damit auch ausschlaggebend für die fruchtbare Entwicklung der Fremdsprache bei Schülern. Es sind dies *Vorbild* und *Vertrauen*. *Wie* der Lehrer die Sprache im menschlichen Miteinander und in der Erfahrung der Welt verwendet, ist das Vorbild. Ist er sich im Klaren, wie ungeheuer komplex die von jedem Sprachenlerner zu bewältigende Aufgabe ist, darf er auch – nicht zuletzt dank der menschlichen Natur und ihrem Erbe – begründetes Vertrauen haben, dass seine Schülerinnen und Schüler seinen Herausforderungen folgen werden und das lernen, was für sie nötig ist. Voraussetzung ist, er versteht es (wie Eltern bei ihrem Kind oder verständige Gast-Eltern bei ihrem fremdsprachigen Austauschkind), am Verstehens-Verhalten seiner Schüler abzulesen, wo sie sprachliche Unterstützung brauchen. Haben die Lernenden ihren Erfahrungsschatz bis zur „kritischen

Masse" angefüllt, werden sie ihre Sprachkenntnisse je nach situativer An- und Herausforderung vervollkommnen.

Es gilt also, die dem Menschen von Natur mitgegebenen Fähigkeiten auch im schulischen Rahmen nutzbar zu machen und sie weiter zu entwickeln. Wie in der Natur jedes wachsende Individuum zu jedem Zeitpunkt überlebensfähig sein muss, gilt es auch im Fremdsprachenunterricht, die Schülerinnen und Schüler in eine sie akzeptierende Umgebung zu führen, ihre Sinneswahrnehmung, ihr Denken und ihr Sprachlernvermögen zu aktivieren, damit sie selbst lernen, wie sie einer gegebenen Situation jeweils angemessen gerecht werden können. Die Kinder lernen das, was sie brauchen. Sie müssen nur entsprechend gefordert und gefördert werden.

R & R

Review and Reflect

Textverständnis/Reproduktion:

- Welche Rolle spielen *caretakers* und *joint attention* für das Verstehen von Sprache und damit für den Spracherwerb?
- Erklären Sie die Begriffe „digitale" und „analoge Kommunikation". In welcher Weise wirken sie zusammen?
- Welche Rolle spielt das „sprachbegleitete Handeln" für das Wörter- und damit das Fremdsprachenlernen?
- Erklären Sie die Netz-Metapher in Bezug auf das Wörterlernen.
- Welche Rolle spielt die „kritische Masse" an Lexik beim Sprachenlernen?
- Inwiefern ist Sprache ein dynamisches System mit „offenen Rändern"?
- Was versteht Bleyhl unter dem „rationalistisch-didaktischen Hebel" des Fremdsprachenunterrichts? Welche Argumente führt er dagegen an?
- Die Kognitionswissenschaft beschreibt das Gehirn als „neuronales Netzwerk", das „sich selbst organisiert". Welche Rolle spielt dabei der „hermeneutische Zirkel aus Erwartung und Erfahrung"? Was bedeutet dies für das Sprachlernen und somit für die Fremdsprachendidaktik?
- Warum fördert – nach Bleyhl – der Bilinguale Sachfachunterricht das Fremdsprachenlernen? Wie kann dieser Befund für den Fremdsprachenunterricht nutzbar gemacht werden?

- Was versteht man unter dem inneren „Lernplan"? Welche Auswirkungen hat er für das schulische Fremdsprachenlernen?
- Erläutern Sie die Bedeutung einer „Inkubationszeit" beim Sprachenlernen.

Reflexion:

- Verknüpfen Sie die oben beschriebene Arbeitsweise des Gehirns mit Bleyhls Vorstellung von einer „ökologischen Didaktik".
- Welches Verständnis von Sprache und Sprachlernen haben Sie in Ihrem Englischunterricht kennen gelernt? Inwieweit kollidieren diese Vorstellungen mit dem in diesem Kapitel entwickelten didaktischen Konzept?
- Welche der vorgestellten psycholinguistischen Grunderkenntnisse wurden überhaupt in Ihrem Fremdsprachenunterricht berücksichtigt?
- Welche Konflikte (*if any*) erwarten Sie, wenn Sie in Ihrem eigenen Unterricht den didaktisch-methodischen Empfehlungen Bleyhls folgen wollen?

Stellungnahme:

- Erklären Sie die Bedeutung der auf S. 25 zitierten Erkenntnis von Hörmann (1981) für das Fremdsprachenlernen:
  „Sprechenlernen vollzieht sich im gemeinsamen Handeln; die strukturierte Äußerung entsteht als Teil oder ‚am Rande' der gemeinsamen Aktion, die dem bezeichneten Gegenstand oder dem bezeichneten Ereignis gilt."
- Erklären Sie die Funktion der „dritten Instanz" in dem folgenden Zitat von Tracy (2000):
  "Zukunftsweisend erscheinen mir allerdings allein nichtreduktionistische Perspektiven, in denen die Koexistenz (und damit die Koalition) von unterschiedlichen Zugangsmöglichkeiten unterstrichen wird ... und die in den Prinzipien der Selbstorganisation dynamischer Systeme *eine dritte, zwischen Umwelt und Anlage vermittelnde Instanz* anerkennen." (S. 35)
- Nehmen Sie Stellung zum letzten Absatz des Kapitels:
  „Es gilt also, die dem Menschen von Natur mitgegebenen Fähigkeiten auch im schulischen Rahmen nutzbar zu machen und sie weiter zu entwickeln. ..."

Kapitel 3

Lernorientierter Fremdsprachenunterricht: Förderung systemisch-konstruktiver Lernprozesse

Johannes-Peter Timm

1 Erkenntnistheoretische und pädagogische Grundlagen

In Kapitel 2 zeigt Werner Bleyhl die für das Sprachlernen zentralen Befunde der Psycholinguistik auf und zieht daraus wegweisende Folgerungen für die Gestaltung des Fremdsprachenunterrichts. In diesem Kapitel werden diese Erkenntnisse durch den Bezug auf den *Interaktionistischen Konstruktivismus* von Reich (2009) und dessen Umsetzung in einer *systemisch-konstruktivistischen Pädagogik* (Reich 2005) mit der Handlungsorientierung verknüpft. Das hieraus resultierende fremdsprachendidaktische Konzept subsumieren wir unter dem Begriff *Lernorientierung*:

- *Lernorientierter Unterricht* basiert auf der Einsicht, dass neues Wissen nicht durch direkte Vorgaben vermittelt werden kann; vielmehr können die Unterrichtenden den Schülern lediglich Gelegenheiten und Hilfen anbieten, neue sprachliche Daten in der Interaktion mit anderen mit ihren eigenen Vorerfahrungen und Vorkenntnissen zu verknüpfen und so die entsprechenden sprachlichen Konzepte und Regelhaftigkeiten selbst zu lernen.
- Dieses Lernen ist *systemisch-konstruktiv*, weil dabei die Beziehungsebene gegenüber der Inhaltsebene eine dominierende Rolle spielt.

Hinter dem Begriff „Konstruktivismus“ steht als Ausgangspunkt der sog. Radikale Konstruktivismus; für die fremdsprachendidaktische Diskussion erweist sich jedoch seine Weiterführung durch den Interaktionistischen Konstruktivismus von Reich als wesentlich fruchtbarer.

1.1 Der Radikale Konstruktivismus

Wie nehmen wir die Phänomene der uns umgebenden Welt wahr? Wie verarbeiten und strukturieren wir sie – kurz: Wie lernen wir?

Die *Evolutionäre Erkenntnistheorie* (Riedl 1981, Irrgang 2001, G. Vollmer 2002) macht uns darauf aufmerksam, dass Formen und Grenzen der Verarbeitung von Sinnesdaten lediglich ein Zwischenergebnis in der fortschreitenden evolutionären Anpassung von Lebewesen an die Erfordernisse ihrer Umwelt sind. Dabei registrieren Tiere Umweltphänomene nicht nur völlig anders, sondern zum Teil auch viel sensibler als Menschen. Die im Laufe der bisherigen Evolution entwickelten Fähigkeiten der menschlichen Sinnesorgane sind jedenfalls äußerst begrenzt, so dass wir nur Teilaspekte der Außenwelt wahrnehmen können.

Der *Radikale Konstruktivismus* (v. Foerster 1995, v. Glasersfeld 1995, 2008, Fischer 1995b, v. Foerster et al. 2009) liefert eine theoretische Begründung für diese Befunde. Danach werden Signale, z. B. bestimmte Licht- oder Schallwellen, die unsere Sinnesorgane erreichen („Perturbation"), erst vom individuellen Gehirn auf der Grundlage und nach Maßgabe gespeicherter Vorerfahrungen in je eigene neuronale Wahrnehmungsmuster und damit in Information „übersetzt". Nach einer Formulierung des Neurobiologen Gerhard Roth (1995: 60) ist „Wahrnehmung niemals eine Abbildung von Sinnesdaten, sondern stets eine Konstruktion" – noch radikaler: „Die Umwelt, so wie wir sie wahrnehmen, ist unsere Erfindung" (v. Foerster 1995: 40). Dabei wird das Gehirn neurobiologisch als geschlossenes und autonomes System verstanden, das sämtliche kognitiven Strukturierungen aus sich selbst heraus erzeugt (Selbstorganisation).

Die Bilder, die wir uns – als mentale Konstrukte – auf dieser Grundlage von der Welt machen, müssen allerdings in das Gesamtkonzept unserer Erfahrungen passen und sich im praktischen Leben als funktionstüchtig (bei v. Glasersfeld: „viabel", d. h. gangbar) erweisen; tun sie dies nicht, bleibt das innere Gleichgewicht gestört und sie müssen entweder diskursiv „ausgehandelt" oder nach dem selbstregulatorischen Prinzip von *trial and error* revidiert werden (vgl. Abschnitt 1.3).

Der Radikale Konstruktivismus ist von Michael Wendt (1996, 2002) in die fremdsprachendidaktische Diskussion eingeführt worden. Wendt berücksichtigt dabei jedoch zu wenig, dass es bei jedem Lernen, auch beim Fremdsprachenlernen, immer um ein *Lernen in einem sozialen Kontext* geht, wobei vor allem die Handlungsdimension nicht ausgeklammert werden darf (vgl. die Konstruktivismus-Debatte in der *Zeitschrift für Fremdsprachenforschung*, Jg. 13, H. 2, 2002, und Jg. 14, H. 2, 2003.) Aus diesem Grund beruft sich das Konzept der Lernorientierung vor allem auf das sozialkonstruktivistische Modell des Interaktionistischen Konstruktivismus.

1.2 Der Interaktionistische Konstruktivismus

Beim Fremdsprachenlernen handelt es sich nicht um die Verarbeitung von per se bedeutungsleeren Signalen, sondern um einen interaktiven Prozess des Verstehens von situativ, sozial und kulturell eingebetteten Äußerungen und Texten im Kontext sprachlichen Handelns, die von den Lernenden - zum Teil mit Hilfe des Gesprächspartners - auf ihre jeweils ganz spezifische Weise verarbeitet werden. Dabei bringen sie, meist unbewusst, immer ihr individuelles Zusammenwirken von Körper, Kognition und Emotionalität mit ein, ihre Ziele, Motivationen und Erwartungen, ihre Sozialisations- und Lernerfahrungen, ihr „Weltwissen" sowie ihre spezifischen Spracherwerbsmechanismen und Sprachlernstrategien.

Diesen Faktoren trägt der von dem Pädagogen Kersten Reich begründete *Interaktionistische Konstruktivismus* Rechnung, indem er Erkenntnis- und Verstehensprozesse grundsätzlich aus den sozio-kulturellen Verschränkungen des Menschen und seinen Interaktionen mit anderen ableitet. Diese Interaktionen liefern dann auch die notwendigen Rückmeldungen über die situative sowie, in einem weiteren Sinne, die sozio-kulturelle Angemessenheit („Viabilität") seiner Strukturierungen.

Das interaktiv-konstruktive Verstehen resultiert nach Reich (2005) aus drei Prozessen, die zirkulär miteinander verknüpft sind:

- Das methodische Grundprinzip der Gewinnung von Erkenntnissen heißt *Konstruktion*: „Selbst erfahren, ausprobieren, experimentieren, immer in eigene Konstruktionen ideeller oder materieller Art überführen und in den Bedeutungen für die individuellen Interessen-, Motivations- und Gefühlslagen thematisieren." (Ebd.: 119)
- Solche Erfahrungen, Entdeckungen, Erkenntnisse usw. sind natürlich nicht immer grundlegend neu. Insbesondere in der Schule sind sie häufig nichts anderes als die *Rekonstruktion* von Konstruktionen anderer. Dennoch können sie durch die bewusste Übernahme zu individuellen *Konstruktionen* des jeweiligen Schülers werden. Deshalb fordert Reich „ein System des Lernens ..., in dem Eigenverantwortlichkeit, Selbstvertrauen und Motivation von Lernern durch Selbsttätigkeit und Selbstbestimmung gestärkt werden, indem die Aufgaben der Rekonstruktion in das Spannungsfeld der eigenen Konstruktion zurückgeholt und hierbei gezielt verarbeitet werden." (Ebd.: 121)
- Auf der Stufe der *Dekonstruktion* gibt sich der Beobachter nicht mit seinen ersten (Re-)Konstruktionen zufrieden, sondern stellt - auf der Suche nach für ihn plausibleren Antworten - weitere Fragen, sucht nach Auslassungen, bringt Ergänzungen oder neue Blickwinkel ein, um hieraus wieder konstruktive Schlussfolgerungen zu ziehen. (Ebd.)

Beim Fremdsprachenlernen mit seiner Identität von Lerngegenstand und Lernmedium sind die Schüler bei ihren sprachlichen Strukturierungen allerdings zunächst häufig auf nachahmende *Rekonstruktionen* angewiesen. Deshalb müssen sie möglichst schnell Gelegenheit erhalten, auch die übernommenen Strukturierungen in eigenaktiven, handlungsorientierten Unterrichtsphasen *konstruktiv* auszubilden, dabei vielleicht sogar „dumme Fragen" zu stellen, also vorgegebene Strukturierungen von Lehrern und Lehrbüchern *dekonstruktiv* zu hinterfragen, um dann wieder in einen neuen *Zirkel der (Re-)Konstruktion* einzutreten.

Eine zentrale Rolle bei diesen unterrichtlichen Interaktionen spielt die sog. *Beziehungsebene*. Sie ist in drei weiteren Unterscheidungen der systemisch-konstruktiven Pädagogik enthalten:

- Mit Gregory Bateson und Paul Watzlawick unterscheidet Reich (ebd.: 33ff.) zwei Ebenen eines Kommunikationsprozesses: (1) die *Inhaltsebene*, sein sachlich-inhaltliches Thema, und (2) die *Beziehungsebene*, die Verhalten, Einstellungen und Erwartungen der Kommunikationspartner berührt. Wenn diese Beziehungsebene gestört ist, so Reich, können wir fachlich nichts erreichen (vgl. Kap. 2, Abschnitt 1).
- Darüber hinaus bezieht sich Reich (ebd.: 35ff.) auf Schulz von Thuns (1988) weitergehende Trennung zwischen den verschiedenen Seiten der Äußerung selbst: (1) *Sachaspekt* (ihr Inhalt), (2) *Beziehungsaspekt* (die mit ihr vermittelte Einstellung des Sprechers zum Gegenüber), (3) *Selbstkundgabe* (die in ihr enthaltenen impliziten Informationen über den Sprecher) und (4) *Appellaspekt* (die explizite oder implizite Einflussnahme auf das Gegenüber).
- Schließlich erweitert Reich (ebd.: 75-110) diese Unterscheidungen um drei weitere, zirkulär miteinander verbundene Perspektiven: (1) das *Symbolische*, d. h. die ordnende (Re-)Konstruktion von intuitiv Wahrgenommenem durch den sprachlichen Ausdruck, (2) das *Imaginäre*, d. h. das (unscharfe) Bild, das wir uns entweder intuitiv, kraft unserer Spiegelungsfähigkeit, unseres Hoffens, Wünschens oder Begehrens oder über die Körpersprache (Blicke, Mimik, Gestik) von unserem Gegenüber konstruieren, und schließlich (3) das *Reale*, das sich in ungeplanten und unvorhersehbaren Grenzerfahrungen, in unkontrollierten Momenten des Erstaunens oder Erschreckens in vertrauten Alltagsabläufen zeigt und das allenfalls im nachhinein „symbolisch", d. h. sprachlich oder künstlerisch, festgehalten werden kann.

Nur über die Beziehungsebene bzw. das Imaginäre, so Reich, können Interessen, Erwartungen, Motivationen, unerwartete Momente des Erstaunens und andere Ressourcen der Schüler freigelegt und ihr konstruktives Potential so auf die Inhalte hin fokussiert werden, dass sie unterrichtlich fruchtbar werden. Deshalb dürfen die Unterrichtenden nicht vorschnell „symbolisch“, d. h. ordnend und somit auch dominierend, in den Lernprozess eingreifen. Ihre Rolle ist eine helfend-vermittelnde. Dabei orientieren sie sich nach Möglichkeit an den Stärken und Schwächen, den Motivationen, Erwartungen, Vorerfahrungen und Vorkenntnissen sowie den bevorzugten Lernstrategien der Schüler (als Individuen wie als Gruppe), ermöglichen ihnen vielfältig handelnde, möglichst weitgehend selbstbestimmte Interaktionen, lassen sich durch ihre Einfälle, Reaktionen, Fragen und Vorschläge herausfordern und treten so als Wissensvermittler möglichst in den Hintergrund. Reichs „ethischer Imperativ“ für die konstruktivistische Didaktik lautet deshalb:

> Handle stets so, dass die Lernmöglichkeiten, Lernchancen und Lernanlässe deiner Lerner wachsen, so dass es zu einer Zunahme von Perspektiven, Handlungschancen und vielfältigen Lernergebnissen kommt. (Reich 2008: 254)

1.3 Die genetische Erkenntnistheorie von Jean Piaget

Im Erkenntnis- bzw. Lernmodell des Interaktionistischen Konstruktivismus spielen der interaktive Zirkel von Konstruktion, Rekonstruktion und Dekonstruktion, die Funktionstüchtigkeit der so gewonnenen Strukturierungen im praktischen Leben sowie ihre Anpassung an veränderte oder neue Gegebenheiten der Lebenswelt die zentrale Rolle. Für diese Prozesse bietet die *genetische Erkenntnistheorie* (Piaget 1973) eine psychologische Erklärung. Sie beschreibt bestimmte Aspekte der kognitiven Entwicklung des Kindes, seine Anpassung an veränderte oder neue Gegebenheiten seiner Umwelt und damit den schrittweisen Aufbau seines Weltbildes:

> Das Erkennen von Objekten ist an Handlungen und Erfahrungen geknüpft, die ihrerseits einer Stufung unterliegen: Von der frühen Kindheit an bilden wir insbesondere kognitive Strukturen aus, die als Schemata alle weiteren Erfahrungen eingliedern. Dieser Vorgang führt dazu, dass unser Verstand die Welt organisiert, indem er sich selbst organisiert. Die aktiven Konstruktionen unseres kognitiven Systems gestalten erst die Erfahrungen mit der Umwelt und koordinieren sie bis hin zum Aufbau einer strukturierten Welt. (Reich 2009: 153)

Bei diesen Prozessen der kognitiven Selbstorganisation arbeiten zwei Erkenntnisweisen, *Assimilation* und *Akkomodation*, Hand in Hand; sie lassen sich stark vereinfachend folgendermaßen zusammenfassen:

- *Assimilation*: Neue Daten (Erfahrungen) werden interpretiert, indem auf einschlägige Vorerfahrungen bzw. Vorkenntnisse zurückgegriffen wird. „Verstehen“ ist also zunächst einmal ein Prozess des „Wiedererkennens“. Insoweit sich diese Interpretation/Strukturierung neuer

Gegebenheiten mittels vorhandener kognitiver Strukturen - eventuell mit kleineren „Nachjustierungen" - in der sozialen Interaktion „bewährt", führt dies durch den Wiederholungseffekt zur Stabilisierung („Assimilation") dieser Strukturen.

- *Akkomodation*: Erfahrungen, die nicht in ein vorhandenes Konzept passen, also nicht assimiliert werden können (im Unterricht: ein Nicht- oder Missverstehen oder eine explizite Korrektur), führen zu einer Störung des inneren Gleichgewichts („Perturbation"). Dann muss entweder die „nicht-viable" Strukturierung angepasst oder aber eine neue gebildet werden („Akkomodation"). Diese neuen Konstrukte müssen sich dann angesichts weiterer Erfahrungen ebenfalls bewähren oder aber nach dem Prinzip von *trial and error* dergestalt weiter akkomodiert werden, dass auch sie assimiliert werden können (Prinzip der Selbstregulierung).

Dabei wird die Qualität jedes Konstrukts – auch rückwirkend – von allen anderen im jeweiligen Kontext relevanten Konzepten mitbestimmt. Mentale Strukturierungen sind also nie fixiert; sie werden vielmehr in einem konstruktiven Prozess der unwillkürlichen oder bewussten Anpassung durch jede neue Erfahrung verändert.

1.4 Konstruktion in der Pädagogik: John Deweys *Learning by doing*

Bei seinen Überlegungen bezieht sich Reich ausdrücklich auch auf den pragmatischen Lernansatz des Philosophen und Pädagogen John Dewey (Reich 2005: 197ff.; 2009: 52ff., 75ff.). Das pädagogische Grundprinzip Deweys ist die Betonung der Demokratie als Lebensform auch und gerade in der sozialen Organisation der Schule und des Unterrichts. Daneben ist für seine Pädagogik entscheidend, dass menschliche Erkenntnis sich nur in der (inter)aktiv handelnden Auseinandersetzung mit den Gegebenheiten der Lebenswelt herausbilden kann, in einem als Aushandlungsprozess verstandenen *learning by doing*, das

- nicht „toten Stoff" vermittelt, sondern „Lern- und Handlungschancen eröffnet",
- „die Interaktion der Lerner zwischen sich und dem Lerngegenstand, der Lerner untereinander und zu den Lehrenden" fördert,
- den Schülern eine demokratische Partizipation am Unterrichtsgeschehen sowie die „Freiheit zur eigenen Interpretation und Deutung" ermöglicht,
- „an die alltägliche Lernumgebung, den kulturellen Kontext und die sozialen Voraussetzungen der Lerner" anschließt und

- eine Lernumgebung schafft, die „vor allem für ein eigenes Handeln des Lerners, für das Herausfinden von Problemen und Lösungen aus der Sicht der Lerner" offen ist, um so ein möglichst selbstbestimmtes Lernen „aus dem Bewusstsein und Wollen der Lerner heraus intrinsisch, d. h. aus eigener Überzeugung und eigenem Willen zu fördern", das jedoch immer noch einer verantwortlichen Lernkontrolle unterliegt (Reich 2008: 24f.).

Bei diesem ausgesprochen handlungsorientierten Lerngeschehen steht für Dewey die „experience" der Lernenden im Mittelpunkt, die für ihn nicht nur eine „Erfahrung", sondern eine aktive Form der Erkenntnisgewinnung ist. Er unterscheidet dabei zwischen der *primary experience,* dem unmittelbaren, unreflektierten Umgang mit den Dingen, bei dem noch vieles im Vagen, Ungefähren verbleibt, und der *reflective experience,* dem bewussten, gezielten, auch fragenden Beobachten bzw. Manipulieren des jeweiligen Phänomens (Reich 2005: 197f.). Eine solche „reflective experience" finden wir zum Beispiel bei dem spielerischen Manipulieren sprachlicher Formen und Strukturen durch das Kleinkind („Papagei – Mamagei – Annagei"), ebenso aber auch bei dem mutigen Probierverhalten von Fremdsprachenlernern, das zu sog. „intelligenten Fehlern" führt (vgl. Kap. 9, Abschnitt 4.3).

2 Erfahrung und Abstraktion

Der Interaktionistische Konstruktivismus macht darauf aufmerksam, dass der Mensch bei allen seinen Handlungen physisch, emotional, sozial und kulturell in vielfältiger Weise mit seiner Umwelt verknüpft ist und dass alle seine Erkenntnis- und Lernprozesse nur auf dem Hintergrund seiner Interaktionen mit dieser Umwelt gedeutet werden können.

Für das Kleinkind spielen dabei seine primären Bezugspersonen (*caretakers*) eine wichtige Vermittlerrolle: Sie beziehen Gegenstände und Ereignisse der gemeinsamen Lebenswelt funktional in ihre Kommunikation mit dem Kind ein, und erst über sie bekommen sowohl die Dinge als auch die entsprechenden Äußerungen für das Kind einen Sinn (Bindungstheorie und *joint attention;* vgl. Kap. 2, Abschnitt 1). Auf dieser Grundlage kann der Mensch auch spätere Erfahrungen strukturieren, indem er sie – meist unbewusst – mit den Interpretationsmustern vergleicht, die er bei früheren Erfahrungen und Lernprozessen erworben und in seinem Gedächtnis abgespeichert hat.

Die mentale Abstraktion einer Wahrnehmung bzw. Erfahrung nennen wir *Konzept*. Wir unterscheiden dabei:

- sprachlich fassbare Konzepte: *Begriffe* wie „Stuhl" oder „verliebt", *Regeln* wie „Wenn Konzept *x*, dann Konzept *y*" und *Handlungsschemata* wie „Hochzeit" oder „Restaurantbesuch", mit denen weitere Handlungsschemata wie „Ringe tauschen" bzw. „bezahlen" und Begriffe wie „Braut" bzw. „Speisekarte" verknüpft sind (Mandl et al. 1988: 124),
- bildhafte Repräsentationen wie die Handhabung eines Schlagbohrers (Aebli 1988: 236) und
- intuitive, vorbewusste Repräsentationen, die auf vagen, begrifflich oder bildhaft kaum fassbaren Kategorien basieren (Weinert/Waldmann 1988: 180).

Bildhafte sowie intuitiv-vorbewusste Konzepte stellen vermutlich den Hauptbestandteil unseres Gedächtnisses dar. Sie sind auch Teil der beim Erst- oder Zweitsprachenlernen unbewusst internalisierten grammatischen Konzepte und Regeln. Deshalb können diese auch im Fremdsprachenunterricht letztlich nur ganzheitlich-handelnd vermittelt bzw. gelernt werden - was nicht ausschließt, dass nachträglich, d. h. nach einer ausreichenden Zeit der Begegnung und des eigenaktiven Umgangs mit dem entsprechenden sprachlichen Phänomen, gewisse Strukturierungshilfen von Lehrerseite durchaus hilfreich sein können.

3 Fremdsprachliches Lernen und die Rolle der Lehrenden

Der Bezug auf die systemisch-konstruktiven Prozesse und Strategien der Sprachverarbeitung liefert eine Erklärung für die frustrierende Erfahrung vieler Lehrer, dass fremdsprachliche Konzepte und Regularitäten nicht direkt „vermittelt" werden können, sondern von jeder Schülerin, jedem Schüler individuell „konstruiert" werden müssen - ein Lernprozess, der von Lehrerseite nicht verkürzt werden kann. Vielmehr ist dafür eine langwierige und komplexe, in ihren Details weitestgehend unbewusste Auseinandersetzung der Lernenden mit dem Sprachmaterial erforderlich, ein Bemühen, auf dieser Grundlage auch sprachliche Details der Äußerungen und Texte zu verstehen sowie selbst aktiv an mündlichen und schriftlichen Interaktionen teilzunehmen. Die Lehrenden können nur die Voraussetzungen für diese handlungsorientierten Aktivitäten der Lernenden schaffen. So interagieren Lehrer und Schüler nicht als *teachers* und „*teachees*", sondern als *learning facilitators* und *learners*.

Bei diesen Konstruktionsprozessen wirken, wie wir in Abschnitt 1.2 gesehen haben, die kognitiven Aspekte der „Inhaltsebene" und die emotionalen der „Beziehungsebene", Befindlichkeiten und Stimmungen, Gefühle wie Freude und Angst, Bedürfnisse, Interessen, Motivationen und Erwartungen sowie ganz allgemein die Lernatmosphäre, zusammen. Gerade die neuere Hirnforschung weist immer wieder auf die komplexen, unauflösbaren Verbindungen zwischen Kognitionen und Emotionen beim Lernen hin (vgl. Linden/Fleissner 2004, Spitzer 2006, Caspary 2009; speziell für den Fremdsprachenunterricht Börner/Vogel 2004).

Für die Details dieser Lernprozesse hat die Sprachlehrforschung eine Reihe von einander ergänzenden Hypothesen aufgestellt, die in vielen Untersuchungen bestätigt wurden (vgl. Edmondson/House 2006: 261ff):

- *Input-Hypothese*: Nach Krashen (1982, 1994) stellt *comprehensible input*, also Äußerungen und Texte, die die Schüler - gegebenenfalls mit gewissen Vermittlungshilfen - zumindest weitgehend verstehen können, die Grundlage jeglichen Spracherwerbs dar. Dabei spielt das situativ und kontextuell sowie durch entsprechende - auch muttersprachliche - Vorerfahrungen und Vorkenntnisse gestützte globale Verstehen eine wichtige Rolle (vgl. auch Butzkamm 1998 und 2002).
- *Aufmerksamkeits-Hypothese*: Nach R. Schmidt (1994, 1995b, 2001) genügt das Verstehen von Input alleine nicht, um Lernprozesse anzubahnen; vielmehr ist dabei auch eine globale Aufmerksamkeit auf sprachliche Phänomene (*attention*) und, darüber hinaus, ein bewusstes Gewahrwerden lexikalischer sowie morphosyntaktischer Elemente (*noticing*) notwendig: „what learners notice in input becomes intake for learning" (R. Schmidt 1995a: 20). Ob allerdings, wie er postuliert, zusätzliche metasprachliche Reflexion (*understanding*) zu einem vertieften Lernen führt, erscheint nach neueren Erkenntnissen der Neurobiologie (z. B. Roth 2003, 2009) mehr als zweifelhaft. Bewusstmachende Verfahren (*consciousness raising*), die über die Förderung von *noticing* hinausgehen, können allenfalls nachträglich, nachdem sie sich auf der Verstehens- wie der Produktionsebene aktiv handelnd mit dem Sprachmaterial auseinandergesetzt haben, entsprechend motivierten Schülern helfen, bestimmte Regelhaftigkeiten *bewusst* zu rekonstruieren und ihre Sprachproduktion *bewusst* zu kontrollieren. Der Prozess der Selbstorganisation des Gehirns (vgl. Kap. 2, Abschnitt 4) kann durch solche Maßnahmen jedenfalls nicht „ausgehebelt" werden.[1]

[1] Hinzu kommt ein weiterer Faktor, weshalb Definitionen und Regeln „von außen", durch Lehrer, Wörterbücher oder Grammatiken, wenig hilfreich sind. Deren scharfe Kategorisierungen reduzieren nämlich die in ihren Ein- und Abgrenzungen immer unscharfe Vielfalt konkreter Erfahrungen („fuzzy concepts") in einer Weise, die sie zwar für Lehr- und Nachschlagezwecke geeignet macht, den Lernenden jedoch nie das für den Sprachgebrauch so wichtige Gefühl für die breite und häufig diffuse Palette von Bedeutungen vermitteln kann, die sie nur in der handelnden Interaktion in entsprechenden Situationen und Kontexten erfahren können.

- *Involvement-load-Hypothese*: Auch nach den Befunden von Hulstijn/ Laufer (2001) bzw. Laufer/Hulstijn (2001) scheint ein hoher Grad an aktiver Beteiligung („involvement load") der Lernenden zumindest für das Wörterlernen wichtig zu sein. Dabei spielt, über die kognitiven *involvement*-Momente „search" und „evaluation" (vgl. R. Schmidts „noticing" und „understanding") hinaus, insbesondere ihr emotionales Engagement („need") eine Rolle. Dieser Befund stützt die Erkenntnisse von Hirnforschern und Praktikern, dass emotionale Beteiligung sich ganz generell positiv auf das Lernen auswirkt.
- *Interaktions-Hypothese* und *Bedeutungsaushandlungs-Hypothese*: Input wird von den Lernenden umso leichter verstanden, je mehr sie sich um ein Gesamtverständnis sowie – gemäß der *Aufmerksamkeits*-Hypothese - um die Bedeutung einzelner Wörter und grammatischer Strukturen bemühen (Long 1983, R. Ellis 1999). Wesentliche Hilfen bei diesem Prozess sind zum einen die *joint attention*, die gemeinsame Aufmerksamkeit der Gesprächspartner auf diejenigen Komponenten der Gesprächssituation bzw. des Kontextes, auf die sie sich mit ihren Äußerungen beziehen (vgl. Kap. 2, Abschnitt 1), zum andern das interaktive „Aushandeln" von Bedeutungen (*negotiation of meaning*) durch Rückfragen, (Bitten um) Bestätigungen, Wiederholungen, Paraphrasen (*recasts*), Erläuterungen, Korrekturen und Selbstkorrekturen usw.; außerdem können die Unterrichtenden den Schülern in einem „collaborative discourse" (R. Ellis 1994, 284f.) bzw. durch sog. „scaffolding" (Bruner; vgl. Mercer 1995: 72ff.) helfen, auf relevante inhaltliche und sprachliche Vorkenntnisse bewusst zurückzugreifen.
- *Output-Hypothese*: Swain (1985, 1993, 2000, 2005) weist darauf hin, dass Lernprozesse vor allem auch dann gefördert werden, wenn die Schüler sich auf der produktiven Ebene um angemessene sprachliche Formulierungen („comprehensible output") bemühen, denn erst dann werden ihnen ihre lexikalischen oder grammatischen Defizite bewusst. Neben diesem wichtigen Aspekt der eigenen Anstrengung erhalten sie außerdem über Rückäußerungen des Verstehens bzw. Nichtverstehens oder, im Falle von Verletzungen von Höflichkeitsregeln und sonstigen Normen des sozialen Verhaltens, über Äußerungen der Missbilligung direktes Feedback über die Viabilität ihrer Konstruktionen (vgl. Kap. 9, Abschnitte 5 bis 7), so dass sie schließlich – gegebenenfalls mit einer „Aushandlung" oder direkten Korrektur der Problempunkte ihres Outputs – ihre ursprüngliche Äußerung korrekt umformulieren können.
- *Lehrbarkeits-Hypothese* und *Verarbeitbarkeits-Hypothese*: Für die Gültigkeit dieser Hypothesen gibt es jedoch gewisse Einschränkungen. Gemäß der *teachability hypothesis* und ihrer lernerbezogenen Weiter-

führung durch die *processability hypothesis* (Pienemann 1998 und 2005, Keßler 2008) können die Lernenden neue Konzepte nämlich nur dann wahrnehmen und damit auch lernen, wenn sie von ihrem jeweils erreichten Sprachstand her dafür aufnahmefähig sind. Zwar ist die Generalisierbarkeit dieser These nicht unumstritten (Edmondson/ House 2006: 154); dennoch gibt es beim Erwerb bestimmter fremdsprachlicher Formen und Konzepte offenbar bestimmte Abfolgen, die von den Unterrichtenden nicht dauerhaft umgangen werden können. (Vgl. hierzu auch die Untersuchung von Diehl et al. 2000 in Kap. 2, Abschnitt 5.)

Insbesondere in den Momenten *involvement, interaction* und *negotiation of meaning* – den Kernpunkten eines handlungs- und lernorientierten Unterrichts – trifft sich die Erkenntnistheorie des Interaktionistischen Konstruktivismus mit den oben genannten Befunden der Sprachlehrforschung. Obwohl es also nicht Lehrprozesse, sondern individuelle Verarbeitungsaktivitäten der Schülerinnen und Schüler selbst sind, die Lernprozesse auslösen, müssen die Unterrichtenden die Voraussetzungen schaffen, um sie in Gang zu setzen:

- Sie sorgen für eine motivierende, angstfreie Lernumgebung, initiieren ganzheitlich-handelnde Interaktions- und Arbeitsformen und fördern so eine positive Lernhaltung bei den Lernenden („involvement");
- sie ermöglichen es den Lernenden, sprachliche Formen und Strukturen in einer Vielzahl sie direkt berührender und an relevante inhaltliche und sprachliche Vorkenntnisse anknüpfender Situationen selbst zu „erfahren" („comprehensible input") und dabei auf zentrale Form-Inhalt-Beziehungen zu achten („attention/noticing");
- dabei räumen sie ihnen ausreichend lange Phasen des Hör- bzw. Leseverstehens ein, stumme Verarbeitungsphasen, die schon Billows (1961: 36f.) als absolut notwendige „incubation periods" erkannte, und geben so den Lernenden genügend Zeit, um, nach Bleyhl, die „kritische Masse" an sprachlicher Erfahrung zu sammeln, aus der heraus sie ihre eigenen semantischen und grammatischen Kategorisierungen entwickeln können – falls sie dafür von ihrem Sprachstand her bereit sind („processability");
- sie helfen ihnen bei Verständnisschwierigkeiten, die Bedeutungen relevanter Formen und Strukturen zu verstehen („negotiation of meaning"), und motivieren sie, in den verschiedensten Formen unterrichtlichen Handelns („meaningful interaction") selbst produktiv darauf zurückzugreifen („comprehensible output").

Die Betonung der Bedeutung der *joint attention*-Situation, der *incubation period* sowie des Sammelns einer „kritischen Masse" an sprachlicher Erfahrung sind die in Kapitel 2 entwickelten Kernpunkte einer „ökologischen Didaktik", die „die Mäander der Natur" nicht durch einen „Stichkanal" abkürzt, sondern der parallelen, nicht-linearen Arbeitsweise des Gehirns, der kognitiven Selbstorganisation der Lerner sowie insgesamt dem komplexen „bio-psycho-sozialen Geschehen" des Fremdsprachenlernens freien Raum lassen möchte (und damit dem Konzept der „Lernorientierung" perfekt entspricht). Bleyhl wendet sich damit gegen eine Didaktik, die auf einem mechanistischen Menschenbild fußt, das den Lerner als eine steuerbare „triviale Maschine" und damit als relativ willkürlich manipulierbar betrachtet (vgl. zuletzt Bleyhl 2009). Mit einer solchen Einstellung kann dann zusätzlich zu dem sprachlichen auch ein Teil des erzieherischen Bildungsauftrags der Schule erfüllt werden: die Entwicklung der Schüler zu selbstbewussten, selbständigen und sozial handlungsfähigen Individuen.

4 Lernorientierter Fremdsprachenunterricht: Sieben Prinzipien

4.1 Lernerautonomie

Ein wesentliches Element eines lernorientierten Didaktikkonzepts ist die Förderung weitgehend selbstbestimmten Lernens (Lernerautonomie).

Allerdings ist im Fremdsprachenunterricht völlige methodische Autonomie gar nicht möglich, denn nur in der Interaktion mit Handlungspartnern können die Lernenden Bedeutungs- bzw. Begriffszuweisungen, Strukturierungen und Differenzierungen „aushandeln", und nur hier eröffnet sich ihnen auch die Möglichkeit, neu gelernte Konzepte auf ihre soziale Gültigkeit hin praktisch zu erproben und nicht funktionsfähige Konstrukte zu korrigieren.

Dennoch müssen die Lehrenden den Schülern so oft wie möglich die Gelegenheit zu weitgehend „offenen" Kommunikationsprozessen, zur Selbsterkundung und zur Selbstorganisation von Lernprozessen geben. Dabei stellen gezieltes Training bestimmter Lernstrategien sowie Impulse für ihre Umsetzung eine zentrale Komponente eines autonomiefördernden Unterrichts dar (vgl. Abschnitt 4.6). (Für Grundsatzüberlegungen sowie methodische Vorschläge zur Lernerautonomie vgl. Benson/Voller 1997, Legenhausen 1998, Edelhoff/Weskamp 1999, Scharle/Szabo 2000, Benson 2001, Rampillon 2003, Weskamp 2007a, insbes. 51ff., Wolff 2007.)

4.2 Förderung von *meaningful interaction*

Die Lehrenden ermöglichen den Schülern vielfältige sprachliche Erfahrungen in vielfältigen für sie bedeutungsvollen Kommunikations- bzw. Lernsituationen.

Dieses Prinzip - Kernstück des handlungsorientierten Fremdsprachenunterrichts - konkretisiert die Erkenntnisse des Interaktionistischen Konstruktivismus und John Deweys Maxime des „experiential learning" bzw. des "learning by doing" (Abschnitt 1) für die Fremdsprachendidaktik. Hierfür bietet ein lernorientierter Unterricht den Lernenden Themen und Inhalte an, die ihre persönlichen Erfahrungen und Interessen aufgreifen und die sie motivieren, sich mit ihnen gedanklich und damit auch sprachlich auseinanderzusetzen (*meaningful learning*). *Meaning* in diesem Sinne meint also die subjektive Bedeutung, die die Schüler den Inhalten beimessen, und das Engagement, das sie dabei zum Einsatz bringen.

Meaningful interaction ergibt sich zum Beispiel bei Gesprächen über aktuelle Themen des Tagesgeschehens, Videomaterial (Filmausschnitte, Werbespots, Videoclips usw.) und Hör- oder Lesetexte (auch Songs), beim sinnentnehmenden, kursorischen Lesen, beim adressaten- und produktorientierten, vielleicht sogar kreativen Schreiben sowie im Rahmen von Simulationen und Projektarbeit, wo Inhalte verhandelt, Probleme aufgeworfen sowie Lösungsmöglichkeiten diskutiert werden (vgl. Kap. 5 bis 7); hier liegt auch die besondere Chance, die der Bilinguale Sachfachunterricht für das Fremdsprachenlernen bietet (vgl. Kap. 8). All dies sind unterrichtliche Aktivitäten, die in hohem Maße die in Kapitel 1 entwickelten Merkmale der Handlungsorientierung aufweisen.

4.3 Aufbau von Sprachgefühl

Auf der Grundlage von vielen Begegnungen mit „comprehensible input" und „meaningful interaction" in möglichst vielfältigen Situationen und Kontexten sowie mit ausreichend langer Zeit für die mentale Verarbeitung („incubation") erhalten die Lerner Gelegenheit, Konzepte und Regelhaftigkeiten intuitiv wahrzunehmen und so stufenweise ein fremdsprachliches Sprachgefühl aufzubauen.[2]

Ein solches Sprachgefühl ist nicht nur sehr robust gegenüber Vergessens- und Interferenzprozessen, sondern darüber hinaus - im Gegensatz zu explizitem Sprachwissen - spontan zugänglich. Es erlaubt damit einen unmittelbaren und, wie ein Experiment von Hecht/Green (1992) verdeutlicht, offensichtlich auch recht zuverlässigen Zugriff auf sprachliche Regularitäten im Zuge des Sprachverstehens und der Sprachproduktion.

2 Zur Funktion verschiedener sprachlicher Phänomene im Kontext vgl. Bleyhl/Timm (1998) sowie Timm (1998d).

Hecht/Green (1992) untersuchten, ob das Grammatikwissen von Schülern - nachzuweisen über die Selbstkorrektur grammatisch inkorrekter Satzvorgaben mit zusätzlicher Begründung durch eine selbst zu formulierende Regel - eher „gefühlsgeleitet" oder eher „regelgeleitet" sei. Ihr Ergebnis: Zu 42% der *richtigen* Korrekturen lieferten die Probanden eine falsche oder gar keine Regelformulierung; diese Korrekturen gingen also allein auf das Sprachgefühl zurück. Bei den lernschwächeren Gruppen (mit einer insgesamt höheren Fehlerquote) lag dieser Prozentsatz der sprachgefühlbasierten richtigen Korrekturen sogar noch höher: bei den Realschülern bei 54%, bei den Hauptschülern gar bei 81% (ebd.: 157).

Besonders gute Chancen, den Schülern bei der Entwicklung eines fremdsprachlichen Sprachgefühls zu helfen, bieten zum einen - wegen der Nähe zum Erstsprachenerwerb, der Unbefangenheit der Kinder und der besonderen Unterrichtsgestaltung - der Fremdsprachenunterricht auf der Primarstufe (vgl. Kap. 4), zum andern der Bilinguale Sachfachunterricht, sofern dieser früh genug, d. h. bereits in der Sekundarstufe I, einsetzt (vgl. Kap. 8).

4.4 Förderung von Aufmerksamkeit (*attention* und *noticing*)

Für den Lernprozess ist es nach der Aufmerksamkeits-Hypothese (vgl. Abschnitt 3) hilfreich, wenn die Unterrichtenden die Schüler immer wieder motivieren, im angebotenen Sprachmaterial auf bestimmte Form-Inhalt-Beziehungen zu achten.

Der Erfolg solcher Strukturierungshilfen beruht jedoch auf mehreren Voraussetzungen (vgl. Abschnitt 3):

- Die Lernenden erhalten die Möglichkeit, zunächst eine „kritische Masse" an sprachlichen Erfahrungen in für sie relevanten, sie berührenden Kontexten zu sammeln;
- sie sind von ihrem Spracherwerbsstand und dem jeweiligen Vorwissen her aufnahmefähig für die jeweils maßgeblichen Konzepte;
- sie erhalten nach dem Lehrerhinweis ausreichend lange Zeit, ihre semantischen oder grammatischen Strukturierungen selbst zu leisten;
- sie können diese Strukturierungen in weiteren handlungsorientierten Unterrichtssituationen sowie durch funktional orientiertes Üben, bei dem Inhalte und nicht sprachstrukturelle Aspekte im Vordergrund stehen, allmählich intuitiv verfügbar machen (assimilieren).[3]

---

3 Form-orientierte Übungen können zum eigentlichen Lernprozess nichts beitragen; sie können nur die Sensibilität der Schüler für die entsprechenden Form-Inhalt-Beziehungen schärfen (R. Ellis 1988, 1992) sowie den Gebrauch bestimmter sprachlicher Formen geläufiger machen. - Für handlungsorientierte Formen der Festigung impliziten grammatischen Wissens und (systematisch-)funktionale Übungen vgl. Timm (1998c: 314-316).

Darüber hinaus kann die Aufmerksamkeit der Schüler auf bestimmte Form-Inhalt-Beziehungen immer dann gefördert werden, wenn aus der Klasse heraus ein sprachliches Problem artikuliert wird. Eine solche Bitte um Hilfe kann Anlass für verschiedene, in ihrer Komplexität gestufte Formen eines „entdeckenden Lernens“ sein: ein Problem präzisieren, plausible Vermutungen anstellen, in einem Konkordanz- oder Lernprogramm nach einer Lösung suchen, in einer Grammatik nachschlagen, Mitschülern die gefundene Lösung erklären und auf dieser Grundlage selbst eine entsprechende Übung erstellen („Lernen durch Lehren“; vgl. Martin/Kelchner 1998, Schelhaas 2003, Oebel 2009).

4.5 Förderung von *language awareness*

Konstruktive Lernprozesse können auch durch die Förderung der fremdsprachlichen „language awareness“ (Sprachbewusstsein und Sprachlernbewusstsein) der Schülerinnen und Schüler unterstützt werden.

Das Konzept der *language awareness* wurde in den 1960/1970er Jahren für den muttersprachlichen Unterricht in Großbritannien vor allem von E. Hawkins (1984) entwickelt; inzwischen ist es aber auch und gerade bei der Erforschung fremdsprachlicher Erwerbs- und Lernprozesse zu einem zentralen Anliegen geworden. Dementsprechend misst ihm auch der Europäische Referenzrahmen, vor allem für die Entwicklung von Mehrsprachigkeit, große Bedeutung zu (vgl. Europarat 2001, Svalberg 2007).

Allerdings ist die Reichweite des Begriffs noch umstritten. Mit van Lier definiert Gnutzmann (2007: 337) *language awareness* als „Verständnis der menschlichen Sprachfähigkeit und seiner Bedeutung für das Denken, Lernen und das soziale Handeln“. (Für weitere Details vgl. Wolff 1993, Gnutzmann 1997a und 1997b, Gnutzmann/Kiffe 1998.) Im vorliegenden Kontext sind vor allem zwei Aspekte bedeutsam, die in einem prozessorientierten Unterricht (vgl. Abschnitt 4.6) ausgebaut werden können:

- *Sprachbewusstsein* im engeren Sinne, d. h. die Bewusstheit sozio-kultureller Verschiedenheiten im Sprachgebrauch sowie struktureller Spezifika der fremden Sprache gegenüber der Muttersprache auf den verschiedensten sprachlichen Ebenen, sowie
- *Sprachlernbewusstsein,* d. h. die Bewusstheit, die die Lernenden von ihren Lernprozessen haben, insbesondere von ihren Bedürfnissen, Zielsetzungen, Einstellungen und Erwartungen, ihren Wissensbeständen, den Bedingtheiten und der Rolle von Fehlern im Lernprozess, den Wirkungen bestimmter Maßnahmen sowie ihren Lernfortschritten.

4.6 Förderung strategischen Verhaltens: Prozessorientierung

Die unterrichtliche Hilfestellung bei der Wissenskonstruktion der Lerner muss auch eine Förderung ihres individuellen „strategischen Verhaltens" beim Fremdsprachenlernen einschließen.

Während „Handlungsorientierung" die konstruktivistischen Erkenntnis- bzw. Lernmodelle im Hinblick auf das eigenaktive, engagierte Sprachhandeln der Schülerinnen und Schüler konkretisiert, leistet dies „Prozessorientierung" im Hinblick auf ihre mentalen Verarbeitungs- und Lernaktivitäten. So verstehen Multhaup/Wolff (1992b: 7) unter „Prozessorientierung" in der Fremdsprachendidaktik „vor allem eine stärkere Fokussierung auf den Fremdsprachenlerner, seine Sprachverarbeitungs-, seine Sprachproduktions- und seine Sprachlernprozesse". Empirische Forschungen (z. B. Stern 1975, 1990) weisen darauf hin, dass erfolgreiche Fremdsprachenlerner („good language learners") bei diesen Prozessen zumindest teilweise spezifische Strategien entwickeln und gezielt einsetzen können.[4]

Solche *Lernstrategien* definiert Chamot (2004: 14) als "the conscious thoughts and actions that learners take in order to achieve a learning goal". In diesem Sinne zielen auch sämtliche Artikel des Themenheftes „Fehlerbewusstes Lernen" (*Der fremdsprachliche Unterricht Englisch* 41, H. 88, 2007) darauf ab die Lerner dazu zu führen, „Verantwortung für ihren Spracherwerb zu übernehmen und über die Sprache und ihren Sprachlernprozess zu reflektieren" (Aßbeck 2007: 22). Training und bewusster Einsatz bestimmter, zum jeweiligen Lerntyp und der jeweiligen Aufgabe passender Lernstrategien - auch im Sinne eines „fehlerbewussten Lernens" (vgl. Kap. 9, Abschnitte 11.6 und 11.7) - sind darüber hinaus zentrale Bestandteile des autonomen Lernens: „Lerner werden dadurch selbständiger, d. h. autonomer, dass sie ihre Fähigkeit (weiter)entwickeln, die eigenen Lernwege zu erkennen, zu bewerten und effektiver zu gestalten" (Tönshoff 2007: 333).

Für die Benennung und Klassizierung von Lernstrategien sind seit den 1980er Jahren eine Vielzahl von Kategorien entwickelt worden, wobei nach Chamot (ebd.: 17) das System von Oxford (1990) die verschiedenen Strategien, auf die Fremdsprachenlerner tatsächlich zurückgreifen, am besten repräsentiert. Zunächst definiert Oxford *learning strategies* auf der kognitiven Ebene als „operations employed by the learner to aid the acquisition, storage, retrieval, and use of information", auf der emotionalen als „specific actions taken by the learner to make learning easier,

[4] Vgl. jedoch Finkbeiners Hinweis auf Griffiths (2008), wonach die Charakterisierung des „good language learner" differenziertere Parameter erfordert (Kap. 10, Abschnitt 2).

faster, more enjoyable, more self-directed, more effective, and more transferable to new situations" (ebd.: 8). Ihre grundlegende Unterscheidung ist jedoch die zwischen *indirect strategies* und *direct strategies* (Beispiele zum Teil anders gruppiert sowie durch zusätzliche Beispiele ergänzt):

(1) Indirekte Strategien bei der Organisation des Lernumfeldes:

- *Metakognitive Strategien bei der bewussten Steuerung des eigenen Lernprozesses:* z. B. typische Fehlerbereiche und Fehlerquellen feststellen, eigene Lernergebnisse selbst evaluieren, aufgabenorientierte Lernstrategien und Lerntechniken entwickeln und reflektieren
- *Affektive Strategien beim Umgehen mit Angst, Hemmungen usw.:* z. B. das Lernen mit Entspannungsübungen, Musik, Bewegung, Reim verknüpfen, das Selbstwertgefühl stärken und kalkulierte Risiken eingehen, ein Lerntagebuch führen
- *Soziale Strategien bei der Kooperation mit anderen:* z. B. mit anderen zusammenarbeiten, Empathie entwickeln, Konfliktsituationen proaktiv angehen

(2) Direkte Strategien bei der Sprachverarbeitung:

- *Mnemotechnische Strategien für die Speicherung von Information und die Abrufung von Wissen:* z. B. sprachliche Verknüpfungen bzw. Bild- oder Musikassoziationen herstellen, Wörter/Sätze in Bewegung umsetzen
- *Kognitive Strategien beim Verstehen und Produzieren von Sprache:* z. B. die Bedeutung von Wörtern aus dem Kontext erschließen, Teilaspekte mit entsprechenden der Muttersprache vergleichen, übersetzen („Sprachmittlung"), paraphrasieren, Schlüsselwörter suchen, unterstreichen, Notizen machen, auf Nachschlagewerke zurückgreifen
- *Kompensationsstrategien zum Aufrechterhalten von Kommunikation trotz gewisser Wissenslücken:* z. B. aus dem Kontext heraus Ratestrategien entwickeln, auf spezifische Signale, Mimik, Gestik usw. achten, nachfragen, um Korrektur oder Erklärung bitten, selbst Mimik und Gestik bewusst einsetzen, die eigene Sprachproduktion zugunsten einer längeren Hörphase zurückstellen, in die Muttersprache wechseln, beabsichtigte Äußerung vereinfachen/umformulieren

Lernstrategien können zwar nicht direkt gelehrt werden; die Lehrer können den Schülerinnen und Schülern jedoch helfen, im Rahmen prozessorientierter Trainingsphasen, die insbesondere auf die Reflexion ihrer spezifischen metakognitiven Strategien gerichtet sind, eigene Lernwege zu entdecken, sich ihrer jeweils bevorzugten Lernstrategien bewusst zu werden und diese auch auf neue Aufgaben zu übertragen (vgl. ausführlicher Kap. 10).

R & R

Review and Reflect

Textverständnis/Reproduktion:

- Inwieweit unterscheidet sich der Interaktionistische Konstruktivismus (IK) vom Radikalen Konstruktivismus?
- Worauf beruht im Kern das Prinzip der Lernorientierung? Inwieweit greift es auf Grundsätze insbesondere des IK zurück?
- Wofür stehen die Begriffe ‚kritische Masse' und ‚Inkubationszeit'?
- Welche Zusammenhänge werden zwischen ‚Erfahrung', ‚Verstehen', ‚Interaktion' und ‚Lernen' aufgezeigt? Welche Rolle kommt dabei der ‚Aushandlung von Bedeutung' (*negotiation of meaning*) zu?
- Warum spielt die Beziehungsebene in der Kommunikation und damit auch im Fremdsprachenunterricht eine so bedeutende Rolle?
- Was sind Lernstrategien? Nennen Sie einige Beispiele. Welche Rolle können sie beim Fremdsprachenlernen spielen?

Reflexion:

- In welchem Verhältnis stehen für Sie Kapitel 2 und Kapitel 3 dieses Buches zueinander?
- Wie sah für Sie bisher erfolgreicher Fremdsprachenunterricht aus? Inwieweit hat sich Ihre Auffassung nach der Lektüre dieser beiden Kapitel verändert?
- Welche der in diesem Kapitel genannten sieben Prinzipien eines lernorientierten Fremdsprachenunterrichts halten Sie für besonders wichtig? Warum? Welches ist Ihrer Meinung nach überflüssig?
- Würden Sie den Fremdsprachenunterricht, den Sie erfahren haben, als lernorientiert bezeichnen? Warum (nicht)?

Stellungnahme:

- Nehmen Sie Stellung zu Reichs „ethischem Imperativ" (S. 47): „Handle stets so, dass die Lernmöglichkeiten, Lernchancen und Lernanlässe deiner Lerner wachsen, so dass es zu einer Zunahme von Perspektiven, Handlungschancen und vielfältigen Lernergebnissen kommt."
- Nehmen Sie Stellung zu der Aussage, „dass fremdsprachliche Konzepte und Regularitäten nicht direkt ‚vermittelt' werden können, sondern von jeder Schülerin, jedem Schüler individuell ‚konstruiert' werden müssen – *ein Lernprozess, der von Lehrerseite nicht verkürzt werden kann*" (S. 50).

Kapitel 4

Wo Fremdsprachenlernen beginnt: Grundlagen und Arbeitsformen des Englischunterrichts in der Primarstufe

Nikola Mayer

1 Kompetenzorientierter Fremdsprachenunterricht in der Primarstufe
2 Sprachliches Handeln zwischen Imitation und Konstruktion
3 Ganzheitliches Lernen im frühbeginnenden Fremdsprachenunterricht
4 Kompetente Lehrkräfte für den Englischunterricht in der Primarstufe
5 Fremdsprachenlernen als Kontinuum - von der Primarstufe zur Sekundarstufe
6 Zusammenfassung

1 Kompetenzorientierter Fremdsprachenunterricht in der Primarstufe

1.1 Frühbeginn: Kindgemäßer Fremdsprachenunterricht

Mit dem Schuljahr 2004/05 vollzog sich für ganz Deutschland die flächendeckende Verankerung des Fremdsprachenlernens in der Grundschule. In einer ganzheitlichen Sichtweise wirkt sich diese Entwicklung auf den gesamten Fremdsprachenunterricht aus, denn der frühbeginnende Fremdsprachenunterricht ist nicht einfach eine Vorverlegung des Fremdsprachenlernens in die Grundschule, sondern ein „besonderer Typus" (H. Christ 2007: 449), da Kinder anders lernen und andere Bedürfnisse haben als ältere Schüler oder Erwachsene. Um ein organischer Teil der Grundschulausbildung zu werden, orientiert sich der frühbeginnende Fremdsprachenunterricht am Alter der Lernenden und den Gegebenheiten der Grundschule. Fremdsprachenunterricht in der Grundschule ist die bewusste Vernetzung und Integration grundschulpädagogischer *und* fremdsprachendidaktischer Aspekte.

Auch auf der Ebene der fremdsprachendidaktischen Forschung hat sich die Auseinandersetzung mit dem Fremdsprachenunterricht in der Primarstufe etabliert: In den vergangenen Jahren erschienen eine Vielzahl an Veröffentlichungen, die sich explizit diesem Forschungsbereich widmen und so dazu beitragen, dass nach und nach ein genaueres Wissen darüber, wie Kinder eine Fremdsprache lernen erreicht wird (siehe hierzu z. B. Legutke et al. 2009; Mayer/Köhler 2009; Grau/Legutke 2008a; Böttger 2008; Diehr/Frisch 2008). Auch die Schulbuchverlage haben verstärkt in neue Lehrwerke für die Grundschule investiert, so dass es ein breites Angebot an zeitgemäßen und didaktisch fundierten Lehrmaterialien gibt.

Der primarstufenspezifische Fremdsprachenunterricht ist so konzipiert, dass Kinder in ihrem spezifischen Fühlen und Denken entwicklungsgemäß angesprochen werden sollen. Das Kriterium der Kindgemäßheit ist jedoch nicht leicht zu erfüllen, wie Brügelmann (2001: 50f.) zeigt. Er legt den Begriff weit aus, indem er nicht nur auf den grundsätzlichen Unterschied im Denken und Fühlen von Kindern und Erwachsenen hinweist („Kinder denken und fühlen anders als Erwachsene"), sondern auch auf einen häufig anzutreffenden Übertragungsfehler: „Kinder denken und fühlen anders als Erwachsene meinen". Nicht vergessen werden darf dabei die je individuelle Weltsicht von Kindern („Kinder denken und fühlen anders als andere Kinder denken und fühlen"), die auch auf das Individuum bezogen keinen allgemeingültigen Richtwert darstellt („Kinder denken und fühlen in der einen Situation anders als in der anderen"). Diese sehr offene Annäherung an den Begriff „Kindgemäßheit" ist richtungweisend, vor allem vor dem Hintergrund, dass die Altersgruppe, auf die Bezug genommen wird, und die entsprechende Entwicklungsstufe „Kindheit" unscharf umrissen sind.

Als fremdsprachlicher Frühbeginn wird sowohl die Arbeit im Kindergarten als auch in der Grundschule bezeichnet - eine Altersspanne, die Kinder zwischen 4 und 10 Jahren umfasst. Es ist jedoch problematisch, die „Lernvoraussetzungen und Persönlichkeitsstrukturen mehrerer Altersgruppen, die aber alle unter dem Begriff ‚früh' oder ‚Kinder' subsumiert werden" zu erfassen (Kubanek-German 2001: 157).

Den Fremdsprachenlehrerinnen und -lehrern in der Grundschule kommt die verantwortungsvolle Aufgabe zu, die Lernenden für Sprache(n) zu „öffnen" und eine positive Grundeinstellung – *a positive mind-set* (Schmid-Schönbein 2001) – zur Fremdsprache, zum Fremdsprachenlernen und zu allen Bereichen des Fremdsprachenunterrichts aufzubauen. Diese Aufgabe kann nur gelingen, wenn Methoden und Themen die Kinder ansprechen, wenn die Grundschullehrkräfte ihre Rolle in umfassender Weise ausfüllen, und wenn auch die Lehrenden der weiterführenden Schulen die veränderte Ausgangssituation mit all ihren Implikationen und Chancen anerkennen, aufgreifen und weiterführen (vgl. z. B. Kahl/Knebler 1996; Legutke 2000).

Bereits Ende der 1970er Jahre legte Peter Doyé drei Bedingungen für das Gelingen des Fremdsprachenlernens in der Grundschule fest, die nach wie vor Gültigkeit haben:

- grundschulgemäßes Lernen,
- sprachlich und methodisch qualifizierte Lehrkräfte und
- die bruchlose Weiterführung des Lernens in der Sekundarstufe (vgl. Doyé/Lüttge 1977, Sauer 2000a: 31f.).

1.2 Die Entwicklung des Fremdsprachenunterrichts in der Grundschule

Fremdsprachenlernen in der Grundschule ist *kein* neues Thema (zur historischen Entwicklung vgl. Kubanek-German 2001, Beckmann 2006). An den Freien Waldorfschulen wird seit 1919 ab Klasse 1 mit dem Fremdsprachenunterricht zumeist in zwei Sprachen begonnen (vgl. Jaffke 1996, Jaffke/Maier 1997). In Hessen (vgl. Gompf 1975) und Niedersachsen (vgl. Doyé/Lüttge 1977) wurde seit den 1970er Jahren Schulbegleitforschung betrieben und auf die vor allem positiven Auswirkungen des frühen Fremdsprachenlernens hingewiesen. Wie Sauer (2000a, 2000b) anhand der Veröffentlichungen zum frühen Fremdsprachenlernen nachweist, ging die Entwicklung in Deutschland seit den frühen 1960er Jahren in zwei Hochphasen vonstatten. Die erste Phase war zu Beginn der 1970er Jahre, die zweite, wesentlich umfassendere, in den 1990er Jahren. Hier wurden die entscheidenden Impulse gesetzt, das frühe Fremdsprachenlernen flächendeckend zu verankern. Auslösende Faktoren waren das Zusammenrücken Europas und die Forderung des Europarates nach Mehrsprachigkeit. Hinzu kam die Einführung der „verlässlichen Grundschule", was eine Verlängerung der betreuten Unterrichtszeit bedeutet und somit den Raum für eine Erweiterung der Stundentafel bot.

Während in den 1990er Jahren verschiedene Konzepte des grundschulgemäßen Fremdsprachenlernens parallel existierten - das in Nordrhein-Westfalen erarbeitete Konzept „Begegnung mit Sprachen" (Bebermeier et al. 1992), das in Grenzgebieten anzutreffende Konzept „Lerne die Sprache des Nachbarn" (Pelz 1989) und Immersionsansätze wie beispielsweise an den Europaschulen (Zydatiß 2000, Legutke 2000) –, hat sich das ergebnisorientierte Lehrgangskonzept des frühen Fremdsprachenlernens, der so genannte „(Fremdsprachen-)Frühbeginn", in fast allen Bundesländern durchgesetzt. Im Gegensatz zu den anderen Ansätzen, bei denen mehrere Sprachen einbezogen sind, liegt hier die Konzentration auf einer Sprache. Bei der Frage der Sprachenwahl lassen sich viele Argumente für den Frühbeginn mit einer anderen Fremdsprache - beispielsweise mit Französisch (vgl. Wilts 2002) - finden, dennoch hat sich fast überall

Englisch als Fremdsprache in der Primarstufe durchgesetzt.[1] Die ursprüngliche Empfehlung, tägliche Sequenzen von je 15 bis 20 Minuten in den Englischunterricht einzubauen, ist aus lerntheoretischer Sicht günstig; in der Praxis hat sich jedoch die Variante des zweistündigen Unterrichtsfaches, das oft nicht von der Klassenlehrerin selbst, sondern von einer Fachlehrerin unterrichtet wird, durchgesetzt.

Resümierend lässt sich festhalten, dass die Fremdsprachen in der Grundschule „angekommen" sind, die Entwicklung aber noch nicht abgeschlossen ist. Zwischen den Bundesländern variiert die Dauer des in der Primarstufe angebotenen Fremdsprachenunterrichts (2 Jahre oder 4 Jahre[2]), die grundsätzliche Wertigkeit des Faches ist noch nicht geklärt (Versetzungsrelevanz) und auch die Frage der Leistungsmessung und Benotung sowie einige methodisch-didaktische Fragen (wie die Einbeziehung von Schrift und die Auseinandersetzung mit grammatikalischen Aspekten) sind noch in der Entwicklung. Die KMK hat im Jahr 2005[3] ein Dokument veröffentlicht, das die methodisch-didaktischen Rahmenbedingungen des frühen Fremdsprachenunterrichts sowie grundsätzliche Rahmenbedingungen darstellt, aber nach wie vor fehlen national gültige Standards für die Primarstufe.

1.3 Kompetenzerwerb im Englischunterricht der Grundschule

Während die Umstellung auf Kompetenzmodelle und Standards für den Fremdsprachenunterricht in den weiterführenden Schulen einer Neuorientierung gleichkommt, ist die Veränderung für die Primarstufe weitaus weniger gravierend. Zwar wurden auch hier neue Bildungspläne erarbeitet, da aber von Beginn der flächendeckenden Einführung in den 1990er Jahre an auf den Gemeinsamen Europäischen Referenzrahmen (GER) Bezug genommen worden war, war die Weiterentwicklung hin zu Kerncurricula und Kompetenzmodellen eher fließend. Zudem waren die Vorläufer der jetzigen curricularen Vorgaben zumeist offen gehaltene Rahmenrichtlinien und Empfehlungen. Allerdings waren diese häufig aussagekräftiger in Bezug auf die konkreten Anforderungen und

---

1 Im Bundesland Baden-Württemberg wird entlang der Rheinschiene Französisch in der Grundschule unterrichtet; das Saarland hat sich als einziges Bundesland ganz für Französisch in der Primarstufe entschieden. In einigen anderen Bundesländern sind Nachbarsprachen (z. B. Polnisch, Dänisch) oder weitere Fremdsprachen (z. B. Italienisch, Russisch) wählbar.

2 Baden-Württemberg und Rheinland-Pfalz beginnen in Klasse 1; NRW erprobt den frühen Einstieg im zweiten Schulhalbjahr der Klasse 1. Weitere Bundesländer haben sich in Klasse 1 und 2 für den Begegnungsansatz entschieden (z. B. Hessen und Sachsen-Anhalt).

3 Siehe hierfür: http://www.kmk.org/bildung-schule/allgemeine-bildung/faecher-und-unterrichtsinhalte/fremdsprachen.html

Erwartungen im Bereich der sprachlichen Kompetenz. So benannte beispielsweise die Ergänzung Englisch/Französisch zum Bildungsplan für die Grundschule des Bundeslandes Baden-Württemberg (2001) klare sprachliche Zielsetzungen (situative Redemittel, grammatische Formen und Strukturen, eine Liste mit Verben im aktiven Wortschatz sowie klar umrissene Themenbereiche). In der Weiterentwicklung aus dem Jahr 2004 sind diese Vorgaben in kompetenzorientierte *can-do-statements* überführt und für das zweite sowie das vierte Schuljahr konkretisiert worden. Gestärkt wurde auch der Bereich der Strategieentwicklung.[4]

Als Standard, der am Ende von Klasse 4 zu erreichen ist, wird grundsätzlich das Level A1 (siehe GER) angeführt. Zur Veranschaulichung dieser Vorgaben sind die Empfehlungen des Expertenkreises für die Weiterentwicklung des Fremdsprachenlernens in der Grundschule des zur „Stiftung Lernen" gehörenden BIG-Kreises (2005: 8-11) hilfreich:

Funktionale kommunikative Kompetenzen
Kommunikative Kompetenzen **Hören / Hörverstehen** • die Fremdsprache von anderen Sprachen unterscheiden • einfache Anweisungen im Unterricht verstehen und befolgen • einfache Äußerungen zu vertrauten Themen verstehen und angemessen darauf reagieren • Schlüsselwörter in vertrauten Themen erkennen (gesprochene Sprache) • Handlungsfolgen verstehen, behalten und das Verstehen non-verbal und / oder verbal belegen **Sprechen und mündliche Kommunikation** • Gehörtes verständlich wiedergeben (*words, chunks*) • vertraute Gegenstände und Tätigkeiten benennen und beschreiben • Informationen geben und einholen • Wünsche und Gefühle äußern und entsprechende Fragen stellen • Hilfe und Unterstützung anbieten und erbitten **Lesen und Leseverstehen** • Wörter erlesen, die den Kindern bekannt sind (Zuordnung Klangbild-Wortbild) • bekannte Wörter in ihrer Bedeutung verstehen und erlesen • lautrichtiges Vorlesen von bekanntem Sprachmaterial (nach Vorbereitung)

[4] In der Unterrichtspraxis zeigt sich, dass dies für Grundschullehrkräfte, für die Englisch Neuland ist, eine große Herausforderung und z. T. auch Verunsicherung bedeutet. Letztlich führt es dazu, dass sich die Lehrkräfte auf die Vorgaben der Lehrwerke verlassen.

- Informationen, die aus mündlicher Kommunikation bekannt sind, auch aus Texten entnehmen. Das Verständnis kann auf verschiedene Art und Weise belegt werden.

Schreiben und schriftliche Kommunikation
- Abschreiben von Wörtern und einzelnen Sätzen nach Vorlage
- eigenständiges Schreiben gut bekannter Wörter und Sprachäußerungen
- einfache schriftliche Kommunikation unter Zuhilfenahme von Vorlagen, Bildern und Mustern

Sprachmittlung
- Gespräche aus der Lebenswelt der Kinder in der Fremdsprache verstehen und anderen auf Deutsch und/oder der eigenen Herkunftssprache erklären
- fremdsprachliche Vermittlung einfachster Inhalte von Gesprächen oder Sachverhalten aus der eigenen Lebenswelt

Interkulturelle Kompetenzen
- Sensibilisierung für andere kulturelle Hintergründe und Traditionen
- Erkennen von Gemeinsamkeiten und Unterschieden verschiedener Kulturen
- Öffnung für die sprachliche Vielfalt Europas

Methodische Kompetenzen
- Einsatz planvoller und zielgerichteter Verfahren kommunikativen Handelns
- Lernverfahren und -strategien anwenden
- ein Sprachenportfolio führen

Verfügung über sprachliche Mittel
- Aussprache und Intonation
- Wortschatz (Aufbau eines Mindestwortschatzes)
- Grammatik (Den Lernenden wird durch sorgfältig strukturierte Präsentation und durch vielfältige Übungsformen ermöglicht, das vorhandene Regelsystem der Fremdsprache weitgehend unbewusst aufzubauen.)

2 Sprachliches Handeln zwischen Imitation und Konstruktion

2.1 Erstspracherwerb und Frühbeginn

Kinder lernen ihre Muttersprache scheinbar mühelos, ganzheitlich und ohne explizit formulierte Regeln (vgl. ausführlicher Kap. 2). Dieses Phänomen gibt immer wieder Anlass zum Nachdenken und Nachahmen, und so ist es nicht verwunderlich, dass auch der Fremdsprachenunterricht in der Grundschule diesen spielerischen, von Leichtigkeit geprägten Prozess noch einmal aufleben lassen möchte. Das Fremdsprachenlernen in der Schule geht jedoch von anderen Bedingungen aus: Wo beim

Kleinkind die ständige und individuell ausgerichtete Interaktion mit der Mutter oder einer Bezugsperson (*caretaker*) stattfindet, ist im schulischen Rahmen eine gleichermaßen hohe individuelle Begleitung nicht möglich. Auch die Zeit, die in und mit der Fremdsprache verbracht werden kann (zwei Stunden pro Woche, in zwei Jahren etwa 150 Stunden), ist verschwindend gering gemessen an der Zeit, die das Kind im natürlichen Kontext im Sprachbad zubringt. Im Gegensatz zum Kleinkind, das neben der Sprache auch motorische und sensorische Fähigkeiten entwickelt und sich die Welt um sich herum erschließt, bringen die Lerndenen in der dritten Klasse dafür bereits ein Wissen von und um die Welt mit (vgl. Elschenbroich 2001). Die veränderte Ausgangslage beim Spracherwerb im Kontext Schule kann somit auch in dem am Kind ausgerichteten Ansatz in der Grundschule keine Wiederholung des muttersprachlichen Erstspracherwerbs sein. Dennoch lohnt sich der Blick auf die zentralen Theorien des Erstspracherwerbs, die im Folgenden skizziert werden. Die konstruktivistische Position, die in Kap. 2 und 3 vorgestellt wurde, fließt im Folgeschritt in der Auseinandersetzung um imitative und konstruktive Prozesse des Spracherwerbs mit ein.

2.2 Theorien zum Erstspracherwerb

2.2.1 Die behavioristische Position

Aus Sicht der behavioristischen Lerntheorie wird der Lernvorgang als reine Imitation gesehen. Das Kind erwirbt die Muttersprache, indem es Klänge und sprachliche Muster nachahmt. Die Umwelt, d. h. die Eltern und weitere Bezugspersonen, fördern diesen Prozess durch Lob (*positive reinforcement*) und stärken damit den korrekten Gebrauch der Sprache.

2.2.2 Die nativistische Position

Nativisten wie Noam Chomsky gehen davon aus, dass Kinder von Natur aus die Fähigkeit besitzen, (eine) Sprache zu erwerben. Auf der Grundlage dieses angeborenen *language acquisition device* (LAD) verläuft die Sprachentwicklung ihrer Ansicht nach in derselben Weise wie andere biologische Reifungsprozesse. Dies erklärt auch die Fähigkeit des Kindes, mit zunehmendem Alter auch komplexe Grammatikstrukturen zu erkennen und zu lernen. Der wesentliche Beitrag der Umwelt besteht darin, dass die Bezugspersonen des Kindes den Auslöser für die Anlage zum Sprachlernen - das *language acquisition device* - aktivieren. Allerdings ist es nach der *critical period hypothesis* des Biologen Lenneberg (1967) wichtig, dass die Stimulierung des LAD innerhalb eines begrenzten Zeitfensters, d. h. zwischen dem zweiten und zwölften Lebensjahr, stattfindet.

2.2.3 *Die interaktionistische Position*

Interaktionisten nehmen in besonderer Weise die soziale Komponente des Sprachlernens in den Blick. Auch hier wird von der biologischen Anlage des Kindes ausgegangen, die durch die sprachliche Interaktion mit der Umgebung, d. h. der Bezugsperson, ausgebaut wird. Sprache entwickelt sich dieser Theorie zufolge aus den komplexen Wechselwirkungen zwischen den individuellen Charakteristika des Kindes und seiner Umgebung. Die Sprache der Bezugspersonen - *motherese* - ist auf das Kind zugeschnitten; sie ist charakterisiert durch eine höhere Stimmlage, langsamere Sprechgeschwindigkeit, einfache Satzstrukturen und häufige Wiederholungen.

Insgesamt zeigt sich der Erstspracherwerb als ein äußerst komplexer und vielschichtiger Prozess. Keine der drei bislang genannten Positionen kann deshalb alle Aspekte der Aneignung der Muttersprache erklären, aber aus jeder lassen sich wesentliche Erkenntnisse über den Prozess des Sprachlernens, auch des fremdsprachlichen Lernens, ableiten (Lightbown/Spada 2006: 15-17). Die *behavioristische* Position unterstreicht die Bedeutung von Wiederholungen und Routinen sowie von Lob für den Lernprozess; die *nativistische* Position liefert eine Erklärung für den unbewussten Erwerb auch komplexer Grammatikstrukturen; und die *interaktionistische* Sicht hilft verstehen, wie Kinder Form und Bedeutung sprachlicher Äußerungen aufeinander beziehen und wie sie sich in kommunikativen Situationen sprachlich angemessen verhalten.

Die Wirkung des Faktors Imitation erweist sich bei näherer Untersuchung allerdings als relativ. Lightbown/Spada (ebd.: 2f.) stellen heraus, dass Kinder in unterschiedlich hohem Maß Sprache nachahmen, wobei die Spanne zwischen 10 und 40 Prozent liegen kann. Zudem belegen die Untersuchungen, dass auch beim Imitieren von Sprache jedes Kind selektiv vorgeht, je nachdem, welche sprachliche Struktur das Kind sich in der jeweiligen Phase gerade erschließt. Imitation ist auch keine Erklärung für die kreativen Prozesse im Umgang mit Sprache. Kinder übertragen Muster und Hypothesen über Regelhaftigkeiten in neue Kontexte und entwickeln sprachliche Erweiterungen, die nicht mit den sprachlichen Normen konform sind (vgl. Kap. 9, Abschnitt 4.2, Stichwort „Übergeneralisierung").

Was die Gültigkeit der nativistischen Position für das institutionalisierte Fremdsprachenlernen angeht, so wird die Diskussion um den „richtigen Zeitpunkt" des Beginns gerade im Zusammenhang mit dem Frühbeginn immer wieder geführt. Argumentiert wird oft mit dem Volksmund entnommenen Weisheiten wie „Was Hänschen nicht lernt ..." (z. B. Freudenstein 1998). Es ist jedoch fraglich, inwieweit das angeborene LAD auch noch beim späteren Erlernen einer Fremdsprache wirksam ist (vgl. Lennebergs *critical period hypothesis*). Aus wissenschaftlicher Sicht gibt es jedenfalls keine eindeutigen Beweise dafür, dass der frühere Beginn des Fremdsprachenlernens in *gesteuerten*, d. h. *institutionalisierten* Kontexten bessere Ergebnisse erbringt; lediglich für *natürliche* Kontexte ist dies klar erwiesen (vgl. Singleton 1995). Der Vorteil des Frühbeginns lässt sich deshalb wohl nur anhand von Langzeitstudien ermessen. Einstweilen bleibt nur die Hoffnung, dass er sich langfristig auszahlt: „younger = better in the long run" (ebd.: 3, 22).

2.3 *Different but the same* – die konstruktivistische Position

Um einen integrativen Blick auf den Erwerb der Muttersprache zu werfen, erfolgt nun der Rückgriff aus konstruktivistischem Blickwinkel auf Bleyhls Darstellungen des Spracherwerbsprozesses (vgl. Kap. 2 sowie Bleyhl 2000a, 2001a, 2002). Nach Bleyhl ist der Spracherwerb ein biopsycho-sozialer Prozess, der in drei Dimensionen aufgefächert werden kann, die auch die oben dargestellten Erstspracherwerbstheorien integrieren.

2.3.1 *Die biologische Dimension*

Bereits im Mutterleib nimmt das ungeborene Kind Klänge, Geräusche und Sprache wahr. Die Fähigkeit zum Hören ist früh ausgebildet und bildet so die Grundlage für den Erwerb der Muttersprache. Bei der Geburt ist ein Säugling in der Lage, die Gesamtheit der Phoneme natürlicher Sprachen zu unterscheiden, was bedeutet, dass der Mensch grundsätzlich zur Mehrsprachigkeit angelegt ist. Die Präferenz für die Phoneme der Sprache, die das Kind umgibt, bildet sich innerhalb der ersten Lebensmonate heraus. Erst im Alter von etwa sechs Monaten senkt sich dann der Kehlkopf ab, was die physiologische Voraussetzung für die Artikulation von Sprachlauten ist. Dieser „Trick der Evolution" (Bleyhl 2000a: 20) führt dazu, dass sich zuerst die Klangvarianten der einzelnen Phoneme festigen und eine „mentale Landkarte" (*mental map*) ausgebildet wird, in der das Kind seine Kriterien für die sprachlichen Bausteine sammelt, bevor die motorische Entwicklung die faktische Umsetzung ermöglicht. Dabei übt es zunächst in einem „privaten geschützten Raum" (Bleyhl 2002: 29). Erst wenn es sich dabei sicher fühlt, werden diese Laute auch vor anderen verwendet.

2.3.2 *Die soziale Dimension*

Obwohl sich das Kleinkind nicht verbal artikulieren kann, funktioniert die Kommunikation zwischen ihm und der Mutter (oder einem anderen *caretaker*) von Anfang an, weil die Mutter sich auf das Kind und dessen Bedürfnisse einstellt. Als Kommunikationsmittel fungieren zunächst nur Körper- und Blickkontakt, Mimik und die Intonation des Gesagten. Nicht das Kind, sondern die Mutter ist also „der biologische Spiegel" (ebd.), da sie diejenige ist, die das Verhalten des Kindes imitiert und dies wieder an das Kind zurückgibt. Die Handlungen der Mutter, die den situativen Kontext für das Verstehen liefern, werden von Sprache begleitet. Ohne die begleitenden Handlungen könnte das Kind die Intentionen der Mutter nicht entschlüsseln. Sprache bedarf also des begleitenden Handelns. Bezogen auf Bruners Stufentheorie der kognitiven Entwicklung (vgl. Kap. 2, Abschnitt 2) handelt es sich bei der hier beschriebenen Phase um die erste, die *enaktive* Stufe: Das Kind hört die Sprache, sieht die konkreten Gegenstände und erschließt sich darüber die Welt. Auch die nächste Stufe, die *ikonische*, basiert auf sozialer Interaktion: Das Kind wird über Bilder, vor allem über Bilderbücher, in eine bereits abstraktere Darstellung der Welt eingeführt, die es ihm auch erlaubt, den konkreten situativen Kontext zu verlassen. Erst wenn die „mentale Landkarte" des Kindes auf diese Weise ausgebaut und stabilisiert ist, kann die dritte, die *symbolische* Stufe angefügt werden, auf der die „in den vorausgegangenen Interaktionen sozial ausgehandelten und schließlich einigermaßen stabilisierten mentalen Begriffe" (Bleyhl 2001a: 247) nun in Form von Schrift weiter abstrahiert werden.

2.3.3 *Die Dimension des individuellen Lerners*

Bei allen Überlegungen und Gemeinsamkeiten in der Entwicklung des Sprachprozesses darf man nicht außer Betracht lassen, dass Lernen nicht im Gleichschritt funktioniert. Die basale Aussage „alle lernen anders" ist von weitreichender Konsequenz und bezieht sich bereits auf den Erwerb der Muttersprache. Dieser Prozess ist ein äußerst komplexer und vielschichtiger Vorgang, der je nach Lerner unterschiedlich lange Zeit braucht. Zeit lassen bedeutet Entwicklung zulassen. Dies wiederum ist nur auf der Ebene des individuellen Lerners umsetzbar, denn eine Entwicklung kann zwar angestoßen, aber nicht von außen umgesetzt werden. Die für Entwicklung notwendige Zeitdauer ist ein höchst individuelles Kriterium.

2.4 Prinzipien des frühen Fremdsprachenlernens

Wenn es nun darum geht, eine fremde Sprache in einem gesteuerten Kontext und innerhalb der zeitlichen Begrenzung von zwei Stunden pro Woche zu lernen, sind die äußeren Rahmenbedingungen nicht mit denen der Aneignung der Muttersprache gleichzusetzen, wohl aber die oben dargestellten inneren Bedingungen. Aus diesen lassen sich Prinzipien eines kindgemäßen Fremdsprachenerwerbs ableiten:

2.4.1 Primat des Hörverstehens

Vor dem aktiven Sprachgebrauch steht das Hörverstehen. Dieser Grundsatz bei der Aneignung der Muttersprache, der hier auch physisch bedingt ist, trifft auch beim Erwerb einer fremden Sprache zu. Die Kinder müssen sich zunächst auf die neue Sprache einlassen, sich einhören in die fremden Klänge. Zwar verfügen Kinder über eine besonders hohe Fähigkeit, Klänge und Laute nachzuahmen, aber die Hörgewohnheiten müssen erst gefestigt werden, da Laute oft sehr ähnlich klingen und leicht verwechselt werden können.

Ein Beispiel aus dem Unterrichtsgeschehen veranschaulicht dies: Im Englischunterricht soll im Anschluss an das Thema *fruits* gemeinsam mit den Kindern ein Obstsalat gemacht werden. Auf Englisch werden hierzu die verschiedenen Handlungen in einem Dreischritt eingeführt: *(1) We peel the fruit. (2) We cut the fruit. (3) We put it into the bowl.* Die beiden Verben *cut* und *put* sind für die Kinder neu. Durch die gestische Untermalung verstehen sie die Bedeutung, aber der kurze Klang dieser Verben ist für einige Kinder nicht markant, *cut* und *put* werden immer wieder verwechselt. Der eindeutig unterscheidbare Klang der beiden Wörter ist nach der Phase der Einführung trotz der Knüpfung an die konkrete Handlung noch nicht gefestigt. Es wäre hilfreich gewesen, wenn eines der beiden Verben schon bekannt wäre und somit *put* im Kontrast zu *cut* erworben werden könnte. Hier, wo beide Wörter neu sind, wird zwar die klangliche Gestalt imitiert, aber die kontextuelle Zuweisung greift noch nicht. Imitieren ist somit zwar ein wichtiger Teil des Spracherwerbs, jedoch braucht das Kind auch hierfür Anknüpfungspunkte. Es kann nur das imitieren, was bereits zuvor in seinem Sprachvermögen verankert ist. Auch hier greift also schon die „Lehrbarkeitshypothese" von Pienemann (vgl. Kap. 3, Abschnitt 3).

Vor allem in der Anfangsphase wird durch einen Zwang zum vorzeitigen Sprechen, d. h. wenn das Kind dazu noch nicht bereit ist, diejenige Phase im Erwerbsprozess übersprungen, die beim Kleinkind bereits als wichtiger Schritt zum Sprechen aufgezeigt wurde - die Phase, in der das Kind für sich die Sprache ausprobiert. Reiss (1985) bezeichnet diese Strategie als *silent speaking* und sieht hierin die Grundlage vieler weiterer Strategien zum Spracherwerb. Der gleiche Ansatz steht auch hinter der Respektierung von Schweigephasen, die dem Lernenden eine „Inkubationszeit" einräumen (vgl. Kap. 2, Abschnitt 6), in der er zuhört und aufnimmt und so seine individuelle „mentale Landkarte" entwickeln kann:

Die Diskrepanz zwischen dem Verstehen und der Produktion von Sprache ist über lange Zeit eine Grundbedingung des Fremdsprachenerwerbs.

Nachdenklich stimmt die Untersuchung von Elsner (2007), die bei dem Vergleich der Hörverstehensleistungen von deutschen und türkischen Kindern zu dem Ergebnis kommt, dass die türkischen Kinder im Durchschnitt signifikant geringere Leistungen zeigen als ihre einsprachig deutschen Mitschüler. Elsner führt dies auf die Mehrsprachigkeit und die Sprachmischung im Alltag sowie die klaren Defizite der türkischen Kinder in der Zweitsprache Deutsch zurück (ebd.: 175f. und 230f). In ihrer Schlussfolgerung gibt sie zu bedenken: „Je schlechter die Deutschnote eines Schülers und somit seine schulische Sprachfähigkeit im Deutschen ist, desto schlechter sind auch seine Leistungen in der Fremdsprache, ganz gleich, welche Muttersprache er spricht." (ebd.: 176)

2.4.2 *Primat des Mündlichen*

Eng verbunden mit dem Primat des Hörverstehens ist das Primat des Mündlichen. Dies bedeutet zum einen, dass das Hörverstehen intensiv geschult wird und Hörgewohnheiten in der Fremdsprache entwickelt werden, zum anderen, dass im Bereich der Produktion die mündliche Interaktion in und mit der Sprache im Vordergrund steht. Dies gilt vor allem für das erste Lernjahr. Hier verinnerlichen die Schüler den Klang der Sprache und legen ihre „mentalen Landkarten" an.

Im Fremdsprachenunterricht der Primarstufe ist der Kompetenzbereich der mündlichen Produktion stark von reproduktiven Aufgaben geprägt, wie dem Nachsprechen von Wörtern oder *chunks*, dem Auswendiglernen und Vortragen von Reimen und Liedern usw. Diese meist monologischen Formen des Sprechens sind wichtig zur Verinnerlichung von Strukturen und Wortschatz. Kommunikative, dialogisch angelegte Aufgaben wie Partnerarbeit sind aber ebenso bedeutsam, um den Kindern die Möglichkeit zu geben, die fremde Sprache in von ihnen als sinnvoll erlebten Situationen produktiv anzuwenden. Mehr Beachtung sollte deshalb dem Bereich des freien Sprechens geschenkt werden. Wie die Untersuchungen von Diehr (vgl. Diehr 2007; Diehr/Frisch 2008) eindrucksvoll belegen, sind Grundschulkinder durchaus in der Lage, zum Beispiel eine Geschichte wortreich nachzuerzählen.

Die radikale Ausklammerung von Schrift aus dem frühbeginnenden Fremdsprachenunterricht wird inzwischen aufgebrochen, da Schrift für viele Kinder ein zusätzlicher Kanal zum Memorieren und Lernen ist (Hellwig 1995, Mertens 2002; Edelenbos et al. 2006). Besonders diejenigen Kinder, für die Schrift ein wesentlicher Bestandteil ihres Ausdrucks und

Lernens bedeutet, konstruieren sich ihre eigenen Schriftbilder. Diese basieren fast immer auf der deutschen Phonem-Graphem-Korrelation, was natürlich zu kreativen Eigenschöpfungen führt (z. B. *Schört für *shirt* oder **teibl* statt *table* etc.). Rymarczyk (2008: 180) gibt zu bedenken, dass sich diese „Eigenregeln" verfestigen, je länger ein Kind sich ohne Korrektiv, d. h. „die Gegenkraft struktureller Regelmäßigkeiten bzw. normgemäßer Orthographie" damit beschäftigt.

Ein verstärkter Einbezug des Schriftlichen kann zudem über den Ausbau der Lesekompetenz der Lernenden erreicht werden. Auch hier schlummert noch viel Potential, das bei angemessener Umsetzung den Unterricht und das Lernen der Kinder unterstützen kann. Der Aufbau der fremdsprachlichen Lesekompetenz kann bereits zu Beginn des Lernprozesses über das „Erlesen" von Bildern z. B. bei logischen Reihen eingeleitet werden. Problematisch bleibt das laute Lesen, und zwar immer dann, wenn es nicht als Präsentation stattfindet und wenn ein Text für die Kinder neu ist und nicht zuvor geübt wurde. Dann verfestigen sich auch hier ungewünschte Sprachmuster wie beispielsweise das explizite Aussprechen der *ed*-Endung bei der *simple past*-Form regelmäßiger Verben – *we learned*. Eigenständiges Lesen der Kinder zum Beispiel in Freiarbeitsphasen sollte deshalb immer von dem Angebot des Hörtextes auf CD begleitet sein.

Das Hörverstehen und die Förderung der mündlichen Interaktion stehen auch bei der Einbeziehung der schriftlichen Kompetenzbereiche im Zentrum des grundschulgemäßen Fremdsprachenunterrichts. Gerade vor dem Hintergrund der traditionell starken Fixierung auf die Schrift in der Sekundarstufe stellen solche Aktivitäten eine echte Herausforderung sowohl für die Lehrperson als auch für die Schüler dar.

2.4.3 *Sicherung der Aussprache*

Auch dieser Aspekt geht mit den beiden vorangegangenen einher: Über das Zuhören und die mündliche Sprachproduktion wird die Aussprache entwickelt und geschult. Gerade im Bereich der Aussprache bringen jüngere Kinder eine große Fähigkeit zum differenzierten Hören mit, weshalb hierin eine der Chancen und Aufgaben des frühbeginnenden Fremdsprachenunterrichts liegt. Die Verantwortung liegt im Wesentlichen bei der Lehrperson: Sie setzt durch ihr Sprachvorbild als *input provider* den Standard. Die in der Lernanfangsphase erlebten Sprachmodelle prägen sich nachhaltig ein.

2.4.4 *Ganzheitliches Lernen: bewegtes und bewegendes Lernen*

Methodisch gesehen sind vorrangig jene Ansätze sinnvoll, die die Grundzüge der Interaktion zwischen dem Kind und seinen Bezugspersonen bei der Aneignung der Muttersprache aufgreifen. Sprache und Handlung bzw. Bewegung werden miteinander verbunden, und es werden Situationen geschaffen, in denen eine entspannte, vertraute Atmosphäre entstehen kann mit Themen und Methoden, die die Kinder im umfassenden Sinne ansprechen und bewegen (vgl. Kap.1, Abschnitt 4.3 sowie Kap. 2, Abschnitt 6). In Lernansätzen, die auf einem ganzheitlichen Menschenbild basieren, das von der Einheit von Körper, Seele und Geist ausgeht, wird auch die Forderung nach ganzheitlichem Lernen umgesetzt (vgl. Löffler 1996). Den vor allem in den weiterführenden Schulen häufig anzutreffenden Problemen „Vernachlässigung des Körpers" (Preuss-Lausitz 1993) und „übergangene Sinnlichkeit" (Schultheis 1998) wird hier auch methodisch bewusst gegengesteuert.

Die Betonung eines ganzheitlichen Lernansatzes schließt bewusstmachende Aspekte, also die Entwicklung und Förderung von *language awareness*, nicht aus. Die Evaluationsstudie aus NRW zeigt auch in diesem Bereich Entwicklungspotential in Bezug auf die „kindgemäße Reflexion über sprachliche Mittel, Sprachenlernen und Arbeitstechniken" (Engel/ Thürmann 2007: 22) auf. Kuhn (2006) macht erste unterrichtsmethodische Vorschläge zur Einbettung von Grammatik in den Englischunterricht. Die Herausforderung besteht nun darin, die Balance zwischen dem *focus on form* und den Zielsetzungen eines ganzheitlich-spielerischen Fremdsprachenunterrichts auszutarieren. Viele Lehrwerke bieten hierfür erste Ansätze, die von den Lehrkräften im Sinne der Bewusstmachung von Regelmäßigkeiten in der Fremdsprache genutzt werden können. Ein Beispiel hierfür findet sich im Lehrwerk *Discovery* 4, *Activity Book* (vgl. Abbildung 4.1): Die Aufgabe der Kinder besteht darin, die Satzteile in die richtige Reihenfolge zu bringen und den Bildern zuzuordnen. Zur weiteren Vertiefung können die Satzbausteine auf große Papierstreifen geschrieben werden und an verschiedene Kinder verteilt werden, die sich dann in der richtige Reihenfolge aufstellen. Der Satzanfang ist bei dieser Übung durch einen Großbuchstaben bereits vorgeben. Die Satzbausteine können spielerisch ausgetauscht werden, so dass verschiedene Varianten durchgespielt werden. Das Sprachgefühl der Kinder kann durch die Frage „Does this (sentence) sound right?" gefördert werden.

Abbildung 4.1: Bewusstmachung von Regelmäßigkeiten in der Fremdsprache (*language awareness raising*) (Behrendt 2004: 17)

3 Ganzheitliches Lernen im frühbeginnenden Fremdsprachenunterricht

Ein kindgemäßer, ganzheitlicher Fremdsprachenunterricht in der Grundschule - aber auch in der Anfangsphase des Unterrichts auf der Sekundarstufe - durchbricht an vielen Punkten die eingespielten Vorgaben des traditionellen Fremdsprachenunterrichts, indem er ein in jeder Hinsicht bewegtes Lernen anstrebt.

3.1 Sprache und Bewegung: *Total Physical Response (TPR)*

Wie der Name bereits besagt, wird bei der TPR-Methode in besonderer Weise der Körper in den Lernprozess miteinbezogen. Der Psychologe James Asher (1977) hatte sich bei der Konzipierung dieser Methode an Kindern und der Art und Weise wie sie ihre Muttersprache erwerben orientiert. Dabei war ihm die häufige Verwendung von Befehlen in der Kommunikation zwischen Mutter bzw. Bezugsperson und dem noch nicht sprechenden Kind aufgefallen. Kinder können Aufforderungen wie beispielsweise „Come here!" oder „Pick up the red truck and put it in the toy box in your room!" (ebd.: Parts 2, 3) verstehen und in die Tat umsetzen, ohne sich dabei selbst verbal äußern zu müssen. Die Mutter ihrerseits unterstreicht ihre Aufforderungen durch Mimik und Gestik und vor allem durch begleitende Handlungen. Im jeweiligen situativen Kontext kann das Kind die Aufforderung entschlüsseln und umsetzen. Die Mutter auf der anderen Seite kann an der physischen Reaktion des Kindes abschätzen, ob es sie verstanden hat. In Zusammenfassung der Ausführungen von Asher lassen sich aus diesen Beobachtungen die folgenden Leitfaktoren für seine Methode ableiten:

- *listening before speaking*
- *language-body communication*
- *stress-free speech production with a spontaneous „readiness"*

Damit sind die wesentlichen Bestandteile des *Total Physical Response* (TPR) oder der Verstehensmethode (vgl. Bleyhl 2000b: 31) benannt. Die Lehrperson wendet sich an die Klasse in Form von Aufforderungen. Eine Aufforderung wird von der dazugehörigen oder als sinnvoll empfundenen Bewegung begleitet. Die Kinder hören zu und sehen die Bewegung, aus der sie Rückschlüsse über den Inhalt der Aufforderung ziehen. Bei der Wiederholung machen die Kinder die Bewegung mit: *Stand up. - Sit down. - Turn around. - Touch your nose. - Close your eyes.* usw. Die Eindeutigkeit der begleitenden Gestik gibt den Lernenden Sicherheit - ohne die englischen Wörter zu kennen, wissen sie, was zu tun ist. Nach und nach werden ihnen dann auch die dazugehörigen Wörter bzw. Phrasen vertraut und geläufig, so dass Einzelne, wenn sie von sich aus bereit dazu sind, auch den Satz mitsprechen. Je vertrauter die Lernenden mit der Methode des TPR sind, umso mehr können sie selbst Verantwortung übernehmen und die Lehrperson in ihrer Funktion als *instructor* letztlich sogar ersetzen (vgl. Lauerbach 1997).

Aus pädagogischer Sicht mag die Methode des TPR mit ihren gehäuften Aufforderungen einen gewissen Drillcharakter haben, was zunächst auch für die Lehrenden gewöhnungsbedürftig ist. Dabei ist es gar nicht so leicht, eine längere Phase mit sinnvollen Befehlsketten zu füllen, weshalb es ratsam ist, sich diese Ketten schriftlich festzuhalten. Den Kindern bereitet diese Methode viel Freude, da sie direkte Erfolgserlebnisse erfahren – sie verstehen die Fremdsprache und setzen sie um – und mit vollem Körpereinsatz bei der Sache sind. (Dies gilt ganz besonders, wenn TPR in der Variante des bekannten „Simon says ..." praktiziert wird.) Je nach Veranlagung der Lehrperson können die TPR-Phasen auch durch lautmalerische Geräusche, z. B. Quietschen beim Öffnen der Tür, untermalt werden. Ganze Geschichten können so über TPR erzählt und gemeinsam erlebt werden.

Die Zielsetzung kann hierbei entweder sein, die Kinder in ein Sprachbad zu tauchen, bei dem das Hörverstehen geschult wird, wenn sie beispielsweise bei einem imaginären Spaziergang, sozusagen einer in Handlung überführten Fantasiereise, verschiedene Aufgaben erfüllen, z. B. auf einen Baum klettern, in einen Apfel beißen usw. Aber auch konkrete sprachliche Ziele können mit TPR-Übungen verbunden werden. Dann wird daran gearbeitet, dass die Kinder sich die jeweiligen Sätze mit den dazugehörigen Handlungen als Ganzes einprägen. *Action stories* wie sie beispielsweise das Lehrwerk *Playway* (Gerngross/Puchta 2001) entwickelt hat, bieten hierzu eine gute Grundlage.

Auch wenn also der kommunikative Umgang miteinander über Aufforderungen nicht zeitgemäß erscheint, zeigt es sich doch, dass die Kinder diese Aufforderungen keineswegs als Drill empfinden und dass auf diese Weise auch ein Großteil der *classroom language* eingeführt werden kann: *Take out your English books. – Open your books. – Come to the blackboard. – Draw a cat. – Go back to your chair. – Sit down.* TPR eröffnet somit auch die Möglichkeit, die Kommunikation im Klassenraum, die ja viele Aufforderungen enthält, in der Zielsprache auszuführen – eine der Prämissen echter Handlungsorientierung (vgl. Kap. 1, Abschnitt 2.2). Ferner zählt dazu das große Repertoire an Bewegungsliedern, die sich ebenfalls der Befehlsform bedienen, beispielsweise die Klassiker „*Head, shoulders, knees and toes*" oder „*Hokey, kokey*" (das auch als „*Hokey-Pokey*" bekannt ist).

TPR ist eine stressfreie Form der Sprachaneignung, aber beileibe nicht unanstrengend. Die Methode verlangt beiden Seiten viel Konzentration ab. Zwar können sich die Kinder an ihren Nachbarn orientieren, wenn sie einmal einen Befehl nicht verstanden haben, aber auch dann müssen sie ihn noch umsetzen. Durch dieses hohe Maß an Konzentration und Aktion ist es sinnvoll, den Einsatz von TPR auf fünf bis zehn Minuten zu begrenzen. TPR bietet sich demnach besonders als Aufwärmphase zu Stundenbeginn an, denn so erhalten die Kinder die Möglichkeit, warm zu werden, körperlich und mit der Sprache.

3.2 Klangereignis Sprache: *Songs, Rhymes* und *Chants*

Weniges prägt sich so gut und so lang anhaltend ein wie die in der Kindheit gelernten Reime und Lieder. Dies gilt erstaunlicherweise auch für Reime und Lieder in der Fremdsprache (Dunn 1983: 80). Der frühe Fremdsprachenunterricht macht sich diese Tatsache zunutze und gibt Reimen, Liedern und Sprechgesängen (*chants*) viel Raum. Auch hier handelt es sich um eine kindgemäße Arbeitsform, denn Singen gehört zum festen Repertoire der Grundschule, und die Kinder sind im Normalfall noch mit vollem Eifer dabei, besonders dann, wenn das Lied mit Bewegungen gestützt und somit das Singen auch zu einem physischen Erlebnis wird.

Songs, rhymes und *chants* eröffnen den Kindern aber auch einen Zugang zum „Klangereignis Sprache" (Rück 2001: 46), d. h. zur fremden Sprache mit ihrem spezifischen Klang und Rhythmus. Auf natürliche Weise werden die Kinder über Reime und Lieder in die Gesamtheit der phonetischen, mit Einschränkung auch der prosodischen Bereiche (Akzent, Rhythmus und Intonation) der fremden Sprache eingeführt. Lieder, Reime und Sprechgesänge sind zudem Teil des interkulturellen Lernens. An traditionellen Liedern und Reimen lassen sich kulturelle Besonderheiten des jeweiligen Landes aufzeigen. Reime und Lieder können von Anfang an im Unterricht eingesetzt werden. Die Kinder erwerben durch die häufige Wiederholung im Prozess des Singens oder Sprechens quasi unbewusst komplette Sätze und Satzstücke (*chunks*) und abstrahieren möglicherweise auch schon einige der ihnen zugrunde liegenden Strukturen bzw. Regelhaftigkeiten.

Vor allem in Reimen begegnet den Kindern Sprache als rhythmisches Gebilde. Der Endreim dient dem Behalten und stützt die Aussprache. Vokabeln, die in Reimen erlernt wurden, werden später nur selten falsch ausgesprochen. Dunn (1983: 85) schlägt deshalb auch vor, bekannte Reime als Ausgangspunkt für das Lesen in der Fremdsprache heranzuziehen: „The advantage of learning to read through rhymes is that since children know the text so well orally, they quickly pass from reading word by word to reading complete phrases, using correct intonation, stress and pronunciation."

Das zentrale Moment liegt jedoch in der Verknüpfung von Sprache und Bewegung. Jedes Lied, jeder Chant, jeder Reim kann durch rhythmisches Klatschen, Stampfen oder Klopfen grundiert werden. Damit wird auch die sensomotorische Fähigkeit der Kinder gestärkt, ein Bereich, in dem heute aufgrund der veränderten Kindheit oftmals Defizite anzutreffen sind. Bereits die einfache Struktur des traditionellen Reims

One potato
Two potato
Three potato
Four
Five potato
Six potato
Seven potato
More

weist rhythmische Klippen auf - die Zeilen *four* und *more* durchbrechen den Rhythmus, da sie länger gehalten werden. Dieser traditionelle Kinderreim, bei dem die Kinder aus Fäusten (= *potato*) einen Turm bauen, der dann bei *more* auseinander fällt, wirft für die Verwendung im Fremdsprachenunterricht allerdings die Frage nach der grammatikalischen Korrektheit auf. Dieses Problem zeigt sich immer wieder bei Reimen, bei denen sich oftmals sprachliche Formen verfestigt haben, die als Sprachvorlage im Fremdsprachenunterricht kontraproduktiv sind. Im obigen Beispiel ist jedoch, auch wenn es zunächst so scheinen mag, kein grammatischer Fehler eingebaut - es wird immer die einzelne Kartoffel (d. h. Faust) gezählt, Zahl und Kartoffel sind nicht verbunden. Dennoch wird dieser Reim fast immer abgewandelt. Dunn (ebd.: 81) schreibt ihn beispielsweise in *one apple / two apples ... any more?* um.

Neben den oben benannten sprachlichen Aspekten bieten Lieder und Reime im frühbeginnenden Fremdsprachenunterricht aber auch pädagogische Perspektiven. Sie bündeln die Aufmerksamkeit und können, wie auch im sonstigen Unterricht, immer dann eingesetzt werden, wenn eine Klasse unruhig ist oder das Bedürfnis nach Abwechslung und Entspannung offensichtlich wird. Viele Reime und Lieder bieten sich zudem dazu an, Routinen zu etablieren. So steht am Beginn der Stunde oftmals ein Begrüßungslied, in dem verschiedene Begrüßungsformeln angewandt werden und das zudem dazu dient, die Kinder auf die Fremdsprache einzustimmen. Auch der Ausklang der Stunde kann mit einem Lied markiert werden. Um Unruhe im Unterricht kontrolliert aufzufangen, eignen sich kurze Reime, die, sobald die Lehrperson oder eines der Kinder damit begonnen hat, von der Klasse mitgesprochen werden (vgl. Rück 2001: 47):

The cats and the foxes
Are no chatterboxes,
And also the mouse
Keeps still in its house.

3.3 Geschichten als Königsweg: *Storytelling*

Im Seminar liest eine Studentin einer Gruppe von Studierenden ein Bilderbuch in polnischer Sprache vor. Keiner der Anwesenden kann ein Wort Polnisch. Alle sitzen gespannt da und warten, was geschehen wird. Zuerst stimmt die Studentin die Gruppe auf die Situation ein und begrüßt alle auf Polnisch. Sie zeigt Karten mit Zahlen und zählt auf Polnisch. Jede Zahl wird mehrfach vorgesprochen und dann im Chor nachgesprochen so gut es geht. Alle Studierenden bekommen nach und nach eine Karte. Danach führt die Studentin, ebenfalls anhand von Bildkarten, die Farben ein. Sie geht nach dem gleichen methodischen Prinzip vor, das sie zuvor mit den Zahlen eingeübt hatte. Erst jetzt kommt die Geschichte: Tomasz, die kleine Lokomotive (*lokomotiva*), die zentrale Figur der Geschichte, wird durch das Titelbild vorgestellt. Seite für Seite liest sie das Buch vor. Auf jeder Seite wird ein Freund von Tomasz vorgestellt sowie eine Farbe und eine Zahl eingeführt. Immer beinhaltet die Seite auch eine Frage an die Zuhörer (z. B. „Wie viele gelbe Entchen siehst du?"). Das Vorlesen des Bilderbuches braucht Zeit, denn immer wieder spricht die Studentin ihre Zuhörer an, bezieht sie in die Geschichte mit ein, indem sie am Bild etwas gezeigt bekommen oder selbst etwas zeigen oder abzählen können. In diesem Prozess werden auch die Zahlenkarten wieder aktiviert - wenn die eigene Zahl auftaucht, wird sie hochgehalten, nach Möglichkeit wird die Zahl auch benannt. Die Studentin ist in ständigem Blickkontakt mit ihren Zuhörern, wiederholt immer wieder die Vokabeln für die Zahlen und Farben. Den sehr knappen Text des Buches liest sie langsam und klar vor. An ihrer stimmlichen Modulierung ist zu erkennen, wann sie vorliest und wann sie darüber hinaus sozusagen eine zweite Geschichte - die Interaktion mit den Zuhörern - entwickelt. Am Ende schließt die Studentin das Buch und bedankt sich auf Polnisch fürs Zuhören und Mitmachen.

Im Rahmen des Seminars wurde diese Situation ausgewertet. In ihren ersten Reaktionen äußerten fast alle Studierenden ihre Verwunderung darüber, dass sie während der letzten zwanzig Minuten nur Polnisch gehört hatten und dabei nicht das Gefühl gehabt hatten, nichts zu verstehen. Damit verbunden war auch ein gewisser Stolz, selbst aktiv gewesen zu sein, eine Zahl richtig ausgesprochen zu haben und die Geschichte von Tomasz, der Lokomotive, als Ganzes verstanden zu haben. Bezogen auf das Detailverstehen zeigte sich beim Vergleich mit der Übersetzung, dass nicht jeder alles in gleicher Weise verstanden hatte und die Bilder auch andere Auslegungsmöglichkeiten boten. Auch in Bezug auf den Fokus ergab sich eine Streuung - die einen hatten vor allem auf das Buch geschaut und versucht, den Text zu entschlüsseln, andere hatten sich auf die Erzählerin konzentriert und das Buch nur als zweitrangig wahrgenommen, wieder andere hatten Buch und Erzählerin im Blick.

Was die Studierenden hier erlebten ist ähnlich dem, was Kinder im frühbeginnenden Fremdsprachenunterricht erleben, wenn die Lehrerin ihnen eine Geschichte in der Fremdsprache vorliest. Die Methode des *Storytelling* - eigentlich sollte man von *story reading* sprechen, denn in den meisten Fällen wird nicht frei erzählt (vgl. hierzu Piephos *Storytelling*-Ansatz 2000), sondern ein *picture book* vorgelesen - ermöglicht es den Kindern, bereits sehr früh in ihrem Lernprozess einen verhältnismäßig hohen sprachlichen Input so zu verarbeiten, dass sie eine Geschichte global verstehen. Dies funktioniert auf der Grundlage der Bilder, die die Geschichte ebenso wie die Wörter „erzählen", sowie durch die unterstützende Mimik, Gestik und stimmliche Modulation des Vorlesers. Es funktioniert jedoch nur dann, wenn Thema und Bilder die Kinder ansprechen. Sind diese Voraussetzungen gegeben, dann bieten Geschichten auch gerade in der Fremdsprache den Kindern die Möglichkeit, Sprache als Mittel der Kommunikation (es wird ihnen eine Geschichte erzählt), aber auch funktional (es geht in erster Linie um die Geschichte, um den Inhalt) zu erleben. Sie fördern Kreativität und ermöglichen das Eintauchen in die Fremdsprache - man will ja wissen, wie die Geschichte weitergeht. Generell sind Geschichten ein wesentlicher Bestandteil in der Entwicklung und im Ausbau der sprachlichen Kompetenz von Kindern. Kinder, denen viel vorgelesen wird, haben gegenüber anderen einen klaren Vorteil beim Lesen und Schreiben (vgl. die Ergebnisse der Bristol-Studie, Wells 1979). Gleichzeitig wird durch den Einsatz von Geschichten im Fremdsprachenunterricht die Grundlage für eigenes Lesen gelegt und gefördert (vgl. Reichart-Wallrabenstein 2001). Textarbeit und Literaturunterricht beginnen also auch in der Fremdsprache in der Grundschule.

Über Geschichten - wie über Reime und Lieder - werden sprachliche Formen und Strukturen vertraut und teilweise auch geläufig gemacht. Das Kriterium der Wiederholung bestimmter Phrasen ist bei der Auswahl geeigneter Texte aus sprachlicher Sicht deshalb besonders zu beachten. (Ein ausführlicher Kriterienkatalog zur Analyse von Bilderbüchern findet sich in G. Ellis/Brewster 1991: 12f.; G. Ellis 2006; Enever 2006.) Ebenso wichtig ist, dass kommunikative Strukturen und Phrasen verwendet werden, die dem alltäglichen Leben entnommen sind. Die meisten der Bücher, die im frühbeginnenden Fremdsprachenunterricht eingesetzt werden, sind deshalb *authentische* Materialien, die nicht zum Zwecke des Fremdsprachenlernens verfasst wurden, aber dafür sehr geeignet sind. Das Bilderbuch *Snore!* (Rosen/Langley 1998) kann beispielsweise bereits im ersten Lernjahr eingesetzt werden. Auf dem Bauernhof schlafen alle Tiere so lange, bis der Hund beginnt, entsetzlich zu schnarchen. Dann ist es mit der Nachtruhe vorbei. Jedes Tier versucht den Hund durch seinen spezifischen Laut zu wecken, aber der erweist sich als völlig resistent und erwacht erst, als der Hahn kräht. Für den Hund beginnt der Tag, die anderen Tiere holen den verloren gegangenen Schlaf nach. Als sprachliche Strukturen erscheint zu Beginn die partizipiale Struktur „was asleep" bzw. das *simple past*: *Dog was asleep. Cat was asleep. Cow was asleep.* usw. Das Schnarchen des Hundes weckt die Tiere: *Cat woke up. Cow woke up. Sheep woke up.* usw. – Auffällig sind die vielen Wiederholungen, eine wichtige verstehensstützende Maßnahme und, dass hier die Vergangenheitsform verwendet wird. Im weiterführenden Unterricht, wo die grammatische Progression traditionsgemäß eine lineare Struktur vorgibt (gegen die sich ja auch Bleyhl in deutlicher Form wendet – vgl. Kap. 3, Abschnitt 4), „dürfte" ein solches Buch erst nach der Einführung des *simple past* eingesetzt werden – dann jedoch wäre es nicht mehr altersgemäß ansprechend. Im frühbeginnenden Fremdsprachenunterricht ist *simple past* als klassische Erzählzeit dagegen kein Ausschlusskriterium. Hier geht es darum, das Globalverstehen der Kinder zu entwickeln und zu fördern, und das ist aufgrund der klaren Erzählstruktur, der Anschaulichkeit und der Wiederholungen wie auch des Themas gewährleistet.

3.4 Interkulturelles Lernen in der Grundschule

Das Lernen einer fremden Sprache und die Begegnung mit einer anderen Kultur fördern immer auch die Wahrnehmung für interkulturelle Gegebenheiten, insbesondere dann, wenn sich Unterschiede zur eigenen Wirklichkeit erkennen lassen. Das oben dargestellte Beispiel zum Storytelling bietet auch Anlass, über kulturelle Unterschiede nachzudenken, denn vor dem Hintergrund dieser Geschichte lassen sich die Laute, die die unterschiedlichen Tiere von sich geben, aufgreifen. Dabei stellen die Kinder dann fest, dass auch die Tiere in einer anderen Sprache andere Laute von sich geben – der Hund beispielweise „bow-wow" oder das Pferd „neigh". Der gleiche Klang wird imitiert, zugleich aber in ein anderes Sprachbild übertragen. Grundsätzlich bietet die fremde Sprache viele Gelegenheiten, über kulturell bedingte Unterschiede nachzudenken. Das Wort „bread" kommt dem deutschen „Brot" sehr nahe, aber dahinter stehen sehr verschiedene Konzepte und Rezepte. Auch die Auseinandersetzung mit der britschen Kinderkultur öffnet den Blick für Gemeinsamkeiten und Unterschiede. Ein gravierender Unterschied, der in fast allen Lehrwerken aufgegriffen wird, liegt darin, dass Kinder in Großbritannien mit einer Schuluniform in die Schule gehen. Wie ist das, wenn alle das Gleiche tragen? Gibt es trotzdem Unterschiede? In einer Unterrichtssequenz oder einem Projekt zum Thema *School Uniforms* könnte dies für die Kinder erlebbar gemacht werden, indem alle eine Woche lang mit einer Jeans und einem weißen T-Shirt zur Schule kommen.

Interkulturelles Lernen ist ein wesentlicher Bestandteil auch des Lernens in der Primarstufe. Gerade weil Kinder noch offener für Neues sind und weniger geprägt in ihren Vorstellungen von der Welt, ist diese Zeit wichtig, um ihnen zu helfen, ein Gefühl für das, was man gut kennt und das, was einem nicht so vertraut ist, zu entwickeln. Theoretische Fundierungen für Lehrkräfte bieten beispielsweise Doyé (1999), Baur (2005) und ein früher Text von Klippel (1994).

4 Kompetente Lehrkräfte für den Fremdsprachenunterricht in der Primarstufe

Im Fremdsprachenunterricht der Grundschule werden fremdsprachendidaktische Standards für Englischlehrkräfte und deren Grundeinstellung zum Fach angelegt. Die Anforderungen, die an die Lehrkräfte in der Grundschule gestellt werden, sind vom BIG-Kreis (2007) dezidiert festgelegt worden.[5] Die Qualifikationen werden dort in sechs Kompetenzbereiche aufgefächert:

1. Sprachliche Kompetenzen
2. Pädagogische Kompetenzen
3. Fachdidaktische Kompetenzen
4. Methodische Kompetenzen
5. Diagnostische und Förderkompetenzen
6. Interkulturelle Kompetenzen

Für unseren Zusammenhang werden drei Aspekte herausgegriffen, jedoch nicht in direkter Anbindung an den BIG-Kreis: die Sprachkompetenz und die damit verbundene interkulturelle Kompetenz und die Bedeutung der Einsprachigkeit.

---

[5] Alle Veröffentlichungen des BIG-Kreises sind online zugänglich unter: http://www.floh-stiftung.de/index.php?main=btk,btk&titel=btk,btk&navi=btk,btk

4.1 Sprachkompetenz

Die Floskel „Das bisschen Englisch kann doch jeder“ ist für den Fremdsprachenunterricht in der Grundschule unzutreffend und schädlich. Die Unterrichtenden fungieren nicht nur als sprachliche Vorbilder, sondern sie erzeugen dabei auch das Medium, das Sprachbad, in dem sich die Prozesse der Sprachaneignung entwickeln können. Um den frühbeginnenden Fremdsprachenunterricht einsprachig durchführen zu können, ist ein hohes Maß an sprachlicher Kompetenz und Flexibilität erforderlich. Zum einen muss der sprachliche Input so gewählt sein, dass er für die Kinder verständlich ist. Gleichzeitig muss die Lehrkraft aber auch in der Lage sein, die Sprache flexibel und variabel zu handhaben, d. h. sie muss klare Anweisungen geben, Sachverhalte beschreiben und umschreiben, Wörter erklären, Stimmungen ausdrücken, auf Schüleräußerungen angemessen mit Lob oder einer anderen, inhaltsbezogenen Äußerung reagieren, kommunikatives Feedback auf Fehler geben - und all dies, ohne auf die Muttersprache zurückzugreifen. Sprachliche Flexibilität ist nur auf der Grundlage einer hohen Sprachkompetenz der Lehrkraft möglich - die jedoch häufig fehlt. Dies ist bekanntermaßen gerade bei der flächendeckenden Einführung von Englisch in der Grundschule ein zentrales Problem. Viele Grundschullehrkräfte haben seit Jahren keine Sprachpraxis mehr und können nur auf ihr lange zurückliegendes „Schulenglisch“ zurückgreifen; und auch Fortbildungsprogramme können in der Kürze der Zeit die sprachliche Kompetenz nur sehr lückenhaft aufbauen bzw. reaktivieren. Für diese Lehrkräfte ist der Einsatz von Medien und Lehrwerken, die ihnen genaue Vorgaben, und zwar immer auch *sprachliche* Vorgaben, anbieten, unerlässlich; dies darf allerdings nicht zur Zwangsjacke werden. Die apologetische Geste (auch der Bildungsbürokratie), „hier geht es ja nur um Frühbeginn“, wird irreparable Schäden verursachen, die der weiterführende Unterricht in der Sekundarstufe nicht mehr kompensieren kann.

4.2 Interkulturelle Kompetenz und Wissen über Kinderkultur der Zielsprache

Genauso wichtig wie das sprachliche Können der Lehrkräfte ist das über und mit Sprache transportierte Wissen über die Kultur, vor allem auch über die Kinderkultur der Zielsprache. Schmid-Schönbein (2001: 82f.) schlägt aus diesem Grund vor, dass die Hospitation an einer englischsprachigen Grundschule Teil der Ausbildung sein sollte. Hier kann man erleben, wie die Kinder im Land selbst die Sprache – ihre Muttersprache – lernen, und man kann sehen, welche Bücher und Spiele, Materialien,

Medien usw. dabei zum Einsatz kommen. Daneben kann man sich einen Fundus an Reimen, Liedern und Büchern anlegen und konkrete Sprach- und Kulturerfahrungen machen. Das Wissen über die Kinderkultur darf sich aber nicht nur auf Bilderbücher beschränken; auch solche Texte, die „eigentlich" zu schwierig für den Einsatz im frühbeginnenden Fremdsprachenunterricht sind, die aber Kindheit im jeweiligen Kontext prägen, sind wichtig, um sich ein Bild über die Kinderkultur in dem anderen Kulturkreis zu machen.

4.3 Einsprachigkeit

Aus den oben angeführten Aspekten formt sich die Grundlage für einsprachigen Unterricht im Frühbeginn. Viele *classroom phrases* können gut über TPR eingeführt und etabliert werden (vgl. Abschnitt 3.1), aber auch alles Übrige kann, ja muss in einem handlungsorientierten, ganzheitlichen Unterricht grundsätzlich in der Fremdsprache ablaufen. Dies schließt nicht aus, dass, wenn es notwendig erscheint, auch eine deutsche Entsprechung genannt wird, um für alle Kinder einen Verstehensanker auszuwerfen (vgl. Kap. 2, Abschnitt 3). Es sollte aber nicht zur bequemen Routine werden. Dann nämlich wäre die Fremdsprache nur der deutschen Übersetzung vorgeschaltet, die fremdsprachliche Atmosphäre durchbrochen, und es wäre für die Kinder unmöglich, ein „Flow"-Erlebnis, also das Gefühl des vollkommenen Eintauchens in die andere Sprache, bekommen. Zwei Unterrichtsausschnitte können dies verdeutlichen:

(1) Die Lehrerin liest der Klasse die Geschichte von Elmer, dem Patchwork-Elefanten vor. Der Unterricht verläuft in dieser Klasse fast nur einsprachig. Zwar kennen einige Kinder die Geschichte schon, dennoch lassen sie sich ganz auf die Situation des *Storytelling* ein - so sehr, dass ein Mädchen auch ihre spontanen Gefühlsäußerungen auf Englisch zum Ausdruck bringt - „Oh no!". Diese einfache, aber spontane Äußerung zeigt, dass Erleben in der Fremdsprache möglich ist.

(2) Zwei Studenten führen vor dem Lesen des Buches die wesentlichen Vokabeln ein. Hierzu haben sie Bildkarten erstellt und viele Realien mitgebracht. Um das Wort *curtain* einzuführen, halten sie eine Metallstange mit zwei kleinen Gardinen daran hoch: „We also need a curtain. Look here. This is a curtain." Die Kinder nicken und sprechen das Wort nach. Auf die Nachfrage „What is *curtain* in German?" meldet sich zuerst niemand, dann nennt ein Kind den Begriff „Vorhang". Die Studierenden führen alle Vokabeln nach diesem Prinzip ein: Bild oder Gegenstand - englisches Wort - deutsche Übersetzung. Die Kinder dieser Klasse sind an einsprachigen Englischunterricht gewöhnt und auch daran, dass es

beim *Storytelling* um ein Globalverstehen geht. In der Nachbesprechung der Stunde, die die Lehrerin mit den Kindern allein durchführt, wird auch die Art und Weise der Vokabeleinführung thematisiert. Die Kinder fanden die Realien sehr ansprechend; verwirrend fanden sie es aber, dass sie immer das deutsche Wort sagen sollten. Hatten sie es nicht richtig verstanden? Ging es vielleicht doch um den Begriff für „Fenster" und nicht für „Vorhang"?

Einsprachigkeit bedeutet keine Überforderung der Kinder, sondern eine Motivation: „If young children understand that in the English lesson they are going to use only English, they are quite at ease and appear to enjoy the challenge of understanding and using English" (Dunn 1983: 50). Dies sollte auch die Lehrkräfte nicht überfordern, sondern sie herausfordern.

5 Fremdsprachenlernen als Kontinuum - von der Primarstufe zur Sekundarstufe

Bei der Aushandlung der Begriffe „Kindheit" und „Frühbeginn" zu Beginn dieses Kapitels zeigte sich, dass es um ein auf Kontinuität ausgerichtetes Denken in Übergängen geht. Nur wenn Kontinuität gegeben ist, das haben bereits die Studien aus den 1970er und 1990er Jahren erwiesen, ist frühbeginnender Fremdsprachenunterricht sinnvoll.[6]

Frühere Studien, die zur Erhebung des Sprachstandes am Ende der 4. Klasse durchgeführt wurden (vgl. Kahl/Knebler 1996, Legutke 2000), und aktuelle Längsschnittuntersuchungen zum Englischunterricht in der Grundschule in Baden-Württemberg, NRW und Hamburg zeigen, dass die Kinder eine hohe Motivation zum Fremdsprachenlernen und zur Verwendung der Sprache an den Tag legen und besonders im rezeptiven Bereich über beachtliche Kompetenzen verfügen (vgl. Werlen et al. 2005, Engel/Thürmann 2007, May 2006). Vor allem im Bereich der Prosodie sind bei gutem Vorbild durch die Lehrkraft sehr gute Leistungen wahrnehmbar, wobei es jedoch große Unterschiede zwischen den einzelnen Kindern gibt. Die Kinder verfügen über einen relativ umfangreichen Grundwortschatz zu Themen aus ihrem direkten Umfeld, den sie durchaus kontextadäquat einsetzen können, sowie über grundlegende Satzstrukturen und Sprachmuster.

---

[6] Hier zeigt sich auf der Begriffsebene eine grundlegende Entwicklung in der fremdsprachendidaktischen Diskussion: Das Themenheft des *Fremdsprachlichen Unterrichts* aus dem Jahr 2004 (Hrsg. Burwitz-Melzer/Legutke) stand unter der Überschrift „Übergang", wohingegen das neue Themenheft (Hrsg. Kolb/Mayer, erscheint Anfang 2010) die „Kontinuität beim Fremdsprachenlernen" ins Zentrum stellt.

Schwierigkeiten zeigen sich vor allem bei der eigenständigen Formulierung von Fragen und der Unterscheidung zwischen Singular- und Pluralformen bei der Konjugation von Verben. Grundsätzlich ist die freie, produktive Verwendung von sprachlichen Strukturen, die über die Ein-Wort-Ebene hinausgeht, bei den meisten Kindern sehr begrenzt. Hier liegt ein klarer Bedarf zur Weiterentwicklung des frühen Fremdsprachenlernens: Studien belegen, dass dies vor allem darin begründet ist, dass die Lernenden im Unterricht wenig Gelegenheit haben, kreativ-experimentierend mit Sprache umzugehen (vgl. Engel/Thürmann 2007: 23; Werlen 2005). Wird den Kindern die Möglichkeit zum aktiven Sprachhandeln gegeben (siehe hierzu die Studie von Diehr/Frisch 2008), zeigt sich ein hohes sprachliches Potential der Lernenden.

Die methodischen Ansätze und Grundlagen der beiden Schulstufen schließen nicht immer nahtlos aneinander an. Während auf der Primarstufe die Umsetzung eines ganzheitlich-spielerischen Ansatzes stattfindet, bei dem die Erlebbarkeit von Sprache durch Lieder, Reime und Geschichten gefördert wird, treten auf der Sekundarstufe dort, wo keine handlungsorientierten Prinzipien den Unterricht leiten, die formalen Aspekte der Sprache und kognitivierende Zugangswege in den Vordergrund. Die Kognitiverung des Lernens erleben viele Kinder als Bruch in ihrer Lernerbiographie (vgl. Mayer/Rothermel 2009). Auch die Erwartungen der Lehrkräfte der Sekundarstufe in Bezug auf die Kompetenzen der Lernenden werden nicht immer erfüllt. Legutke (2000: 49) rät hier, dass sich die Sekundarstufenlehrkräfte als Forscher verstehen sollten, denen es darum geht, „Können zu entdecken und nicht Defizite festzustellen".

Bei der Feststellung der vorhandenen Kompetenzen zeigt sich der Bedarf für die Weiterentwicklung der vorhandenen Formen der Leistungsmessung. Die im Fremdsprachenunterricht der Grundschule dominierenden mündlichen Fertigkeiten sind mit herkömmlichen Testverfahren nur unzureichend zu erfassen. Inzwischen sind Verfahren zur Diagnose der mündlichen Kompetenzen aber entwickelt worden (vgl. Drese 2008; Diehr/Frisch 2008; Grau/Legutke 2008a; Kolb 2009).

Das in der Grundschule begonnene Portfolio kann als Übergangsdokument hierzu wichtige Informationen beitragen und ein verändertes Denken in auf Kompetenzen ausgerichtete *can-do-statements* stützen: „Weil sich die Deskriptoren des Portfolios am Können der Kinder orientieren und nicht an möglichen Defiziten, unterstützt es im Fremdsprachenunterricht den notwendigen Paradigmenwechsel hin zu kompetenzorientiertem Denken und Handeln" (Rau/Legutke 2008: 211). Im Rahmen des BLK-Projekts *Sprachen lernen und lehren als Kontinuum* wurde ein gemeinsames Grundschulportfolio entwickelt (BLK-Portfolio 2006).

Empirische Studien (vgl. Kolb 2007) belegen, dass bereits Grundschulkinder in der Lage sind, ihre Kompetenzen und Lernstrategien zu dokumentieren und zu reflektieren. Die Kompetenz der Selbstevaluation kann in der Sekundarstufe ausgebaut werden und zur Individualisierung des Sprachenlernens und zur Förderung von Lernerautonomie beitragen.

Weitergeführt werden können auch die oben dargestellten methodischen Ansätze des TPR sowie der Einsatz von Liedern (z. B. zur Verinnerlichung grammmatikalischer Strukturen) und Reimen (z. B. im Bereich der unterrichtlichen Routinehandlungen). Vor allem der Ansatz des *Storytelling* eignet sich sehr gut zu einer Adaption in der Sekundarstufe (vgl. Burwitz-Melzer 2004b). Die Kinder sind von der Primarstufe mit diesen Methoden vertraut, und es wäre ein Verlust, die hier aufgebauten Fähigkeiten einschlafen zu lassen.

Nach wie vor bestehen zwischen den einzelnen Bundesländern Unterschiede in Bezug auf den Englischunterricht in der Primarstufe, sowohl was die grundlegende Unterrichtsorganisation, die ministeriellen Vorgaben und die Beschreibung der Kompetenzen betrifft (BIG-Kreis 2009). Ein Hauptgrund hierfür liegt darin, dass für den frühen Fremdsprachenunterricht, im Gegensatz zu den Fächern Deutsch und Mathematik, bislang keine nationalen Standards entwickelt wurden (vgl. Grau/Legutke 2008b: 26f.). Die Schaffung verbindlicher Standards auf nationaler Ebene wäre ein wichtiger Schritt hin zu mehr Kontinuität. Allerdings müssten dann auch die Kompetenzbeschreibungen für die Sekundarstufe dahin gehend überarbeitet werden, dass sie die Vorgaben der Primarstufe aufgreifen und weiterführen.

Der direkteste Weg, die Weiterführung des im frühbeginnenden Fremdsprachenunterricht Begonnenen in der Sekundarstufe zu sichern, liegt natürlich im verstärkten Austausch zwischen den Lehrkräften beider Schulformen (vgl. Blondin et al. 1998: Empfehlung 4, sowie Bebermeier 2003). Gespräche, gegenseitige Hospitationen, das Bilden von Tandems oder Teams bieten hierfür praktikable Wege. An vielen Schulen werden Übergangskonferenzen einberufen, bei denen auch das Fach Englisch thematisiert wird. Kooperation und Austausch bleiben die wesentlichen Grundlagen für den Ausbau von Kontinuität. Fortbildungsmaterialien zu dieser Problematik liegen inzwischen vor (vgl. Kierepka et al. 2006, BLK-Verbundprojekt 2006). Das europäische Comenius-Projekt PRI-SEC-CO (*Primary and Secondary Continuity in Foreign Language Teaching)* entwickelt Unterrichts- und Fortbildungsmaterialien für Lehrkräfte der Primar- und Sekundarstufe, die auf der Website www.pri-sec-co.eu zugänglich sind. Besonders interessant sind hier die so genannten *bridging tasks.* Dabei handelt es sich um konkrete Aufgaben, die auf die direkte Auseinandersetzung und Begegnung der beiden Schulstufen ausgerichtet sind (vgl. hierzu auch Stotz, erscheint).

6 Zusammenfassung

Abschließend werden die Spezifika des frühbeginnenden Fremdsprachenunterrichts, auf die sich der weiterführende Unterricht stützen kann, nochmals zusammengefasst:

- Durch die spezifischen Arbeitsformen der Grundschule wird die Freude am Fremdsprachenlernen geweckt, so dass die Kinder ein *positive mind-set* entwickeln können.
- Hörverständnis und Aussprache werden intensiv geschult.
- Der Aufbau eines Grundlagenwortschatzes zu Themen, die die Kinder direkt betreffen, steht im Vordergrund.
- Grundlegende Strukturen und sprachliche *chunks* werden verinnerlicht.
- Das Schriftbild wird eingeführt und am Ende der vierten Klasse können die Kinder sich in einfacher Form schriftlich äußern (z. B. Schreiben einer Postkarte).
- Es werden Grundlagen für die Entwicklung von Sprachgefühl und *language awareness* gelegt.
- Auch eine *cultural awareness* wird durch die Begegnung mit der fremden Sprache und der Auseinandersetzung mit fremden Kontexten angebahnt.
- Durch grundschulgemäße Arbeitsformen und die Erarbeitung einer *classroom language* wird der Boden für einen handlungsorientierten einsprachigen Fremdsprachenunterricht bereitet.
- Ein fremdsprachenspezifisches Methodenrepertoire wird eingeführt: TPR, Lieder, Reime, *chants*, Arbeit mit Minidialogen, erste Rollenspiele, das *Storytelling*, die Arbeit am Portfolio.
- Durch den Einsatz von Geschichten und *picture books* werden die Kinder bereits in den ersten Schuljahren auch in der Fremdsprache an (literarische) Texte herangeführt; damit wird die Grundlage für eigenes Lesen aufgebaut.
- Im Portfolio wird die Reflexion des eigenen Lernprozesses angeregt als Grundlage für den Ausbau von Strategien und Techniken für das Fremdsprachenlernen.
- Fremdsprachenlernen muss als Kontinuum von der Primarstufe zur Sekundarstufe angelegt sein.

R & R

Review and Reflect

Textverständnis/Reproduktion:

- Welche zentralen Anforderungen sollte der frühbeginnende Fremdsprachenunterricht erfüllen?
- Welche Kompetenzen können Grundschulkinder in der Fremdsprache erwerben? Wie lassen sich diese kategorisieren?
- Welche Erkenntnisse aus dem Erstsprachenerwerb lassen sich für das frühe schulische Fremdsprachenlernen berücksichtigen?
- Welchen Prinzipien ist das frühe schulische Fremdsprachenlernen verpflichtet?
- In welchem Zusammenhang stehen früher Fremdsprachenunterricht und ganzheitliches Lernen? Auf welche drei methodischen Ansätze wird verstärkt rekurriert? Was sind ihre zentralen Merkmale?
- Welche Kompetenzen werden für Lehrkräfte im frühen Fremdsprachenunterricht gefordert?
- Welche Überlegungen werden hinsichtlich der Weiterführung des Fremdsprachenlernens in der Sekundarstufe angestellt?

Reflexion:

- Welches sind Ihre ersten Erinnerungen an den Kontakt mit Fremdsprachen?
- In welchem Alter haben Sie Ihre erste Fremdsprache gelernt? In der Schule oder außerhalb unterrichtlicher Kontexte? Welche Erinnerungen haben Sie daran und welche Emotionen verbinden Sie damit?
- Weshalb wurden die mündlichen Kompetenzen bislang wenig beachtet? Recherchieren Sie verschiedene Diagnoseverfahren.

Stellungnahme:

- Nehmen Sie Stellung zu der Forderung, dass sich Lehrkräfte aller Schulstufen mit den Entwicklungen des Fremdsprachenunterrichts in der Primarstufe auseinandersetzen müssen.
- Wie bewerten Sie die Anforderungen, die in diesem Kapitel an die Fremdsprachenlehrkräfte in der Primarstufe gestellt werden?
- Diskutieren Sie das Potential eines kontinuierlichen Fremdsprachenunterrichts und entwickeln Sie weitere Umsetzungsmöglichkeiten zum Ausbau von Kontinuität in der Sekundarstufe.

Kapitel 5

Lernwelt Klassenzimmer: Szenarien für einen handlungsorientierten Fremdsprachenunterricht

Michael K. Legutke

1 Lernwelt Klassenzimmer: Überlegungen zum Handlungsraum

Dass die Welt, in der wir zu Beginn des 21. Jahrhunderts leben, in rasantem Wandel begriffen ist und immer komplexere Anforderungen an uns und an zukünftige Generationen stellt, darf als banale Feststellung gelten. Nicht mehr banal ist jedoch die Frage, was diese Feststellung für den Fremdsprachenunterricht bedeutet. Wenn wir akzeptieren, wie in Kapitel 1 ausführlich dargestellt, dass die nachschulische Lebenswelt als Antwort auf jene wachsende Komplexität von jedem Einzelnen verlangt, dass er oder sie über die instrumentellen Fertigkeiten eines Faches hinaus die Fähigkeit zur Selbstbestimmung, Kreativität und Kritik sowie Kontaktfreude und Risikobereitschaft gelernt hat ebenso wie das Handwerk zum lebenslangen Lernen, dann müssen eben diese Fähigkeiten unter den Bedingungen der Lern- und Lebenswelt des Klassenzimmers erprobt und entwickelt worden sein. Das heißt für den Fremdsprachenunterricht: Wenn wir als sein *Ziel* die Fähigkeit der Lernenden zur selbstbestimmten, verstehenden und auf Verständnis gerichteten Teilhabe an gesellschaftlichen Diskursen bestimmen, in denen die Zielsprache Verständigungsmittel ist, sei es als Verkehrs- oder als Arbeitssprache, dann setzt dieses Ziel einen *Weg* voraus, der solche Fähigkeiten vorbereitet. Der Weg ist der Prozess der fremdsprachlichen Sozialisation, der Raum, in dem diese stattfindet, das Klassenzimmer. Im Folgenden werde ich anhand von fünf Beispielen verdeutlichen, dass es im Sinne der genannten Ziele nicht nur sinnvoll, sondern vielmehr notwendig ist, das Konzept des „Klassenzimmers" zu erweitern und damit zu verändern.

Mit der „kommunikativen Wende" seit der Mitte der 1970er Jahre (vgl. Legutke 2008a, Neuner 2007), die in der deutschen Diskussion durch Piephos programmatische Schrift *Kommunikative Kompetenz als übergeordnetes Lernziel im Englischunterricht der Sekundarstufe I* (1974) eingeleitet wurde, rückten Inhalte und Formen des Lehrens und Lernens, die Fremdsprachenlerner im Hier und Jetzt des Unterrichts tätig werden lassen, ins Zentrum didaktischer Überlegungen. Der Unterricht wird neu definiert als das Arrangement, in dem Kommunikation in der Zielsprache (in Wort und Schrift) erfahren, geübt, erprobt und analysiert wird, damit die Lernenden für ein „Später" handlungsfähig werden. Dabei wird die Zielsprache auch als das Mittel bestimmt (Breen/Candlin 1980), mit dessen Hilfe die Aktivitäten im Klassenzimmer realisiert und organisiert werden. Lernende sollen so Gelegenheit erhalten, *als sie selbst* zu Wort zu kommen - in der Auseinandersetzung mit für sie bedeutsamen Inhalten und in Formen, die ihren Möglichkeiten entsprechen und ihre Leistungsbereitschaft herausfordern. Mit dieser dezidierten Hinwendung zu den Handlungen der Lernenden in der didaktischen Situation des Klassenzimmers verbindet sich eine Kritik an früheren Auffassungen zum Fremdsprachenlernen, die von der Annahme ausgingen, dass sich Kommunikationsfähigkeit quasi von selbst entwickle, wenn die Regeln des Sprachsystems verinnerlicht sind. Ferner hat die Kommunikative Didaktik das Klassenzimmer als sozialen Ort ins Blickfeld gerückt (vgl. Candlin 2003), an dem Lernende und Lehrende eine dynamische Beziehung eingehen, indem sie gemeinsam, mit unterschiedlichen Aufgaben und in unterschiedlichen Rollen, eine Lernumgebung und Lerngemeinschaft gestalten, die Michael Breen (1985) als Erfahrungsraum bzw. die dem Fremdsprachenunterricht eigene „Kultur" bezeichnet:

> The fact that lessons-in-process are communal endeavours means that any learning outcome, for any member of the class, has been socially processed. The actual nature of individual achievements has been communally moulded. ... What someone learns in a language class will be a dynamic synthesis of individual and collective experience. Individual definitions of the new language, of what is to be attended to as worth learning, of how to learn, and personal definitions of progress will all interact with the particular classroom culture's definitions of each of these things. ... The language I learn in a classroom is a communal product derived through a jointly constructed process. (Breen 1985: 148f.)

Damit diese Kultur ihr Potential für den gegenwärtigen Gebrauch der Fremdsprache optimal entfalten kann, beschäftigte sich die Kommunikative Didaktik u. a. mit Themen und Texten, die die Lernenden herausfordern und die die Grundlage zielgruppenspezifischer Lehr- und Lernmaterialien bilden (z. B. Puchta/Schratz 1984), mit der Herstellung möglicher „Ernstfälle" für den Gebrauch der Fremdsprache durch direkte und vermittelte Begegnungen mit Sprechern der Zielsprache (Legutke 1998, 2008b) und nicht zuletzt mit den Übungen und Aufgaben, die das Lerngeschehen stimulieren und strukturieren. Es zeigte sich nämlich schon in den frühen 1980er Jahren, dass sich interessante Themen nicht von selbst entfalteten, dass noch so relevante Texte die Lernenden nicht von alleine zum Sprechen und Schreiben brachten. Themen und Texte, aber auch Begegnungen bedurften vielmehr eines differenzierten Angebots von schüleraktivierenden Methoden (Bredella/Legutke 1985), die den Reiz der Entdeckung nicht nahmen, die sowohl Übungen bereitstellten wie Impulse gaben, mit Sprache zu improvisieren, zu experimentieren (Kurtz 2001) und über Sprache und ihre Verwendung nachzudenken.

Die Auseinandersetzung mit angemessenen Übungen und Aufgaben beschäftigt uns seit den späten 1970er Jahren, als in der Bundesrepublik die erste Übungstypologie für Englisch erschien (BAG 1978). Die intensive Beschäftigung mit Übungen und Aufgaben lässt sich am besten an der 2. Auflage dieser Übungstypologie ablesen (BAG 1996): Aus der linear vom „Verstehen zum Äußern" organisierten Typologie von 1978, welche den Verstehensprozess nicht nur schematisch vereinfachte, sondern die Bedeutung des Vorverständnisses und der lebensweltlichen Erfahrungen der Lernenden ignorierte, ist ein differenziertes Angebot multivalenter Übungen und Aufgaben entstanden, das verdeutlicht, in welch vielfältiger Art und Weise Schüler im Klassenzimmer handeln können. Diese, wie ähnliche in den letzten dreißig Jahren in Deutschland entwickelte Typologien (u. a. Neuner et al. 1981, Häussermann/Piepho 1996) sind der Kommunikativen Didaktik verpflichtet und im Wesentlichen pädagogisch motiviert (vgl. Abschnitt 5). Dies trifft auch für den folgenden Versuch zu, Handlungen von Lernern in Hinblick auf ihre Möglichkeiten zum Sprachgebrauch im Klassenzimmer mit dem Anspruch zu systematisieren, Lehrenden die Auswahl von Übungen und Aufgaben aus dem mittlerweile umfangreichen Angebot von Aufgabensammlungen zu erleichtern, ihnen Anregungen zu geben, diese für ihre Lerngruppen zu adaptieren, im Unterricht zusammen mit den Lernenden zu inszenieren und so ihre Reichweite kritisch zu überprüfen. Zur Mobilisierung des Potentials des Klassenzimmers zum Gebrauch der Fremdsprache stehen vier handlungsbezogene Aufgabentypen zur Verfügung (vgl. Candlin 1987, Legutke/Thomas 1991):

1. Die erste Gruppe umfasst sprachbezogene Lernaufgaben (*language learning tasks* oder *exercises*), deren Ziel es ist, durch kontrolliertes und gelenktes Üben diskrete (also klar umrissene) sprachliche Fertigkeiten im Bereich der Grammatik, der Phonologie, der Syntax und Semantik zu schulen.[1] Obwohl solche sprachlichen Fertigkeiten unverzichtbare Bedingungen von Kommunikation sind, ist daraus nicht zu schließen, dass diese Lernaufgaben stets anderen Handlungsformen im Klassenzimmer vorausgehen müssen. Wie die folgenden Beispiele zeigen, können sie an jedem Punkt des Lernprozesses auftauchen.
2. Die Aufgaben der zweiten Gruppe können am besten als vorkommunikative Aufgaben (*pre-communicative tasks*) bezeichnen werden. Sie sollen Schüler befähigen, mit unterschiedlichen Texten umzugehen bzw. auf sie zu reagieren. Durch kontrolliertes und gelenktes Üben zielen Ketten oder Sequenzen solcher Aufgaben darauf, Lernende allmählich zu befähigen, ihre eigene Weltsicht zu artikulieren. Dies wird durch Aufgaben erreicht, die Kommunikation vorbereiten, strukturieren, entwickeln und simulieren. Solche Übungen bilden wichtige Aspekte von wirklicher Kommunikation ab, ohne jedoch selbst Kommunikation zu sein.
3. Die dritte Gruppe umfasst die eigentlichen kommunikativen Aufgaben (*communicative tasks*). Sie initiieren experimentelles, improvisierendes und nicht zuletzt kreatives Verhalten und stecken den Rahmen dafür ab. Lernende kommunizieren in der Zielsprache, weil Struktur und Inszenierung der Aufgabe kommunikative Bedürfnisse freisetzen. Sie bieten ferner den Anlass, über den Versuch zur Kommunikation nachzudenken, und rücken das Lernen im Klassenzimmer selbst ins Zentrum der Aufmerksamkeit. Solche Aufgaben verlangen ein breites Spektrum personaler, inhaltsbezogener, sprachlicher und parasprachlicher Fertigkeiten und Fähigkeiten. Vorschläge für solche kommunikativen Aufgaben stehen Lehrern heute in großer Zahl zur Verfügung.[2]
4. Die vierte und letzte Gruppe schließlich umfasst „Managementaufgaben", Aufgaben zur Steuerung und Leitung (*instrumental and management tasks*). Diese sollen durch kontrolliertes und angeleitetes Üben die Fähigkeiten der Schüler entwickeln, den Lernprozess zu steuern und zu optimieren. Solche Managementfähigkeiten unter den spezifischen Bedingungen von Fremdsprachenunterricht implizieren das Beherrschen von medialen, organisatorischen und vor allem didaktischen Fertigkeiten.

---

1 Zu den Bedingungen für den Erfolg solcher Übungen vgl. Kap. 3, Abschnitt 4.4.

2 Hingewiesen sei hier nur auf die einschlägigen Reihen der Verlage Cambridge University Press: *Cambridge handbooks for language teachers* und Oxford University Press: *Resource books for teachers*.

Die verschiedenen Aktivitätsformen sind im Lehr-/Lernprozess nicht nur auf vielfache Weise miteinander verknüpft, sondern immer auch, wie die folgenden Beispiele verdeutlichen werden, auf Texte bezogen, von denen sie ausgehen oder auf die sie hinführen. Diese komplexe Vernetzung von Texten, Übungen und Aufgaben nenne ich ein Szenario (Legutke/Thomas 1991, vgl. auch Piepho 2003). Szenarien begrenzen und strukturieren den Handlungsraum und liefern Lehrern und Lernern ein Drehbuch, wie sein Potential genutzt werden kann, indem sie den Einzelnen, die Gruppe oder Teilgruppen mit Themen und Texten in Beziehung bringen, damit Lernen stattfindet. Im Übrigen sind sprachbezogene Lernaufgaben in einem Leistungskurs 12 ebenso noch am Platz, wie kommunikative Aufgaben auch schon in den Anfangsunterricht der Grundschule gehören.

2 Vorschläge: Fünf Beispiele für handlungsorientierten Englischunterricht

Im Folgenden wollen wir verschiedene Handlungsvorschläge, einfache kommunikative Aufgaben und komplexere Szenarien genauer betrachten, um aus einer Prüfung der Anforderungen, die sie an Lernende stellen, zu einer präziseren Bestimmung des oben erwähnten Potentials des fremdsprachlichen Klassenzimmers zu gelangen.[3] Gemeint ist ein Raum, der, damit er hier und jetzt optimal nutzbar wird, eine bestimmte Handlungskompetenz verlangt, zugleich aber auch die Bedingungen bereitstellt, unter denen sich eben diese Handlungskompetenz erst entwickeln kann.

Die Beispiele wurden so gewählt, dass sie nicht nur verschiedene Grade von Komplexität repräsentieren und auf verschiedene Schulstufen bezogen sind, sondern auch besondere Typen von Szenarien wiedergeben. An anderer Stelle habe ich diese drei Großgruppen zugeordnet, nämlich *Textprojekten*, *Korrespondenzprojekten* und *Begegnungsprojekten*

---

[3] In der Erstauflage dieses Buches (1989) erschien dieses Kapitel unter dem Titel „Szenarien für einen handlungsorientierten Fremdsprachenunterricht". Für die zweite Auflage (1996) wurde es, vornehmlich durch Hinweise auf neuere Literatur, nur unwesentlich verändert. Da die Zielausrichtung meiner Argumentation auch zur Zeit der dritten Auflage noch Gültigkeit besaß, wurde die Grundstruktur des Kapitels nicht verändert. Berücksichtigt wurden jedoch damals neuere Diskussionen und Forschungen, die es erlaubten, frühere Überlegungen zu präzisieren und Zusammenhänge zu markieren, die in der Frühphase der kommunikativen Wende, aus der die Erstfassung stammt, so nicht gesehen wurden. Um die historische Dimension des Beitrags nicht zu verwischen, wurden einige der Beispiele für Szenarien aus der Erstfassung beibehalten, auch wenn sie sich auf „ältere" Materialien bezogen. Dies trifft auch für diese Neuauflage zu und bringt zum Ausdruck, dass ich die vor nunmehr 20 Jahren skizzierten Aufgaben nach wie vor für angemessen und beispielhaft halte. Auf Veränderungen in der fachdiaktischen Diskussion ‚Forschung' gehe ich im Abschnitt 5 genauer ein.

(Legutke/Thomas 1991, Legutke 2007). Während die ersten beiden ausschließlich im Klassenzimmer oder in der Schule durchgeführt werden und von Repräsentationen von Welt, d. h. von vielfältigen Texten ausgehen und auf solche zurückführen (Lehrwerktexte, Gedichte, Videoclips, Briefe, E-Mails, Blogs usw.), schließen Letztere *direkte* Begegnungen mit Englisch sprechenden Menschen ein. Diese werden entweder in der näheren oder weiteren Umwelt überall da gesucht, wo die Zielsprache ein dominantes Kommunikationsmedium ist (internationale Flughäfen, internationale Hotels, internationale Sportveranstaltungen usw.) oder sie sind Teil interkultureller Kommunikation im Rahmen von Klassenfahrten und Schulpartnerschaftsbesuchen im Zielsprachenland oder in Kontexten, in denen die Zielsprache als Arbeitssprache verwendet wird (Grau 2001).

Schließlich sind die folgenden Beispiele in der Fachliteratur u. a. durch Berichte von Lehrern und durch Lernerbeobachtungen dokumentiert, so dass die größeren Lehr-/Lernzusammenhänge, die Textvorgaben und wietere Übungen und Aufgaben von interessierten Lesern leicht aufgesucht werden können.

Beispiel 1: *A Fashion Show*
(3. Schuljahr, Grundschule)

Mit diesem Beispiel betreten wir eine dritte Grundschulklasse zu Beginn des zweiten Halbjahres Englisch als Fremdsprache (mit zwei Stunden Englisch in der Woche).[4] Die kommunikative Aufgabe, der sich die 24 Kinder in der 45-minütigen Unterrichtsstunde stellen, ist die Inszenierung einer Modenschau. Tische und Stühle werden so arrangiert, dass Platz für einen Laufsteg entsteht. Ein Teil der Kinder bildet das Publikum und flankiert den Laufsteg. Musik im Hintergrund verschafft dem Ereignis ein zusätzliches Flair von Authentizität. Die Kinder arbeiten in Partnerteams (ein Kind spielt das Model, das andere den Conférencier/Showmaster). Ein Paar folgt dem anderen. Während das Model, mit fantasievollen Kostümen bekleidet, den Laufsteg entlang flaniert, wird es vom Showmaster eingeführt und vorgestellt. Die Showmaster sprechen ohne Spickzettel, vielmehr produzieren sie ihre Texte aus dem Gedächtnis. Ein begeisterter Applaus beschließt jede Präsentation, bevor das nächste Paar in Aktion tritt. Obwohl deutliche Unterschiede in der mündlichen Kompetenz zwischen den einzelnen Kindern festzustellen sind (Aussprache,

[4] Die Stunde wurde im Rahmen des E-LINGO-Projekts „Didaktik des frühen Fremdsprachenlernens“ im März 2004 an einer Grundschule in Oberhessen aufgezeichnet. Vgl. www.e-lingo.de (Grau/Legutke 2008b: 19-22).

Intonation, Differenziertheit des Wortschatzes), bewältigen alle Teams die Zielaufgabe, wie ein Ausschnitt aus dem Stundentranskript verdeutlicht:

Die Körpersprache der Kinder zeigt sehr deutlich, dass alle begeistert und hoch konzentriert bei der Sache sind. Die Lehrerin hält sich im Hintergrund, handelt gelegentlich als Souffleuse und gibt bei den ersten Paaren die Einsätze, bis die Show routiniert abläuft. Während der gesamten Präsentation fällt kaum ein deutsches Wort. In der folgenden Stunde wird die Show wiederholt, Model und Showmaster wechseln dann die Rollen.

Excerpt: Fashion Show

T *Here we go with the show.*
S16 *Here we go with the show.*
T *The first.*
S10 *This is Tim. He is wearing a dark blue coat and trainers.*
T *Uh, OK. [Clapping hands.] Now the second.*
S13 *The second.*
S3 *This is Naomi. She wearing a blue hat and black and red skirt and black shoes.*
T *Uh! [Clapping hands] the second #unclear word#. Ok.*
S13 *The fourth. The …*
T *Third.*
S13 *Third.*
S2 *This is Alina. She is wearing a dark blue jacket and a pair of trousers. [Clapping hands]*
T *Here we go.*
S16 *Here we go.*
S13 *Fourth.*
S17 *This is An* Hannah.*
T *Louder! Speak up.*
S17 *This is Hannah. She is yellow jacket and green jeans and black shoes. [Clapping hands]*
T *Ok. Fifth.*
S13 *Fifth.*
T *Here we go.*
S16 *Here we go.*
T *Louder!*
S7 *This is Harry. He is wearing a cowboy jacket, a trousers with yellow and black stripes, and tiger slippers.*
T *Uh!*
[Clapping hands]

Die Inszenierung der Modenschau, die wesentlich von den Kindern gestaltet wird, erlaubt es ihnen, die bis dahin erworbene Sprachkompetenz unter Beweis zu stellen und sich als Nutzer der Sprache in einem

Ernstfall zu erfahren. Dies kann jedoch nur deshalb gelingen, weil die Zielaufgabe Teil eines größeren Szenarios ist, in dem sich sprachbezogene und organisatorische Übungsphasen ergänzen. Welche Anforderungen stellt diese Aufgabe an Schüler einer dritten Grundschulklasse und wie werden sie auf die Zielaufgabe vorbereitet?

- Die Schüler müssen gelernt haben, Kleidungsstücke zu benennen und zu charakterisieren (Farben), und dabei über eine angemessene Aussprache verfügen.
- Sie müssen ausdrücken können, was jemand trägt.
- Sie müssen in der Lage sein, die Show zu eröffnen und zu schließen.
- Sie müssen die erforderlichen Sprachmittel in der Präsentationsphase ohne schriftliche Hilfe (Spickzettel) abrufen können.
- Sie müssen in der Rolle als Showmaster alleine vor der Klasse (und der Kamera) sprechen.
- Sie müssen in Partnerteams die Show üben und sich dabei wechselseitig unterstützen können.

Durch folgende Schritte werden die Kinder auf die Anforderungen der Zielaufgabe vorbereitet: In zwei in sich differenzierten, von der Lehrerin geleiteten Übungsphasen, für die sich ein Mädchen und ein Junge fantasievoll verkleidet haben, üben die Kinder zunächst die Redemittel und Strukturen (*describing a female clown* und *desribing a male clown*). Auf diese Phasen gezielten Sprachtrainings folgen drei Phasen in denen der organisatorische Ablauf der Show vorbereitet wird und die Kinder Gelegenheit haben, in ihren Partnerteams zu üben, nachdem die Lehrerin mit einem Paar den Ablauf einer Präsentation demonstriert hat. Die Lehrerin organisiert diese drei Phasen konsequent in englischer Sprache. Nachdem sie den Arbeitsauftrag, in Paaren die Show zu üben erteilt und das Verfahren erklärt hat, bittet sie ein Kind, den Arbeitsauftrag auf Deutsch zu wiederholen: „*You train for the show …*". - Schüler: „Wir sollen jetzt die Show üben". Darauf beginnen alle Paare sofort mit dem Üben.

Auch wenn die Abfolge der Trainingsphasen die Kinder wirklich fordert, wie das Videodokument belegt, sind sie voll bei der Sache. Ohne dieses vorgeschaltete Training könnten die Kinder die Anforderungen der Zielaufgabe nicht meistern. Letztere verleiht andererseits den Übungsphasen erst ihre Plausibilität.

Beispiel 2: *Exploring Native American Culture*
(8. Schuljahr, Realschule)

Wie in den meisten anderen Bundesländern sieht der Rahmenplan für diese Jahrgangstufe eine Beschäftigung mit dem Thema *Native Americans* vor. Das Lehrwerk macht zu dem Thema einige Angebote, die nach Ansicht der Lehrerin dem Thema nicht nur unangemessen sind, sondern stereotype Vorstellungen zu diesen Bevölkerungsgruppen der USA verstärken. Aus diesem Grund hat sie sich entschieden, die Angebote des Lehrwerks durch ein „Forschungsprojekt", das die Möglichkeiten des Internets nutzt, zu ergänzen bzw. zu korrigieren. Sie teilt die Klasse in fünf „Forscherteams" auf, die jeweils eine Gruppe von *Native Americans* unterschiedlicher Regionen untersuchen sollen. Die Gruppen erhalten für den Einstieg in die Arbeit ein didaktisch besonders geeignetes Internetportal (http://www.native-languages.org/home.htm) und folgende Aufgabenstellung:

> *Read your texts and highlight the information that helps you answer the following questions (use different colors for each question):*
>
> - *What did the Indians in your region live on? What did they do to get their food?*
> - *Where did they live? What was their home like?*
> - *What kind of clothes did they wear?*
> - *What do you find special about 'your' culture?*
> - *Is there anything you particularly like about 'your' culture?*
> - *Is there anything that surprises you or that you find hard to believe / understand?*
> - *Compare the way you live to the Native Americans' way of life: Are there elements that are the same? Is it completely different? Say why. Say what you would have missed if you had lived then.*
>
> (Schocker-v. Ditfurth 2001: 26)

Die Bearbeitung der Aufgabe erfolgt im Computerraum, im Klassenzimmer und in der Schulbibliothek und ist von Anfang an mit einem zweiten Aufgabenteil verknüpft, nämlich der Vorbereitung und dem Proben einer Präsentation, für die in einem Zwischenplenum nicht nur klare Richtlinien besprochen, sondern auch Bewertungskriterien festgelegt werden. Schüler besprechen unterschiedliche Formen der Visualisierung, die Verwendung von konkreten Beispielen usw. Es versteht sich von selbst, dass diese Aushandlungen in englischer Sprache vorgenommen werden. Die Schüler arbeiten mit einem Bewertungs- und Anleitungsbogen, der u. a. Folgendes enthält (Auszug):

To practice your presentation:

- *Say what your topic is.*
- *Write down important key words on what you want to say.*
- *Change speakers – it is easier to listen to different speakers.*
- *Use short sentences.*
- *Use your hands to show things (on your poster, for example).*

To evaluate your presentation:

- *It was clear – we could understand most of it (for example, because you explained the new words to us).*
- *You used pictures / a poster to illustrate what you said.*
- *You talked to the class – you didn't just read out your paper …*

(Ebd.: 28)

Die folgenden zwei Exzerpte, die hier zur Verdeutlichung der Arbeit einer Gruppe und ihrer Präsentation herangezogen werden sollen, stammen aus einer Videodokumentation des Projekts. Zwei Schüler und drei Schülerinnen haben sich intensiv mit Hilfe des Internets mit den *California Inter-Mountain Cultures* befasst. Nach der Web-Recherche bilden zwei Lernende für die Präsentation einen Totempfahl nach, während sich die drei anderen mit dem Nachbau einer Modellbehausung aus Weidenruten und Reisig (*a wickiup*) befassen.[5] Während der gesamten Arbeit am *wickiup* sprechen die Schüler Englisch miteinander:

Excerpt 1: Group Work

S 1 [while tying the rods together] Hold it. Put it around.
S2 I help you, I want to help.
[Working in silence for about a minute, student 1 puts some longer grass into the wickiup]
S2 What do you do there, this is my way!
S3 Small grass into the thing.
S1 Yeah, into the thing, put in the small grass.
S2 Put this grass out, and put the small in, put the small in, put the big grass out and the small in.
S3 This this this we make the roof.

(Legutke 2001a: 38)

Excerpt 2: Presentation

Die Gesamtgruppe beginnt mit der Präsentation, indem zwei Gruppenmitglieder ein großes Plakat mit einer Landkarte hochhalten und für die

5 AVZ Pädagogische Hochschule Heidelberg (Hg.) 1998. *No dead bodies, no talking heads. An Internet research project on Native Americans.* Unterricht 2000. Dokumentation Realschule Englisch, Klasse 8. Heidelberg: PH-AVZ. Zu beziehen: Pädagogische Hochschule Heidelberg. Audiovisuelles Zentrum (AVZ). Keplerstr. 87, 69120 Heidelberg.

Zuhörer deutlich sichtbar die von ihr untersuchte Gruppe von *Native Americans* geographisch lokalisieren. Das Plakat enthält eine Reihe selbstgeschriebener Texte neben historischen Fotos und einigen graphischen Darstellungen, die aus dem Internet übernommen wurden. Die Vortragenden benutzen keine Notizzettel, sondern improvisieren ihre Texte und demonstrieren damit, dass sie in der Gruppe gut geübt haben. Nun tritt die Untergruppe nach vorn, die das *wickiup* gebastelt hat:

S1 [wears self-made Indian head band with an eagle pattern on it] Now I'm going to tell you about their clothing. The Indians had mostly nothing on or they had [he drops his pants to reveal a loin cloth made from leather; laughter]
S1 Now we are going to the housing.
S2 [picks up the wickiup and holds it up]
S1 [points to the structure] This frame was built out of willow poles, this way it was built out of willow poles.
S2: [passes the wickiup on to S1 holding it up]
For the roofs the Indians took grass. Put them all together with string.
[She holds up a small bundle of grass and demonstrates the tying process]
S3 [points to the wickiup] This is an ab, and the ab [the student wants to use the word 'abode'] is the home from the California Indians. In the, in an ab there lived a family, the whole family.
S2 Sometimes they had a hole in the top [points to the top of the wickiup]
S1 Up here [points to the spot]
S2 because of the fire and that came out of the smoke, when they cooking, were cooking….
(Ebd: 39)

Auch in diesem Fall lohnt es sich, einen kurzen Blick auf die Anforderungen zu werfen, die diese komplexe Aufgabenstellung für die Lernenden mit sich bringt:

- Neben den inhaltlichen Anforderungen (Auseinandersetzung mit Teilaspekten indianischer Kultur/en) wird von den Lernenden in diesem Fall erwartet, dass sie das Englische als Kommunikationsmittel sowohl während der Gruppenarbeit, in den Plenarphasen, in denen das Vorgehen ausgehandelt wird, als auch für die Präsentation benutzen.
- Sie müssen im Hinblick auf die Inhalte und die Präsentation angemessene Texte aus einem nicht für Fremdsprachenzwecke didaktisierten Angebot auswählen, ausdrucken und bearbeiten. Dazu müssen sie über entsprechende Arbeitstechniken verfügen.
- Sie müssen kurze, erklärende Texte zu Bildern verfassen.
- Sie müssen für ihre Mitschüler eine angemessene Präsentation vorbereiten und sich dabei überlegen, wie sie die in der Gruppe gewonnenen Erkenntnisse in der Zielsprache den anderen zugänglich machen.

Hierzu müssen sie beispielsweise Visualisierungen von Ergebnissen entwerfen oder Formen szenischer Darstellung einüben.

- Schließlich müssen sie bereit und fähig sein, sich auf einen Gruppenprozess einzulassen und dort für die Arbeit und die Aufgaben Verantwortung übernehmen.

Beispiel 3: *Richard Wright's „Almos' a Man".*
Von der Kurzgeschichte zum Film (10. Schuljahr)

In Richard Wrights Kurzgeschichte „Almos' a Man" (Bredella et al. 1984: 72f.) will Dave, ein 17-jähriger Afro-Amerikaner, Anerkennung und Männlichkeit durch den Besitz einer Pistole erreichen. Obwohl man ihm zunächst den Erwerb des Revolvers gerade mit dem Argument verweigert, er sei noch zu jung, gelingt es ihm mit List und Beharrlichkeit, ans Ziel seiner Wünsche zu gelangen. Das Ausprobieren der Waffe wird jedoch zur Katastrophe, weil Dave das Maultier trifft, mit dem er als Lohnarbeiter auf den Feldern seines weißen Herrn arbeiten muss. Als der Farmer ihn zwingt, den erschossenen Maulesel durch zwei Jahre Arbeit abzulösen, flieht Dave bei Nacht. Mit der Pistole, die er vorübergehend vergraben hatte, springt er auf einen vorbeifahrenden Zug.

Unterstützt durch eine Reihe schüleraktivierender Methoden – *imagination gap activities, value clarification activities, creative expression activities* (Bredella/Legutke 1985: 103f.) – haben die Schüler die Kurzgeschichte gelesen und diese dabei zu deuten versucht. Bevor nun die Gruppe die Filmadaption der Kurzgeschichte rezipiert (FWU 1984), gibt der Lehrer die folgende Aufgabe:

You are part of a team which has been given the task and the necessary funding to make a film of Richard Wright's short story "Almos' a Man". First of all, some research needs to be done. Conduct this research in teams of four:

Team A: Think about the difficulties of using a short story to make a film.

Which parts of the story need to be changed? Which scenes or passages must be omitted? What scenes must be added? Please redesign the story line for the film.

Team B: We need to know more about the setting of the film. Use your school library, geography and history books, encyclopedias, and, of course, the Internet for your research. Please come up with detailed suggestions for the setting (landscapes, vegetation, climate, housing, etc.) and the life style of people during the time of the story.

One question you need to address is whether you want the film to take place at the same time as the story.

Team C: *Your task is to choose actors you want to work with. Write a profile for each character. These profiles should function as guidelines for your casting.*

Team D: *It is your special task to study some basic concepts of film language. You should be able to explain some functions of camera angles, camera movements, types of shots and editing techniques. Which of these techniques would be most effective with which scenes of the story?* (Zur Bearbeitung dieser Aufgabe erhalten die Schüler besondere Informationen, auf die hier nicht Bezug genommen werden kann; vgl. Bredella et al. 1984, Liebelt 1996).

Die Schüler sind darüber informiert, dass die Gruppen nach Beendigung der ersten Forschungsphase neu gemischt werden, so dass ein bis zwei Mitglieder eines Teams in eine neue Gruppe überwechseln. Die Teams müssen deshalb sicherstellen, dass jedes ihrer Mitglieder fähig ist, die gewonnenen Einsichten, die erarbeiteten Vorschläge für *story line, setting, casting* und *film technique* zu erläutern und einzubringen. Der zweite Teil des Szenarios lautet:

In your new groups, please work on one of the following tasks:

1. *Develop one or two scenes of the film. Write a script and comment on the actors and the setting of the scene(s).*
2. *Develop detailed suggestions for the beginning and/or the ending of the film. Write the outline of the scene(s) on a poster.*
3. *Develop a complete treatment of the film (poster).*
4. *Write one scene of the film which you act out in front of the class.*

Note: *For the presentation in class, each group will have no more than ten (!) minutes.*

Die Anforderungen dieser dreiteiligen Aufgabe (die Präsentation in der Klasse wäre der dritte Teil) implizieren einen Grad von Handlungskompetenz, den man von Schülern am Ende der Sekundarstufe I erwarten kann, wenn sie von Anfang an Gelegenheit erhalten haben, den besonderen Handlungsraum der Lehr-/Lernsituation im Klassenzimmer voll zu nutzen. Dies dürfte vor allem dann kein Problem darstellen, wenn sie bereits in der 8. Klasse mit (teil-)autonomen Lernformen, wie ich sie im vorangegangenen Beispiel skizziert habe, Erfahrungen sammeln konnten:

- Sie sollen gelernt haben, sowohl in festen Arbeitsteams als auch in flexiblen Kleingruppen zu handeln, Verantwortung zu übernehmen, themen- bzw. aufgabenorientiert Entscheidungen zu fällen.
- Sie müssen gelernt haben, Informationsmedien selbständig zu nutzen, wobei davon ausgegangen wird, dass die Lehrkraft der Gruppe B ein angemessenes Internetportal als Einstieg für ihre Web-Recherche bereitstellt.

- Die drei Phasen der Aufgabe verlangen eine jeweils neue Interpretation der Kurzgeschichte. Die aus der Transformation hervorgegangenen Gegentexte (etwa die schriftlich formulierten Filmideen in Form von Treatments) lassen den Ausgangstext, die Kurzgeschichte, in neuer Schärfe erscheinen. Diese Gegentexte sind Interpretationen und zugleich Anstoß zur erneuten Auseinandersetzung mit dem Ausgangstext, der damit als „deutliches Gegenüber" (Hunfeld 1986) erscheint. Schüler müssen deshalb gelernt haben, aktiv an Sinnbildungsprozessen in und mit der Fremdsprache teilzuhaben.
- Damit in der Gruppe die Transformation von einer Textsorte in die andere einigermaßen befriedigend geleistet werden kann, werden nicht nur Grundkenntnisse textsortenspezifischer Merkmale und ihrer Wirkungsweise erwartet; vielmehr müssen Schüler auch bereit und in der Lage sein, sich kreativer Ausdrucksmöglichkeiten zu bedienen.
- Die Schüler müssen zudem Lehrer- bzw. Vermittlerrollen erfolgreich übernehmen können, denn nur so ist die Weitergabe arbeitsteilig gewonnener Einsichten an andere möglich.
- Am Ende der 10. Klasse sollte davon ausgegangen werden, dass die Schüler die Mehrzahl der Sprachfunktionen zielsprachlich realisieren können, die für die Organisation des Lernprozesses, für das Aushandeln von Lernschritten in Klein- und Großgruppen und für die Sinnaushandlung gefordert sind. Zumindest aber sollten die Schüler die kommunikativen Strategien beherrschen, die es ihnen gestatten, selbst mit minimalem Sprachhandlungsrepertoire größtmögliche Wirkung in solchen Sinnbildungsprozessen zu erzielen.

Beispiel 4: *Airport* (6. Schuljahr)

Mit dem nun folgenden Beispiel verlassen wir den Typus der Textprojekte und wenden uns Szenarien zu, die darauf zielen, Begegnungen mit Englisch sprechenden Menschen in den Regelunterricht zu integrieren. Wir kehren zurück zum Unterricht in einer sechsten Klasse.

Nach eineinhalb Jahren Englischunterricht in der Sekundarstufe I und zwei Jahren in der Grundschule schlägt der Lehrer vor, die Verwendung der Zielsprache in der erreichbaren Umwelt zu erforschen und zugleich zu testen, welchen Grad an kommunikativer Kompetenz die Lerngruppe bis zu diesem Zeitpunkt erreicht hat. Als Forschungs- und Erfahrungsfeld bietet sich der 50 km entfernte internationale Flughafen an, den man im Rahmen eines eintägigen Klassenausflugs ansteuern will. Gemeinsam wird in der Klasse die Zielaufgabe präzisiert. Man einigt sich auf folgende Teilaufgaben:

1. Die Schüler wollen den Flughafen auf englischsprachige Texte hin untersuchen und solche Texte sammeln, die für den weiteren Unterricht interessant sein könnten. Dazu zählen Hinweisschilder genauso wie Lautsprecherdurchsagen, Speisekarten und englische Kinderbücher aus dem Buchladen.
2. Die Schüler wollen möglichst viele Menschen, die Englisch sprechen, interviewen. Man will später anhand einer Weltkarte feststellen, woher die Partner kamen und wohin sie unterwegs waren. Die Interviews sollen auf Tonträger aufgenommen werden.
3. Die Schüler werden später die besten Interviews auswählen, das interessanteste transkribieren und der ganzen Klasse vorstellen.

Dass eine solche Aufgabenstellung keinesfalls eine Überforderung der Schüler einer 6. Klasse darstellt, ist in der Literatur und durch Film ausführlich dokumentiert (Legutke/Thiel 1983, Humburg et al. 1983, Legutke 2006). Betrachten wir einige der Handlungsanforderungen genauer: Allein die Interviewsituation auf dem Flughafen stellt folgende sprachliche, kommunikationsstrategische und organisatorische Anforderungen:

- Die Schüler müssen Interviewpartner finden.
- Sie müssen mögliche Partner ansprechen und über Verhaltensstrategien verfügen, die die Bereitschaft des Partners im Sinne ihres Vorhabens wecken.
- Sie müssen im Regelfall ihr Vorhaben auf Englisch beschreiben, da nicht davon ausgegangen werden kann, dass der Partner Deutsch versteht.
- Sie müssen die eigene sprachliche Kompetenz signalisieren, so dass sich der Partner auf die Verstehensmöglichkeiten der Schüler einstellen kann.
- Sie müssen in der Lage sein, während des Interviews auftretende Schwierigkeiten zu signalisieren und um Verstehenshilfen zu bitten wie Wiederholung, Verdeutlichung, Umschreibung, Verlangsamung des Sprechtempos.
- Sie müssen sich auf verschiedene Varianten des Englischen einstellen.
- Sie müssen das Interview führen und unter Umständen wieder in Gang bringen.
- Sie müssen ferner über Strategien verfügen, dem Partner für die anderen Schüler interessante Mitteilungen und Informationen zu entlocken, da es ja darum geht, einen spannenden Text in die Klasse einzubringen.
- Schließlich müssen die Schüler über das technische und instrumentelle Knowhow verfügen, denn schließlich wird von ihnen erwartet, dass sie die gemachten Erfahrungen auswerten und der gesamten Lern-

gruppe präsentieren. Um als Lieferanten von Texten zu fungieren, müssen sie über Techniken der Dokumentation, sei es durch Stichwortprotokolle oder durch Ton- oder Videoaufnahmen, verfügen.

Solch komplexen Anforderungen sind einzelne Schüler, zumal am Anfang ihrer Fremdsprachenkarriere, nicht gewachsen, dies um so weniger, als sie während der Textsuche und der Interviews auf dem Flughafen völlig autonom, d. h. ohne Lehreranleitung, handeln müssen. Dem funktionierenden Team von drei bis fünf Schülern kommt deshalb eine entscheidende Rolle zu. Nicht nur hilft die Gruppe Ängste überwinden, die von der Aufgabe ausgehen, fremde Menschen in der Fremdsprache anzusprechen und zu befragen; durch kooperatives Handeln wird die Durchführung der Interviews sowie die Erledigung der folgenden Aufgaben überhaupt erst möglich: Zwei Schüler unterstützen sich bei der Durchführung des Interviews, einer bedient den Rekorder, ein weiterer führt das Stichwortprotokoll und notiert die Zählernummern des Rekorders.

Aus der zentralen Projektaufgabe lassen sich unschwer und für die gesamte Lerngruppe einsichtig die Vorbereitungsschritte ableiten und planen. Der „Projekt- und Arbeitsplan" der Lerngruppe könnte etwa folgende Schwerpunkte setzen:

1. Eine Sensibilisierung für den Forschungsbereich „Airport" unter Sprachlern- und Kommunikationsgesichtspunkten. Zu diesem Zweck ist vor allem auf das Vorwissen der Schülerinnen und Schüler zurückzugreifen.
2. Das Einüben oder Wiederholen von Sprachfunktionen und Strukturen in vorkommunikativen Kontexten, was systematische Sprachübungen und vorkommunikative Aufgaben wie die Simulation von Interviews einschließt.
3. Das Bereitstellen sowie das Einsatztraining von Interviewhilfen, auf die während der Interviews Bezug genommen werden kann.
4. Das Einüben kooperativen Verhaltens in kleinen Gruppen.
5. Das Trainieren von Dokumentationstechniken mit Hilfe auditiver und audiovisueller Medien.

Eine besondere Herausforderung solcher Begegnungsprojekte besteht darin, dass der Bedarf an sprachlichen Handlungs- und Bezeichnungsmitteln nur in sehr bescheidenem Maß im Voraus bestimmbar ist. Wohl aber lassen sich jene Strategien benennen und trainieren, die den Lernenden eine ihren Interessen entsprechende Strukturierung der Begegnungen und ihnen angemessene Formen des Sinnaushandelns gestatten.

Beispiel 5: *Small Town America. Erlebte Landeskunde* (Leistungskurs 12/2)

Was mit *Airport* als bescheidenes eintägiges Begegnungsprojekt mit Sprechern der Zielsprache in der deutschsprachigen Umgebung begann, könnte seine entwicklungsspezifische Entsprechung in folgendem interkulturellen Projekt erlebter Landeskunde in einem Leistungskurs finden.

Der Leistungskurs 12/2 aus einer nordhessischen Kleinstadt plant eine fünfwöchige Kursfahrt in die USA mit dem vom Goethe-Institut und dem Pädagogischen Austauschdienst der Kultusministerkonferenz der Länder organisierten und subventionierten German-American Partnership Program (GAPP).[6] Die amerikanische Partnerschule, welche die deutschen Schüler für drei Wochen besuchen wird, liegt in Wenatchee, einer Kleinstadt im Osten des Staates Washington (siehe Burke/Legutke 1992). Angesichts dieser Rahmenbedingungen hat die Lehrerin als Kursthema *Small Town America* angeboten. Da die Kursfahrt zum Teil in die Osterferien fällt, stehen etwa sechs Unterrichtswochen zur Vorbereitung auf die Erfahrungen in den USA zur Verfügung. Während dieser Zeit wird mit den Kursteilnehmern ein Orientierungsrahmen erarbeitet (vgl. Martin 1988), der sich in der Formulierung verschiedener Arbeitshypothesen und Untersuchungsfragen zu *Small Town America* manifestiert. Die Arbeitshypothesen synthetisieren Vorwissen, im Unterricht neu erworbene Wissensbestände und Wertvorstellungen bzw. Werturteile der Schüler wie der Lehrerin. Parallel zur Lektüre verschiedener fiktionaler und expositorischer Texte hat die Lerngruppe nach dem Model einer *Simulation Globale* (Sippel 2003) eine amerikanische Kleinstadt entworfen: Sie haben einen Stadtplan gezeichnet, wichtige Gebäude platziert, zentrale Institutionen benannt und eine Reihe von Personen und Gruppen erfunden, die in dieser amerikanischen Kleinstadt leben. Die Personen stehen in vielfältigen Beziehungen zueinander, kommunizieren, haben Wünsche und Probleme, lösen Konflikte usw.[7] Die fiktive Kleinstadt repräsentiert den Kenntnisstand und die impliziten und expliziten Wertvorstellungen der Lerngruppe. Sie gibt zugleich die Perspektive und den Rezeptionshorizont an, von wo aus sich die Gruppe der amerikanischen Wirklichkeit nähern wird. Folgende vorläufige Untersuchungsthemen wurden festgelegt:

---

[6] Online unter http://www.goethe.de/ins/us/lp/prj/gapp/enindex.htm (09.07.09) und http://www.kmk-pad.org/de/schulpartnerschaften/german-american-partnership-program-gapp/

[7] Das Projekt entstand vor dem Siegeszug des PC und wurde vor der Expansion des Internets erprobt. Mit *Google Earth*, den vielfältigen Kommunikationsmöglichkeiten, die der PC bietet, und dem Potenzial des Web 2.0 wird eine solche Simulation heute sicher anders zu realisieren sein, ihren Reiz aber nicht verlieren.

1. *The role of sports in small town America.*
2. *The role of churches and religious institutions.*
3. *Teenage careers.*
4. *Dreams and escapes.*
5. *Family life.*
6. *Important events in the life of the families. How are they celebrated: birth, graduation, weddings, birthdays, deaths?*
7. *School.*
8. *Life stories older people can tell. Moments of oral history.*
9. *Local politics.*
10. *Women in small town America.*

Die Projektaufgabe, auf die sich die Lerngruppe einigt, umfasst drei Teile. Teams von mindestens zwei und höchstens vier Schülern werden sich an ihre Bewältigung machen:

1. Zu dem von ihnen gewählten Thema sind vor Ort Recherchen durchzuführen und dabei mindestens drei Toninterviews zu machen, die nicht länger als 10 Minuten sein sollten. Die Interviews sollten von solcher Qualität sein, dass Teile daraus später im Unterricht als Hörtexte benutzt werden können.
2. Jede Gruppe dokumentiert ihre Forschungsarbeit durch ein Tagebuch (Projektbuch), Fotos, Texte und Realia aller Art.
3. Jede Gruppe wird nach der Rückkehr eine Präsentation ihrer Forschungsergebnisse vorbereiten und für die Zeit der Präsentation den Unterricht verantwortlich übernehmen. Die Präsentation, die grundsätzlich alle Medien einschließen kann, muss folgende Elemente enthalten bzw. auf folgende Aspekte eingehen:
   (a) neue Einsichten, die die Arbeitshypothesen verändern, erweitern oder widerlegen;
   (b) Kommunikations- und Verstehensprobleme;
   (c) signifikante Beispiele für amerikanisches Englisch;
   (d) schließlich muss jede Gruppe einen Text auswählen (z. B. ein Interview, einen Zeitungsartikel aus der lokalen Presse) oder einen Text selbst verfassen und der Lerngruppe zugänglich machen, mit dessen Hilfe die anderen Schüler und die Lehrerin in das Gruppenthema einsteigen können. Falls erforderlich, müssen Verstehenshilfen vorbereitet werden (Wortfelder, Übersichten, Tabellen, Plakate, Folien).

Bereits mit einem Projekt wie *Airport* wurden zu Beginn der Sekundarstufe I die Voraussetzungen für solch komplexe Schülertätigkeit als Teil ihrer fremdsprachlichen und interkulturellen Sozialisation unter den Bedingungen schulischen Fremdsprachenerwerbs geschaffen. Über *Airport* hinaus verlangt und entwickelt *Small Town America* interkulturelle Kompetenz, zu der die Fähigkeit gehört, sich von Unerwartetem, von Neuem und noch nicht Erfahrenem verunsichern und korrigieren zu lassen, Ambiguität und Missverständnisse zu ertragen, und vor allem der Wunsch und die Bereitschaft zu verstehen, selbst und gerade dann, wenn das Fremde sich gegen die Integration in die eigenen Schemata sperrt. Kurz, es geht um die Fähigkeit mehrperspektivischer Wahrnehmung fremdkultureller Gegebenheiten, um Empathie und kritische Distanz (vgl. Bredella et al. 1997, Bach 2002 sowie Kap. 7, Stichwort „Perspektivenwechsel").

Dass die mit Hilfe der fünf Beispiele skizzierten Handlungsmöglichkeiten keine exotischen Entwürfe sind, die Ausnahmecharakter haben und bestenfalls Episoden im Leben von Fremdsprachenlernern bleiben müssen, sondern dass sie vielmehr wie Fixpunkte die ganze Schulzeit nicht nur begleiten, sondern vielleicht sogar strukturieren können, zeigen zahlreiche Veröffentlichungen der letzten Jahre. Schließlich liegt zwischen den Textprojekten (Beispiele 1 bis 3) und der Einbeziehung von direkten Begegnungen in den Fremdsprachenunterricht (Beispiele 4 und 5) das weite Feld der klassischen Klassenkorrespondenz (Postkarte, Brief, Kassettenbrief, Videobrief, Überraschungspaket mit dem Inhalt des Klassenpapierkorbs zur Spurensuche), und der neuen, durch digitale Medien vermittelten Begegnung (E-Mail-Korrespondenz, Chat, Telecollaboration, Web 2.0), auf das hier nicht durch ein eigenes Beispiel eingegangen werden kann (vgl. Kap. 6 sowie Rau 2009). Auch für die Arbeit mit Texten liegen zahlreiche Vorschläge vor, die sich einer durch die Beispiele angedeuteten Szenariendidaktik zuordnen lassen. Das Spektrum reicht hier von der Inszenierung von Geschichten über die gemeinsame Aufführung eines Theaterstücks bis zur Bearbeitung eines Romans (vgl. Fehse/Kocher 2000, Heitz 1985, Legutke/Schmidt 2009, Richter 2000, Stritzelberger 2007). Zu erwähnen ist schließlich das „Arbeitsfeld Begegnung" (Grau 2001), auf dem sich vielfältige Möglichkeiten bilateraler und multilateraler Lernerfahrungen auftun, die mit Hilfe von Szenarien als Ernstfälle für den Gebrauch der Fremdsprache berücksichtigt werden können (Alix/Kodron 1988, Kröger 2000, Grau/Müller-Hartmann 2004).

3 Kompetenz- und Wissensbereiche: Vorschlag für eine Systematik

Im Folgenden wollen wir uns mit zwei abschließenden Fragen befassen: Wie lassen sich die zur Bewältigung der oben angeführten Handlungsvorschläge nötigen Teilkompetenzen (TK) systematisieren und aufeinander beziehen? Und welche Konsequenzen ergeben sich daraus für die Planung und Organisation von Unterricht?

Mit Hilfe einer Theorie des kommunikativen Klassenzimmers, die sein Handlungs- und InteraktionsPotential u. a. dadurch begründet, dass sie Aspekte themenzentrierter Interaktion (Legutke 1988) und erfahrungsbasierten Lernens (*experiential learning*: Kohonen et al. 2001, Legutke/Thomas 1991) für das Fremdsprachenlernen nutzbar macht, können Kompetenzbereiche und Wissensbestände als Dreieck im Kreis dargestellt und so aufeinander bezogen werden (vgl. Abbildung 5.1).

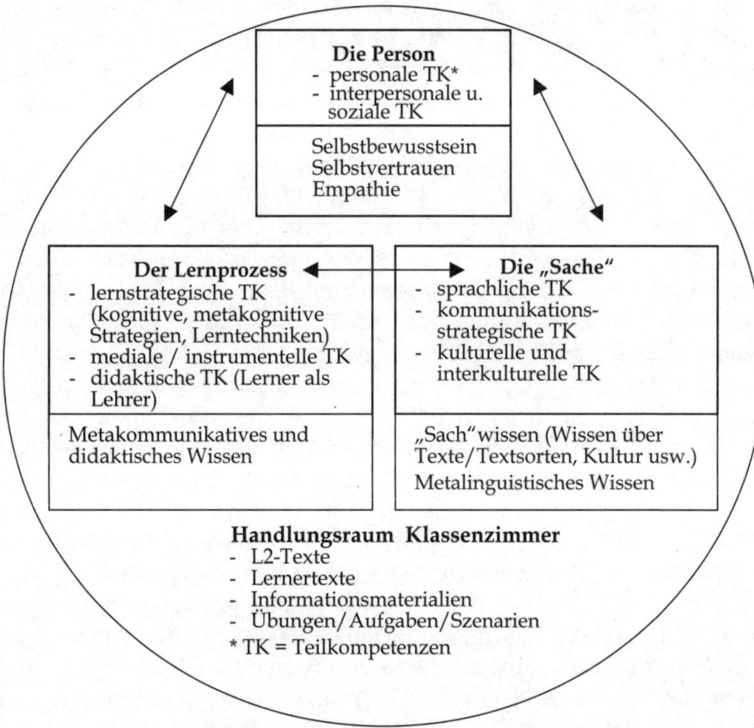

Abbildung 5.1: Handlungsraum Klassenzimmer – Kompetenz- u. Wissensbereiche

Der Kreis stellt den Handlungsraum „Klassenzimmer" mit seinen institutionellen, sozialen, räumlichen und curricularen Bedingungen und Möglichkeiten dar (vgl. Legutke/Müller-Hartmann 2000). Jede Ecke des Dreiecks bezeichnet einen der drei Teilkompetenzbereiche mit den zugehörigen Wissensdimensionen, die sich im Lernprozess wechselseitig bedingen.

3.1 Personale und interpersonale Teilkompetenzen

Wie die Szenarien zeigen, erweitert sich der Handlungsraum für den Einzelnen gegenüber den Bedingungen, die in einem auf die Lehrperson zentrierten und von ihr für alle im Gleichschritt angeleiteten Unterricht gegeben sind, erheblich. Der einzelne Schüler erhält die Chance, eigenen Initiativen zu folgen, eigene Fähigkeiten zu entdecken und auszubauen.

Dies erfordert Risikobereitschaft, aber auch Durchhalte- und Standvermögen, Selbstbewusstsein und die Fertigkeit, mit Ängsten umzugehen, die besonders deshalb auftauchen, weil kommunikative Aufgaben und Projekte immer auch Begegnungen mit ungewissem Ausgang einschließen. Bereits das erste Beispiel zeigt, wie die Kinder bei der *Fashion Show* gefordert sind, ihre sprachlichen und performativen Möglichkeiten zu mobilisieren, wie sie mit Nervosität umgehen und trotz unterschiedlicher Sprachkompetenz die Aufgabe erfolgreich meistern. Die *Fashion Show* verdient deshalb, als kommunikativer Ernstfall im Klassenzimmer charakterisiert zu werden.

Alle Handlungsvorschläge leben von der Flexibilität und der Funktionsfähigkeit der Sozialformen. Unabhängig davon, ob es sich um die Vorbereitung einer Präsentation auf der Basis arbeitsteilig gewonnener Einsichten (Beispiel 2), um ein Projekt wie *Airport* (Beispiel 4) oder um eine Recherche „vor Ort" in einer US-amerikanischen Kleinstadt (Beispiel 5) handelt, könnte kaum eine der Aufgaben bzw. Teilaufgaben von einzeln für sich arbeitenden Schülern bewältigt werden. Gefragt ist vielmehr das handlungsfähige „Forscher"- oder Lernerteam. Von seinen Mitgliedern wird die Bereitschaft und Fähigkeit verlangt, untereinander, mit anderen Gruppen und dem Lehrer oder der Lehrerin Lernwege auszuhandeln, festzulegen und dabei gruppendynamische Spannungen produktiv zu meistern. Es geht aber auch darum, Leistungs- und Begabungsunterschieden Rechnung zu tragen und individuelle Stärken zum Nutzen des Teams zur vollen Entfaltung zu bringen. Die Sozialformendiskussion, die mit den siebziger Jahren des letzten Jahrhunderts begann, erhält deshalb in einer Szenariendidaktik unter Handlungsprämissen eine neue Perspektive (Schwerdtfeger 1977, 2001, Dörnyei 1997, Bonnet 2009).

3.2 Prozesskompetenz

Allen Handlungsvorschlägen gemeinsam ist, dass sie für bestimmte Phasen bei Schülern die Fähigkeit zu partiell bis völlig selbstbestimmtem und autonomem Lernen voraussetzen. Je nach Alter und Lernerfahrung ist dabei ein Kontinuum anzunehmen, das von „mehr fremdbestimmt" (etwa durch die Vorgaben der Aufgabe wie im Beispiel 1) bis zu „völlig autonom" (wie im Beispiel 5) reicht. Der autonome Lerner wäre allein verantwortlich für seine Entscheidungen bezüglich der Organisation, der Inhalte und der Evaluation seines Lernens, er benötigt keine Lehrerhilfen mehr. „However, it is worth noting here that many autonomous learners work with others in their learning - autonomy does not imply isolation" (Dickinson 1987: 13).

Die Fähigkeit zu lernen muss entwickelt, die Bereitschaft, auch über die Schule hinaus ein Lernender zu bleiben, muss im Unterricht angebahnt und entfaltet werden. Damit dem Schüler bewusst wird, wie er lernt, wie er sein Lernen optimieren kann, welche Strategien einen guten und erfolgreichen Fremdsprachenlerner ausmachen (Prokop 1989), braucht er Führung und Hilfe:

> A conscious reflection of learning experiences and sharing such reflections with other learners makes it possible to increase one's awareness of learning. The teacher's task is to provide learners with the necessary information at suitable points. Such learner guidance involves knowledge about learning strategies and, at a higher level of abstraction, metalinguistic knowledge about learning. (Kohonen 1989: 22)

Die Bedeutung eines solchen Bewusstseins von und über Lernen lässt sich noch aus einer weiteren Perspektive schärfer umreißen. Wenn Lernende in arbeitsteiligen Gruppen, wie in allen Beispielen angedeutet, eigene Lernwege gehen und zu Einsichten gelangen, die die Lerngruppe als Ganze bereichern sollen, ohne dass sie jeden Lernschritt der Kleingruppe wiederholt, dann müssen Lernende selbst Lehrfunktionen übernehmen. Die Präsentation von Gruppenergebnissen verlangt nach didaktischen Teilfertigkeiten, die über bloßes Referieren weit hinaus gehen.

Bis zu welchem Ausmaß Schüler Lehrfunktionen übernehmen können, hat Martin (1986, 1996, Martin/Kelchner 1998) nachgewiesen. Alle traditionell in der Hand des Lehrers liegenden didaktischen Tätigkeiten (Wortschatzeinführung, Textpräsentation, Korrektur von Sprachübungen, Diktate usw.) können danach auf die Schüler übergehen, die so den Lehrer für andere Aufgaben freisetzen. Didaktisches Handeln in der Übernahme von Lehrfunktionen durch Schüler ist nicht nur unerlässlich für jede Form projektorientierten Unterrichts, „Lernen durch Lehren" erweist sich in dreifacher Weise als förderlich für den fremdsprachlichen Lernprozess:

- Aufgrund der entwicklungspsychologischen und lerngeschichtlichen Nähe zu den Lernpartnern sind Schüler für Schüler oft bessere Lernhelfer als der Lehrer (Martin 1996).
- Durch die Übernahme von Lehrfunktionen, in der Rolle von leitenden Teilnehmern am Lernprozess, erweitern sie ihre empathischen und lernstrategischen Fähigkeiten, indem sie Lernvorgänge in Hinsicht auf die

sie bestimmenden Prinzipien und Gesetzmäßigkeiten und die Präsentation für andere reflektieren.

- Schließlich vergrößert sich mit der Übernahme von Vermittlungsfunktionen der Handlungsraum für die kommunikative Verwendung der Zielsprache, ein Vorgang, den Martin (1986: 398) als die „Etablierung eines authentischen Diskurses" im Klassenzimmer bezeichnet und der bereits in den 1980er Jahren von den Protagonisten der „kommunikativen Wende" als essentielles Merkmal eines kommunikativen Klassenzimmers bezeichnet wurde (Breen/Candlin 1980).

3.3 Sachkompetenz

Die kommunikative Fremdsprachendidaktik hat eine neue Sichtweise der „Sache" formuliert, indem sie die Ziele des Fremdsprachenunterrichts nicht aus der Sprache und ihrer Struktur allein, sondern, zunächst und vor allem, aus ihrer Verwendung legitimierte, nämlich den Kontexten, in denen sie gebraucht wird, und den Inhalten, die dort zur Sprache kommen (vgl. Kap. 1, Abschnitt 3; ferner Piepho 1979, Neuner 2007, Legutke 2008). Eine solche Sicht der Sache schließt jedoch keinesfalls aus, dass sprachstruktur- und sprachformbezogene Aspekte Berücksichtigung finden, die alle Handlungsvorschläge plausibel machen. Denn das Üben sprachlicher Strukturen, die systematische Erweiterung des Wortschatzes, Aussprache- und Intonationstraining ebenso wie das Bewusstsein von und Wissen über Sprache sind auch im kommunikativen Klassenzimmer wichtige Voraussetzungen einer sich entwickelnden Sachkompetenz, zu der der Ausbau von Kommunikationsstrategien ebenso beiträgt wie das Wissen über Texte und kulturbezogene Gegebenheiten. Was das kommunikative Klassenzimmer in besonderer Weise auszeichnet, ist der Umstand, dass es mit Hilfe der Szenarien den Raum für eine Erweiterung eben dieser Sachkompetenz bereitstellt und insofern auch qualitativ erweitert, indem die Schüler mit Sprache in vielfältiger Weise hier und jetzt, im Unterricht, handeln. Die Filme zum *Airport*-Projekt (Humburg et al. 1983) oder zum Internet-basierten Rechercheprojekt (Schocker-v. Ditfurth 2001), ebenso wie neuere Berichte zur Arbeit in der Grundschule (Rau 2009) oder zur Projektarbeit fortgeschrittener Lerner (T. Schmidt 2009, vgl. Abschnitt 5) veranschaulichen überzeugend und nachvollziehbar, wie die Ausbildung sprachlicher Teilkompetenzen und kommunikativen Verhaltens einander bedingen. In diesem Zusammenhang sei auf einen weiteren Aspekt verwiesen, der ebenfalls aus allen Berichten deutlich wird: Zumindest partiell brechen die Handlungsvorschläge mit dem traditionellen „Input-Monopol" der Lehrkraft. Das aktive Verhalten der Schüler bringt es mit sich, dass sie in mehrfacher Weise die Texteingaben bestimmen. Einmal sind sie Lieferanten zielsprachiger Texte, die sie aus direkten Begegnungen mit muttersprachlichen Sprechern der Sprache gewonnen haben oder die aus Korrespondenzkontakten resultieren. Zum anderen wählen sie unter der Perspektive ihrer Projektaufgabe Texte aus und machen sie der Lerngruppe zugänglich (Beispiele 4 und 5). Schließlich produzieren sie selbst Texte in der Zielsprache (Beispiele 1 bis 5).

Letztere, die Lernertexte, sind keinesfalls (nur) für den Rotstift des Lehrers geschrieben, sondern stellen wesentliche Beiträge zu einem gemeinsamen Prozess des Verstehens und Lernens dar. Trotz aller unvermeidlichen Defizite inhaltlicher und sprachlicher Art bieten Lernertexte unverzichtbare Möglichkeiten kommunikativer Selbstdarstellung in der Klasse. Hier versucht der Lernende, Antworten auf Fragen zu finden, eigene Entwürfe zu machen, persönliche Einsichten zu formulieren. Dass er dabei das ganze Arsenal textsorten- und medienspezifischer Ausdrucksmöglichkeiten verstehen und für seine Zwecke auszuloten lernt, muss nicht eigens betont werden (von der Collage bis zum Filmskript, vom schriftlich fixierten *Response* auf ein Gedicht bis zum eigenen Gedicht, von der Wandzeitung bis zum Zeitungsartikel, vom multimedialen Internettext zur inszenierten Präsentation eines Plakats mit Text und Bild). Unter dieser Prämisse ist Wissen über Texte und ihre kommunikative Verwendung im Klassenzimmer direkt funktional (Legutke 2009; vgl. Kap. 7, Abschnitt 2).

Die Lernwelt Klassenzimmer ist deshalb zu Recht u. a. als Textwerkstatt zu charakterisieren. Das Experiment mit Texten schließt ihre Bewertung durch den Lehrer und die Gruppe keinesfalls aus. Im Übrigen ist hier keiner einseitigen Betonung des schriftlichen Ausdrucks das Wort geredet. Dem Schreiben von Texten wird lediglich seine kommunikative Funktion unter den Bedingungen von fremdsprachlichem Unterricht zurückgegeben (vgl. Hesse 2002).

4 Planung und Organisation des Unterrichts

Dass in der Lernwelt des Klassenzimmers die Handlungskompetenz des Einzelnen ebenso wie die der Gruppe zur vollen Entfaltung kommt und sich bestmöglich weiterentwickeln kann, hängt nicht zuletzt von den Planungs- und Organisationsentscheidungen des Lehrers sowie seinen Interventionen während des Unterrichts ab. Auf einige Konsequenzen für das Handeln des Lehrers sei deshalb abschließend kurz eingegangen.

4.1 Kompetenzbereiche

Die drei großen Kompetenzbereiche (Abschnitte 3.1 bis 3.3) sind in Hinsicht auf den Lernprozess als Ganzes nicht voneinander zu trennen, vielmehr bedingen sie sich gegenseitig. Auch wenn es immer wieder notwendig ist, einzelne Fertigkeiten und Teilkompetenzen für eine gewisse Zeit besonders oder auch isoliert ins Zentrum der Aufmerksamkeit und des Übungsgeschehens zu rücken (etwa den angemessenen Gebrauch der Vergangenheitsformen beim Verfassen eines Berichts über das beste Interview am Flughafen), so gibt erst der Bezug auf Kontexte, Inhalte und konkretes Sprachhandeln (hier die Veröffentlichung des besten Interviews als Wandzeitung) dem Teilaspekt die Legitimität. Es wäre beispielsweise auch sinnlos, das Einsatztraining des Aufnahmegeräts für einen möglichen produktiven Gebrauch durch die Schüler als isolierte Fertigkeit zu betreiben, ohne dass ein Ernstfall, etwa das Führen eines Interviews, wirklich ins Auge gefasst wurde. Das Training instrumenteller Fertigkeiten kann und sollte zugleich immer willkommener Anlass für die Verwendung situationsadäquater Sprachhandlungs- und Bezeichnungsmittel sein oder als Chance genutzt werden, in einer authentischen Situation das Arsenal sprachlicher Mittel zu erweitern. Die mit den fünf Beispielen skizzierten Aufgabenstellungen sind insofern vergleichbar, als sie einen Konvergenzpunkt von Übungen und Aufgaben darstellen und deshalb als Zielaufgaben (*target tasks*) zu charakterisieren wären (Legutke/Thomas 1991: 168). Vorangegangene sprachliche Lernaufgaben und vorkommunikative Aufgaben mit Texten des Lehrwerks zum Beispiel kulminieren in der Zielaufgabe und erhalten dadurch Plausibilität. Diese notwendige Verknüpfung von Themen, Texten und Aufgaben zu einem Szenario bedeutet jedoch keine Gängelung der Lernenden, sondern bildet die notwendigen Parameter, innerhalb derer selbständiges Handeln möglich ist. Steuerung und Offenheit sind deshalb auch kein Widerspruch (vgl. Bausch et al. 1993), ebenso wenig wie Lernerbezug Lehraufgaben ausschließt.

4.2 Beiträge der Lernenden zum Lernprozess

Die Schüler bringen zum Unterricht sehr unterschiedliches Vorwissen und spezifische Vorerfahrungen mit, aber auch besondere Begabungen und Fähigkeiten. Diese stellen ein enormes Potential für die gesamte Lerngruppe dar, wenn der Lernprozess so strukturiert ist, dass an diese Voraussetzungen angeknüpft werden kann. Das klassische instruktivistische Vermittlungsmodell, das auf der Weitergabe von Wissen durch die Lehrperson an die Klasse beruht und das trotz aller didaktischen Paradigmenwechsel der letzten Jahre auch heute noch weitgehend die Interaktionsstruktur im Fremdsprachenunterricht zu bestimmen scheint, ist für die Mobilisierung dieser Potentiale denkbar ungeeignet (Kohonen 1989: 33). Erst ein partizipatorisches Modell, das Lehrer und Schüler als Lernpartner, als teilnehmende Leiter und leitende Teilnehmer am Interaktionsprozess Wirklichkeit werden lässt, kann diese Potentiale produktiv nutzen.

Selbst eine ausgeklügelte Unterrichtsplanung kann die Beiträge der Lernenden zum Lernprozess nicht antizipieren, denn jene nehmen erst im Hier und Jetzt der unterrichtlichen Interaktion konkrete Gestalt an, wodurch sich Lernende implizit und explizit zu erkennen geben. Lernpartner sein heißt demnach „von den Lernenden lernen". Erst die im Lernprozess gewonnene Einsicht in das, was Lerner mitbringen, befähigt den Lehrer zur adäquaten Planung. Diese kann sich deshalb nicht allein von der Frage nach der Operationalisierung der Lernziele X, Y und Z leiten lassen. Vielmehr muss sie sich um Handlungsmöglichkeiten für die Lernenden bemühen, die es dem Lehrer gestatten, selbst zu lernen, damit er zusammen mit der Gruppe Lernen für alle optimieren kann. Sein Forschungsinteresse wird sich folglich auf das Vorwissen der Schüler richten, auf ihre Erfahrungen mit der Welt, in der sie leben und der Welt der Zielsprache, ihre Präferenzen bezüglich verschiedener Personen, Themen und Arbeitsweisen, ihre Kenntnisse über Lernstrategien, ihre Einstellungen zum Fach, zum Lehrer, ihre Mitteilungsbereitschaft und Empathiefähigkeit.

In einem solchen Modell ist auch Raum, Bezug auf die Schwierigkeiten und Widerstände zu nehmen, die aus den Erwartungen und „subjektiven Theorien" der Lernenden erwachsen. Denn Lernende, ob in multikulturellen oder monokulturellen Lerngruppen, haben bewusste, halbbewusste oder unbewusste Erwartungen (Kleppin/Königs 1987) und verschieden stark ausgeprägtes Wissen davon, wie Lernen „richtig" und gewinnbringend zu organisieren sei (Wenden 1986a, 1986b, Kallenbach 1996; vgl. Kap. 13, Abschnitt 4). So erwarten die skizzierten Handlungsvorschläge, dass die Schüler in unterschiedlichen Rollen, etwa als Lernpartner, Organisator, Techniker, Sekretär, Textproduzent, Referent oder Pantomime agieren. Solche Handlungszumutungen stehen möglicherweise in schroffem Gegensatz zu den Erfahrungen der eigenen Lerngeschichte. Die Formen des Lernens wären unter Lernpartnern deshalb stets auch Inhalt von Reflexion und Evaluation.

4.3 Progression von Szenarien

Ein Curriculum für einen handlungsorientierten Fremdsprachenunterricht müsste neben Themen und Texten eine Progression von Szenarien enthalten, die so etwas wie Fixpunkte in der fremdsprachlichen Sozialisation darstellen. Von solchen Fixpunkten – Zielaufgaben und „Projekt-Inseln" (Seidler 1988: 155) – aus, die ich oben ansatzweise skizziert habe, lassen sich, wie Carter/Thomas (1986) vorschlagen, in einem *backward planning*-Verfahren mit der Lerngruppe die notwendigen Schritte zum Projektziel benennen, planen und realisieren. In diesem Sinne wäre handlungsorientierter Fremdsprachenunterricht die unterrichtspraktische Verwirklichung eines ausgehandelten Curriculums (Breen/Candlin 1980).

4.4 Sprachliche Mittel

Unter den besonderen Bedingungen fremdsprachlichen Unterrichts kann eine volle Nutzung des HandlungsPotentials im Hier und Jetzt des Klassenzimmers nur gelingen, wenn von Anfang an die fremdsprachlichen Bezeichnungsmittel und Handlungsinventare auch unter Prozessgesichtspunkten systematisch eingeführt und geübt werden. Weil es bei diesem Unterfangen nicht mit ein paar Redemitteln zum *classroom discourse* getan ist, die dem üblichen Lehrgang beigegeben werden, sondern eine grundlegende Neubestimmung und Gewichtung des Lehr-/Lernmaterials im Spannungsfeld von personalen, lernprozessualen und „sachlichen" Gesichtspunkten gemeint ist, besteht hierin eine der zentralen Herausforderungen für die Verwirklichung eines handlungsorientierten Fremdsprachenunterrichts.

5 Neuere Entwicklungen und Perspektiven

Seit dem ersten Erscheinen dieses Kapitels (1989) hat die Anzahl der Berichte aus der Praxis erheblich zugenommen, die deutlich machen, wie Lehrende und Lernende gemeinsam das Klassenzimmer in eine Lernwelt transformieren, in der die Sprache in sinnvollen Kontexten (*meaningful contexts*), durch bedeutsame Interaktionen (*meaningful interactions*) nachhaltig und mit Perspektive gelernt wird (*meaningful learning*) (vgl. Kap. 3, Abschnitt 4.2). Stellvertretend seien hier zwei dieser Berichte erwähnt, die beide zugleich die Möglichkeiten verdeutlichen, welche die digitalen Medien und das Web.2.0 dem Englischunterricht eröffnen (vgl. auch Kap. 6)

Nathalie Rau (2009) zeigt in einer detaillierten Dokumentation ihres *Teddy Bear*-Projekts mit zahlreichen Aufgabenbeispielen und Lernertexten, wie Grundschulkinder im vierten Schuljahr mit Partnern in verschiedenen Ländern interagieren und dabei mit großem Engagement ihre Sprachkompetenz entwickeln. Zugleich macht sie überzeugend deutlich, wie die für das Projekt notwendigen Aufgaben und Übungen unter Alltagsbedingungen realisiert werden können.

Wie Lernende in vier 11. Klassen selbst zu Autoren und Produzenten fremdsprachlicher Texte unter Nutzung partizipatorischer Web 2.0-Anwendungen (Weblogs, Soziale Netzwerke, Videoportale) werden und wie sich dabei die Interaktionsformen im Klassenzimmer verändern, erörtert der Forschungsbericht von Torben Schmidt (2009). Schmidt untersucht und diskutiert u. a. das Verhältnis von herausfordernden Zielaufgaben (z. B. die Produktion eines englischsprachigen Schulpodcast) und der Qualität mündlicher Lernertexte.

Diese wie viele andere Berichte sind ermutigend und sollten zur Nachahmung motivieren. Allerdings bleiben auch heute noch viele Fragen offen, die, neben den oben implizit angedeuteten Zukunftsaufgaben, der Bearbeitung bedürfen. Erst in jüngster Zeit hat sich das Interesse im Zusammenhang der Diskussion um Bildungsstandards (Hallet/Müller-Hartmann 2006, H. J. Vollmer 2006) darauf gerichtet, wie die sich entwickelnden Kompetenzen der Lernenden wahrgenommen und bewertet werden können. Dabei ist zu klären, wie sie selbst an dem Prozess von Diagnose und Bewertung mitwirken und wie sich Fremd- und Selbstbewertung in einer neuen Bewertungskultur ergänzen (F. Winter 2004). Kritisch zu prüfen ist, ob und inwieweit die Kann-Beschreibungen des „Gemeinsamen Europäischen Referenzrahmens für Sprachen" dazu beitragen, die Entwicklung von Kommunikationsfähigkeit erfassbar und überprüfbar zu machen (Europarat 2001; vgl. auch Bausch et al. 2003 sowie Kap. 4, Abschnitt 1.3 und Kap. 11).

Ferner bleibt festzuhalten, dass sowohl die in der deutschen Fachdidaktik etablierten Aufgabentypologien als auch die Untersuchungen zum aufgabengesteuerten Lernen vor allem die Lehrseite thematisiert haben, auch wenn in die Untersuchungen viele Beobachtungen von Lernenden eingehen. Bereits in der Frühphase der Diskussion um Aufgaben hat Breen (1987) die hilfreiche Unterscheidung zwischen *task-as-workplan* und *task-in-action* diskutiert und damit verdeutlicht, dass wir erst dann die Wirkung von Aufgaben und Szenarien einschätzen können, wenn wir mehr darüber wissen, wie die Lernenden kognitiv und affektiv auf sie reagieren, wie sie sie neu interpretieren und in Handlungen umsetzen (vgl. den kritischen Beitrag von Börner 1999).

In den letzten Jahren zeichnet sich in der fachdidaktischen Diskussion und Forschung eine signifikante Neuorientierung ab (Müller-Hartmann/Schocker-v. Ditfurth 2004, 2006, 2008), die sich nicht nur stärker auf den einzelnen Schüler richtet, sondern die komplexe Welt des Klassenzimmers als sozialen Ort untersucht, an dem Lehrende und Lernende dynamische und wandelbare Beziehungen eingehen, indem sie miteinander die Lernumgebung und die Lerngemeinschaft gestalten. Der

Sprachlernprozess ist, wie oben schon erwähnt, von dieser sozialen Dimension nicht zu trennen. Schülerinnen und Schüler sind komplexe, sich entwickelnde Persönlichkeiten, die teils in stabilen, teils sich wandelnden, oftmals konflikthaften Gruppenkonstellationen agieren. Um zu verstehen, wie sie zusammen mit der Lehrkraft, die ebenfalls nicht nur als „Lehrender" gedacht werden kann, das Sprachenlernen voranbringen, ist es erforderlich, das Handlungsganze der Lernwelt ins Auge zu fassen – eine anspruchsvolle Aufgabe, die nur in enger Kooperation zwischen Universität (Unterrichtsforschung) und Schule zu meistern sein wird. Szenarien, wie ich sie hier dargestellt habe, bieten ein Fenster, durch das eine Sicht auf die Lernwelt gelingen könnte. Verschiedene zurzeit laufende Forschungsprojekte bedienen sich dieses Fensters. Auf die neuen Einsichten, die sie liefern werden, dürfen wir gespannt sein.

R & R

Review and Reflect

Textverständnis/Reproduktion:

- Inwiefern kann das Klassenzimmer im Fremdsprachenunterricht als eigene ‚Kultur' bezeichnet werden?
- Welche Aufgabentypen charakterisieren die sprachlichen Handlungen von Lernern im Klassenzimmer? Welches sind ihre Kennzeichen?
- Inwiefern sind die Unterrichtsbeispiele handlungsorientiert?
- Welche Teilkompetenzen werden zur Bewältigung des in den Beispielen skizzierten Unterrichts benötigt und wodurch werden sie gekennzeichnet?
- Wie sind diese Teilkompetenzen aufeinander bezogen?
- Welche Anforderungen stellt die Organisation eines handlungsorientierten Unterrichts and die Lehrperson?

Reflexion:

- Haben Sie in Ihrem Englischunterricht ähnliche Beispiele erfahren, wie sie in Abschnitt 2 des Kapitels genannt werden? Was haben Sie daraus gelernt?
- Welche Kompetenzen wurden in Ihrem Englischunterricht besonders gefördert?
- Inwieweit war Ihr Englischunterricht projektorientiert („Szenarien") und in dieser Hinsicht *meaningful*?

Stellungnahme:

- Wie beurteilen Sie die fünf Beispiele für einen handlungsorientierten Englischunterricht? Welches gefällt Ihnen am besten und warum? Welches gefällt Ihnen nicht?
- Erläutern Sie die folgende Aussage (vgl. Seite 117) und nehmen Sie Stellung dazu: „Lehrende und Lernende [müssen] gemeinsam das Klassenzimmer in eine Lernwelt transformieren, in der die Sprache in sinnvollen Kontexten (*meaningful contexts*), durch bedeutsame Interaktionen (*meaningful interactions*) nachhaltig und mit Perspektive gelernt wird (*meaningful learning*)."

Kapitel 6

Sprachhandlungskompetenzen entwickeln in multimedialen Lern- und Lebenswelten

Reinhard Donath, Uwe Klemm

1 Web 2.0 und Englischunterricht

Da liegt sie nun also auf dem Bildschirm leuchtend vor uns, die digitale Welt des Web 2.0, und verheißt mit ihren vielfältigen multimedialen Möglichkeiten alles das, was die Handlungsorientierung des Englischunterrichts ebenfalls zum Strahlen bringt: das Mitmach-Netz, das *read/write*-Web, und ist sogar noch mehr, nämlich ein *listen/watch*-Web ebenso wie ein *show/speak*-Web, so dass „den Fremdsprachenlernenden durch die partizipatorischen Technologien des Web 2.0 die Möglichkeit geboten [wird], selbst zum Produzenten fremdsprachlicher Inhalte zu werden" (T. Schmidt 2009: 28).

Während sich Blogs und Wikis für das Schreiben und Publizieren als motivierende Medien für eine Einbindung in den zeitgemäßen Englischunterricht schon seit geraumer Zeit einen didaktischen Ort erobert haben, bieten Podcasts und Videoclip-Angebote, z. B. von youtube.com, Hör- und Sehangebote auf einfachste Weise, vor denen der Unterricht Ohren und Augen nicht verschließen kann – erst recht nicht, wenn es um die eigene Produktion von Hördateien oder Videoclips durch Schüler geht. Ein solches mediales Angebot stand für die Integration in den Unterricht in einer solchen Vielfalt, relativen technischen Einfachheit und ebenso relativen Kostenneutralität bisher nicht zur Verfügung: „Das Internet wird ohne großen Aufwand zum virtuellen Klassenzimmer, ohne dass der Schule dafür Kosten entstehen" (Müller-Hartmann/Raith 2008: 3).

Der logische Schritt, die für das Lernen konstruktiv zu nutzenden Web 2.0-Angebote in einer digitalen Lernplattform wie lo-net oder vor allem Moodle zu bündeln und ein paralleles, virtuelles Klassenzimmer zu eröffnen, überwindet die Grenzen zwischen Klassenraum und außerunterrichtlichen Aktivitäten. Lernen findet nicht mehr nur im Klassenraum des Lernortes Schule statt, sondern verlagert sich schon seit Jahren in die digitalen Lernräume, egal ob sie lo-net, Blog oder Moodle heißen. Damit wird der häusliche Arbeitsplatz als Ort der traditionellen Hausaufgaben zunehmend mehr ein ergänzender, digitaler Lernort, an dem Web 2.0-Anwendungen individuelle Arbeit ebenso problemlos möglich machen, wie sie kollaboratives Arbeiten nahezu perfekt unterstützen. Gerade die vielfältigen Interaktionsmöglichkeiten im Rahmen des Web 2.0 lassen diese Arbeitsformen als geradezu ideal im Sinne des Interaktionistischen Konstruktivismus und einer lernorientierten Fremdsprachendidaktik erscheinen, wo ein motivierender Input, persönliches Engagement der Lernenden bei der Interaktion mit anderen sowie die Aushandlung von Bedeutung die zentrale Rolle spielen (vgl. Kap. 3).

Für Lerner ist der „digitale Lernort" bereits wesentlich normaler als für die meisten Lehrkräfte. „Für viele Schüler ist die Benutzung entsprechender Werkzeuge und die Teilhabe an *communities* selbstverständlicher Teil ihres ohnehin sehr weitgehend medienbestimmten Alltags geworden" (Klemm 2008: 1). Stellte die OECD bereits 2005 (basierend auf Erhebungen von 2003) fest, "[that] it is a good sign when students are observed using a wide range of ICT tools with confidence and are therefore able to harness them for learning as appropriate" (OECD 2005: 49), so haben sich die *ICT-skills* der heutigen Jugendlichen in Bezug auf die relativ jungen Web 2.0-Anwendungen nach allen aktuellen Erkenntnissen deutlich erhöht: Schüler bewegen sich außerhalb von Schule selbstverständlich und mit großer Normalität in *social communities* wie Schüler-VZ, Myspace, Facebook oder regionalen Web-Communities; für sie sind dabei allerdings die (zumeist englischsprachigen) Videoclips ihrer Lieblingsgruppen bei youtube.com oft präsenter als die Einheiten des Lehrbuches, und die (zumeist deutschsprachige) Freundesgruppe ist bei all diesen Simultanaktivitäten ohnehin per ICQ anwesend. Das soll jetzt nicht mit Inhalten und Aufgaben aus dem Englischunterricht ersetzt werden, sondern nur zeigen, dass Lerner zumeist ausgeprägte Medien- und Methodenerfahrungen haben, die für den Englischunterricht mit Web 2.0-Anwendungen nutzbar gemacht werden sollten. Dann ist die Integration der Web 2.0-Angebote in den Englischunterricht ein praktischer Schritt, der nur noch dem Primat des Didaktischen unterliegt, nicht mehr den *IT-skills* der Lerner oder der Verfügbarkeit von Computern und Internetanschlüssen.

Aktiv sind die Lerner also ohnehin schon im Web 2.0, so dass es im handlungsorientierten Englischunterricht vor allem darum geht, in entsprechenden Lernszenarios aktives Lernen zu ermöglichen, bei dem die Inhalte, Methoden und Kompetenzen des Englischunterrichtes im Zentrum stehen. Dabei ermöglichen Web 2.0-Anwendungen als Medium elementare Funktionen: fremdsprachliches Hör-Verstehen und Hör-Sehverstehen ebenso wie Schreiben und Sprechen in einer lebensnahen und wirklichkeitserfüllten Lernumgebung (vgl. Kap. 1, Abschnitt 1). An konkreten Unterrichtsprojekten und -beispielen werden im Folgenden vor allem diejenigen Web 2.0-Anwendungen dargestellt, die sich bislang als lernfördernd herauskristallisiert haben, nämlich Blogs, Podcasts, Wikis und Moodle; dennoch seien andere mittlerweile etablierte Anwendungen, beispielhaft aufgeführt:

- Kartendienste wie Google Maps: geographisch verortbare Sachverhalte können mit Text, Bild, Video angereichert werden.
- Schreibplattformen wie portrayl.com erlauben es, gemeinsam verzweigte Fortsetzungsgeschichten zu schreiben.
- Umfassendere Plattformen wie GoogleApps bieten komplette, nach außen abschließbare Communities für die Arbeit und Kommunikation von Gruppen.
- Lernangebote wie quizlet.com erweitern das traditionelle Lernkarteikastensystem um attraktive Interaktionen und Möglichkeiten des Austauschs in Gruppen.

Natürlich soll mit der Konzentration auf Blogs, Podcasts, Wikis und Moodle auch nicht ausgeschlossen werden, dass es nicht auch für *social communities* wie z. B. Twitter oder Wordle einen didaktischen Lernort gibt, schließlich können Web 2.0-Anwendungen sowohl für Einzelaspekte von Unterrichtssequenzen eingesetzt werden als auch zur Begleitung komplexerer Einheiten. Ein sehr aussagefähiges Raster dazu bietet z. B. Peter Baumgartner unter http://www.peter.baumgartner.name/material/slides/web20-soziale_lernprozesse.pdf.

2 Blogs

Blogs (*weblogs*) sind ein echter Zugewinn für den handlungsorientierten Englischunterricht in digitalen Zeiten, denn sie verbinden unterschiedliche Funktionen, die sowohl für Lehrer als auch für Lerner neue Dimensionen von Unterrichtsbegleitung bzw. Dokumentation von Lernprozessen bieten.

Blogs sind Webseiten, die keinerlei HTML-Kenntnisse voraussetzen, sondern mit einem einfachen Editor nahezu so problemlos geschrieben werden wie Word-Dokumente; mehr noch, Blogeinträge (Artikel, *posts*) können sofort im WWW veröffentlicht sowie jederzeit verändert, ergänzt, oder aktualisiert werden. Die aktuellsten Artikel stehen jeweils am Anfang einer Seite, alle Artikel haben eine Kommentarfunktion, so dass eine Interaktion jederzeit möglich ist, ältere Artikel sind durch eine eingebaute Suchfunktion oder durch das Tagging (Markierung von Stichwörtern) schnell auffindbar. Neben den jeweils aktuellen *posts*, die in chronologischer Reihenfolge im Blog erscheinen, können eher statische Seiten angelegt werden, die, abhängig vom gewählten Design, als Karteikartenreiter oder als Stichwörter am Rande stehen, so dass Zusatz- bzw. Hintergrundinformationen immer als Stichwort sichtbar und verfügbar sind.

Natürlich können in die Artikel Bilder ebenso eingebunden werden wie Word- oder pdf-Dokumente sowie Videoclips. Blogs sind kostenlos; nach der ersten Einrichtung eines solchen Blogs, zum Beispiel bei wordpress.com, können mit wenigen Mausklicks weitere Blogs eingerichtet werden.[1] Der didaktische Wert von Blogs kann nur anhand der Praxis aufgezeigt werden, daher sollen hier Beispiele von Lehrer-, Lerner- und Gruppenblogs aus der Unterrichtspraxis näher betrachtet werden.

2.1 Lehrerblogs

Der Kontext: Die Lehrkraft hat gerade zwei Jahre Unterricht im Englisch-Leistungskurs beendet, der vom ersten Tag an mit einem Lehrerblog begleitet wurde (http://donathlk.wordpress.com). Der Vorteil: Die Lerngruppe weiß am Wochenanfang, was auf sie zukommt, fehlende Schüler können nachklicken und sich auch nicht mehr überzeugend vor einer Hausaufgabe drücken – und die Kolleginnen und Kollegen sind ebenso darüber informiert, was in diesem LK abläuft, denn alle vier Leistungskurse Englisch und alle vier Lehrkräfte haben einen Lehrerblog eingerichtet und sind somit über die Arbeit in den einzelnen Kursen informiert. Das ist für die Beteiligten eine interessante Erfahrung, oft auch eine Arbeitserleichterung, denn herunterladbare Handouts können zum Beispiel problemlos von einem zum anderen Lehrerblog verlinkt werden, Arbeitsaufträge mit entsprechenden WWW-Adressen können ebenfalls von anderen Kursen genutzt werden - eine echte Zeitersparnis für die

[1] Für weitere Informationen über das Einrichten von Blogs und die praktische Arbeit mit ihnen vgl. die ausführlichen Anweisungen auf der Webseite von Reinhard Donath unter www.englisch.schule.de/blogs.htm.

Beteiligten ebenso wie eine zumindest digitale Öffnung des Unterrichts. Im Lehrerblog zu diesem LK finden sich neben den wöchentlichen Unterrichtseinträgen für die Inhalte und Arbeitsverfahren der einzelnen Stunden mit Links zu weiterführenden Informationen auch diverse Blog-Seiten, sozusagen die ‚statischen' Informationen, mit denen den LK-Schülern allerlei Hilfen und Informationen zur Verfügung stehen, u. a. Details zu den Zentralabitur-Themen, eine Linkseite, die zu *dictionaries* und *grammar & exercises on the web* führt, sowie Links zu *useful websites*.

2.2 Lernerblogs

Wesentlicher als der Lehrerblog, gleichzeitig digitales Klassenbuch und detailliertes Unterrichtsplanungsinstrument, ist der Lernerblog. Mein Leistungskurs praktizierte zwei sehr intensive Blogphasen, denn im Seminarfach, ebenfalls auf Englisch unterrichtet und mit einem Halbjahresthema „Globalization" verknüpft, ist für die Lerner ihr individueller Blog gleichzeitig Arbeitstagebuch und Publikationsmedium für Rechercheergebnisse; am Ende wird daraus ein digitales Portfolio (Beispiele vgl. http://donathsf.wordpress.com), denn die Blog-Arbeit fließt zu einem wesentlichen Bestandteil in die Seminarfach-Note ein. Als nunmehr erfahrene Blogger haben die Teilnehmer dann auch keine Mühe, beispielsweise im Leistungsfach im Rahmen des Kurshalbjahres „India today/India's colonial history" bei der Lektüre von Ruth Prawer Jhabvalas *Heat and Dust* ein Lesetagebuch in Form eines Blogs zu führen, das weit über die Auseinandersetzung mit dem Roman hinausgeht: Neben Artikeln zur Interpretation des Romans entstehen dann ebenso viele *posts* mit Rechercheergebnissen zu historischen, politischen, kulturellen und religiösen Themen und Kontexten, die jeweils durch Bilder, Videoclips und Links zu weiterführenden Webseiten ergänzt und präsentiert werden können.

Natürlich findet neben den skizzierten Blog-Aktivitäten im Klassenraum nach wie vor eine sehr intensive Kommunikation statt. Diese wird ja nicht auf die Blog-Ebene verlagert, sondern durch das Bloggen sogar selbst befördert: Blogs bieten einen Focus, um im Unterricht erarbeitete Ergebnisse und Einsichten zusammenzufassen und zu reflektieren, ebenso bereiten sie Unterrichtsstunden durch Artikel zu einzelnen Themen vor und bringen individuell ausgewählte Zusatzaspekte mit ein, die zum Kommunikationsgegenstand im Unterricht werden. Damit sind Blogs Lerngegenstände, die von den Lernern als authentisch und als Bestandteil ihrer (Lern-)Umwelt empfunden werden (vgl. Kap.1, Abschnitt 5.1), so dass sie motivierend und lernfördernd wirken und die Fremdsprache mündlich wie schriftlich in realistischer und lebensnaher Kommunikation gebraucht wird.

Beim Lesen (und Kommentieren) einzelner Artikel in den Lernerblogs ist man immer wieder erstaunt, wie tauglich Blogs als Medium eines tatsächlich autonomen Lernprozesses sind und tiefe Einblicke in Lernverfahren und Lernergebnisse ermöglichen, wenn die Resultate eines Lese-, Denk- und/oder Rechercheprozesses neben Reflexionen über den Lernprozess festgehalten und der Lehrkraft sowie der *peer-group* präsentiert werden.

Die Erfahrungen nach zwei intensiven „Blog-Schuljahren" lassen die Arbeit mit Blogs vor allem im Oberstufenunterricht unverzichtbar erscheinen. Der Mehrwert macht sich besonders im Kompetenzbereich ‚Schreiben' bemerkbar, wo deutliche Zugewinne gegenüber dem konventionellen Schreiben in der Fremdsprache erkennbar sind:

- Schreiben erhält eine quasi öffentliche Funktion, denn Adressat ist nicht mehr nur die Lehrkraft, sondern die Gruppe der Lernenden: Durch die Adressenliste auf dem Lehrerblog sind alle Lernerblogs schnell anzuklicken, so dass die neuesten Artikel gelesen und kommentiert werden können.
- Durch die regelmäßige Aufgabe („Choose two blogs, read the latest posts and leave a comment") hat sich eine *feedback*-Kultur entwickelt, wobei vor allem die Lerner inhaltlich (z. T. auch sprachlich) korrigierend durch ihre Kommentare ein Feedback geben. Ein solches *peer feedback* lässt sich auch erweitern, indem Parallelkurse derselben Schule als Adressatengruppe eingeladen werden oder die Lerngruppe eines Kollegen im gleichen Bundesland einbezogen wird, denn durch die Vorgaben des Zentralabiturs wird ja parallel an denselben Themen gearbeitet.
- Das Schreiben in dieser Dimension erhält zusätzlich eine ästhetische Qualität, weil die Artikel in den Lernerblogs durch Bilder und Grafiken angereichert werden, und es erhält einen ergänzenden Informationscharakter, weil Lerner, ihren individuellen Interessen folgend, z. B. landeskundliche Themen eines Romans für sich erarbeiten und im Blog präsentieren, so dass andere aufmerksam werden und Lernprozesse auf diese Weise innerhalb der *peer group* stattfinden.
- Lernen wird nicht als künstlich empfunden, sondern erhält durch die Öffnung des Klassenraumes eine reale und unmittelbare, also lebenswirkliche Dimension, zumal viele der nach intensiven Recherchen entstandenen Texte nicht nur interkulturelle Kompetenzen erweitern, sondern *real-world tasks* sehr nahe kommen.
- Ein zusätzlicher Aspekt sollte nicht unterschlagen werden: Den Lernern dienten die Blogs als wunderbare Quelle zur Wiederholung vor den Abiturklausuren.

An dieser Stelle sei den Lernern aus dem oben genannten Leistungskurs Raum gegeben, um ihre Blog-Erfahrungen zu skizzieren, wie sie in der Evaluation nach dem Projekt zum Ausdruck kamen:

Positive comments

- people leave comments, so you can see what they think about your work
- you can read what other learners do and how they work on a similar task
- the teacher can check whether you did your homework or not
- contents can be worked out step by step and texts can be corrected and improved by just a mouseclick
- up-to-date way of working and a good method to learn about various applications on the web
- access possible from simply everywhere as long as there's an internet connection
- you learn to create good texts because you want to publish them; good exercise for writing skills; you can be creative
- you can get interesting insights and results from the others
- well-structured texts with a lot of helpful links to gain further information; a blog has an attractive design with pictures usw.
- you can get feedback from all sorts of people any time; comments are helpful for the writing process
- you can work on your own and can decide on which aspects you want to work
- you pay more attention on grammar and spelling as it is public

Negative comments

- you are 'forced' to keep your blog up-to-date
- time consuming; typing takes longer than writing by hand
- group pressure; pressure to write more and more because the others are doing it as well
- too much control by the teacher
- one can easily be distracted by other things on the web
- you tend to forget the vocabulary as you just click for new words in online dictionaries without writing new words down systematically

Unmittelbar erkennbar in diesen Kommentaren ist, dass die Arbeit mit Blogs natürlich zeitintensiver ist als eine traditionelle Hausaufgabe und die Lerner indirekt unter Druck setzt; das wird aber nicht nur negativ eingeschätzt, denn tatsächlich werden *peer-group pressure* und *teacher control* von einigen Teilnehmern auch als positives Merkmal des Bloggens genannt.[2]

---

[2] Alle Lernerblogs sind im Netz auffindbar und von Reinhard Donaths Lehrerblog aus verlinkt: http://donathlk.wordpress.com/heat-blogs/

2.3 Gruppenblogs

In konkreten Unterrichtssituationen bietet es sich an, dass die Lerngruppe gemeinsam einen Blog führt, auf den alle Zugriff haben, so dass am Ende des Lern-Arbeitsprozesses ein Gruppenergebnis zur Verfügung steht, bei dem auch noch die einzelnen Phasen der Projektarbeit nachvollziehbar sind. Eine so geöffnete Tür in ein digital dokumentiertes Unterrichtsprojekt findet sich in Wolfgang Schneiders Lehrer-/Schülerblog zum Roman *Twelve* von Nick McDonell (http://11goestwelve.wordpress.com/), aber auch im Schülerblog zu Nick Hornbys *A Long Way Down*, den Uwe Klemm mit seinen Schülern in Jena führte (vgl. http://toppersjump.wordpress.com/).

Auf Gruppenblogs trifft zu, was auch für Lernerblogs gilt: „Die Netzöffentlichkeit motiviert zu höheren Qualitätsansprüchen an die eigenen Produkte. Formalisierte Formen des Feedback durch die eigenen *peers* werden von den Schülern sehr konstruktiv genutzt" (Klemm 2008: 2). Dass Blogprojekte nicht auf die Oberstufe beschränkt sein müssen, zeigt ein *travel buddy*-Projekt, das Carmen Ellermann (2008: 16) mit ihren Sechstklässlern und einer Partnerklasse in Brisbane realisierte und die u. a. auf die differenzierenden Lernmöglichkeiten eines Gruppenblogs verweist: „So bearbeiten schwächere Lerner in Partner- oder Gruppenarbeit eine leichtere *task* (z. B. *Our Pet*), während stärkere Lerner für kompliziertere Aufgaben im Internet recherchieren (z. B. *Christmas in Germany*)". Klemms Erfahrung mit Elftklässlern hinsichtlich der Differenzierung gleicht der von Ellermann: „Über größere Strecken sind die Schüler zu einem eigenen Zeitmanagement angehalten, was ein individuelles Arbeitstempo zulässt. Davon profitieren sowohl leistungsschwächere als auch leistungsstarke Schüler. Die netzöffentliche Plattform erlaubt es den Schülern, über den eigenen Arbeitsaufwand und die Intensität der Arbeit zu entscheiden – bei Bedarf ist ein weitergehendes Arbeiten von zuhause oder aus der Schulbibliothek möglich." (Klemm 2008: 2)

Lernerblogs sind ebenso wie Gruppenblogs ein sehr geeignetes Medium, um neben den eigentlichen Zielen des Englischunterrichtes auch veränderte Unterrichts- und Lernformen zu realisieren, die zwangsläufig mit einer wohlverstandenen Integration von Web 2.0-Anwendungen in den Unterricht verbunden sind. Sie ergänzen den Methoden- und Medienfundus eines lerneraktivierenden Unterrichtes, erleichtern durch Gruppenblogs bisherige digitale Lerneraktivitäten wie E-Mail- oder Hypertextprojekte und bieten für ein (e-)Portfolio eine überzeugende Plattform.

3 Podcasts

Das wollten wir doch schon immer im Englischunterricht haben: authentische Hörtexte zu unterschiedlichsten Themen, gesprochen von *native speakers* in allen Variationen des Englischen, und das technisch so einfach wie möglich. Das brauchen wir auch, denn für eine stärkere Berücksichtigung der Hörverstehenskompetenz, wie sie Nadorf (2009: 1f.) mit Nachdruck fordert, wird es dringend Zeit: „Die Kommunikation im Englischunterricht ist dadurch gekennzeichnet, dass wir weithin eine Elfenbeinturm-Kommunikation zwischen einem Deutschen und einem anderen Deutschen pflegen - mit eingegrenztem, dosiertem Vokabular und stark gedrosselter Hörgeschwindigkeit, die keinesfalls den realen Höranforderungen im englischsprachigen Ausland entsprechen." Die technischen Möglichkeiten haben wir jetzt endlich, denn die Podcast-Welt hat sich in den letzten Jahren so rasant entwickelt, dass ein nachhaltiger Überblick kaum noch gelingen kann. Erstaunlicherweise hat sich durch das WWW die Verbreitung von Hördateien so verbreitet, dass Podcasting sich zu einem ernsthaften medialen Angebot neben Radio und Fernsehen entwickelt hat. Dass Podcasts mit entsprechender Software abonniert und zeit- und ortsunabhängig gehört werden können, mag ebenso zu ihrem Erfolg beigetragen haben wie die Hörmöglichkeiten am Computer oder auf MP3-Geräten bzw. von CD. Durch eine einfache Aufnahmesoftware wie z. B. Audacity ist es auch für Schüler möglich, eigene MP3-Dateien zu erstellen und im Web zu veröffentlichen, z. B. bei podhost.de. Mit dem Windows Movie Maker ist die Bearbeitung von kleinen Videos kostenlos und recht einfach, eine Veröffentlichung im WWW ist ebenfalls kostenfrei.

Dadurch enthält Podcasting auch eine produktive Komponente, so dass „den Fremdsprachenlernenden durch die partizipatorischen Technologien des Web 2.0 die Möglichkeit geboten (wird), selbst zum Produzenten fremdsprachlicher Inhalte zu werden, somit sich und die eigene kulturelle Identität im Internet der Öffentlichkeit vorzustellen und über das z. B. im Unterrichtskontext erstellte Produkt mit einem realen Publikum (z. B. einer ausländischen Partnerklasse im Rahmen eines mündlichen Austauschprojekts) in Kontakt zu treten" (T. Schmidt 2009: 27 f.).

Was Podcasting besonders reizvoll macht: Hörverstehen und Sprechen können im Kontext von aktuellen und authentischen Podcasts trainiert werden, aber fast noch interessanter ist die aktive Partizipation an der Podcasting-Welt, indem Lerner eigene Podcasts erstellen und im Netz veröffentlichen - wobei nicht nur reine Hörtexte in Betracht kommen, sondern auch an kleine Videobeiträge, also Videocasts.

Zunächst mag ein Blick auf einige aktuelle Beispiele von unterrichtsrelevanten Podcasts im WWW genügen, um die Bandbreite der Möglichkeiten zu umreißen:

- Mit http://www.breakingnewsenglish.com/ stellt Sean Banville seit vielen Jahren alle drei Tage aktuelle Nachrichtentexte, gesprochen im RP-Standard, als MP3-Datei ins Netz, die im Unterricht der Sekundarstufe I sehr gut einsetzbar sind. Neben der Hördatei gibt es das Skript als Text-Dokument sowie diverse *pre-, while-* und *post listening/reading*-Übungen, *discussion questions*, zum Teil Aufgaben für ergänzende WWW-Recherchen, *speaking assignments* und *homework assignments*. Damit steht den Lehrkräften sehr gut aufbereitetes auditives wie schriftliches Material zur Verfügung, das aktives Sprachenlernen in einem aktuellen Kontext mit vielfältigen Methoden ermöglicht.
- Diverse landeskundliche Podcasts zu britischen Regionen ebenso wie zu allen englischsprachigen Ländern bietet die Internetseite http://www.eslpodcards.com/: kurze Hördateien mit Textfassung und *pre-/post*-Übungen, mit denen Lehrbucheinheiten sehr gut ergänzt werden können (vgl. die Erfahrungen mit „Australia"-Projekt weiter unten).
- Natürlich bieten die Webseiten der BBC diverse Podcasts und Videocasts, die für unterschiedliche Niveaustufen geeignet sind und neben dem Einsatz im Klassenraum auch autonome Lerner beflügeln können – ein Qualitätsangebot, das von Lehrkräften noch viel zu wenig wahrgenommen bzw. Lernenden für eigenständiges Lernen empfohlen wird: http://www.bbc.co.uk/worldservice/learningenglish/

Über die methodische Vielfalt des Einsatzes von Hörtexten im Unterricht soll hier nicht ausführlich berichtet werden, ein Beispiel aus dem Unterricht einer 9. Klasse mag dennoch einen kleinen Einblick in die Unterrichtspraxis geben.[3]

Nachdem die Lehrbuch-Unit „Australia" erarbeitet worden war, verbrachten die Neuntklässler eine Doppelstunde im Computerraum, um sich in Vierergruppen Podcasts zu australischen Städten anzuhören und die Übungen dazu eigenständig zu bearbeiten sowie sich Zusatzinformationen durch eine gezielte WWW-Recherche zu beschaffen. Danach trafen sich jeweils zwei Gruppen im Klassenraum und berichteten einander von ihren neuen Einsichten und Erkenntnissen über australische Städte, gestützt auf kleine Notizzettel mit Stichwörtern: Freies Sprechen sollte praktiziert werden, denn in der folgenden Arbeitsphase nahmen die Lerner kurze Hördateien (Podcasts) auf, um ihre Einsichten digital zu

---

3 Details im Lehrerblog des Verfassers: http://class9a.wordpress.com/2008/09/28/learn-about-australian-cities/

präsentieren. Die MP3-Dateien wurden bei www.podspot.de veröffentlicht und die Hausaufgabe lautete: „Listen to as many podcasts as you can and leave at least two comments!"

Natürlich wurden in der Folgestunde die Eindrücke der Lerner reflektiert, auch wenn dazu bereits die (schriftliche) Kommentarfunktion bei den Podcasts hätte genutzt werden können: Die Lerner sollten aber ihre sprachlichen Handlungskompetenzen anwenden und sowohl zu den Inhalten der Podcasts Stellung nehmen als auch zur Methode der Podcast-Erstellung sowie ihren Erfahrungen mit den Aufnahmen.

Was den Verfasser bei diesem Podcast-Projekt erschreckte, waren die vergleichsweise schlechte Aussprache der Lerner sowie die vielfältigen Verstöße gegen die Sprachrichtigkeit. In den klassischen Lehrbuch-Situationen fallen Aussprache und Intonation zwangsläufig weniger auf, weil die Redeanteile der Lerner niedrig sind und die Sprachproduktion sich am Gerüst der Lehrbuchtexte und -übungen entlang hangelt, während freies Sprechen in der Sekundarstufe I immer wieder zu kurz kommt. Eine Konsequenz aus dieser Einsicht war übrigens eine Referatserie in Partnerarbeit mit frei gewählten Themen sowie einer sich anschließenden fünfminütigen Diskussion, um so die mündliche Kommunikationsfähigkeit zu verbessern - in einer weiteren Podcast-Phase werden sich die Sprachfähigkeiten hoffentlich positiver anhören.

Podcasts sind ein sehr geeignetes Medium, um Aussprache und freies Sprechen in einem digitalen und dennoch lebensnahen *learning environment* zu üben, zumal die Lerner mit Headsets am Computer zumeist kompetent umgehen (Neuntklässler auffallend sicherer als Oberstufenschüler). Daher ist das Praxisbeispiel von Sebastian J. Dorok überzeugend, der mit Hausaufgaben-Podcasts in seiner achten Klasse gute Erfahrungen gemacht hat, wenn es um die individuelle Förderung von Aussprache und Intonation, aber auch um Wortschatz und Grammatik geht (Dorok 2008: 31). Außerdem ist in einem solchen digitalen Übungskontext, ähnlich wie bei der Arbeit mit Blogs, wiederum zu beobachten, dass sich Lerner gegenseitig konstruktiv korrigieren und das Aufnehmen sowie Veröffentlichen der Podcasts der „Auseinandersetzung mit Sprache sogar einen zusätzlich spielerisch-interaktiven Aspekt [verschafft], der die Schülerinnen und Schüler scheinbar vergessen lässt, dass sie gerade ‚Englisch lernen'" (ebd.: 33).

Eine methodische Herausforderung allerdings sollte dabei nicht unterschlagen werden: Lerner tendieren dazu, ihre Manuskripte vor der Aufnahme schriftlich zu perfektionieren, so dass die Podcasts entsprechend wie vorgelesene Texte klingen. Das ist nicht im Sinne der Ausbildung der für den handlungsorientierten Fremdsprachenunterricht so wichtigen

Kompetenzkategorie „freies Sprechen"; es muss hier also, ebenso wie bei Referaten im Englischunterricht, ein Methodentraining „freies Sprechen" vorgeschaltet werden, in dem die Schüler lernen, mit Hilfe von Stichwörtern zu einer freien Sprachproduktion vorzustoßen. Bei Aufnahmen am Lernort Schule kann die Lehrkraft problemlos darauf achten, bei einem Hausaufgaben-Podcast naturgemäß nicht.

Reinhard Donath hat mit einem Englisch-Leistungskurs zwei Podcast-Phasen durchgeführt, bei denen sowohl im schulischen Multimediaraum (in Gruppen) als auch im häuslichen Kontext (individuelle Podcasts zu aktuellen Nachrichtenthemen) gearbeitet wurde. Im Rahmen des Halbjahresthemas „Science and Technology" bot es sich nach der literarischen Erarbeitung von „Brave New World" an, sich mit vier Filmen zu beschäftigen, die vergleichbare *dystopian societies* präsentieren.[4]

In vier Gruppen wurden jeweils Filmausschnitte angesehen, analysiert und dann, angelehnt an die Form eines *film review*, den anderen Teilnehmern als Podcast präsentiert. Da die Gruppen auch Hintergrundmusik, Interviews und andere (Hörspiel-)Techniken nutzten, wurde ein Manuskript in Stichwörtern geschrieben und dann in relativ freier Rede aufgenommen und veröffentlicht. Die sprachliche (und technische) Qualität der Ergebnisse war überraschend gut, ebenso wie die sehr eigenständige und motivierte Arbeit der Gruppen an diesem Thema, das ihnen augenscheinlich nahe lag. Ein Auszug aus der Evaluation einer Schülerin:

> In my opinion, podcasting is a very good idea. It's quite different from normal tasks in class and it is fun to record it and find the right music or effects to make it more impressive. It could also be a good idea to work with a podcast blog and instead of writing articles about the topics we work on, to produce a podcast. What a pity that it takes so long. Because if you want a good and presentable podcast you can be proud of, it takes a lot of time recording it without mistakes usw. Nevertheless, if possible we should do it again with some interesting new topics we have to work on in future. (Kristin)

Das zweite Projekt, das die eigenständige Auswahl eines Nachrichtenthemas mit ergänzender WWW-Recherche und das Aufnehmen eines Podcasts beinhaltete, wurde zwar ohne Lehrerbegleitung realisiert, aber die Lerner hatten in der vorbereitenden Phase des Projekts realisiert, wie wichtig freies Sprechen für den Adressatenbezug ist, so dass nicht nur überzeugende Podcasts entstanden, sondern die anderen Lerner des Leistungskurses in der Kommentarfunktion der publizierten Podcasts intensiv auf Aussprache und Intonation eingingen und diese entsprechend

---

[4] Alle Details und Podcasts dieses sowie des nachfolgend beschriebenen Unterrichtsprojekts sind ausführlich dokumentiert: http://www.englisch.schule.de/podcast_praxis.htm#1 und http://www.englisch.schule.de/podcast_praxis.htm#3

lobten oder konstruktiv kritisierten. Diese Erfahrung spiegelt sich auch in den Aussagen der Lerner in einer deutschsprachigen Evaluation wieder, in der um „Podcasting-Thesen" für ein DaF-Lehrer-Seminar gebeten wurde.[5]

> Ich möchte zum Beispiel den Aspekt der Förderung von Fremdsprachenkenntnissen und die Förderung der Aussprache als wesentlichen Vorteil unterstützen. Die Erstellung eines geeigneten und sprachlich möglichst richtigen Textes erfordert die Auseinandersetzung mit einem interessanten Thema und die Suche nach passenden Vokabeln. Die spätere Aufnahme setzt eine deutliche und richtige Aussprache voraus, damit der Zuhörer versteht, worum es geht. Ein Podcast kann als "Ersatz" für geschriebene Texte dienen, sollte aber keinesfalls derart ausführlich sein. Das Beschränken auf wichtige Informationen sollte im Interesse des Zuhörers erfolgen. (Anke)

> Einerseits denke ich, dass ein Podcast dazu beitragen kann, dass man die Scheu vor der englischen Sprache verliert. Man gewöhnt sich daran, Englisch zu sprechen und wenn man sich die Aufnahme im Nachhinein anhört, kann man auf seine eigene Aussprache achten und diese gegebenenfalls verbessern/korrigieren. Auch wenn es erst einmal ungewohnt und seltsam ist, seine eigene, aufgenommene Stimme zu hören, gewöhnt man sich daran und kann von Mal zu Mal offener und freier sprechen. (Maren)

Negative Äußerungen sollen nicht verschwiegen werden, daher die wesentlichen Einwände in Kürze: „Diskussionen im Kurs sind effektiver, da man spontaner antworten muss, seine Sprachsicherheit verbessert und sich somit auch sicherer fühlt" (Paula). - „Die Podcasts der anderen Schüler sind interessant anzuhören jedoch letztendlich höre oder lese ich diese lieber im Unterricht von ihnen persönlich" (Lela). - „Ein weiterer negativer Aspekt ist, dass es fast doppelt soviel Zeit kostet, einen Podcast aufzunehmen, wie einen geschriebenen Text zu veröffentlichen" (Maren).

Eingebettet in ein thematisch reflektiertes und methodisch strukturiertes *learning environment* sind Podcasts geeignet, die gesprochene Fremdsprache - auch individuell differenzierend - zu fördern. Durch die Veröffentlichung der Ergebnisse ist eine (Sekundär-)Motivation für korrektes und adäquates Sprechen gegeben, so wie bei der Blog-Praxis korrektes Schreiben einer vergleichbaren Motivation zugrunde liegt. Wichtig ist dabei nicht die in Web 2.0-Publikationen immer wieder betonte „internationale Öffentlichkeit" durch die Veröffentlichung von Schülerergebnissen im WWW, die wir eher für eine Schimäre halten, sondern der Adressatenbezug, bei dem es letztlich unerheblich ist, ob es sich um Mitschüler bzw. Parallel- oder Partnerklassen handelt – wobei eine englisch-

---

[5] Einzelheiten zu diesem Kurs sind hier dokumentiert: http://mmfreinhard.wordpress.com/2009/03/15/aktives-podcasting-im-fremdsprachenunterricht-thesen/

sprachige Zielgruppe natürlich nicht ausgeschlossen werden sollte, z. B. eine Partnerschule, Gastschüler oder speziell eingeladene Mit-Hörer oder Mit-Leser.

Wie überzeugend eine gut geplante und durchstrukturierte Arbeit mit Pod- und Videocasts - sozusagen der Folgeschritt der Podcast-Arbeit - sein kann, zeigt Torben Schmidt mit seinem forschungsbasierten Unterrichtsprojekt zum Thema „Schulpodcast". Hier produzierten Schüler des 11. Jahrgangs regelmäßige Videocasts (vgl. www.tileradio.podomatic.com), die über die Homepage der Schule ‚beworben' wurden und durch eine gezielte Informationspolitik auch an außerschulische Abonnenten gelangten, also an eine *real audience*. Die Podcasts waren dabei nicht nur Selbstzweck, sondern entstanden sozusagen als Nebenprodukt, so z. B. eine Talkshow zum Thema „Junk food", die als Debatte mit verteilten Rollen nach einer intensiven Erarbeitung des Themas auf dem Hintergrund britischer Aktualität (Verbot von Fernsehwerbung für Junkfood vor 21 Uhr) im Unterricht vorbereitet und durchgeführt wurde - natürlich nicht nur mit Texten aus dem WWW, sondern auch mit youtube.com-Videos (Werbung) und einem Podcast zum Thema von www.betteratenglish.com (vgl. T. Schmidt 2008: 97 f.).

Nachdem sich die beteiligten Schülergruppen durch CNN-Videocasts mit Form und Aufbau von Nachrichtensendungen vertraut gemacht hatten, produzierten sie zu unterschiedlichen aktuellen Themen regelmäßig eigene englischsprachige Sendungen und machten damit natürlich neben vielen sprachlichen auch einige Lebenserfahrungen, denn sie wurden „Autoren, Regisseure und Produzenten von inhaltlich sehr vielfältigen, kreativen mündlichen Inszenierungen" (T. Schmidt 2009: 31). Dass auch bei diesem Projekt in den Evaluationen der Zeit-Faktor als Problem genannt wird, verwundert nicht, denn selbst der normale Unterricht wird von den Beteiligten zunehmend vom „Drohfaktor" Zeit geprägt. Daher ist es notwendig, Web 2.0-Projekte nicht als ein luxuriöses Extra für Projekttage oder eine AG zu sehen, sondern sie als Medien- und Methodenvariation zu sehen, mit der viele Themen vielleicht sogar intensiver und durch die lerneraktivierenden Ansätze motivierender erarbeitet werden können. Nicht die Anzahl landeskundlicher Units oder Grammatikübungen führt Schüler zu fremdsprachlicher Kompetenz, eher bewirkt dies, so das Ergebnis von Schmidts Studie, eine motivierende Lernatmosphäre, ein *challenging learning context*: „Web 2.0-basierte Inszenierungsprojekte fördern die Kreativität und Medienkompetenz der Lernenden, ermöglichen einen direkten Austausch zwischen Schule und Gesellschaft und tragen dazu bei, die Künstlichkeit des institutionalisierten Fremdsprachenlernens teilweise aufzubrechen" (T. Schmidt 2009: 39).

4 Wikis

Gerade im auf Kommunikation angelegten Fremdsprachenunterricht ist die Notwendigkeit einer möglichst großen Vielfalt sozialer Lern- und Arbeitsformen offensichtlich und unbestritten. Der für diese Zwecke zur Verfügung stehende methodische „Werkzeugkasten" ist durchaus reichhaltig gefüllt, gerade Lehramtsanwärter bringen solcherart moderne Impulse immer wieder in den Schulalltag ein. Trotzdem bleiben im Alltag durchaus schwierig zu handhabende Probleme bestehen - besonders drückend stellen sich, wie im letztgenannten Beispiel des Projekts von Torben Schmidt bereits angemerkt, dabei Fragen des Zeitmanagements. Aber auch die angemessene Berücksichtigung der Prägung heutiger Schülergenerationen durch moderne, netzgestützte Medien mit hohem Interaktivitätsgrad und deren Kommunikationspotential stellt eine anspruchsvolle Herausforderung dar. Viel stärker, als wir es in unserer Profession oft wahrhaben wollen, hat auf diesem Wege *informelles* Lernen in den Alltag unserer Schüler Einzug gehalten. Ein Unterricht, der dem nicht angemessen Rechnung trägt, entfernt sich von der Lebenswirklichkeit seiner Klienten.

4.1 Informelles Lernen - orientiert an kollaborativen Prozessen

Suchen Schüler nach Informationen (auch, aber natürlich nicht nur) für schulische Zwecke, steht die Wikipedia als Quelle oft an erster Stelle. Darin spiegelt sich - wenn auch oft unkritisch und unreflektiert hingenommen - ein Wandel weg von einer Kultur autorisierten Wissens hin zu einer kollaborativ angelegten Art, Wissen und Information zu sammeln und verfügbar zu machen. Natürlich wirft dieser „Kulturwandel" eine ganze Reihe grundsätzlicher Fragen auf; natürlich ist eine unkritische Netzgläubigkeit als modernes Pendant früherer blinder Buchstabengläubigkeit höchst problematisch; natürlich gilt es, entsprechende medienkritische und Bedienkompetenzen herauszubilden.

Schaut man sich Projekte wie die Wikipedia etwas genauer an, bietet diese Art der Organisation von Information und Wissen aus Sicht des institutionalisierten Lernens höchst interessante Ansätze: Personen, die sich Sachverstand zu einem Sachverhalt erarbeitet haben (oder dies glauben), stellen diesen anderen netzöffentlich zur Verfügung. Andere ergänzen diesen Bestand, eng gekoppelt an die einzelne Darstellung entspinnt sich eine Diskussion um Inhalt und Darstellungsformen, eine automatische Versionskontrolle erlaubt die schnelle Korrektur von Fehlern (oder Vandalismus), die ebenfalls automatische Protokollierung der Entstehung von Artikeln macht den Schaffensprozess einzigartig transparent, und schließlich erlaubt die Verlinkung einzelner Beiträge eine dichte Vernetzung der Informationen.

Im Grunde kommt diese Art, gemeinsam Wissensbestände zu erarbeiten, bestimmten - nämlich sozial-konstruktivistisch orientierten - Lernvorstellungen sehr entgegen (vgl. Kap. 3) und lässt sich auch auf viele schulische Lernsituationen übertragen. Was also liegt näher, als vergleichbare Szenarien im Unterricht einzusetzen und auf ihre Wirksamkeit zu untersuchen?

Ein solches Szenario tritt im (Fremdsprachen-)Unterricht gar nicht so selten auf: Schüler bzw. Schülergruppen sollen arbeitsteilig Einzelaspekte eines komplexeren Sachverhalts untersuchen, sich über ihren Arbeits- und Erkenntnisfortschritt verständigen können - und wenn irgend möglich, soll Fehlerangst gar nicht erst aufkommen, ein Irrweg soll schnell wieder rückgängig gemacht werden können. Die Arbeitsergebnisse der einzelnen Gruppen sollen dann dem Klassen- bzw. Kursverband insgesamt zur Verfügung stehen, so dass sie organisch ins weitere Unterrichtsgeschehen einfließen können. Mit herkömmlichen Unterrichtsmethoden ist diese so alltäglich erscheinende Situation gar nicht einfach zu meistern - allzu schnell landet man bei endlosen Vortrags- und Präsentationszyklen mit zweifelhafter Nachhaltigkeit; andere etablierte Austauschformen machen es eher schwierig, die Einzelergebnisse dauerhaft verfügbar zu machen. Warum also nicht ein Wiki anlegen?

Anhand einer typischen Oberstufen-Unterrichtssequenz sollen mögliche Herangehensweisen an ein Wiki-gestütztes Unterrichtsvorhaben geschildert werden. Im Mittelpunkt der Sequenz steht die Behandlung eines Films - in diesem Falle Ajub Khan-Dins „East is East". Bei einer intensiven Auseinandersetzung mit dem Film kommen eine ganze Reihe von eher analytischen (Filmsprache, Charakterentwicklung, landeskundliche, kulturspezifische und historische Hintergründe usw.) und eher kreativen Zugriffen (Schreiben von *reviews*, Entwerfen von *screenplays* Auseinandersetzung mit *deleted scenes* usw.) zum Tragen; viele dieser Zugriffe funktionieren in individueller bzw. Kleingruppenarbeit deutlich besser als im gesamten Klassenverband. Hinzu kommt, dass viele dieser Aufgaben eher langfristig angelegt sind und deutlich von *peer feedback* profitieren.

Deshalb wurde im Vorfeld dieses Projekts ein Wiki angelegt.[6] Nach einer kostenfreien Registrierung als Bildungseinrichtung kann man eine komfortable und leicht zu bedienende Wiki-Plattform einrichten, die allen wesentlichen Ansprüchen für schulisches Arbeiten vollends genügt.

6 Ein für schulische Zwecke sehr geeignetes Wiki findet sich unter: http://wikispaces.com

Unabhängig von der verwendeten Plattform bekommen die Schüler eine kurze Einweisung in das Wiki-Prinzip, den Gebrauch des Editors und die wesentlichen Formatierungsfunktionen. (Diese Einführung kann selbstverständlich auch durch einen kundigen Schüler gegeben werden.) Schnell lassen sie sich dann darauf ein, das Wiki für die kommende Unterrichtssequenz als Arbeitsplattform zu benutzen. Im Zusammenhang mit „East is East" wurden dabei folgende Aufgabenbereiche im Wiki bearbeitet:

- Verfolgen der Entwicklung eines Charakters und seiner Interaktionen mit den anderen Protagonisten (Einzelarbeit)
- Auseinandersetzung mit Einzelaspekten (*running gags* im Film, *English vs. Pakistani lifestyle, visual symbols, economic situation of the Khan family, religion*) in Partner- bzw. Kleingruppenarbeit
- Analyse der Textform „Screenplay", Auseinandersetzung mit dem autobiographischen Hintergrund des Original-Screenplays, Schreiben eines eigenen Screenplays für eine selbst erdachte (im Film nicht vorhandene) Szene in Einzel- oder Partnerarbeit.

Als besonders wirkungsvoll hat sich die Arbeit am Wiki beim kreativen Schreiben der Screenplays erwiesen. Die Mischung aus Offenheit, Kreativität und Phantasie mit einer doch stark formalisierten Schreibform wie der des Screenplays schien eine sehr gute Balance von Führung und Freiheit zu bieten, die straff beschränkten Editor-Funktionen erlauben eine Konzentration auf Inhalt und klare Formatierung, die Versionskontrolle erlaubt schnelle Korrekturen in einem längeren Schreibprozess. Dies alles wussten die Schüler durchaus zu schätzen - als noch sehr viel nützlicher aber empfanden sie die separaten Diskussionsseiten zu jedem ihrer Screenplays: Die Schüler hatten - nach Abschluss ihrer eigenen Screenplays - die Aufgabe, die Ergebnisse ihrer Mitschüler auf Charakteranlage, Plausibilität, Originalität usw. zu überprüfen und einander entsprechendes Feedback zu geben. Diese Aufgabe nahmen sie außerordentlich ernst, in der Regel gab es sehr präzise, kritische und faire Rückmeldungen, die dann in einer (freiwilligen) abschließenden Überarbeitung berücksichtigt werden konnten. - Besonders für solche kreativen, ggf. kooperativ angelegten Schreibaufgaben und die kritische Auseinandersetzung mit deren Ergebnissen scheint sich ein Wiki ganz besonders gut zu eignen; es bietet ganz offensichtlich einen organisatorischen Rahmen, der sowohl Freiheit als auch Organisation unterstützt. Dies wird auch am Wiki der Klasse 9/1 zum Jugendroman *Holes* von Louis Sachar deutlich. Das Projekt ist ausführlich beschrieben unter http://www.angergymnasium.jena.de/wiki/index. php/Holes-Projekt.

Dass Schreiberziehung durch Feedback auf Textentwürfe stattfindet, ist ein ausgesprochen positiver Effekt, ebenso die konstruktiven Fehlerkorrekturen im Rahmen von Rückmeldungen durch die *peer group* und die Lehrkraft. Raith/Raith beschreiben dies im Rahmen eines Schreibprojektes im Realschulunterricht der 8. Klasse mit dem Jugendroman *Lupita Manana* von Patricia Beatty als recht erfolgreiches Vorgehen: „Wir haben nicht den ganzen Text kommentiert, sondern auf typische Fehler aufmerksam gemacht und diese exemplarisch markiert. Das hilft den Lernern, die Texte selbständig zu überarbeiten" (Raith/Raith 2008: 24).

4.2 Übertragbarkeit

Für eigene Wiki-gestützte, schreiborientierte Unterrichtsversuche ist folgendes Vorgehen empfehlenswert:

- Der Lehrer legt ein Klassenwiki bzw. Kurswiki an, z. B. unter http://wikispaces.com (Alternativen wären z. B. Wetpaint unter http://wikisineducation.wetpaint.com oder PBworks unter http://pbworkscom). Er lädt die Schüler zu Registrierung und Mitarbeit ein. Er sollte bereits eine sinnvolle Grundnavigation anlegen, ggf. eine kurze Projektbeschreibung auf einer Extraseite des Wiki.
- Ein geeigneter Schüler übernimmt die Einarbeitung der Teilnehmer in typische Wiki-Strukturen, den Editor usw.
- Die Schüler bekommen längerfristig angelegte Aufgaben innerhalb der Unterrichtssequenz, wobei bestimmte „Meilensteine" festgelegt werden.
- Analog dazu werden Aufgaben und Termine für gegenseitiges Feedback festgelegt.
- Für eine Bewertung durch den Lehrer kann dann das weitere Editieren von Beiträgen und Kommentaren abgeschaltet werden.

Ganz wesentlich ist natürlich eine sachgemäße Einbindung der Wiki-Arbeit in den ganz normalen Unterricht; die Arbeit am Wiki kann dann innerhalb der Unterrichtssequenz dem eigenen Zeitmanagement der Schüler unterliegen – in dieser Zeit zieht sich der Lehrer auf eine Art Mentorenrolle zurück und kann Schüler individuell unterstützen. Die Schülerreaktionen auf das Arbeiten im Wiki sind durchaus positiv, im Wesentlichen werden die auch anderswo beschriebenen Potentiale gerade für kooperative Lernprozesse bestätigt (vg. Himpsl 2007 : 148). Ebenfalls bestätigt hat sich die dort beschriebene Erfahrung, dass sich Wiki-Projekte ganz ausgezeichnet als Einstieg in komplexere *blended- learning*-Szenarien eignen.

5 Moodle

Nach den ersten - hoffentlich erfolgreichen - Unterrichtsversuchen mit Wiki kommt dann schnell der Wunsch auf, die Kollaborationsmöglichkeiten zu erweitern, die dort erprobten Verfahren und Unterrichtsansätze in einen größeren, vielfältigeren Kontext einzubetten, z. B. durch stärkere Multimedialität, mehr Kommunikations- und Feedbackformen, bewert- und benotbare Aktivitäten usw., ebenso aber auch der Wunsch nach einer noch effektiveren Zugangskontrolle - für viele Unterrichtsszenarien benötigt man schon aus Datenschutz- und Urheberrechtsgründen eine recht stringente Kontrolle über den Nutzerkreis.

Schnell findet man sich dann auf dem Gebiet der Learning Management Systems (LMS), also regulärer internetgestützter Lernplattformen wieder. Wo man Wiki noch (gewissermaßen) für Lehr- und Lerneinsätze „zweckentfremden" muss, findet man bei LMS Softwarelösungen vor, die genau für diese Zwecke konzipiert worden sind. In der Regel findet man eine Vielzahl von synchronen (Chat, Whiteboard) und asynchronen (Foren, E-Mail) Kommunikationsmöglichkeiten, Dokumentenverwaltung, Testmodule und ganz unterschiedliche Interaktionswerkzeuge vor, das alles innerhalb einer zugangskontrollierbaren Oberfläche. Wiki kann dabei eine von vielen Aktivitätsformen sein. Somit bietet sich die Möglichkeit, ganze Unterrichtssequenzen didaktisch vielfältig zu begleiten und zu unterstützen.

Gerade die hier kurz skizzierte Auswahl an Werkzeugen zur Kommunikation zwischen den Teilnehmern und zum gemeinsamen Arbeiten an (sprachlichen) Dokumenten machen Lernplattformen ganz besonders attraktiv für den Fremdsprachenunterricht. Nicht von ungefähr stellen Unterrichtsbeispiele aus diesem Bereich einen ganz erheblichen Anteil der bisher verfügbaren Erfahrungen - mehr als die Naturwissenschaften. Auch in den betreffenden Communities sind Fremdsprachenlehrer deutlich überproportional aktiv.

Die starke Prozessorientierung der in den Plattformen angebotenen Aktivitäten - unterstützt durch Protokollierungsfunktionen, gut steuerbare Möglichkeiten für Feedback und längeren Editierzeiträumen - machen es sehr gut möglich, auch in komplexeren Unterrichtszusammenhängen handlungsorientiert zu arbeiten. Solche komplexeren Unterrichtszusammenhänge können z.B. Ganzschriftbehandlungen sein.

Vor den ersten Versuchen mit einer der vielen etablierten Lernplattformen zahlt sich jedoch ein wenig Reflexion über spezifisch schulische Anforderungen und Bedingungsgefüge aus - das ist umso nötiger, als viele der verfügbaren LMS ursprünglich für den universitären Einsatz entwickelt worden sind.

Das Arbeiten mit LMS in der Schule unterliegt dabei Rahmenbedingungen, die sich – natürlich nicht mit Anspruch auf Vollständigkeit - wie folgt umreißen lassen:

- Die Normalsituation des Einsatzes eines LMS ist die des Präsenzunterrichts – es geht nur in Ausnahmefällen um *distance learning*.
- Daraus resultiert ein didaktisch bislang nur unzureichend beschriebenes Problem: Wie sind entsprechende Sequenzen in den „Normalunterricht" einzubetten, was sind geeignete „Schnittstellen"?
- Die Zielgruppe ist deutlich altersdifferenzierter als z. B. an der Universität, daraus resultiert eine größere Varianz an Lehr- und Lernstilen.
- Stärker als anderswo sind soziale Lernformen gefragt.
- Es besteht ein besonders starkes Interesse an Möglichkeiten zur Binnendifferenzierung.

Mit Blick auf ein ggf. einzusetzendes LMS gilt es auch, einige andere Aspekte zu beachten:

- Es sollte – auch mit Blick auf die sehr heterogene Zielgruppe – eine schulnahe Lernvorstellung unterstützen. Dazu sind Systeme, die eine kursorientierte Struktur haben, oft besser geeignet als solche mit einer Orientierung auf den individuellen Arbeitsplatz eines relativ autarken Lerners.
- Die Einstiegsschwelle (technischer und organisatorischer Art) sollte besonders niedrig sein.
- Es ist anzustreben, dass auch anspruchsvollere Kursinhalte mit „Bordmitteln" erstellt werden können – werden zusätzlich komplexere Editoren z. B. für Tests benötigt, ist ein breiterer Einsatz in der Schule nicht zu erwarten.
- Es wäre sehr wünschenswert, eine breite internationale Community mit vielfältigen pädagogischen, technischen und organisatorischen Erfahrungen zur Verfügung zu haben.

Mit Blick auf dieses Bedingungs- und Anforderungsgefüge wird man fast zwangsläufig beim „Platzhirschen" der (OpenSource-)LMS landen: Moodle. Die meisten der hier angeführten Anforderungen erfüllt es fast mustergültig, das System ist dabei, sich auch in der deutschen Schullandschaft fest zu etablieren.

5.1. Didaktische Szenarien

Die Funktionsvielfalt und die vielfältigen Kombinationsmöglichkeiten der Aktivitäten und Ressourcen innerhalb der Lernplattform legen unterschiedliche didaktische Einsatzszenarien nahe. Ein breites Spektrum an Szenarien - vom Einsatz in Präsenzsituationen über die Unterstützung von Facharbeiten, Schreibgespräche, kooperative Unterrichtssequenzen, bis hin zu individuellen Förderungsmaßnahmen, Prüfungsvorbereitung usw. findet sich - untersetzt mit unterrichtspraktischen Beispielen - in „Unterrichten mit Moodle" (Hoeksema/Kuhn 2008).

Eine alternative Klassifizierung von Einsatzszenarien erfasst folgende Grundtypen:[7]

- Begleitende Materialsammlung v.a. für selbsgesteuertes Lernen
- Vertiefende Übungs- und Wiederholungsangebote
- Differenzierungsangebote
- „Rückgrat" einer begrenzten Unterrichtseinheit
- vollständige Abbildung kompletter Unterrichtssequenzen
- Begleitung von Abschnitten der Schullaufbahn mit Portfolio-Elementen
- Ansätze zum Lernen durch Lehren (LdL) - Schüler erstellen Kurse bzw. Kurselemente

In der Praxis werden sich häufig Mischformen ergeben, entsprechend strukturierte Kurse erlauben das Verfolgen unterschiedlicher didaktischer Ansätze durch geschickte Kombination entsprechender Kursmaterialien mit adäquat ausgerichteten Präsenzphasen.

5.2 Beispiel: *Tortilla Curtain* (T. C. Boyle)

Wie die von einem LMS unterstützte Arbeit an einem komplexeren Unterrichtsgegenstand aussehen kann, sei wieder an einem Beispiel aus dem Englischunterricht der Oberstufe geschildert - einer Ganzschriftbehandlung. T. C. Boyles *Tortilla Curtain,* inzwischen ein Klassiker im Englischunterricht, ist in einigen Bundesländer bereits in den verbindlichen Kanon aufgenommen. Bei der Behandlung des Werkes kommen – neben der klassischen Textarbeit - eine Reihe von Aspekten zum Tragen, die netzgestützte Unterrichtsabschnitte sehr nahe legen:

- Landeskundliche Themen (Immigration besonders von Latinos, *gated communities, Spanglish, American Dream,* subtiler Rassismus in der

[7] vgl. dazu die Ausführungen zum Kursdesign unter http://www.humyo.com/F/7140057-615975667 (Fachvortrag auf dem Moodlefest 2009 des LPM Saarland)

weißen Mittelklasse usw.) verlangen nachgerade nach rechercheorientierten Sequenzen.

- Boyle versteht sich selbst als öffentlicher Autor, berichtet auf seinem Blog detailliert über sein Schaffen und nutzt die Netzöffentlichkeit so intensiv wie wenige andere Autoren zur Kommunikation mit seinen Lesern.

Aus diesen Rahmenbedingungen heraus lassen sich abwechslungsreiche Unterrichtszugriffe mit Hilfe eines LMS umsetzen. Der hier vorgestellte Moodlekurs entstand für das Landesinstitut LPM Saarland, das diesen und andere Kurse unter einer freien Lizenz (Creative Commons 3) bundesweit verfügbar macht – ein sehr beispielhaftes Vorgehen. Da der Kurs leicht verfügbar und nachvollziehbar ist (er findet sich als Download unter http://lpm-moodle-saar.de und kann unter http://www.mz.jena.de/moodle als Gast besucht werden), sollen hier nur kurz die Grundzüge des Kurses diskutiert werden.

Kurse wie dieser sind von vornherein für eine Distribution und damit für den Einsatz unter ganz unterschiedlichen Unterrichtsbedingungen gedacht, daher sind bestimmte Prämissen zu stellen:

- Um den Kurs unter einer freien Lizenz weitergeben zu können, müssen die verwendeten Materialien entweder auch unter einer freien Lizenz stehen, anderenfalls müssen die Rechte eingeholt werden.
- Der gesamte Kurs muss durch didaktisch-methodische Kommentare erschlossen werden.
- Es sind so oft wie möglich sinnvolle alternative Aktivitäten, Sozialformen und Ressourcen anzubieten, damit auf unterschiedliche Klassen- und Unterrichtssituationen reagiert werden kann.

Eher traditionelle, im „Normalunterricht" bewährte Arbeitsformen z. B. der engen Textarbeit sollten nicht krampfhaft auf die Lernplattform übertragen werden – sie können und sollten weiter ihren Platz im Unterricht haben. Arbeitsteilige, rechercheorientierte und kreativ angelegte Aktivitäten hingegen lassen sich auf der Plattform oft effizienter einbinden als im traditionellen Unterricht – es gilt also, stets eine umfangreichere Unterrichtssequenz im Sinne von *blended learning* mitzudenken. Es wird also deutlich, dass Kurse wie dieser keiner in sich geschlossenen didaktischen Vorgabe folgen, sondern – je nach Kurs- und Klassensituation – unterschiedliche Zugriffe ermöglichen sollen. Durch Auswahl der entsprechenden alternativen Aktivitäten und Ressourcen und eine adäquate Einbindung in den Präsenzunterricht lassen sich so z. B. durchgehend arbeitsteilige Sequenzen ebenso aufbauen wie stärker individualisierende;

eher produktorientierte Zugriffe sind ebenso möglich wie stark handlungsorientierte, der Grad der Selbständigkeit der Schüler ist skalierbar usw.

Von diesen Prämissen ausgehend, wurde der Kurs entworfen, dessen Struktur sich wie folgt darstellt:

(1) *The US – a nation of immigrants:* Hier werden anhand geeigneter Internetquellen (z. B. einer interaktiven Tour von Ellis Island) historische Entwicklungslinien und -konstanten der Einwanderung untersucht und in einem individuellen Journal zusammengefasst, Immigrantenschicksale im Internet recherchiert, wahlweise in Einzelarbeit oder kooperativ in einem Wiki; ferner werden Cartoons analysiert und aktuelle Gesetzgebungsvorhaben mit Einzelschicksalen korreliert. Der Block schließt mit einem Test.

(2) *The American Dream:* Der Block ist relativ kurz gehalten. Es wird nicht der in vielen Lehrwerken bestens aufbereitete umfangreiche Überblick über das Thema gesucht, sondern – gewissermaßen exemplarisch und sinnbildlich – an Materialien rund um die Statue of Liberty und Emma Lazarus' Sonett „The New Colossus" (individuelle Recherche, Forumsdiskussion zur Symbolhaftigkeit der Statue und des Sonetts, individuelle Analyse eines Cartoons, der sich der Symbolik der Statue bedient) sowie der American-Dream-Rede von Martin Luther King in einem Gruppenwiki gearbeitet.

(3) Alle anderen Blöcke folgen einem ähnlichen Grundprinzip – sie kombinieren rechercheorientierte, kreative, individuelle und gruppenorientierte Aufgaben, oft werden alternative Wege angeboten. Diese Blöcke beziehen sich im Einzelnen auf folgende Themen: *The novel's plot and characters; Taking sides – Candido's world; Taking sides – Delaney's world; The novel's language – English vs. Spanish; T.C. Boyle; Racism – crude and subtle; Enrichment (writing a screenplay).* Innerhalb dieser Blöcke werden z. B. Aktivitäten wie die folgenden angeregt: Führen eines Lesetagebuches nach Einführung der Textart *reading log;* Forendiskussionen rund um kontroverse Themen wie *gender relations in the novel, pro and con of living in a gated community;* Schreiben ‚innerer Monologe' anhand illustrierender Fotos usw. Wo angezeigt, wird auf Aktivitäten außerhalb der Lernplattform zurückgegriffen. So wird zum Beispiel mithilfe eines hierfür sehr geeigneten Web 2.0-Dienstes (der Dienst erlaubt das arbeitsteilige, kapitelweise Schreiben von verzweigten Fortsetzungsgeschichten) das offene Ende des Romans „weitergesponnen". Aktivitäten wie diese setzen eine intensive Auseinandersetzung mit Erzählperspektive, Figurensprache und *plot* voraus, lassen aber dennoch kreative Freiheiten zu; zusätzlich

stimulierend wirkt die Tatsache, dass ganz unterschiedliche Geschichtenpfade kooperativ entstehen und ausdiskutiert werden.

Ganz bewusst werden verstärkt kollaborative Arbeitsformen angeboten. Ein solcher Ansatz trägt zum einen dem spezifischen didaktischen Potential der neuen (d. h. netzgestützten, auf Zusammenarbeit ausgerichteten) Medien Rechnung (vgl. Reinmann-Rothmeier 2003: 14), zum anderen werden gerade bei den rechercheorientierten Aktivitäten Aspekte des informellen Lernens aufgenommen, die im Zusammenhang mit netzgestützten Lernprozessen zunehmend interessant werden (vgl. Bernhardt/Kirchner 2007: 24)

5.2 Unterrichtserfahrungen und Schülerfeedback

Nach dem Unterrichtseinsatz des eben vorgestellten und vieler anderer Kurse kann ein insgesamt positives Fazit gezogen werden. Dieses positive Fazit setzt allerdings voraus, dass die früher genannten Prämissen angemessen berücksichtigt wurden (Einbettung der LMS-Sequenzen in den „normalen" Unterricht, Nutzung unterschiedlicher Sozialformen, didaktische Vielfalt, kluges Nutzen der Feedback-Möglichkeiten usw.)

- Besonders wirkungsvoll ist mit Moodle das Organisieren kollaborativer Arbeitsformen zu realisieren (z. B. mit Wiki, Forum, Datenbank, Glossar und Chat). Dabei ist die Arbeit für den Lernenden oft deutlich effizienter als mit eher traditionellen Methoden. Ein Grund dafür dürfte sein, dass hier Methoden aufgegriffen werden, die viele Heranwachsende ohnehin recht selbstverständlich aus ihrer Mediensozialisation kennen und zum informellen Lernen ganz selbstverständlich nutzen (vgl. Bernhardt/Kirchner 2007: 209).
- Noch stärker als beim alleinigen Arbeiten mit Wiki, Blog, Chat und anderen internettypischen Plattformen erlaubt ein LMS wie Moodle das Abbilden komplexerer Unterrichtsgegenstände, eine Kontextuierung einzelner Zugriffsvarianten – hier und in der starken Ausprägung sozialer Arbeitsformen zeigen sich die Potentiale einer „konnektivistischen" Lernauffassung (vgl. dazu Bernhardt / Kirchner 2007: 44ff).
- Die nicht-muttersprachliche Kommunikation in ganz unterschiedlichen individuellen und sozialen Ausprägungen auch zu kontroversen Themen zeitigt gerade dort, wo nicht in allererster Linie auf sprachliche Korrektheit orientiert wird, einen überdurchschnittlichen Kompetenzzuwachs bei den Teilnehmern – hier bestätigen sich allgemeinere Erfahrungen mit diesen Kommunikationsformen (vgl. Gilly Salmons Erfahrungsberichte zu „netspeak" in Salmon 2004: 22f).

- Die automatische Protokollierung der Schüleraktivitäten erlaubt zum einen eine sehr faire und transparente Bewertung, zum anderen (da jeder Schüler seine eigenen Protokolle einsehen kann) auch eine Reflexion des eigenen Lernverhaltens. Sind die Bewertungs- und Feedbackprozeduren, bei denen diese Protokolle genutzt werden, angemessen mit den Lernern diskutiert worden, erleben sie dieses Herangehen tatsächlich als außerordentlich fair und individuell.
- Beim klugen und abwechslungsreichen Einbetten der LMS-basierten Sequenzen in den Unterricht können sehr variationsreiche Unterrichtseinheiten mit großem Potential für Binnendifferenzierung entstehen.
- Die Möglichkeit zur Multimedialität - verbunden mit der Kontrolle des Schülers über das angebotene Medienmaterial - spricht unterschiedliche Lernertypen und Sinneskanäle an.
- Bei den Schülern ist die Arbeit im LMS auch deshalb besonders beliebt, weil sie dort zeitweise in „geschützten Räumen" mit einem individuellen Zeitmanagement arbeiten können - das wird gerade von sonst eher schwachen und besonders starken Schülern immer wieder so beschrieben. Diese beiden Gruppen scheinen von einer Arbeitssituation, die sie zumindest zeitweise der Beobachtung und Kritik ihrer „peers" entzieht, ganz besonders zu profitieren. Schwächere Schüler investieren oft überdurchschnittlich viel Zeit und Sorgfalt und kommen so zu besseren Ergebnissen, erleben sich als kompetent und - auch das lässt sich immer wieder beobachten - zeigen sich als faire und kritische Partner bei *peer feedback*. Starke Schüler hingegen können hier zumindest zeitweise befreit von der bremsenden Wirkung synchronen Lernens im Kursverband agieren.
- Ähnlich positiv werden von den Schülern die unterschiedlichen Feedback-Möglichkeiten des Systems aufgenommen. Das betrifft sowohl das individuelle Lehrer-Schüler-Feedback als auch die Möglichkeit des *peer feedback* z. B. in Foren. Die Verschriftlichung und Formalisierung von Rückmeldung und Bewertung scheint dazu zu führen, dass sowohl Autoren als auch Rezipienten diesen Rückmeldungen mehr Gewicht beimessen und sie als konstruktiver erleben. Allerdings scheint dies, zumindest tendenziell, mit älteren Schülern (Oberstufe) besser zu funktionieren als mit jüngeren.
- Die Vorbereitung entsprechender Kurse ist aufwändig - dies ist durchaus ein Anreiz für kollegiale Kooperation z. B. in Fachschaften. Im Unterricht selbst hat der Lehrer aber dann die Chance, eher als Mentor aufzutreten, einzelnen Schülern individueller helfen zu können. Dies ist eine der angenehmsten Erfahrungen beim Arbeiten mit *blended-learning*-Szenarien in der Schule!

6 Ausblick

Blogs und Podcasts können ebenso wie die Arbeit mit einem Wiki oder Moodle den Unterricht erheblich bereichern, insbesondere im Hinblick auf kooperative und kollaborative Arbeitsformen, bei denen mündliche und schriftliche Sprachproduktion in schülerzentrierten Lernszenarios im Mittelpunkt stehen. Die relative Öffentlichkeit, die durch die Online-Arbeit im Web hergestellt wird, gibt der Nutzung der Fremdsprache einen Realitätsbezug und fordert neben weitestgehender Korrektheit auch einen bewussten Umgang mit Stilebenen, Textformen sowie eine individuelle Verantwortung für das Veröffentlichte.

Die noch relativ neuen Entwicklungen, die unter dem Stichwort Web 2.0 stattfinden, bergen damit ein erhebliches Potential für handlungsorientierte fremdsprachliche Lehr- und Lernprozesse, ganz besonders, wenn ein solcher Unterricht Erscheinungen des informellen Lernens akzeptiert. Von besonderem Interesse sind – bei aller Schwierigkeit einer sauberen Begriffsdefinition – dabei die folgenden Aspekte:

- So gut wie alle Web 2.0-Anwendungen sind auf Kollaboration ausgelegt, damit wird *peer-to-peer-learning* im schulischen wie im außerschulischen Kontext möglich.
- Viele Anwendungen sind multimedial und hoch interaktiv, können somit unterschiedlichste Lernertypen unterstützen.
- Sie sind in der Regel auf die produktive Mitarbeit des Nutzers angelegt (*user generated content*), so dass ziel- und ergebnisorientiertes fremdsprachliches Arbeiten in schriftlicher Form (Blogs und Wikis), vor allem aber in gesprochener Form (selbst erstellte Podcasts) befördert wird und die Schüler sich in reale und ernsthafte Publikations- und Kommunikationssituationen begeben.

Es liegt auf der Hand, dass diese Qualitäten soziale Lernformen und sowohl handlungs- als auch produktionsorientierte Arbeitsformen effektiv unterstützen können und zu ergänzenden, zum Teil sicher auch neuen Unterrichts- und Lernformen führen werden.

R & R

Review and Reflect

Textverständnis/Reproduktion:

- Worin besteht das didaktische Potential von Lernerblogs im Vergleich zu traditionellen Hausaufgaben?
- Welchen „Kulturwandel" bei der Erarbeitung und Organisation von Wissen haben Projekte wie die Wikipedia befördert?
- Welche Funktionalitäten lassen Wiki besonders geeignet für kreative Schreibprozesse erscheinen?
- Worin bestehen aus didaktischer Sicht die qualitativen Weiterentwicklungen von Wiki zu „echten" LMS?

Reflexion:

- Bei der Arbeit mit Blogs gibt es auch negative Stellungnahmen der Lerner. Wie (Methoden, Maßnahmen) könnten einige dieser Kritikpunkte zu positiven Lernerfahrungen verändert werden?
- Podcasts sind ein geeignetes Medium, freies Sprechen zu befördern, aber wie kann es gelingen, Lerner vom Verlesen und Aufnehmen vorbereiteter Manuskripte abzubringen?
- Wiki sind für bestimmte Unterrichtssituationen besonders gut geeignet. Beschreiben sie diese. Stellen Sie einen eigenen, aus Ihrer Sicht besonders geeigneten Unterrichtsgegenstand dar!
- Das Arbeiten mit Plattformen wie Wiki und Moodle eröffnet Schülern die Möglichkeit, zeitweise in „geschützten Räumen" zu arbeiten. Was ist damit gemeint? Skizzieren Sie eine Unterrichtssituation, in der Sie diese Möglichkeit bewusst einsetzen könnten.

Stellungnahme:

- Durch die Öffentlichkeit von Web 2.0-Aktivitäten könnten Lerner mit weniger überzeugenden Englischkenntnissen bloßgestellt und demotiviert werden. Ist dies für Sie ein überzeugendes Argument gegen eine digitale Öffnung des Unterrrichtes?
- Lernplattformen wie Moodle unterliegen aus schulischer Sicht besonderen Anforderungen. Inwiefern könnte der didaktisch kluge Einsatz von LMS aber auch positiv verändernd auf den Unterricht wirken?
- Web 2.0-Projekte im Englischunterricht „tragen dazu bei, die Künstlichkeit des institutionalisierten Fremdsprachenlernens teilweise aufzubrechen" (Schmidt 2009: 39). Stimmen Sie dieser Aussage zu?

Kapitel 7

Text – Literatur – Kultur: Handlungs- und produktionsorientierter Literaturunterricht

Ansgar Nünning, Carola Surkamp

1 Zum besonderen Stellenwert literarischer Texte im Fremdsprachenunterricht

Im Rahmen eines kommunikativen Fremdsprachenunterrichts galten literarische Texte als entbehrlich. In jüngerer Zeit wird ihnen jedoch wieder verstärkte Bedeutung beigemessen. Dies ist vor allem auf die Herausbildung von Lernzielen wie Empathie, Perspektivenübernahme und Fremdverstehen zurückzuführen, die durch die Auseinandersetzung mit Literatur in besonderem Maße erreicht werden können. Darüber hinaus haben Entwicklungen sowohl in der Literaturwissenschaft und -didaktik als auch in der Fachdidaktik allgemein dazu beigetragen, dass literarische Texte heute wieder als wichtige Bereicherung für den Fremdsprachenunterricht angesehen werden. Diese Entwicklungen reichen von der Auffassung, dass Lesen kein passiver Akt der Informationsentnahme, sondern ein kreativer Akt der Bedeutungsbildung ist, über die Aufwertung der emotional-affektiven Dimension der Literaturrezeption bis zur Forderung nach mehr Schülerorientierung im Unterricht.[1]

Von besonderer Bedeutung für die veränderte Vorstellung vom Stellenwert literarischer Texte ist der hermeneutische Verstehensbegriff.

---

1 Die in den beiden Handbüchern von Lothar Bredella und Wolfgang Hallet (2007) bzw. von Wolfgang Hallet und Ansgar Nünning (2007) versammelten Beiträge legen diese und weitere Entwicklungen ausführlich dar.

Er legt „Schülerorientierung und schüleraktivierende Methoden nahe, weil der Sinn eines Textes nicht gegeben ist, sondern erst unter der Mitwirkung des Lesers entsteht" (Bredella 1995a: 29). Literarische Texte werden demnach dadurch bedeutsam für den Unterricht, dass sie den Leser durch ihre poetische Unbestimmtheit zur kreativen Mitwirkung an der Sinnkonstitution herausfordern, sein lebensweltliches Vorverständnis aktivieren und zur Kommunikation anregen: „Verstehen und Interpretieren ist nicht ein Ablesen der Bedeutungen, sondern beruht auf einer Interaktion, in der der Sinn der Texte erst entsteht. Beim Verstehen und Interpretieren ist somit der Schüler selbst als tätiges, denkendes und fühlendes Subjekt angesprochen" (Bredella 1987: 237).[2] Da der Leser sein Wissen und seine Erfahrungen, seine Einstellungen und Gefühle, seine Zustimmung oder Ablehnung sowie Eindrücke von der Lektüre anderer Texte an Texte heranträgt, spielen beim Lesen und Verstehen nicht nur rezeptive und kognitive Fähigkeiten eine Rolle, sondern der Lesevorgang ist auch von produktiven, imaginativen, affektiven und ethischen Momenten gekennzeichnet.[3]

Literarische Texte fordern daher stärker zu Reaktionen und Stellungnahmen heraus als die meisten Schulbuchtexte, die weniger um des Inhalts willen gelesen werden als vielmehr der Einführung neuer Vokabeln und Strukturen dienen (vgl. Hermes 1994: 249f.). Da sich Schülerinnen und Schüler aus diesem Grund in der Regel von Schulbuchtexten nicht persönlich angesprochen fühlen und in der Beschäftigung mit ihnen auch nicht ihre eigenen Erfahrungen ins Spiel bringen können, findet hier Kommunikation nicht in dem gleichen Maße statt wie bei der Auseinandersetzung mit literarischen Texten. Der fremdsprachliche Literaturunterricht liefert nicht zuletzt aufgrund der Faszination, die spannende Geschichten auf die Fantasie von Lesern ausüben, und aufgrund des IdentifikationsPotentials, das lebensecht dargestellte Figuren für Lernende haben, authentische Sprechanlässe, in denen Sprachkenntnisse in einem bedeutungsvollen inhaltlichen Zusammenhang angewendet werden können (vgl. auch Brusch 1989: 18). Darüber hinaus schafft er vor allem durch schülerzentrierte und handlungsorientierte Formen der Textarbeit Situationen, in denen sprachlich gehandelt wird, d. h. in denen Erfahrungen mit Texten, Stellungnahmen und auch unterschiedliche Deutungen in der Fremdsprache artikuliert werden. Auf diese Weise kommt

2 Diese Auffassung deckt sich mit der Position des Interaktionistischen Konstruktivismus sowie der Bedeutung, die in der neueren Fremdsprachendidaktik generell auf einen motivierenden Input, persönliches Engagement der Lernenden bei der Interaktion mit anderen sowie die Aushandlung von Bedeutung gelegt wird (vgl. Kap. 3).

3 Zur Begründung einer rezeptionsästhetischen Literaturdidaktik mit Beispielen aus dem Fremdsprachenunterricht Englisch vgl. Bredella/Burwitz-Melzer (2004).

es zu einer echten Kommunikation im Klassenzimmer, und die Schüler erfahren, dass literarische Texte nicht nur zum Lesen, sondern auch zum Sprechen und Schreiben in der Fremdsprache anregen.

Worin aber besteht nun die spezifisch kulturelle Leistung fremdsprachiger Literatur für die Handlungskompetenz der Lernenden? Da fremdsprachige literarische Texte anhand von anschaulich geschilderten fiktionalen Einzelschicksalen lebensweltliche menschliche Erfahrungen evozieren und aufgrund ihrer „Erfahrungshaltigkeit" fremde Lebensweisen, Werte, Normen und Weltsichten vermitteln, erschließt die Beschäftigung mit ihnen den Schülerinnen und Schülern eine andere Kultur. Aufgrund des fiktionalen Privilegs der potentiell unbegrenzten Bewusstseinsdarstellung erhalten die Schüler darüber hinaus Einblick in das, was in den Köpfen anderer Menschen bzw. Figuren vor sich geht, d. h., sie erfahren, was andere denken und fühlen und wie sie die Welt erleben. Diese bei der Lektüre intuitiv vollzogenen Perspektivenwechsel erweitern nicht nur den Wahrnehmungs- und Verstehenshorizont der Lernenden, sondern fordern sie bisweilen auch zum Umdenken heraus:

> So kommt es immer wieder zu Erfahrungen, die sich nicht problemlos auf unsere Begriffe, Konzepte und Schemata beziehen lassen. Neu, überraschend und Ungewöhnlich [sic] erscheint uns somit das, was sich nicht einordnen läßt und unsere Erwartungen und Gewohnheiten verletzt, was unsere kognitiven und kreativen Fähigkeiten aktiviert und dazu führt, daß wir unsere Begriffe und Konzepte modifizieren und neue Standpunkte und Perspektiven einnehmen. (Bredella 1987: 233f.)

Gerade fremdsprachige Literatur bietet Lernenden somit die Möglichkeit, die Andersartigkeit fremder Wirklichkeitsmodelle kennen zu lernen, sich auf fremde Sichtweisen einzulassen und – damit einhergehend – auch über die notwendige Begrenztheit der eigenen Weltsicht zu reflektieren. Im Vergleich zu Sachtexten, die auf eine eher rationale Annäherung an das Fremde abzielen, liegt das Potential literarischer Texte dabei darin, dass sie durch die exemplarische Schilderung konkreter Einzelschicksale das Fremde emotional erfahrbar und nachvollziehbar machen. Daher kann die Auseinandersetzung mit literarischen Texten entscheidend zur Ausbildung von Fantasie und zur Erweiterung von Handlungsmöglichkeiten beitragen. Da sie auch in besonderer Weise die Entwicklung eines Sinns für alternative Lebensentwürfe, die Bereitschaft zu Toleranz sowie die Fähigkeit zu Empathie und Perspektivenwechsel und damit das Verstehen von Menschen aus anderen Kulturkreisen fördert, können die Schülerinnen und Schüler auf selbständiges Handeln in der außerschulischen Lebenswelt vorbereitet werden.

Damit dieses Potential literarischer Texte im Fremdsprachenunterricht nutzbar gemacht werden kann, gilt es mindestens zweierlei zu bedenken. Erstens muss die zu einem großen Teil mit der Uniformität der Schullektüre und dem Festhalten an herkömmlichen Methoden der Textinterpretation zusammenhängende Schwierigkeit überwunden werden, Schülerinnen und Schüler überhaupt zum Lesen fremdsprachiger Texte zu animieren bzw. ihre Begeisterung für englischsprachige Literatur zu wecken. Emotionale Bereitschaft zum Spracherwerb und Aufnahmefähigkeit sind nämlich nur dann vorhanden, wenn der Lernende sich in der Lerngruppe wohl fühlt und Thema und Text ihn interessieren (vgl. Brusch 1989 sowie Henseler/Surkamp 2007). Gerade im Kontext eines schülerorientierten Unterrichts sollten Texte daher in stärkerem Maße nach ihrer entwicklungspsychologischen und altersspezifischen Angemessenheit ausgewählt und die Schüler an der Textauswahl auch beteiligt werden. Zweitens stellt sich die Frage, mit Hilfe welcher Zugangsmethoden Literatur als Medium zur Ausbildung von Vorstellungskraft, Kreativität, Empathie und Fremdverstehen am besten zur Entfaltung gebracht werden kann. Dieser Frage möchten wir nachgehen, indem wir zunächst das Konzept der Handlungs- und Produktionsorientierung im Literaturunterricht im Vergleich mit rationalen Textanalyseverfahren erläutern (Abschnitt 2) sowie die Lernziele eines interkulturell orientierten Literaturunterrichts formulieren (Abschnitt 3) um sodann anhand der drei literarischen Gattungen Prosa, Drama und Lyrik und anhand verschiedener Methoden beispielhaft darzulegen, wie Fremdverstehen mit literarischen Texten in einem handlungs- und produktionsorientierten Englischunterricht lehr- und lernbar ist (Abschnitt 4).

2 Rationale Textanalyse und / oder handlungs- und produktionsorientierte Zugangsformen?

Ähnlich grundlegend gewandelt wie die vorherrschenden Auffassungen vom Stellenwert literarischer Texte haben sich im Zuge neuer Lernzielbestimmungen, die die Lernenden, ihr Weltwissen sowie ihre Interessen und Bedürfnisse in den Mittelpunkt rücken, auch die Formen der Textarbeit im Englischunterricht. Die Berücksichtigung der Individualität und Emotionalität der Schülerinnen und Schüler sowie die allgemeine Forderung nach mehr Schülerorientierung erfordern ein Überdenken traditioneller Methoden der Textanalyse.

Die Kritik an *rationalen Verfahren der Textanalyse* betrifft vor allem die Annahme eines objektiven Textverstehens, bei dem der Text nur eine Art „Behälter" darstellt, aus dem Informationen, Daten und Bedeutung einfach entnommen werden (vgl. Bredella/Legutke 1985: 6). Im Mittelpunkt rationaler Verfahren steht der Text als geschlossenes Kunstwerk, das hinsichtlich inhaltlicher und formaler Aspekte untersucht und somit zum „Lern-Gegenstand" (Winter 1999: 177) wird. Kritisierte Resultate eines solch „'verkopften' Literaturunterrichts" (Winzer 2001: 6) sind die Dominanz der Lehrperson und die einseitige Beanspruchung kognitiv-analytischer Fähigkeiten auf Seiten der Lernenden. Darüber hinaus werden die Monotonie im methodischen Bereich und die Beschränkung auf die Vermittlung bestimmter Inhalte moniert. Die kognitiven Lernziele seien „von vornherein von der Lehrkraft festgelegt" und müssten von den Schülern „nur noch in einem langwierigen Frage-Antwort-Spiel nachvollzogen werden" (Hermes 1994: 251), wobei immer wieder das gleiche dreigliedrige Schema von *comprehension – a look at language – further discussion* verwendet werde, das die Motivation der Schüler beeinträchtige und ihre Aktivitäten auf das Reden über Texte reduziere (vgl. Bredella/Legutke 1985: 103). Kritikern der rationalen Textanalyse zufolge wird dabei außer Acht gelassen, welche Tätigkeiten und Fähigkeiten der Schüler beim Lesen und Verstehen literarischer Texte ins Spiel kommen und welche Erfahrungen die Lernenden in der Auseinandersetzung mit einem Text machen können (ebd.: 9).

Im Gegensatz zu rationalen Verfahren der Textanalyse verlagern *handlungs- und produktionsorientierte Formen der Textarbeit* den Akzent vom Text auf die Lernenden (vgl. auch Surkamp 2007). Sie richten die Aufmerksamkeit auf die Tätigkeit der Schüler beim Lesen und Verstehen literarischer Texte und tragen somit den Erkenntnissen der Rezeptionsästhetik und ihrer Betonung des Leseprozesses Rechnung. Die aktive Rolle der Schüler bei der Lektüre wird dadurch gefördert, dass sie durch handlungs- und produktionsorientierte Verfahren dazu angeregt werden, „eigene Vorstellungen zum Text zu entfalten und sie in mannigfacher Form gestaltend zum Ausdruck zu bringen" (Haas et al. 1994: 39). Nicht auf die Ermittlung der „(richtigen) Bedeutung eines Textes" oder der „Autorintention" zielen solche Ansätze ab; der Text wird vielmehr zum „Anstoß zu kreativem Handeln" (Rück 1987): Er soll nicht entschlüsselt werden, sondern Schülern Anregungen und Modelle für eigenständige mündliche oder schriftliche Textproduktion in der Fremdsprache liefern. Handlungs- und produktionsorientierte Verfahren gehen also insofern über die rationale Textanalyse hinaus, als durch sie auch die Standpunkte der Schülerinnen und Schüler ins Spiel kommen und zum Gegenstand des Unterrichts werden. Außerdem prägen solche schülerzentrierten Formen der Schulung von Verstehensprozessen, Artikulations- und Schreibfähigkeiten nicht nur die kognitiven Fähigkeiten der Schüler aus, sondern tragen auch zur Förderung jener sozialen und kulturellen Schlüsselkompetenzen bei, die Bode (1992: 181) treffend als „flexibility of mind, combinational skill, imagination, the sudden change of a frame of reference, the ability to hold diverging meanings in our minds" umschreibt.

Der Doppelbegriff „handlungs- und produktionsorientiert" betont zwei Grundformen von Schüleraktivitäten, zwischen denen vielfältige Mischformen möglich sind:

> ... einerseits den vielfältigen, durch praktisches Handeln und den aktiven Gebrauch der Sinne bestimmten Umgang mit gegebenen Texten und andererseits das produktive Erzeugen von neuen Texten bzw. Teiltexten und Textvarianten. Mit dem Begriff „handlungsorientiert" ist dementsprechend der Aspekt des tausend Möglichkeiten einschließenden bildlich-illustrativen, musikalischen, darstellenden und spielenden Reagierens auf Texte bezeichnet; der Begriff „produktionsorientiert" meint dagegen die stärker das kognitive Vermögen beanspruchende Erzeugung von neuen Texten. (Haas et al. 1994: 39)[4]

Vereinfachend gesagt besteht der *handelnde* Umgang mit Texten also darin, dass die Schülerinnen und Schüler ästhetisch-künstlerisch tätig werden, indem sie z. B. einen Text gestalten, spielen oder in ein anderes Medium übersetzen. Das Grundprinzip von *produktionsorientierten* Verfahren wiederum lässt sich auf die knappe Formel bringen: „Texte über Texte schreiben" (Grzesik 1990: 323). Der besprochene Text dient dabei als Grundlage für die Erstellung eigener Texte, mittels derer sich die Lerner kreativ mit einem Text auseinandersetzen, indem sie ihn kürzen, erweitern, umschreiben, aktualisieren, verfremden oder als Muster für eigenes Schreiben einsetzen. Zum Repertoire von Aufgaben, die im Kontext eines handlungs- und produktionsorientierten Literaturunterrichts in den verschiedenen Phasen der Texterschließung (d. h. als *pre-, while-* und *post-reading activities*) eingesetzt werden können, gehören unter anderem die in Abbildung 7.1 zusammengestellten Beispiele.[5]

---

4 Aus Platzgründen wird das Konzept des handlungs- und produktionsorientierten Literaturunterrichts hier nur sehr verkürzt vorgestellt. Dass es *den* produktions- bzw. handlungsorientierten Unterricht nicht gibt, sondern dass eine Vielzahl von Ansätzen mit unterschiedlicher theoretischer Fundierung existiert, erläutert Winzer (2001).

5 Ausführlichere Zusammenstellungen verschiedener handlungs- und produktionsorientierter Formen der Textarbeit liefern z. B. Caspari (1994), Collie/Slater (2000), Haas et al. (1994), Schlosser (1992), Waldmann zum produktiven Umgang mit Lyrik (1998) und Dramen (2004), Waldmann/Bothe zu Erzähltexten (1992), Scheller (2004) zur szenischen Interpretation sowie Nünning/Surkamp (2009) zu allen literarischen Genres einschließlich Filmen und Hörspielen.

Handlungsorientierte Aufgaben	Produktionsorientierte Aufgaben
Einstimmung in einen Text durch eine Fantasiereise (vgl. Betz 1995, Löffler 1996)	Dokumentation der ersten Leseeindrücke durch ein Lesetagebuch oder -protokoll
Rekonstruktion eines in mehrere Teile zerlegten Textes, z. B. eines in einzelne Verse auseinandergeschnittenen Gedichts	Verfassen von Briefen, *journals*, Telegrammen, einer Ratgeberrubrik („*agony aunt*" *column*), Vermisstenanzeige, eines Fahndungsposters („*Wanted!*") oder eines Nachrufs (*epitaph*)
„Erlesen" oder „Erspielen" eines Textes durch die Erprobung unterschiedlicher Sprechweisen, gestisch-mimischer Ausdrucksformen, Körperhaltungen und räumlicher Anordnungen, auch in Form von Standbildern	Entwurf kritischer Reaktionen auf einen Text in Form einer Buchbesprechung oder eines Zeitungsartikels bzw. positiver Reaktionen in Form eines Werbetextes für einen Verlag oder eines Klappentextes (*blurb*)
Darstellung eines Textes durch Bewegung und Tanz	Umformen von Passagen der Bewusstseinsdarstellung in Dialoge oder Ausformulieren von *inside views* bei dialogischen Texten
Bildliche Umsetzung eines Textes in Form von Illustrationen, Umschlagbildern, Bildcollagen, Werbeplakaten, Fotos	Umschreiben eines Textes aus der Perspektive einer anderen Figur oder in einer anderen Erzählperspektive
Auswahl von passender Hintergrundmusik zu bestimmten Textstellen oder Vertonung eines Textes (z. B. mit Orff-Instrumenten)	Entwurf von Alternativen zum geschilderten Handlungsverlauf (insbesondere bei offener oder ambivalenter Schlussgebung), eingeleitet durch „What if"-Fragen
Szenische Umsetzung der von einem Text vorgegebenen Themen/Konflikte in Form von Dialog- und Rollenspielen, eines Interviews oder einer Gerichtsverhandlung	Umschreiben eines Textes durch Verlegung der Handlung (anderer Ort, andere Zeit), durch die Einführung zusätzlicher Figuren oder die Veränderung des Geschlechts bzw. Alters einer Figur
Darstellung eines Textes oder Textteils als Puppen-, Marionetten- oder Schattenspiel	Umschreiben eines Textes in eine andere Textsorte, z. B. einer Kurzgeschichte in eine Zeitungsmeldung, einen Comic oder ein Drehbuch
Umgestaltung eines Textes in ein anderes Medium, z. B. Bild, Musik, Hörspiel, Film, Pantomime, Brettspiel	Verfassen eigener Texte durch vorgegebene Wörter (z. B. in Form eines Montage-Gedichts) oder durch die Verwendung der Struktur vertrauter Texte, z. B. von Märchen und Fabeln
Einholen zusätzlicher Informationen zu einem Text (z. B. aus Zeitungen, Zeitschriften, Büchern, durch Interviews, Briefe usw.) und Erstellung einer Dokumentation	

Abbildung 7.1: Handlungs- und produktionsorientierte Formen der Textarbeit

Bei all diesen kreativen Formen der Textarbeit geht es um einen ganzheitlichen Umgang mit Literatur, der neben kognitiven und analytischen Kompetenzen auch affektiven Lernzielen die ihnen angemessene Bedeutung beimisst. Durch die Berücksichtigung der emotionalen und sinnlichen Bedürfnisse der Lernenden sollen diese zur Lektüre motiviert werden und Lesebarrieren sollen abgebaut werden (vgl. Winzer 2001: 11) – ein Aspekt, der gerade für den Fremdsprachenunterricht äußerst wichtig ist. Darüber hinaus können handlungs- und produktionsorientierte Verfahren „subjektive Standpunkte und Verstehensweisen erhellen, Probleme aufzeigen, Problemlösungsverhalten fördern, zur Diskussion anregen" (Thinnes 1990: 16).

Solche Verfahren tragen außerdem zur Ausbildung von textueller Kompetenz bei: Als „Koproduzenten" des Autors erfahren die Schülerinnen und Schüler durch ihr eigenes Tun, wie Texte entstehen, und sie lernen, dass mit textuellen Strategien bestimmte Wirkungseffekte erzielt werden können, dass also Literatur etwas Konstruiertes ist, mit dem bestimmte Absichten verfolgt werden. Handlungs- und produktionsorientierte Formen der Textarbeit sollten daher keinesfalls nur der Nachbereitung von Unterrichtsergebnissen dienen, sondern vielmehr als Medium zum Erreichen bestimmter Lernziele angesehen werden (ebd.: 17).

Eine Gefahr solcher Verfahren und ein häufig geäußerter Kritikpunkt besteht allerdings darin, dass die Texte selbst und ihre besondere Gestalt bisweilen aus dem Blick geraten. Der handelnde Umgang mit Texten und das Schreiben von Texten über Texte werden dann zum Selbstzweck, wenn Texte nur als Auslöser subjektiver Leserreaktionen bzw. als Sprungbrett für kreativ-produktive Arbeiten dienen. Sollen handlungs- und produktionsorientierte Zugangsformen hingegen auch zu einem besseren Verständnis des Ausgangstextes beitragen, ist es notwendig, dass die durch sie erlangten Ergebnisse und individuellen Lesarten auf den Ausgangstext zurückbezogen werden, dass also deren jeweilige Plausibilität in einer abschließenden Betrachtung des Textes überprüft wird. Dies kann z. B. mit Hilfe folgender Fragen geschehen: *Find reasons for your reading in the text. Which textual aspects influenced your reading?*

Um zu intersubjektiv überprüfbaren Antworten auf diese Fragen zu kommen, ist der Rückgriff auf rationale Verfahren der Textanalyse erforderlich. Da dem anfangs vorgestellten interaktiven Paradigma des Textverstehens zufolge eben nicht nur das Vorwissen und die Erwartungen des Lesers, sondern auch textuelle Steuerungsmechanismen bestimmen, wie ein Text verstanden wird, kann es bei der Textarbeit im Unterricht nicht um ein Entweder-Oder zwischen rationaler Textanalyse und handlungs- bzw. produktionsorientierten Verfahren gehen. Vielmehr sollten rationale Formen der Textanalyse – d. h. die Beschreibung inhaltlicher, stilistischer und formaler Merkmale – mit kreativen Formen der Textarbeit verbunden werden. Textanalytische Zugangsformen heben sich durch ihre Präzision, ihre Systematik sowie ihre Lehr- und Lernbarkeit positiv von den zu Recht in Misskredit geratenen rein impressionistisch-intuitiven Formen von Interpretation ab. Außerdem stellen sie ein kritisches, transferierbares Vokabular für die selbständige Analyse literarischer Texte im Unterricht bereit. Dadurch bieten sie die Möglichkeit, den Beweis dafür zu erbringen, dass intuitive Leseeindrücke maßgeblich durch literarische Darstellungsverfahren bedingt sind. Auf diese Weise kann auch dem Standardeinwand, formale Textanalysen seien reiner Selbstzweck und trügen nichts zum Verständnis literarischer Texte bei, überzeugend der Boden entzogen werden.[6]

Rationale Textanalyse und handlungsorientierter Literaturunterricht sind demnach keineswegs Alternativen, bei denen sich Lehrende zwischen zwei einander ausschließenden Möglichkeiten entscheiden müssen. Wir möchten im Gegenteil mit Nachdruck für einen methodischen Pluralismus plädieren. Eine abwechslungsreiche Kombination unterschiedlicher Zugangswege ist vor allem auch deshalb allen normativen und einseitigen Positionen vorzuziehen, weil verschiedene Formen der Auseinandersetzung mit Texten unterschiedliche Bedeutung für die Bildung haben, da jeweils nur diejenigen Fähigkeiten ausgeprägt werden, die durch eine bestimmte Methode beansprucht werden. Eine wichtige Voraussetzung dafür, dass neben der Einbildungskraft, der Anschauung und dem Gefühl auch der Verstand und die Urteilskraft angesprochen werden, besteht somit darin, Lernenden ein Repertoire an unterschiedlichen Aufgaben und Methoden anzubieten. Durch den regelmäßigen und durchdachten Wechsel der Methoden sollen sie zum Vollzug möglichst vieler Tätigkeiten angeregt werden, weil sie nur so ein möglichst breites Spektrum jener Vielfalt von Fähigkeiten ausprägen können, die für die Bewältigung alltäglicher Kommunikationssituationen erforderlich sind. Hinzu kommt, dass für viele kreative Arbeiten eine solide Textkenntnis notwendig ist, die überwiegend durch analytische Methoden erlangt wird. *Last but not least*: Durch ein breites Repertoire unterschiedlicher Methoden und Zugänge wird ermöglicht, dass die Schüler untereinander und gemeinsam mit dem Lehrer auswählen können, welches Verfahren jeweils angewendet werden soll: „Auf diese Weise kann auch das allgemeine Erziehungsziel, Mitbestimmung und Verantwortung für den Unterricht, eingelöst werden" (Bredella/Legutke 1985: 104).

---

6 Für eine Gesamteinführung in die Kategorien der Textanalyse vgl. Nünning/Nünning (2003) sowie – auf den Englischunterricht zugeschnitten – Nünning/Surkamp (2009).

Als Lehrperson sieht man sich jedoch leider oft damit konfrontiert, dass sich konkrete didaktische Vorschläge gerade für einen handlungs- und produktionsorientierten Umgang mit literarischen Texten in mehr oder minder willkürlichen Zusammenstellungen von Anregungen für die Unterrichtspraxis erschöpfen. So hilfreich solche Hinweise im Einzelfall auch sein mögen, sie entbehren oft einer lernpsychologischen, fachlichen oder didaktischen Fundierung. Methoden sind jedoch erst dann sinnvoll eingesetzt, „wenn man sie im Zusammenhang mit Lern- und Erziehungszielen, Vorstellungen von Lernen und Verstehen und Einsichten in den jeweiligen Gegenstand sieht" (Bredella 1985: 57). Formen kreativen und auch analytischen Arbeitens dürfen daher die Planung und Reflexion über Lernziele nicht ausschließen. Es gilt vielmehr, sich bewusst zu machen, welche Lernziele durch die Auseinandersetzung mit Literatur mittels welcher Zugangsformen in besonderem Maße erreicht werden können. Dieser Frage möchten wir im folgenden am Beispiel eines interkulturellen Fremdsprachenunterrichts, der sich primär am übergeordneten Lernziel des Verstehens von Angehörigen fremder Kulturen orientiert, nachgehen.

3 Lernziele eines interkulturell orientierten Literaturunterrichts

Gerade in Bezug auf die Lernziele Empathie, Perspektivenübernahme und Fremdverstehen haben handlungs- und produktionsorientierte Formen des Umgangs mit Literatur große Bedeutung. Da Fremdverstehen ein „kreatives Verstehen [ist], bei dem wir bereit sein müssen, uns auf Neues und Fremdes einzulassen" (Bredella 1987: 247), ist kreative Textarbeit nicht einfach nur eine willkommene Abwechslung zur rationalen Textanalyse. Mit verschiedenen Formen kreativen Arbeitens kann vielmehr die Bereitschaft der Lernenden zum Nachvollzug von und zur Auseinandersetzung mit fremden Erfahrungsperspektiven gefördert werden. Die Kunst, Fremdverstehen durch den Umgang mit literarischen Texten zu lehren, hat demnach wenig mit der Übertragung von landeskundlichem oder sonstigem Wissen – d. h. mit einer informationsentnehmenden Lektüre – zu tun. Ihr grundlegendes Ziel besteht vielmehr darin, die Fähigkeit der Schülerinnen und Schüler zu Empathie und Perspektivenübernahme auszubilden.

Die Bedeutung der Lernziele Empathie, Perspektivenübernahme und interkulturelle Kommunikationskompetenz erschließt sich erst vor dem Hintergrund des hermeneutischen Verstehensbegriffs. Bei seinen differenzierten Beschreibungen der Struktur des Verstehens weist Bredella (1995a) nach, dass Verstehen weder als ein Akt der Informationsübertragung noch als ein Prozess des Einfühlens eines Individuums in ein anderes aufzufassen ist. Im Prozess des Verstehens treten vielmehr „zwei Subjekte miteinander in einen Dialog" (ebd.: 12), der zunächst „den Unterschied zwischen Fremdem und Eigenem hervorhebt" (ebd.: 8) und erst durch eine wechselseitige Perspektivenübernahme das Verstehen und die Verständigung der Partner fördert. Wenn man Verstehen bestimmt als ein „Überwinden einer Distanz und damit ein Übersetzen, bei dem wir die Perspektive des anderen übernehmen" (ebd.: 22), dann lässt sich verdeutlichen, warum gerade die Beschäftigung mit literarischen Texten zur Ausbildung der für das Fremdverstehen notwendigen Fähigkeiten beitragen kann.

Das Konzept der Perspektivenübernahme bezieht sich auf die grundlegende Fähigkeit, sich in die Lage eines anderen Subjekts hineinzuversetzen und dessen Motivation und Handlungsabsicht zu rekonstruieren. Die große didaktische Bedeutung dieses Konzepts ergibt sich daraus, dass diese Fähigkeit als notwendige Bedingung für soziales Handeln gilt und konstitutiv für das Verständnis von Motiven und Intentionen anderer ist. Außerdem zielt die Schulung der Fähigkeit zur Perspektivenübernahme darauf ab, Lernenden die Subjektivität und Relativität der eigenen Sichtweisen bewusst zu machen und sie zu einer Überschreitung der eigenen Perspektive anzuregen. Im Kontext einer Didaktik des Fremdverstehens stellt sich daher bei der Behandlung literarischer Texte eine doppelte Aufgabe:

> Einmal geht es darum zu erkennen, wie der andere die Dinge sieht, und zum anderen darum, wie mich diese Sichtweise anspricht und herausfordert. Beide Momente gehören zusammen und lassen erkennen, daß es sich beim interkulturellen Verstehen um einen Bildungsprozeß handelt, bei dem sich der Verstehende selbst verändert. Verstehen steht somit immer in einer Spannung zwischen Eigenem und Fremdem. (Bredella 1995a: 20)

Mit dem Stichwort „Kulturkompetenz" ist daher weniger ein Gegenstand als vielmehr ein Prozess gemeint, „in dem neues kulturelles Wissen und neue kulturelle Deutungen in vorhandene eigenkulturelle Erfahrungen und Konzepte einbezogen werden" (Buttjes 1996: 89). Für die Literaturdidaktik ergibt sich daraus die Frage, durch welche Verfahren der Textanalyse und durch welche Aufgaben zur freien Gestaltung im Sinne der mündlichen und schriftlichen Textproduktion die Fähigkeit zur Perspektivenübernahme gezielt gefördert werden kann. Will man darauf eine genauere Antwort geben, so muss man sich zunächst einen theoretischen Bezugsrahmen dafür vergegenwärtigen, wie Lernende durch den Umgang mit literarischen Texten lernen können, Fremde oder Fremdes besser zu verstehen.[7]

Beim Umgang mit literarischen Texten lassen sich zunächst einmal zwei offensichtlich sehr verschiedene Bedeutungen von Fremdverstehen unterscheiden: Auf der einen Seite werden Prozesse des Fremdverstehens in vielen literarischen Texten im Hinblick auf die Figuren thematisiert oder dargestellt; dies ist vor allem in jenen Texten der Fall, die Begegnungen von Figuren aus unterschiedlichen Kulturen schildern. Auf der anderen Seite stellt sich die Frage, wie die Lernenden das im Text dargestellte interkulturelle Geschehen verstehen und welche Verstehensprobleme im Rezeptionsprozess auftreten können. Dabei ist zwischen der Ebene des *dargestellten Fremdverstehens* in literarischen Texten und der Ebene des Fremdverstehens in der Interaktion zwischen literarischem Text und Leser/ Lerner, also einem *rezeptionsästhetischen Fremdverstehen*, zu unterscheiden. In narrativen Texten spielt darüber hinaus die Ebene der *erzählerischen Vermittlung* eine wichtige Rolle, da kulturell bedingte Verständigungsprobleme oder Wertkonflikte in Erzähltexten mit spezifisch narrativen Darstellungsverfahren – z. B. Erzählsituation, Multiperspektivität, *unreliable narration*, Bewusstseinsdarstellung – auch formal inszeniert werden können. Als vierte Ebene ist schließlich die des *lebensweltlichen Fremdverstehens* zu berücksichtigen, da im Rahmen eines handlungsorientierten Fremdsprachenunterrichts als langfristige didaktische Zielvorstellung die Förderung derjenigen kognitiven und emotionalen Fähigkeiten fungiert, deren Ausprägung für das Fremdverstehen auch in der realen interkulturellen Kommunikationssituation grundlegend ist.

Die Didaktik des Fremdverstehens geht von der Annahme aus, dass Lernende durch die rezeptionsästhetische Interaktion mit der Textwelt die Fähigkeiten zum Perspektivenwechsel und zur Perspektivenübernahme ausbilden. Diese kognitiven und affektiven Fähigkeiten bilden wiederum die Grundlage für den Transfer der erworbenen Fähigkeiten auf die außerhalb liegende Ebene der realen Lebenswelt. Bei der Suche nach einer Antwort auf die Frage, wie das lebensweltliche Fremdverstehen der Lernenden durch den Umgang mit literarischen Texten gefördert werden kann, ist demnach eine Reihe ganz unterschiedlicher Bedingungsfaktoren zu berücksichtigen.

Darüber hinaus muss beachtet werden, dass es sich beim Fremdverstehen nicht um eine bestimmte, isolierte oder gar messbare Fertigkeit handelt, sondern um ein komplexes Bündel von kognitiv-affektiven Fähigkeiten. Präzisieren lässt sich das Konzept des Fremdverstehens durch

---

7 Für eine ausführlichere Darstellung einer literaturdidaktischen Theorie des Fremdverstehens vgl. Nünning (2000).

Jean Piagets Begriff der „Dezentrierung". Dieser bezieht sich „auf den in der Entwicklung relativ spät auftretenden Denkakt der Differenzierung eigener und fremder Erkenntnisperspektiven" (Edelstein et al. 1982: 182). Da eine Identifizierung, Differenzierung, Übernahme und Koordinierung anderer Sichtweisen Voraussetzung und Bestandteil des Prozesses der Dezentrierung sind, werden verschiedene Typen von Dezentrierung unterschieden: „(a) *Perspektivendifferenzierung*, d. i. das Wissen um die Differenz zweier Perspektiven; (b) *Perspektivenübernahme*, d. i. die inhaltliche Ausgestaltung der fremden Perspektive, und (c) *Perspektivenkoordinierung*, d.i. die auf einer Meta-Ebene vollzogene Integration inhaltlich unterschiedlicher Perspektiven" (ebd.: 184). Im Gegensatz zur Differenzierung und Übernahme von Perspektiven bedeutet Perspektivenkoordinierung, „daß die Lernenden in einer Begegnung mit Fremdheit die eigenen und fremden Perspektiven erfassen, miteinander vergleichen und zwischen ihnen vermitteln können" (Schinschke 1995: 42).

Um die Frage, wie Fremdverstehen durch literarische Texte lehr- und lernbar ist, methodisch zu operationalisieren, empfiehlt es sich also, sie leicht umzuformulieren: Durch welche Texte, Zugangsmöglichkeiten und Aufgaben können Fähigkeit und Bereitschaft zur Perspektivendifferenzierung, zur Perspektivenübernahme und zur Perspektivenkoordinierung gefördert werden? Die Entscheidung für eine bestimmte Methode richtet sich danach, ob sie für den jeweiligen Text sowie für die Erreichung der vom Lehrenden ins Auge gefassten Lernziele geeignet ist. Wie Lernende bei der Behandlung literarischer Werke gezielt zur inhaltlichen Ausgestaltung, Differenzierung, Übernahme und Koordinierung verschiedener Perspektiven motiviert und befähigt werden können, verdeutlichen beispielhaft die folgenden Abschnitte.

4 Anregungen für die Unterrichtspraxis

Möchte man das Lernziel Fremdverstehen durch die Beschäftigung mit literarischen Texten erreichen, stellt sich zuerst einmal die Frage nach der Textauswahl: Welche Merkmale sollten Texte aufweisen, um für die Förderung jener kognitiven und emotionalen Fähigkeiten geeignet zu sein, die für das Fremdverstehen konstitutiv sind? Zunächst einmal ist davon auszugehen, dass bestimmte Gattungen und Texttypen besser zur Förderung des Fremdverstehens geeignet sind als andere. So bieten sich für einen fremdsprachlichen Literaturunterricht mit dem Lernziel Fremdverstehen vor allem Romane, Kurzgeschichten und Dramen an, weil diese eine Geschichte erzählen oder szenisch realisieren und damit jene Dimension des dargestellten Fremdverstehens aufweisen können, die es nur auf der Ebene der Figuren gibt. Darüber hinaus ist anzunehmen, dass Texte, die ein großes Maß an Innenweltdarstellung enthalten, besonders geeignet zur Schulung von Empathie und Perspektivenübernahme sind. Folgt man zusätzlich der Überlegung, dass nicht nur die Figurenebene, sondern auch die Gestaltung der Ebene der erzählerischen Vermittlung Anhaltspunkte dafür bietet, inwiefern Texte Lernende zum Perspektivenwechsel anregen, so erweisen sich des Weiteren Texte als besonders geeignet, in denen Probleme des Fremdverstehens oder der Perspektivität von Wirklichkeitswahrnehmung auf der Ebene der erzählerischen Vermittlung mit formalen Mitteln inszeniert werden. Dies ist z. B. bei monoperspektivischen Texten der Fall, in denen ein (eventuell sogar unzuverlässiger) Ich-Erzähler herkömmliche Sichtweisen radikal in Frage stellt, oder aber bei multiperspektivisch erzählten Texten, die dauernde Perspektivenwechsel schon beim Lesen erfordern. Die Bedeutung literarischer Texte für die Didaktik des Fremdverstehens lässt sich daher nur dann erschließen, wenn die bislang vorherrschende thematisch-inhaltliche Betrachtungsweise durch eine stärkere Berücksichtigung spezifisch literarischer Formen der Darstellung ergänzt wird, die wiederum von Gattung zu Gattung variieren. Bei den folgenden Ausführungen wird daher unser Augenmerk insbesondere auf den genrespezifischen Besonderheiten dargestellten bzw. inszenierten Fremdverstehens sowie auf den daraus resultierenden didaktischen Konsequenzen liegen.[8]

4.1 *Teaching narrative texts*: Fremdverstehen durch die Analyse der erzählerischen Vermittlung und produktionsorientierte Schreibaufgaben

Dass gerade narrative Texte in besonderer Weise dazu geeignet sind, zur Erreichung der Lernziele Empathie und Perspektivenübernahme beizutragen, liegt nicht zuletzt daran, dass sie den Leser aufgrund ihres konstitutiven Merkmals der erzählerischen Vermittlung bzw. der perspektivischen Brechung des Geschehens dazu anregen, die Welt mit den Augen anderer zu sehen. Durch die Konfrontation mit den Perspektiven verschiedener Erzähler und Reflektorfiguren erhalten die Lernenden die Möglichkeit, sich in diese Perspektiven einzufühlen, sie nachzuvollziehen und die dahinterstehenden Interessen und Beweggründe aufzudecken. Viele Erzähltexte inszenieren außerdem selbst Perspektivenwechsel auf der Ebene der Figuren und/oder der erzählerischen Vermittlung. Gerade

---

[8] Für weitere und ausführlichere methodische Vorschläge des Lehrens und Lernens von Fremdverstehen anhand von literarischen Texten vgl. die Beiträge in Nünning (2001) sowie die Kap. II.2, III.1 und III.2 in Surkamp/Nünning (2009).

in multiperspektivischen Texten - wie z. B. in den multikulturellen Romanen *Never far from Nowhere* (1996) von Andrea Levy und *Feeding the Ghosts* (1997) von Fred D'Aguiar - werden Leser bzw. Lernende mit unterschiedlichen Möglichkeiten, ein und dasselbe Geschehen zu sehen und zu beurteilen, konfrontiert, d. h. sie können lernen, die Welt aus unterschiedlichen Perspektiven zu sehen, mithin etwas, das für das Fremdverstehen von entscheidender Bedeutung ist.[9] Darüber hinaus bieten solche Werke den Lernenden die Möglichkeit, die für das Fremdverstehen ebenfalls grundlegende Fähigkeit zur Perspektivenkoordinierung zu entwickeln.

Eine geeignete Methode zur Förderung des Fremdverstehens mit narrativen Texten ist die kognitive Analyse der erzählerischen Vermittlung, der Figurencharakterisierung und der Perspektivenstruktur. Gerade die oft verpönten traditionellen Arten der Textanalyse eröffnen bei gezieltem Einsatz vielfältige Möglichkeiten, die Fähigkeit zur Erfassung und Rekonstruktion fremder Perspektiven auszubilden und Lernende für den Zusammenhang zwischen Erzählsituation und der Subjektivität *jeder* Perspektive zu sensibilisieren: Die Schüler führen nämlich bei der Textanalyse Denkoperationen durch, die für das Fremdverstehen konstitutiv sind. Um die Art der erzählerischen Vermittlung zu bestimmen, müssen sie beispielsweise zunächst die Frage beantworten, wer welchen Teil des Romans erzählt bzw. aus wessen Perspektive die fiktionale Welt wahrgenommen wird. Mit Hilfe von zwei leicht verständlichen Fragen lässt sich der *point of view* in anschaulicher und für die Schüler nachvollziehbarer Weise ermitteln: *Who speaks?* oder *Who is the narrator of the story?* bzw. *Who sees?* oder *Through whose eyes do we see the events?*

Um konkurrierende Perspektiven inhaltlich ausgestalten zu können, ist hingegen das Sammeln der wichtigsten Informationen erforderlich, die in dem Text über den biographischen Hintergrund, das Alter und Geschlecht, den Wissensstand, die psychologische Disposition, die Handlungsmotive und die Wertvorstellungen des Erzählers und der Figuren gegeben werden. Dieser Analyseschritt lässt sich durch eine weit gefasste Frage wie *What do we get to know about the narrator / about the characters?*

---

9 Wie diese Romane in einem fremdsprachlichen Literaturunterricht mit dem Lernziel Fremdverstehen eingesetzt werden können, legen Surkamp/Sommer (2002) dar. Aus Platzgründen mussten wir im folgenden leider auf die Nennung weiterer Beispiele für narrative, dramatische und lyrische Texte verzichten. Für konkrete Lektürevorschläge vgl. neben Surkamp/Nünning (2009) die folgenden Themenhefte der Zeitschrift *Der Fremdsprachliche Unterricht Englisch*: *Teaching Novels* (1997), *Teaching Short Stories* (1999), *Teaching Short Narrative Forms* (2003) und *Teaching Plays* (1998) (alle Herausgeber Nünning), *Poetry* (1998) (Herausgeber Volkmann) und *Poetry? Poetries!* (2004) (Gastherausgeberin Taubenböck) sowie *Lesemotivation - Jugendliteratur* (2007) (Herausgeberinnen Henseler/Surkamp).

einleiten. Je nachdem, ob die jeweiligen Informationen direkt sprachlich genannt werden oder aus dem verbalen und nonverbalen Verhalten des Erzählers oder der Figuren indirekt zu erschließen sind, müssen die folgenden Fragen beantwortet werden: *Which personality traits are actually named or specified? What can be inferred about the narrator or a particular character from the way he or she speaks and/or acts?* Zur Erarbeitung der wichtigsten Kontrast- und Korrespondenzbezüge zwischen den Figuren bietet sich die folgende Frage an: *What are the major differences and similarities between the characters in this novel?* Das Ergebnis der inhaltlichen Ausgestaltung kontrastierender Perspektiven könnte dann in Form einer Schreibaufgabe festgehalten werden, z. B. durch die Anfertigung eines tabellarischen Lebenslaufs oder eines psychologischen Gutachtens für einen unzuverlässigen bzw. „verrückten" Ich-Erzähler, wie er in Ian McEwans *The Cement Garden* (1980) oder im ersten Teil von John Fowles' *The Collector* (1963) vorkommt.

Während sich zur Identifizierung, Differenzierung und inhaltlichen Ausgestaltung unterschiedlicher Perspektiven vornehmlich textanalytische Verfahren eignen, erfordern die probeweise Übernahme fremder Sichtweisen und die Perspektivenkoordinierung in stärkerem Maße eine Einbeziehung handlungs- und produktionsorientierter Zugangsformen. Entscheidend ist dabei, dass Lernende durch sprachliche Handlungen Perspektivenwechsel aktiv vollziehen. Es empfiehlt sich zum Beispiel, die Lernenden zu veranlassen, bestimmte Szenen aus der Sicht einer Figur darzustellen, von der in einem Roman an der betreffenden Stelle keine Innensicht gegeben wird. Dabei müssen Schüler Bewusstseinsprozesse (*inside views*) in Form von ausformulierten Gedanken und Gefühlen entwerfen, z. B. mittels innerer Monologe, Briefe oder Tagebuchnotizen. Im Falle von schwächeren Lerngruppen kann man sich auch auf stichwortartig knappe Gedankenblasen (*thought bubbles*) beschränken, wie sie in Comics vorkommen. Ebenso kann die für die Ich-Erzählsituation übliche Beschränkung der Bewusstseinsdarstellung auf die Gedanken und Gefühle des Protagonisten Lernende dazu reizen, Situationen und Konflikte aus der Sicht der anderen Figuren darzustellen, von denen keine Innensicht wiedergegeben wird. Zu den Textsorten, deren Anfertigung die Fähigkeit zur Übernahme fremder Perspektiven voraussetzt, zählen aber z. B. auch Dialoge: Liegt in einem Erzähltext der Akzent auf der Darstellung von psychischen Prozessen, können Schüler die nicht ausgetragenen Konflikte in Dialogform umschreiben.[10]

---

[10] Zu der Frage, wie die Fähigkeiten zur Perspektivenübernahme und Perspektivenkoordinierung durch eine prozessorientierte Schulung des Textverstehens und der Textproduktion gefördert werden können, vgl. im Einzelnen Nünning (1997).

Bei der Behandlung narrativer Texte bietet sich außerdem die Gelegenheit der Reflexion über die Perspektivengebundenheit von Wirklichkeitserfahrung sowie über die Bedeutung, die dem Wechsel und der Übernahme anderer Perspektiven für das Fremdverstehen zukommt. In diesem Fall sind die Probleme des Fremdverstehens Gegenstand des Unterrichtsgesprächs. Nicht das emotionale Erleben bzw. das Analysieren ästhetischer Textqualitäten steht im Vordergrund, sondern der Akzent verlagert sich auf die reflexive Verarbeitung thematischer und/oder erzähltechnischer Textmerkmale. Das Ziel dabei ist, die bei der Textanalyse und den kreativen Zugangsformen gewonnenen Erkenntnisse über Probleme des Fremdverstehens zu vertiefen und auf andere Bereiche übertragbar zu machen. Gerade durch die Beschäftigung mit Texten, die interkulturelle Kommunikationsprobleme schildern, werden Lernende exemplarisch mit Problemen des Fremdverstehens konfrontiert. Indem sie diese Probleme erörtern, werden sie sich der Komplexität verschiedener Formen des interkulturellen (Miss-)Verstehens bewusst – und gerade dieses Problembewusstsein ist die Voraussetzung für Toleranz und Fremdverstehen im außerschulischen Alltag.

4.2 *Teaching plays*: Fremdverstehen durch verschiedene Formen des dramatischen Spiels

Wenn Dramentexte bisher im Rahmen einer Didaktik des Fremdverstehens für das Fach Englisch überhaupt eine Rolle spielten, dann wurden sie vor allem im Hinblick auf ihre Inhalte für eine Behandlung im Unterricht vorgeschlagen. So stellt z. B. Grabes (2000) das amerikanische Drama als eine Gattung vor, welche – bedingt durch die kommerzielle Ausrichtung der meisten Theater in den USA, die ohne Subventionen auskommen mussten – schon immer in besonders ausgeprägter Form gesellschaftlich relevante Ereignisse und umstrittene Themen aufgegriffen hat. Da sich viele amerikanische Theaterstücke kritisch mit epochenspezifischen Deutungsschemata und Wertmaßstäben auseinandersetzen, verschaffen sie Grabes zufolge deutschen Schülern einen Zugang zur amerikanischen Kultur.

Die thematische Ausrichtung dieses didaktischen Ansatzes ist im Kontext des Lernziels Fremdverstehen sicherlich ein wichtiger Aspekt, da nicht nur in narrativen, sondern auch in dramatischen Texten von der eigenkulturellen Umgebung entfernte Lebenswelten dargestellt werden, die den Lernenden eine mediale Vermittlung des Fremden im Klassenzimmer ermöglichen. Sie greift jedoch für eine umfassende Didaktik des Fremdverstehens zu kurz. Die besondere Bedeutung dramatischer Texte für die Lernziele der Empathie und der Perspektivenübernahme liegt vielmehr in ihrem Spielcharakter begründet. Da Dramen im Gegensatz zu narrativen und lyrischen Texten nicht allein für die Lektüre bestimmt sind, sollte man sie nach Glaap (1987) auch im Unterricht als Spielvorlagen für szenische Umsetzungen ansehen. Dies erweist sich aus vier Gründen als sehr relevant für einen Englischunterricht mit dem Lernziel „Fremdverstehen":

- Erstens lässt die große Unmittelbarkeit dramatischer Texte das Geschehen gegenwärtig erscheinen und erleichtert so das Sich-Hineinversetzen der Lernenden in die handelnden Figuren. Während in narrativen Texten über eine vermittelnde Instanz beschrieben wird, was schon geschehen ist, zeigen dramatische Texte, was gerade geschieht, so dass es für die Schüler zu einer lebendigeren Erfahrung mit der dargestellten fremden Welt kommt.
- Zweitens fordern dramatische Texte die Lernenden zum Hineinschlüpfen in eine Rolle und zur spielerischen Übernahme eines anderen Wahrnehmungszentrums auf. Indem sie Lernende dazu ermuntern, ihre eigene Erlebniswelt zu verlassen und sich in eine fremde Erlebniswelt einzufühlen, dienen sie der Erprobung der Übernahme einer fremden Perspektive.
- Drittens erfordert das szenische Spiel die zeitweilige Suspendierung eigenkultureller Erfahrungen, Wahrnehmungskonzepte und Deutungsmuster, derer es beim Verstehen fremder Kulturen bedarf. Dramatische Texte erschaffen fremde Kontexte in Form von „Spielräumen", in denen sich die Schüler im Klassenzimmer bewegen können.
- Viertens laden dramatische Texte durch ihre gattungsspezifischen Besonderheiten zu handlungs- und prozessorientierten Formen der Textarbeit geradezu ein. Das, was die Lernenden allein schon beim Lesen eines Dramas intuitiv an Perspektivenwechseln vollziehen, kann durch eine Reihe spielerischer Zugangsweisen bei der Beschäftigung mit dem Text noch explizit gefördert werden.

Im Folgenden möchten wir nun zeigen, wie neben der Bereitschaft zur Perspektivenübernahme auch die Fähigkeit zu den verschiedenen Dezentrierungsleistungen - Identifikation, Differenzierung und inhaltliche Ausgestaltung verschiedener Perspektiven - durch handlungsorientierte Zugangsformen ausgebildet werden kann (vgl. hierzu auch Surkamp/Nünning 2009, Kap. II.2). Da eine der notwendigen Voraussetzungen für das Lernen von Fremdverstehen mit dramatischen Texten - die Bereitschaft, in eine Rolle zu schlüpfen - besonders in den oberen Klassenstufen oftmals nicht mehr so ausgeprägt ist wie in der Sekundarstufe I, gilt es, die Lernenden an die Übernahme einer fremden Perspektive heranzuführen. Dies kann in einem ersten Schritt durch ein gemeinsames Lesen des zu behandelnden Stücks mit verteilten Rollen erfolgen. In einem zweiten Schritt können die Lernenden dann in Form einer Fantasiereise auf spielerische Weise ihre durch die Lektüre gebildeten Vorstellungen über die Figuren vertiefen und einen emotionalen Zugang zu den für sie fremden Perspektiven finden. Nach der Versprachlichung der im Bewusstsein gebildeten Personenvorstellungen, z. B. in Form einer Rollenbiografie, können die Schüler sich einen typischen Satz und eine typische Haltung für ihre Figur überlegen. Neben der sprachlich-inhaltlichen Ausgestaltung einer Figurenperspektive dient dies der „körperliche[n] Einfühlung in den Habitus und Gestus der Figur" (Kaltwasser 1999: 24) und damit der Zielsetzung, Perspektivenwechsel handlungsorientiert zu vollziehen.

Um verschiedene Perspektiven in einem dramatischen Text zu differenzieren und um Fragen wie die nach dominanten Perspektiven oder nach Kontrasten zwischen den dargestellten Perspektiven beantworten zu können, bieten sich nicht nur textanalytische Verfahren, sondern auch Formen des *creative acting* an. Die Schüler können z. B. versuchen, die Figurenkonstellation eines Stückes räumlich in Form von Stand- bzw. Beziehungsbildern umzusetzen: Durch bestimmte Körperhaltungen sowie durch Gestik, Mimik und räumliche Anordnungen der Figuren werden so die Relationen zwischen den einzelnen Perspektiven eines Dramas sinnlich erfahrbar. Verschiedene Schülergruppen werden sicherlich ganz unterschiedliche Standbilder erstellen, die im Klassenraum präsentiert und kommentiert werden können, damit die räumlich dargestellten Beziehungen zwischen den Perspektiven auch versprachlicht werden.

In einer nächsten Phase sollte dann die probeweise Übernahme einer fremden Perspektive, mithin das, was durch die gelenkte Imagination und bei der Ausgestaltung der Perspektiven von den Lernenden schon implizit geübt wurde, durch weitere kreative Aufgaben, die explizit zum handelnden Perspektivenwechsel auffordern, intensiviert werden. Dafür bieten sich vor allem Dialog- und Rollenspiele an, in denen Situationen aus dem Text szenisch dargestellt und spielerisch erprobt werden. Dieses Verfahren hat zusätzlich den Vorteil, dass dabei begrenztes sprachliches Ausdrucksvermögen auf Seiten der Schülerinnen und Schüler durch Gestik und Mimik kompensiert werden kann. Um die Beweggründe für bestimmte sprachliche und körperliche Reaktionen der Figuren bei solchen Rollenspielen noch deutlicher zum Vorschein kommen zu lassen, können die Lernenden (wenn sie schon Sicherheit im Text und in der Umsetzung erlangt haben) in ihrem Spiel unterbrochen und im Hinblick auf den Subtext ihrer Rolle, d. h. auf unausgesprochene Gedanken und Gefühle der jeweiligen Figur, befragt werden. Durch solche Rolleninterviews erlangen die Schüler einen Zugang zu den Figurenperspektiven, der weit über das im Text selbst Dargestellte und Gesagte hinausgehen kann.

4.3 *Teaching poems*: Fremdverstehen durch die kognitiv-affektive Auseinandersetzung mit der besonderen Sprechsituation in Gedichten

Die Dimension des dargestellten Fremdverstehens auf der Ebene der Figuren ist sicherlich primär für Genres und Medien wie Romane, Short Stories, Dramen und Filme relevant, die eine Geschichte erzählen oder darstellen. Jedoch eignen sich auch Gedichte - vor allem solche mit interkultureller Thematik wie z. B. „Coloured" von LaMont Humphrey, „Originally" von Carol Ann Duffy oder „Black is Best" von Larry Thompson[11] - gerade in der Sekundarstufe I sehr gut dazu, Lernenden anhand von kurzen und relativ einfachen Texten Gelegenheit zu geben, Perspektivenübernahmen zu vollziehen. Zum einen regen Gedichte die Schüler durch ihre Leerstellen und ihre Komplexität zu spontanen Äußerungen, „zum Hypothesenbilden, zum emotionalen Mit-Erleben des Textes und zum Aushandeln des Textsinns im Unterricht an" (Burwitz-Melzer 2001: 17). Zum anderen liefern fremdsprachige Gedichte „subjektive fremdkulturell geprägte Darstellungen eines Sachverhalts" (ebd.), denen die Lernenden zustimmen oder widersprechen können, um auf diese Weise eine andere Sichtweise probeweise zu übernehmen und mit ihrer eigenen individuellen Perspektive zu vergleichen.

Die Besonderheit der poetischen Ausdrucksform, die sich von der Ausführlichkeit dargestellten Fremdverstehens in Romanen und Dramen unterscheidet, besteht darin, dass in Gedichten meist spezifische Details interkultureller Begegnungen dargestellt werden. An Stelle der in narrativen und dramatischen Texten anzutreffenden umfassenden Schilderung von Handlungen und Situationen zwischen Angehörigen verschiedener Kulturen finden sich in der Lyrik eher knappe Darstellungen einzelner Szenen oder Momentaufnahmen individueller Eindrücke. Die Bedeutung lyrischer Texte für den fremdsprachlichen Literaturunterricht beruht daher vor allem darauf, dass sie Aufschluss geben über verschiedene, subjektiv gefärbte poetische Sichtweisen des Fremdverstehens. Da aufgrund der Kürze lyrischer Texte mehrere Gedichte in einer einzigen Unterrichtsreihe behandelt werden können, bietet die lyrische Gattung darüber hinaus die Möglichkeit, durch Vergleiche verschiedener inter-

---

[11] Zum Einsatz dieser und vieler weiterer Gedichte im interkulturellen Fremdsprachenunterricht der Sekundarstufe I vgl. Burwitz-Melzer (2001, 2003).

kultureller Gedichte den Lernenden ein ganzes Spektrum unterschiedlicher poetischer Sichtweisen zu vermitteln und sie in der Gegenüberstellung von und Auseinandersetzung mit konkurrierenden Perspektiven zu schulen.

Die Lehrkraft stellt die Handlungslosigkeit, die erhöhte Künstlichkeit und die besondere Kommunikationssituation lyrischer Texte vor die Aufgabe, Schülern auf anderem Wege als über Charaktere oder Kausalzusammenhänge einen Zugang zur Textwelt zu erschließen. Um die individuellen Leseeindrücke der Schülerinnen und Schüler zu thematisieren, bietet es sich an, das Gedicht unter der Anleitung von offenen Fragen wie *What struck you while reading the poem?* oder *What is for you the most important aspect of this text?* zunächst als Gesprächsanlass zu verwenden und es unter inhaltlichen Gesichtspunkten zu erschließen. Dabei lassen sich die vom Text vorgegebenen Themen auch in Form von Rollenspielen erörtern. Da Gedichte einen hohen Grad an Subjektivität aufweisen – Subjektivität schlägt sich nicht nur in der Sprechsituation und der Perspektive des lyrischen Ich nieder, sondern vielfach auch im individuellen sprachlichen Ausdruck und in der Thematik, die oft um die Erfahrungen eines Individuums kreist –, erscheint es dann jedoch vor allem auch im Hinblick auf Perspektivenübernahmen sinnvoll, bei den Lernenden ein Bewusstsein für die Subjektivität und Perspektivität des Dargestellten zu schaffen. Dies kann durch ein einfühlsames, laut vorgetragenes Lesen erreicht werden, durch das die Emotionen des Sprechers in einem ersten Schritt nachvollzogen werden können. Hieran anschließen sollte sich eine Analyse der Sprechsituation mit den zentralen Fragen, wer der textuelle Sprecher ist (*Who is the textual speaker?*), an wen er sich mit seinen Äußerungen explizit oder implizit richtet (*Who is he addressing explicitly or implicitly?*) und in welcher Situation das lyrische Ich (*lyrical I*) und sein fiktiver Adressat (*addressee*), das lyrische Du, sich befinden (*What is the situation?*). Aufschluss darüber gibt eine Analyse der Personal- und Possessivpronomina sowie ihrer Bezüge. Einen Einblick in die Wirkungsweise lyrischer Gestaltungsmittel liefert darüber hinaus die Untersuchung formaler und sprachlicher Aspekte wie Reim, Metrum, Metapher und andere rhetorische Figuren.

Um die spezifische Situation eines fremdkulturellen Sprechers zu bestimmen und Gründe für dessen individuelle Haltung zu finden, können dann in einem nächsten Schritt in kreativer Textarbeit Fragen an das lyrische Ich formuliert und auch durch einen Akt der Perspektivenübernahme beantwortet werden. Dies setzt voraus, dass die Lernenden versuchen, sich in den Sprecher einzufühlen und seine Sicht der Dinge zu rekonstruieren. Die besondere Sprechsituation lyrischer Texte lädt die

Lernenden aber auch dazu ein, die Sicht des lyrischen Du einzunehmen und sprachlich auszugestalten. Viele Gedichte fordern ihre Leser durch die Konturierung eines expliziten Adressaten zu einer bestimmten Rezeptionshaltung auf. Die Lernenden können diese Perspektive übernehmen; sie können sich ihr aber auch widersetzen. Verschiedene Reaktionen auf die Sichtweise des lyrischen Ich können daher dadurch provoziert werden, dass das lyrische Ich und sein Adressat im Unterricht in eine direkte Kommunikation eintreten, z. B. in Form einer szenischen Umsetzung der Sprechsituation, durch das Ausfabulieren eines Dialogs zwischen den beiden oder mittels einer Schreibaufgabe, bei der das lyrische Du mit einem Brief oder sogar mit einem eigenen kleinen Gedicht auf die Darstellung des lyrischen Ich antwortet (*Now imagine that you are the addressee. Write a letter or a short poem about your reactions to the speaker's impressions*). Bei all diesen kreativen Formen der lyrischen Textarbeit erhalten die Lernenden die Gelegenheit, ihre eigenen Gefühle und Einstellungen einzubringen, so dass es zu einer Wechselbeziehung zwischen dem lyrischen Text und dem Erfahrungsbereich der Lernenden kommen kann.

5 Ausblick

Obgleich unser Überblick über verschiedene rational-analytische sowie handlungs- und produktionsorientierte Methoden im fremdsprachlichen Literaturunterricht keinen Anspruch auf Vollständigkeit erheben kann oder will, vermag er vielleicht, einen Eindruck von den vielfältigen Möglichkeiten zu vermitteln, die durch die Beschäftigung mit literarischen Texten im Englischunterricht eröffnet werden - auch bzw. gerade auch in Zeiten kompetenzorientierten Unterrichtens (vgl. Burwitz-Melzer 2005 sowie Bredella/Hallet 2007). Lehrenden wird es durch die skizzierten Verfahren ermöglicht, im Literaturunterricht Spracharbeit, Hinführung zur Beschäftigung mit einer längeren Ganzschrift, methodische Textarbeit, literar-ästhetisches Lernen und interkulturelle Kommunikationsschulung gewinnbringend zu verbinden. Alle vorgestellten Formen der Textarbeit bringen zum einen eine Erweiterung und Vertiefung des sprachlichen Ausdrucksvermögens mit sich. Zum anderen schulen sie insofern auch die - nicht zuletzt aufgrund der verheerenden Ergebnisse der PISA-Studie wieder verstärkt geforderte - textuelle Kompetenz und Lesekompetenz, als die gestellten Aufgaben eine solide Kenntnis des jeweiligen Textes sowie ein recht hohes Maß an literarischer Sensibilität voraussetzen. Zudem erlauben sie, dass die Schülerinnen und Schüler ihr Weltwissen einbringen, und fördern somit die Leselust, die noch immer der stärkste Motivationsfaktor für die Beschäftigung mit Literatur im Fremdsprachenunterricht ist.

Darüber hinaus können die skizzierten Zugangsmöglichkeiten dazu beitragen, soziale und kulturelle Schlüsselkompetenzen der Schüler auszuprägen, weil z. B. das aktive Umschreiben eines Textes oder seine szenische Umsetzung nicht nur sprachliches Geschick, sondern auch Perspektivenwechsel, Empathie und Hineindenken in andere Sichtweisen erfordern. Geht man mit der neueren Verstehensforschung davon aus, dass Menschen Bedeutung nicht aus Texten „entnehmen", sondern dass sie Informationen und Sinn aktiv erzeugen („Sinnkonstruktion"), dann eröffnen handlungs- und produktionsorientierte Unterrichtsverfahren in Kombination mit rationalen Verfahren der Textanalyse die beste Voraussetzung dafür, interkulturelle Verstehenskompetenzen und soziale Schlüsseltugenden auszuprägen. Die skizzierten Verfahren geben den Lernenden zudem vielfältige Möglichkeiten, die von den Texten vorgegebenen Probleme auf ihre eigene Erfahrungswelt zu beziehen, sich in spielerischer Weise in fremde Sehweisen hinein zu versetzen und sich aktiv mit den in Texten dargestellten Konflikten auseinander zu setzen.

Im Rahmen eines Literaturunterrichts, der methodisch pluralistisch orientiert ist, bietet sich daher am ehesten die Möglichkeit, über die Verbesserung kognitiver Fähigkeiten hinaus auch die Toleranz der Lernenden zu vergrößern und ihren Sinn für fremde und ungewohnte Sehweisen zu fördern. Eine Offenheit gegenüber methodischem Pluralismus auf Seiten der Lehrenden und eine flexible Kombination verschiedener Zugangsmöglichkeiten sind daher wichtige Voraussetzungen dafür, dass der Literaturunterricht seiner Aufgabe gerecht werden kann, zur Ausbildung jener Fähigkeiten beizutragen, die in einem zusammenwachsenden Europa und in einer Zeit der Globalisierung und Grenzüberschreitungen (sowie großer interkultureller Konflikte und Fremdenfeindlichkeit) zu den wichtigsten Schlüsselqualifikationen zählen. Dass gerade der Literaturunterricht interkulturelle Verstehens- und Kommunikationskompetenzen fördern kann, sei abschließend noch einmal anhand eines Zitats von Bode (1992: 182) hervorgehoben, der diese Einsicht in einer sehr anschaulichen Metapher - dem Bild der Grenzüberschreitung - prägnant zusammenfasst: "... if foreign language and cross-cultural teaching is concerned with crossing borders and closing gaps, then literature does not just provide particular frontier crossing points but a general border-crossing ability (and permit), it builds not particular bridges, but offers the boon of a bridge-building capacity."

R & R

Review and Reflect

Textverständnis/Reproduktion:

- Worin liegt der besondere Stellenwert literarischer Texte für den Fremdsprachenunterricht? Welche Zielvorstellungen lassen sich mithilfe literarischer Texte besonders gut verfolgen?
- Welche Verfahren der Textarbeit werden unterschieden? Wodurch zeichnen sie sich aus? Welche Kritik wird jeweils an den Verfahren der Textarbeit geäußert?
- Nach welchen Kriterien sollte mit Hinblick auf das zentrale Ziel des ‚Fremdverstehens' Texte für den Fremdsprachenunterricht ausgewählt werden?
- Welche besondere Bedeutung (bezogen auf Sprache und Genre) haben Dramentexte für den Fremdsprachenunterricht?
- Welche besonderen Anforderungen ergeben sich aus der Arbeit mit Gedichten? Wie kann diesen Anforderungen im Unterricht begegnet werden?
- Erläutern Sie den Unterschied zwischen Perspektivenübernahme und Perspektivenkoordination anhand eines Beispiels.

Reflexion:

- Welche literarischen Werke haben Sie wann im Fremdsprachenunterricht gelesen? Was haben Sie daraus gelernt?
- Welche Verfahren der Textarbeit haben Sie im Fremdsprachenunterricht kennen gelernt? Wie verhalten sich diese in Bezug zu einem ‚produktionsorientierten' Literaturunterricht?
- Wählen Sie jeweils einen Roman, ein Gedicht, eine Kurzgeschichte und ein Drama für den Englischunterricht aus und begründen Sie Ihre Wahl im Hinblick auf handlungsorientierte Umsetzungsmöglichkeiten.
- Erläutern Sie anhand dieser Beispiele die Aussage (S. 170), „dass Menschen Bedeutung nicht aus Texten ‚entnehmen', sondern dass sie Informationen und Sinn aktiv erzeugen (‚Sinnkonstruktion')".

Stellungnahme:

- Nehmen Sie Stellung zu der These (S. 150), dass literarische Texte in besonderer Weise „die Entwicklung eines Sinns für alternative Lebensentwürfe, die Bereitschaft zu Toleranz sowie die Fähigkeit zu Empathie und Perspektivenwechsel und damit das Verstehen von Menschen aus anderen Kulturkreisen" fördern.

Kapitel 8

Fremdsprachlich handeln im Sachfach: Bilinguale Lernkontexte

Andreas Bonnet, Stephan Breidbach, Wolfgang Hallet

1 Konzept und Entstehung des Bilingualen Unterrichts

Unter Bilingualem Unterricht versteht man Bildungsgänge, in denen Sachfächer oder ausgewählte Inhalte in einem curricularen Durchgang oder in einzelnen Modulen in einer fremden Sprache unterrichtet werden. In diesem Kontext bedeutet „bilingual" nicht „zweisprachig", sondern immer: eine Fremdsprache als Arbeitssprache verwendend.

1.1 Die Entwicklung des Bilingualen Unterrichts in Deutschland

Mittlerweile gehört Bilingualer Unterricht fest zur Bildungslandschaft. In Deutschland geht er zurück auf den Vertrag zur Deutsch-Französischen Zusammenarbeit, in dessen Folge zu Beginn der 1970er Jahre die ersten bilingualen Schulen und Züge mit Französisch als Arbeitssprache eingerichtet wurden. Seit der Einführung des europäischen Binnenmarktes (EU-Verträge von Maastricht) und einer zunehmenden Sensibilität für die wirtschaftliche und kulturelle Globalisierung hat das Englische Französisch als führende Sprache abgelöst. So ermittelt Werner (2009) für das Jahr 2005 499 englisch- und 119 französischsprachige Züge. Heute dürfte die Gesamtzahl bilingualer Züge noch darüber liegen. Neben Englisch und Französisch sind auch zahlreiche weitere Sprachen vertreten. Bilingualer Unterricht hat am Gymnasium nach wie vor die größte Verbreitung, doch kommen Gesamt- und Realschulen bereits auf einen Anteil von ca. 30 Prozent. Zudem existieren Projekte, die Bilingualen Unterricht auch in die Grundschule tragen, während die Verteilung zwischen allgemeinbildenden und beruflichen Schulen regional sehr verschieden ist.

In Deutschland beginnen bilinguale Zweige gewöhnlich in den Klassen 5 und 6 mit verstärktem Fremdsprachenunterricht (vgl. Abschnitt 6). Von Klasse 7 bis 10 wird dann in zwei Sachfächern in der Fremdsprache gearbeitet. Auf der Oberstufe wird in der Regel ein in der Fremdsprache unterrichteter Grundkurs beibehalten und parallel dazu die entsprechende Fremdsprache als Leistungskurs weitergeführt. Diese Regelung wird zugleich auch für „Fluchttendenzen" aus bilingualen Oberstufenangeboten verantwortlich gemacht (Zydatiß 2007), was mancherorts zu einer Lockerung geführt hat. Während in deutsch-französischen Zweigen aufgrund bilateraler Abkommen in der Regel mit dem Abitur auch das französische *Baccalauréat* vergeben wird, steht eine vergleichbare Zertifizierung der in englischsprachigen Zweigen erworbenen Qualifikation nicht zur Verfügung. Viele Schulen bieten daher (kostenpflichtige) externe Sprachzertifikate an oder führen das IB (*international baccalaureate*) ein.

1.2 Lehrerbildung für den Bilingualen Unterricht

Lehrerinnen und Lehrer kommen bis heute oft zufällig aufgrund einer relevanten Facherkombination zum Bilingualen Unterricht (vgl. Abschnitt 4.1). Seit Beginn der 1990er Jahre wird dem Bedarf an größerer Professionalität auch in der Lehrerbildung Rechnung getragen, so durch Möglichkeiten einer „bilingualen Zusatzqualifikation" im Referendariat oder durch Modelle in der universitären Lehrerbildung. Neuer Handlungsbedarf auf diesem Gebiet ist vor allem durch die Aufnahme von bilingualen Modulen in die Englischlehrpläne vieler Bundesländer entstanden. Folgerichtig hat die Befähigung zum bilingualen Unterrichten auch Eingang in die Kompetenzstandards der KMK für die Fremdsprachenlehrerausbildung gefunden (KMK 2008: 27).

1.3 Bilingualer Unterricht im europäischen Kontext

Auf europäischer Ebene hat sich die Bezeichnung *Content and Language Integrated Learning* (CLIL) für Unterrichtsformen etabliert, in denen Lernende ihren fachlichen Kompetenzerwerb ganz oder teilweise in einer anderen als ihrer Erstsprache vollziehen. In Deutschland geläufige Formen von CLIL sind etwa Europaschulen, Internationale Schulen, bestimmte Programme der Profiloberstufe sowie der quasi immersive Unterricht für Migrant/innen an Regelschulen und schließlich auch Bilingualer Unterricht. Die oft zu findende Gleichsetzung von CLIL und Bilingualem Unterricht ist demnach nur insofern richtig, als Bilingualer

Unterricht eine Form von CLIL darstellt, CLIL aber nicht in Bilingualem Unterricht alleine aufgeht.

Eine Besonderheit in Europa (mit Ausnahme Frankreichs) stellt der in Deutschland etablierte Fächerkanon mit seiner starken Akzentuierung gesellschaftswissenschaftlich orientierter Fächer (Geschichte, Geografie) dar. Während Biologie als nahezu einziges Fach den naturwissenschaftlichen Lernbereich repräsentiert, sieht die Fächerpraxis in vielen anderen europäischen Ländern gänzlich anders aus (vgl. Grenfell 2002, Marsh/ Wolff 2006). Dies erklärt sich aus der bildungspolitischen Geschichte des Bilingualen Unterrichts in Deutschland, der ursprünglich als Mittel und Beitrag der deutsch-französischen Völkerverständigung diente.

1.4 Didaktik des Bilingualen Sachfachunterrichts

Nachdem der institutionelle Rahmen abgesteckt ist, geht es nun darum, Bilingualen Unterricht als handlungsorientierten Unterricht zu modellieren. Wir kontrastieren hier zwei traditionelle Sichtweisen, um daraus die Notwendigkeit einer integrativen Didaktik abzuleiten.

Einerseits kann man Bilingualen Unterricht als fachorientierten Fremdsprachenunterricht verstehen, andererseits aber auch als Sachfachunterricht im Medium einer Fremdsprache. Im ersten Fall werden wichtige Prinzipien der Handlungsorientierung bereits in der spezifisch inhaltsbezogenen Kommunikationssituation als erfüllt angesehen: Die Lernenden agieren eher mitteilungs- und weniger sprachorientiert. Es wird angenommen, dass Sprache nicht Gegenstand, sondern vorrangig Medium des Unterrichts ist (vgl. Wolff 2008). Daher werde Sprache nichtlinear und in dem als authentisch erlebten Handlungszusammenhang des sachfachlichen Lernkontextes erworben (vgl. Kap. 3, Abschnitt 4.2). Dies scheint durch das bemerkenswert gute Abschneiden bilingual unterrichteter Lernender in verschiedenen Studien zu allgemeinen fremdsprachlichen Kompetenzen auch empirisch belegt zu sein (zuletzt DESI-Konsortium 2008: 451ff.).

Wird Bilingualer Unterricht hingegen als Sachfachunterricht im Medium einer Fremdsprache betrachtet, sind Authentizität und Handlungsorientierung nicht bereits durch die Verwendung einer Fremdsprache gegeben. Bilingualer Chemie- oder Geschichtsunterricht ist nicht *per se* authentisch oder handlungsorientiert und kann in der Praxis sogar stark stoff- und lehrerzentrierte Züge aufweisen, wie in Lehrerbefragungen (Müller-Schneck 2006) und empirischer Unterrichtsforschung (Dalton-Puffer 2006) aufgezeigt wurde. Erst die Art und Weise, wie der Unterricht stattfindet, ob Lernende mit den Gegenständen des Unterrichts handelnd umgehen dürfen und sollen, ob sie an ihnen für sie relevante Fragen beantworten können, weist Bilingualen Unterricht als authentischen, handlungsorientierten Fachunterricht aus.

Eine handlungsorientierte Didaktik des Bilingualen Unterrichts benötigt also eine integrative Perspektive, die die Bedingungen und Prozesse fremdsprachlichen und sachfachlichen Kompetenzerwerbs zusammen zu denken versucht. Ein wichtiger Schritt in diese Richtung ist das *4Cs-Model* (Coyle 2006: 51), das davon ausgeht, dass es einen Zusammenhang von Gegenständen (*content*), Sprache (*communication*), Denken (*cognition*) und Kultur als dem Bewusstsein über das Fremde und Eigene (*culture*) gibt. Der fachlichen Dimension werden hierbei *content* und *cognition*, der fremdsprachlichen Dimension *communication* und *culture* zugeordnet. Das Bindeglied zwischen diesen Dimensionen ist die „sprachlich-diskursive Komponente" (Zydatiß 2007: 438) allen Unterrichtsgeschehens. So lässt sich argumentieren, dass Wissensstrukturen ein Pendant in der sprachlichen Praxis haben (ebd.: 441ff.).

Hierfür hat sich der Begriff der Diskursfunktionen etabliert. Diskursfunktionen fallen in drei große Bereiche von „beschreibender Klassifikation und Konzeptualisierung, ... zeitlich strukturierten Abläufen und kausalen Zusammenhängen sowie ... bewertenden Wahlmöglichkeiten und Handlungsalternativen" (ebd.: 443). Indem sprachliche Strukturen auf bestimmte kognitive Strukturen verweisen, verweisen sie zugleich auf einen bestimmten Umgang mit der Welt, der kulturell etabliert und als bedeutsam akzeptiert ist. Die didaktisch wichtige bildungstheoretische Pointe besteht folglich darin, dass Schule, wenn sie die Lernenden in gesellschaftlich-kulturelle Praktiken einführen will, ihnen zugleich den diskursiven Gebrauch von Sprache zugänglich machen muss (ebd.: 441).

Allerdings ist das Erlernen des sprachlich-diskursiven Umgangs mit den Gegenständen von Unterricht und damit die Einübung in bestehende Praktiken kein Selbstzweck. Diskursiv-handelnder Umgang bedeutet nicht nur Kompetenzerwerb im Sinne von Kenntnissen und Methoden, sondern trägt immer auch die Anlage zur Reflexion in sich, sowohl über die Gegenstände als solche als auch über die Art des gesellschaftlich-kulturellen Umgangs mit ihnen. Von einer integrativen Perspektive zu sprechen, heißt daher, auch die reflexive Dimension sprachlicher und sachfachlicher Kompetenz und damit die Frage nach fremdsprachlicher wie auch sachfachlicher Bildung als Ziel jeden handlungsorientierten Unterrichts zu berücksichtigen. Hierfür verwenden wir den Begriff der *fremdsprachigen reflexiven Diskurskompetenz*.

Fragt man nach der empirischen Validität dieser Überlegungen, so zeigt sich, dass bereits die Entwicklung fachspezifischer Diskurskompetenz sowohl in bilingual als auch regulär unterrichteten Gruppen deutlich weniger ausgeprägt sein kann als dies fachdidaktisch wünschenswert wäre (H. J. Vollmer 2009). Für die reflexive Dimension in den Fächern Chemie (Bonnet 2004) und Geschichte (Lamsfuß-Schenk 2008) zeigt sich ebenfalls, dass sich weder die Reflexion auf die *nature of science* noch ein reflexives Geschichtsbewusstsein ohne Weiteres im Bilingualen Unterricht einstellen. Diese Befunde relativieren die oben erwähnten positiven DESI-Befunde und ziehen jede Behauptung in Zweifel, Bilingualer Unterricht stoße von sich aus diskursiv-fachlichen und insbesondere reflexiven Kompetenzerwerb an. Wir schließen daraus, dass Bilingualer Unterricht, wie jeder andere Unterricht auch, sorgfältig inszeniert werden muss, und werden im Folgenden erläutern, welche Kompetenzen in einem auf fremdsprachige reflexive Diskurskompetenz abzielenden Bilingualen Unterricht erworben werden können und wie dieser Unterricht gestaltet werden kann.

2 Kompetenz und ihre Dimensionen: Ziele des Bilingualen Unterrichts

Sowohl in den großen Bildungsexpertisen als auch in Einzelstudien zu verschiedenen Unterrichtsfächern sowie im Bereich des Bilingualen Unterrichts wird auf das Konzept der Grundbildung (engl. *literacy*) zurückgegriffen. Es liefert einen sehr geeigneten Rahmen für eine Formulierung der Lern- und Bildungsziele für diese Unterrichtsform. Der darin formulierte Anspruch „der demokratischen Teilhabe an den entscheidenden gesellschaftlichen und kulturellen Prozessen in der Lebenswelt“ (Hallet 2007: 97) passt hervorragend zu den für handlungsorientierten Unterricht zentralen Kategorien Lebensweltbezug, Authentizität oder subjektive Sinngebung (vgl. Kap. 1, Abschnitte 1 und 2). Leider wird dieser Anspruch im Bereich der Bildungsstandards bisher nicht umgesetzt (vgl. Kap. 11). Die an der Messung rein sprachlicher Teilkompetenzen (*four skills*) orientierte Testpraxis wie z. B. in den VERA8-Vergleichsarbeiten kann daher kein Modell sein. Stattdessen braucht es ein an Problemlösung und Persönlichkeitsbildung orientiertes Kompetenzmodell, in dessen Rahmen bilinguale Sachfächer ihren fachspezifischen Weltzugriff und ihren Beitrag zu einer „vertieften Allgemeinbildung“ (Zydatiß 2002a: 34) legitimieren können.

Im Folgenden wird das Modell der Bildungsgangforschung verwendet. Bildungsprozesse werden in dessen reflexiver Dimension explizit berücksichtigt, und es ist bereits fachspezifisch im Bilingualen Unterricht verwendet worden (Bonnet 2004). Kompetenzerwerb wird dabei in vier Dimensionen modelliert.

2.1 Die konzeptuale Dimension: Fremdsprachige fachliche Begriffe und Konzepte

Als Teil des Erwerbs von fachbezogener Handlungsfähigkeit setzen sich die Schülerinnen und Schüler idealerweise mit den in verschiedenen wissenschaftlichen Disziplinen entwickelten Basiskonzepten auseinander. So vermittelt ihnen beispielsweise das Fach Geographie eine Vorstellung davon, nach welchen Prinzipien sich „Räume" ordnen und strukturieren lassen, und die Fächer Physik und Chemie gewähren unter anderem Einblick in Konzepte, mit denen sich „Energie" modellieren lässt. Über die Fächer hinweg fügen sich solche fachlichen Konzepte zu einem komplexen System des Weltverstehens (Zydatiß 2002a: 35).

Auf der Ebene der Konzeptbildung durchbricht der Bilinguale Unterricht das komplexe System muttersprachlich vorliegender Konzepte und ihrer kognitiven Repräsentation, indem er fremdsprachig formulierte Konzepte, Modelle und Begriffe in das kognitive System einführt (Hallet 2002). Um solche Prozesse verstehen und reflektieren zu können, sind im Bilingualen Unterricht auf Seiten der Lernenden deshalb nicht nur kognitive, sondern auch metakognitive Strategien und Prozeduren erforderlich. Differenzen müssen reflektiert, toleriert und ausgehalten werden, damit die Kulturalität und die Konstruktivität der fachlichen und der ihnen zugrunde liegenden wissenschaftlichen Konzepte transparent werden können.

2.2 Die sprachliche Dimension: Fremdsprachige Diskursfähigkeit

Wenn vom Zugewinn an fremdsprachlicher Kompetenz durch den Bilingualen Unterricht die Rede ist, so hat die sogenannte „Fachsprache" eine zentrale Bedeutung. Da es aber um das Verstehen der fachlich-inhaltlichen Konzepte eines Faches und nicht bloß um Vokabular und Redemittel geht, ist damit nicht in erster Linie die Fachterminologie gemeint. Vielmehr geht es um den *Diskurs* eines Faches, der sich einer Fachsprache bedient, um seine Konzepte zu konstruieren und sie gegen andere, vor allem auch alltagssprachliche Diskurse abzugrenzen.

Der Begriff „Diskurs" (vgl. Bublitz et al. 1998: 148-161) wird in verschiedenen Zusammenhängen unterschiedlich verwendet. Aus der Vielzahl der Bedeutungen sind hier zwei relevant. Einerseits bezeichnet „Diskurs" die Art und Weise, wie unter bestimmten historischen oder sozialen Bedingungen Bedeutung und damit Wissen konstruiert werden. Andererseits bezeichnet „Diskurs" kommunikatives Handeln in konkreten Situationen. Diskurs*fähigkeit* besteht also nicht nur darin, in Situationen kommunikativ handeln zu können. Sie bedeutet auch, Herkunft, Perspektive und Zweck von Wissen und Äußerungen zu erkennen. Im weiteren

Text werden die beiden Bedeutungen terminologisch getrennt. Mit „Diskurs" beziehen wir uns auf die gesellschaftliche Konstruktion von Wirklichkeit mit Blick auf die Unterschiede zwischen Disziplinen, Epochen oder sozialen Schichten. Die Begriffe „Bedeutungsaushandlung" bzw. „Kommunikation" beziehen sich hingegen auf konkrete Interaktion, vor allem diejenige zwischen Lehrenden und Lernenden.

Während sich die erste Bedeutung vor allem in der reflexiven Dimension niederschlägt, ist die zweite Bedeutung in der sprachlichen Dimension von Kompetenz aufgehoben. Diese Dimension enthält alle sprachlichen Funktionen, die für den Erwerb und die Weitergabe fachlichen Wissens notwendig sind, das selbst diskursiv ist, da es „in der kommunikativen Interaktion von ‚Experten' und ‚Novizen' aufgebaut wird ..." (Zydatiß 2002a: 42). Daher geht das Ziel „kommunikative Kompetenz" im Bilingualen Unterricht über Wortschatzerwerb und Redemittel hinaus und bezieht fachspezifische Wege der Erkenntnisgewinnung, -erschließung und -weitergabe schon mit ein. Diese Schnittstelle zwischen fachlicher und sprachlicher Seite des Kompetenzerwerbs kann mit Hilfe der so genannten Diskursfunktionen (s. o.) modelliert werden. Aus all diesen Überlegungen ergeben sich folgende sechs Aspekte der sprachlichen Dimension von Kompetenz im Bilingualen Unterricht:

- *Allgemeinsprachliche Mitteilungsabsichten realisieren*: Der Bilinguale Unterricht ist wie jeder andere Unterricht darauf angewiesen, dass die Lernenden und die Lehrenden über Wortschatz und Redemittel verfügen, die ihnen eine allgemeinsprachliche Kommunikation zur Organisation des Unterrichts und zur Realisierung außerfachlicher Mitteilungsabsichten erlauben. Außerdem müssen die Lernenden in der Lage sein, den inhaltlichen Fortgang des Unterrichts zu steuern (z. B. Unverständnis äußern, Nachfragen stellen oder Anliegen verbalisieren).
- *Rezeption geschriebener und gesprochener Fachsprache*: In allen Sachfächern ist es notwendig, dass die Lernenden große Mengen von geschriebenen oder gesprochenen fremdsprachigen Texten rezipieren. Dazu benötigen sie neben abrufbarem deklarativem (z. B. Wortschatz) auch prozessuales sprachliches Wissen (z. B. Strategien der Bedeutungserschließung).
- *Beschreibende bzw. reproduktive Sprachproduktion*: In vielen Disziplinen und nahezu allen Schulfächern sind die Diskursfunktion der Beschreibung und verwandte Funktionen aus dem Bereich der Reproduktion wie z. B. Zusammenfassen der Ausgangspunkt für die Bearbeitung fachlicher Probleme. Dies erfordert sowohl Wortschatz (z. B. für Oberflächenbeschaffenheiten, Farben oder Positionen in einem Bild oder Diagramm) als auch syntaktische *chunks* (z. B. zur Paraphrase oder zur zeitlichen Organisation von Abläufen).

- *Erklärende Sprachproduktion*: In diesem Bereich geht es um die sprachliche Realisierung der konzeptualen Dimension von Kompetenz. Dabei sind all jene Diskursfunktionen gefragt, mit denen die Konzepte und Modelle eines Faches konstruiert, kommuniziert und angewendet werden. In einem handlungsorientierten Unterricht sind dabei besonders konstruktive Funktionen wie z. B. Vermuten, Extrapolieren oder Schlussfolgern notwendig. In diesem Aspekt ist auch die Erzeugung fachspezifischer nicht-kontinuierlicher Texte wie z. B. Diagramme, Karten oder Formeln enthalten.
- *Bewertende Sprachproduktion*: Ein wichtiges Bildungsziel schulischen Lernens ist die Befähigung zu eigenständigen Bewertungen der gesellschaftlichen Bedeutung von Kenntnissen, Wissensbeständen und Fähigkeiten, die im Sachfach erworben werden. Der Bilinguale Unterricht ermöglicht damit - z. B. über Fragen der Atomkraft im Fach Physik, der Gentechnologie in Biologie oder der Demokratie im Fach Politik - die Teilhabe an globalen Diskursen, denen durch Englisch als *lingua franca* in den wissenschaftlichen und fachlichen Disziplinen einer globalisierten Wissensgesellschaft große Bedeutung zukommt.
- *Aushandeln und Ausdrücken von Differenz*: Über die unterrichtliche Erschließung bestimmter Fragestellungen erfahren die Lernenden, wie in einem bestimmten Fach Wissen erzeugt und Probleme gelöst werden. Diese Wege sind, wenn wir z. B. an den unterschiedlichen Umgang mit dem Gegenstand „Wasser" in Geographie, Chemie oder Kunst denken, sehr verschieden. Gleiches gilt für die sprachlichen und interaktionalen Regeln, die für den Fachdiskurs bestimmter Disziplinen typisch sind. Ein wichtiger Aspekt der sprachlichen Dimension ist also das Erkennen diskursstrategischer Differenzen und die Handlungsfähigkeit in fachspezifischen Standardsituationen wie Vortrag mit Diskussion, Debatte oder Vernissage. Da dieser Aspekt mit der reflexiven Dimension von Kompetenz korrespondiert, sind hier über jene in der Diskursfunktion „Erklärung" bereits enthaltenen hinaus auch expressive Sprachhandlungen (z. B. Ausdrücken von Gefühlen) notwendig.

Diese Ausdifferenzierung der sprachlichen Dimension von Kompetenz verdeutlicht die Komplexität der im Bilingualen Unterricht einerseits zu entwickelnden und andererseits erforderlichen fremdsprachlichen Fähigkeiten. Ihre Eigenart liegt in der von Fach zu Fach und zwischen den Sprachen und kulturellen Kontexten je verschiedenen Differenzierung und Zusammenführung der alltagsweltlichen und der - teilweise hochspezialisierten - Fachdiskurse. Dies geschieht im Medium einer zum einen aufzubauenden, zum anderen von Fachsprache bereits durchzogenen fremden Alltagssprache.

2.3 Die praktisch-methodische Dimension: Selbsttätiges Lernen durch Lern- und Arbeitstechniken

Die methodisch-praktische Dimension verweist auf die Fähigkeit des Lernenden, das, was ein Fach „tut", um Wissen zu erzeugen, selbsttätig zu bewerkstelligen. Das bedeutet, in der Fremdsprache den eigenen Lernprozess aktiv zu gestalten, fachspezifische Handlungen und Prozeduren zu planen und auszuführen und dabei die ihnen eigenen Methoden und Techniken der Problembeschreibung und -lösung anzuwenden. Außerdem müssen Annahmen, Lösungsvorschläge und Wissen fachgerecht kommuniziert werden.

Im praktischen Bereich gehören dazu all jene in erster Linie psychomotorischen Handlungen, die in bestimmten Fächern einen großen Teil der Arbeitszeit füllen (sollten): körperliche Bewegungsabläufe im Sport, ästhetisches Tun in Kunst oder Musik sowie praktisches Experimentieren in den Naturwissenschaften. Zu ihrer Umsetzung, Kommentierung oder auch Weiterentwicklung benötigen Lernende auch sprachliche Prozeduren. Da sie in ihrer Ausführung von Handlungen begleitet werden, die erhebliches motorisches Können und praktisches Erfahrungswissen erfordern, lassen sich solche sprachlichen Prozeduren aber nicht auf Diskursfunktionen reduzieren.

Im methodischen Bereich beinhaltet diese Dimension all jene Lern- und Arbeitstechniken, die den Lernenden eine selbständige Weiterentwicklung ihrer Kompetenz im Sinne lebenslangen Lernens ermöglicht. Dazu gehören die Erschließung von Informationsquellen genauso wie die Fähigkeit, die eigenen Erkenntnisse und Arbeitsprodukte sinnvoll zu dokumentieren (z. B. Karteisysteme). In gleichem Maße ist aber auch deklaratives Wissen über Gesetzmäßigkeiten des Lernens und eigene Präferenzen (z. B. Lernertyp) gefragt, um das eigene Lernen selbständig weiterorganisieren zu können.

2.4 Die reflexive Dimension: Persönliche und kulturelle Identität

Ohne diesen Rahmen genauer zu erklären, haben wir uns bisher bereits auf eine sozial-konstruktivistische Lerntheorie bezogen, die Lernen als Veränderung von Handlungsdispositionen in Interaktionen versteht. Menschliches Denken und Handeln spielt sich demzufolge im Abgleich von Wahrnehmungen mit Erfahrungswissen und Konzepten ab (vgl. Kap. 2 und 3).

Vom Prozess des Lernens unterscheidet sich qualitativ der Prozess der Bildung. *Lernen* findet statt, wenn Informationen aufgenommen und Konzepte konstruiert werden. Von *Bildung* sprechen wir dagegen, wenn die subjektiven Rahmungen, in die solche Konzepte und Informationen eingebettet sind, verändert werden und die Person sich dies bewusst macht. Sich bilden ist also eine reflexive Tätigkeit, in der ein Mensch sein „Selbst- und Weltverhältnis" (Marotzki 1990: 41) und damit seine Identität verändert. Bildungsprozesse werden angestoßen, wenn ein Mensch Probleme nicht mehr innerhalb seiner bisherigen Rahmungen bearbeiten kann. Daraus folgt, dass Unterricht dann bildungsträchtig ist, wenn er Differenzerfahrungen ermöglicht („Perturbation"; vgl. Kap. 3).

Die im Bilingualen Unterricht möglichen Differenzerfahrungen werden bisher fast ausschließlich unter dem Stichwort *Interkulturalität* diskutiert. Zumeist wird darunter der Vergleich mutter- und zielsprachlicher „Kultur" verstanden. Eine solche Betrachtung ist aber zu eng (Breidbach 2007). Hochdifferenzierte moderne Gesellschaften zeichnen sich durch Migration, innere Internationalisierung und die fortschreitende Ausdifferenzierung funktionaler Systeme aus. Kulturen können darum nicht mehr als gegebene National-, Länder- oder Volkskulturen gedacht werden, sondern sie sind soziale Systeme, die diskursiv entstehen. Interkulturalität definiert sich daher nicht über den Reisepass, sondern über Interaktion.[1]

Interkulturalität ist deshalb potentiell auch dann gegeben, wenn Schülerinnen und Schüler im Unterricht Deutungen begegnen, die nicht mit ihren lebensweltlichen Konzeptualisierungen übereinstimmen. Natürlich können bei solchen Differenzen auch nationale oder ethnische Grenzen eine Rolle spielen, und die Fremdheitserfahrung der Lernenden gegenüber bestimmten Interaktionsroutinen wie z. B. Direktheit oder Indirektheit kommunikativer Äußerungen ist unbestritten. Solche Interaktionsroutinen gelten aber in den seltensten Fällen für ganze nationale Kollektive und Sprechergemeinschaften.

Daher kommen weitere Ursachen für Differenz und Fremdheitserfahrungen in Betracht. Differenzen können historisch sein, indem die Lernenden sich mit vergangenen Zeiten konfrontieren. Sie können sozial sein, indem sie sich mit anderen Schichten auseinandersetzen. Und sie können disziplinär sein, indem die Sicht- und Vorgehensweise der universitären Bezugswissenschaft in den Unterricht eingebracht wird. Insbesondere der letzte Aspekt ist wichtig, da er eine Schnittstelle mit den Didaktiken der Sachfächer markiert. So formuliert der Physikdidaktiker Martin Wagenschein, dessen genetisch-exemplarischer Ansatz Auswirkungen hatte, die

---

1 Wenn eine französische Professorin und ein deutscher Doktorand nach den Regeln wissenschaftlicher Argumentation (Widerspruchsfreiheit, Konsistenz usw.) über die deutsche Wiedervereinigung streiten, dann befinden sie sich nicht in einer interkulturellen Kommunikationssituation. Wenn aber eine naturwissenschaftlich denkende Physiklehrerin und ein buddhistisch gläubiger Schüler (beide mit deutschem Pass) über Leben und Tod sprechen, dann dürften beide erhebliche Fremdheitserfahrungen machen.

weit über die Physikdidaktik hinausgingen, dass die Reflexion auf den „Aspektcharakter" eines Faches (1995; zuerst 1962: 21ff.) zentraler Bestandteil des Fachunterrichts sei.[2]

Schließlich ist festzuhalten, dass Bildung besonders dann stattfindet, wenn die Lernenden sich fragen, ob die in einem Fach angebotene Sicht auf die Welt (der „Aspekt") auch ihre eigene sein könnte. Von der Antwort darauf hängt ab, ob sie sich mit der jeweiligen Sichtweise so identifizieren, dass daraus für sie selbst Handlungsmöglichkeiten resultieren, z. B. durch intensive persönliche Beschäftigung (Hobby, Studium, Beruf). Umgekehrt wird jemand, der den reduktionistischen Erklärungsmodellen der Naturwissenschaften einen ästhetischen oder mystisch-spirituellen Zugang zur Natur vorzieht, für sich selbst kaum eine Zukunft als Naturwissenschaftler in Betracht ziehen (Cobern/Aikenhead 1998).

3 Prozesse des Kompetenzerwerbs: Lernen und Bildung im Bilingualen Unterricht

Was bedeuten die Überlegungen zu den Dimensionen von Lernen und Bildung für die Planung von Bilingualem Unterricht? Unterricht lässt sich als eine integrierte Inszenierung kognitiver, diskursiver und interaktionaler Prozesse auffassen, deren genaue, wenn möglich empirisch gesicherte Kenntnis (Bonnet 2004, Dalton-Puffer 2007) die entscheidende Voraussetzung für die erfolgreiche Initiierung von Lern- und Bildungsprozessen ist.

3.1 Kognitive Prozesse: Die Konstruktion fremdsprachiger Begriffe im Bilingualen Unterricht

Im Sachfachunterricht begegnen die Schüler den Konzepten, Modellen und Begriffen, die für den jeweiligen Weltzugriff eines Faches spezifisch sind. Das Alltagswissen der Lernenden, das auf individuellen Erfahrungen und subjektiven Annahmen beruht, trifft auf wissenschaftliches Wissen, das sich durch Konsistenz und Intersubjektivität auszeichnet (vgl. Kap. 13, Abschnitt 2). Die Besonderheit der Lern- und Begriffsbildungsprozesse des Bilingualen Unterrichts besteht nun darin, dass die Alltagskonzepte der Lernenden muttersprachlich vorliegen. Wenn der Bilinguale Sachfachunterricht einsetzt, machen sie also die Erfahrung, dass „ihre interne mentale Architektur nicht mehr zu der neuen zweiten Sprache und Kultur passt" (Niemeier 2008: 39). Die wissenschaftlichen

---

2 Wagenschein illustriert dies damit, dass die Physik Goethe lediglich als fallenden Körper, nicht aber im Hinblick auf sein literarisches Schaffen betrachten könne.

Begriffe hingegen werden fremdsprachig ausgebildet und haben zunächst keine muttersprachliche Entsprechung. Am Beispiel des Konzeptes ‚Regen/*rain*' im Fach Erdkunde lässt sich dies gut in einer schematischen Gegenüberstellung verdeutlichen:

‚Regen / *rain*' als Alltagsbegriff	**‚Regen / *rain*' als wissenschaftlicher Begriff**
Erfahrungswissen:	wissenschaftliches Wissen:
„Wasser von oben" „Nässe" Nutzen und Gefahren	„Niederschlag / *precipitation*" Teil des Wasserkreislaufs Teil größerer Systeme (Wetter, Klima usw.)
gegenständlich, intuitiv, spontan, erfahrungsbasiert	abstrakt, systemisch, theoriegeleitet
subjektiv	intersubjektiv
muttersprachliches Konzept fremdsprachliches „Mini-Konzept"	fremdsprachiges Konzept im Bilingualen Sachfachunterricht

Abbildung 8.1: ‚Regen/*rain*' als Alltagsbegriff und als wissenschaftlicher Begriff

Die Bildung fremdsprachiger wissenschaftlicher Begriffe ist somit der zentrale kognitive Vorgang im Bilingualen Unterricht: Hier findet primär nicht rein sprachliches oder fachsprachliches, sondern konzeptuales Lernen statt - in der Fremdsprache. Diese wiederum ist für die Erzeugung neuer mentaler Repräsentationen und Systeme - nämlich der wissenschaftlichen Konzepte - konstitutiv. Die Strukturierung dieses Vorgangs der fremdsprachigen Begriffsbildung im Unterricht ist eine zentrale didaktische Herausforderung an die bilinguale Didaktik und an den Unterricht. Es gilt im Bilingualen Unterricht solche Arrangements zu schaffen, die bei den Lernenden Prozesse der Begriffsbildung sowie der Modell- und Theoriebildung anstoßen und die im Sinne problemlösenden Handelns eine erfolgreiche Interaktion mit der Umwelt ermöglichen. Die vor allem in der frühen Sekundarstufe I bestehende Diskrepanz zwischen der Komplexität dieses konzeptualen Lernens und den sprachlichen Möglichkeiten der Lernenden (vgl. Thürmann 2008) und der kontinuierliche Aufbau eines wissenschaftlichen Begriffssystems generell erfordern jedoch im Sinne der kognitiven Lerntheorien Wygotskis und Bruners eine Vielzahl von lern- und kognitionsstützenden Maßnahmen (*scaffolding*), die in die Aufgaben und in die Struktur der Arbeitsprozesse zu integrieren sind (vgl. Hallet 2006: 74f.).

3.2 Fremdsprachige diskursive Prozesse

Am Prozess der Begriffsbildung wird deutlich, dass die entscheidenden Erkenntnisleistungen, durch die mentale Konzepte und Handlungsfähigkeit aufgebaut werden, sprachlicher Art sind. Die mit der Begriffsbildung verbundenen Kognitionen sind daher niemals bloß individueller Natur, sondern sie sind zugleich immer eingebettet in komplexere diskursive Zusammenhänge fachlicher und gesellschaftlicher Art. Sprachliches und fachliches Lernen sind also gar nicht zu trennen. Im Bilingualen Unterricht müssen diese Leistungen im Medium einer Fremdsprache erbracht werden: „Fremdsprachlichkeit" ist somit das zentrale Merkmal des *Lernens* in dieser Unterrichtsform. Wir nennen sie *kognitive Fremdsprachlichkeit* (vgl. Bonnet et al. 2002).

Fremdsprachlichkeit ist aber auch das zentrale Merkmal von ***Bildung***sprozessen im Bilingualen Unterricht. Zur Abgrenzung nennen wir sie *diskursive Fremdsprachlichkeit.* Sie bezeichnet das Vorhandensein verschiedener Diskurse, also spezifischer sprachlicher Ausprägungen unterschiedlicher Perspektiven der Weltdeutung (s. o.) sowie der mit ihrer Aushandlung und ihrer Einbettung in das lebensweltliche Wissen verbundenen diskursiven Prozesse. Diese diskursive Verfasstheit der Lernprozesse und des Wissenserwerbs soll kurz etwas systematischer betrachtet werden um zu verdeutlichen, dass sie einen Kern des sachfachlichen Lernens und des mit ihm einhergehenden Bildungsgedankens enthält.

Auf der Ebene des zu erwerbenden fachlichen Wissens ist zunächst zu bedenken, dass die fremde Sprache im Bilingualen Unterricht als sprachliche Repräsentation der Konzepte, Modelle und Systematisierungen einer Disziplin und ihrer spezifischen Beschreibung von Welt auftritt; denn „wissenschaftlich fundiertes Fachwissen ist diskursiver Natur" (Zydatiß 2002a: 42). Bilingualer Unterricht stellt sich also als Einübung und Aneignung von spezifischen Sprechweisen, Terminologien und Symbolisierungen eines Faches und deren selbständigem Gebrauch dar. Dass Schülerinnen und Schüler diese fachspezifischen Sprachen durchaus als eigenständig und „fremd" wahrnehmen, zeigen affektiv aufgeladene Reaktionen z. B. im Chemie- (Bonnet 2000) oder im Musikunterricht. Auf dieser fachsprachlichen Ebene lernen sie auch die spezifischen symbolischen Ausdrucksformen und Modi eines Faches sowie ihre integrierte Verwendung (Multimodalität) kennen, nämlich durch Einübung und Anwendung entsprechender Diskursfunktionen (s. o), konventionalisierter generischer Formen wie Säulendiagramme oder Molekülmodelle sowie der Symbolsprache eines Faches (z. B. Formeln in Chemie oder Mathematik, kartographische Darstellungen in Erdkunde und Geschichte).

Auf der nächst höheren Ebene ist dieses sprachlich verfasste Wissen in größere fachliche Diskurse eingebunden, also z. B. in komplexere theoretische Systeme, in den größeren Zusammenhang einer Teildisziplin oder in fachliche Kontroversen. Dieser größere Zusammenhang ist insofern von Bedeutung, als er die Konstruktivität und die Historizität fachlichen Wissens deutlicher hervortreten lässt und damit den Raum für reflexive Prozesse im oben beschriebenen Sinne (Abschnitt 2.4) eröffnet. Die Anbindung fachlichen Wissens an größere Diskurszusammenhänge lässt dann z. B. das moderne Weltbild als ebenso historisch und konstruiert erscheinen wie das ptolemäische oder das kopernikanische. Bilingualer Unterricht muss sich also auch als Einübung in die Teilhabe an größeren fremdsprachigen Fachdiskursen darstellen.

Schließlich ist für jede auf Bildung zielende Form des schulischen Lernens zentral, dass das fachliche Lernen an alltagsweltliche (fremdsprachige und schulsprachliche) Diskurse anschließbar ist und dass die Lernenden zur diskursiven Teilhabe an gesellschaftlichen und kulturellen Prozessen befähigt werden. Diese Integration des schulisch erworbenen Wissens in die Diskurse der Alltags- und Lebenswelt der Lernenden lässt sich als Kern des *literacy*-Konzepts (s. o.) betrachten. Im Idealfall schließen Unterrichtsdiskurse daher unmittelbar oder gleichzeitig an realweltliche Diskurse an (Hallet 2009), wenn beispielsweise eine Unterrichtseinheit in Biologie zu *genetic engineering* zugleich auch die gesellschaftlichen Debatten um genmanipulierte Nahrungsmittel aufnimmt.

Bilingualer Unterricht lässt sich also als Einübung in die fremdsprachlich gefassten fachlichen Diskurse, in ihre je spezifischen Weisen der Aushandlung von Sachverhalten sowie in die dazu von ihnen entwickelten fachsprachlichen Symbolsprachen betrachten (Leisen 2000a; vgl. Abschnitt 4.2.2).

3.3 Interaktionale Prozesse: Fremdsprachige Bedeutungsaushandlung

In den vorangegangenen Überlegungen zur diskursiven Verfasstheit des Wissens und der Weltvorstellungen ist bereits deutlich geworden, dass Lernen immer auf Interaktion angewiesen ist: Sprachliche Bedeutungen und fachliche Sprechweisen entstehen in Interaktion. In interaktiven Aushandlungsprozessen machen die Lernenden ihre Vorstellungen explizit, formulieren Hypothesen und nähern sich im sprachlich-diskursiven Austausch der Konzeptualisierung und der Theoretisierung von Sachverhalten an. Die Mitlernenden gleichen ihre eigenen Vorstellungen mit denen anderer ab, halten den dargelegten Ideen ihre eigenen entgegen und treten in auf Problemlösung zielende Interaktionen ein (vgl. Kap. 3, Abschnitt 1.2). Dieses wechselseitige Hinterfragen und Erläutern von Vorstellungen durch die Interaktionspartner kommt zu einem Abschluss, wenn entweder eine gemeinsame Lösung oder aber ein nicht auflösbarer Dissens festgestellt wird. Im Schulunterricht werden Einigungen - vor allem auf der Mittelstufe - selbstredend nicht auf dem Niveau fachwissenschaftlicher Lösungen erreicht. Die Lernenden befinden sich vielmehr auf einem Weg, der viele „Interimskonzepte" (ähnlich wie die Stufen von Interimsprachen oder *interlanguages* von Fremdsprachenlernern) durchläuft. Fachliche Bedeutungen werden also im Bilingualen Unterricht nicht durch die ‚Einführung' eines wissenschaftlichen Terminus oder gar durch das ‚Lernen' von Fachvokabular entwickelt und erworben, sondern im Verlauf der interaktionalen Interpretation von Phänomenen und der problemorientierten Verhandlung (vgl. umfassend Bonnet 2004).

Damit solche Aushandlungsprozesse stattfinden können, müssen sie freilich initiiert werden. Dazu bedarf es ganz bestimmter Arrangements und Strukturierungen des Lernprozesses, denn die jeweils von den Lernenden praktizierte Form der Interaktion hängt entscheidend von deren unterrichtlicher Inszenierung ab. Die in solchen Inszenierungen wirksamen Faktoren lassen sich kurz wie folgt umreißen:

- Erstens muss hinsichtlich der inhaltlichen Dimension der jeweils intendierte Aushandlungsprozess auf einer Aufgabenstellung beruhen, die einen interaktiven oder kooperativen Prozess der Problemlösung oder der problemlösenden Interpretation erfordert. Nur solche Ausgangslagen regen individuelle Interpretationen des jeweiligen Sachverhaltes, die daraus hervorgehenden Hypothesenbildungen sowie die auf ihnen beruhenden interaktionaler Aushandlungsprozesse an (vgl. Hallet 2006: 51f.).
- Zweitens ist hinsichtlich des Inputs auf Mehrfachperspektivierung zu achten, damit keine einfache Input-Output-Relation entsteht, die kaum Prozesse der Bedeutungsaushandlung hervorruft (wie z. B. im Falle des bloßen Produzierens einer *summary).* Wenn z. B. in Erdkunde oder in Sozialkunde eine Vorstellung von „Europa" erzeugt werden soll, dürfte eine enzyklopädische Definition kaum zu Interpretationen anregen; vielmehr führt erst die Kombination einer Vielzahl von Texten, Materialien und Quellen zu einer deutungsoffenen Ausgangslage. Am Ende der Verhandlungen der Lernenden steht dann ein Interpretationsvorschlag einer größeren oder kleineren Gruppe von Lernenden als Ergebnis fremdsprachiger Interaktion.

- Drittens ist die Inszenierung bestimmter Sozial- und Arbeitsformen eine entscheidende Voraussetzung für die Anregung von Aushandlungsprozessen. Denn es liegt auf der Hand, dass das herkömmliche lehrergeleitete Unterrichtsgespräch nur in sehr begrenzter Weise Aushandlungen zwischen den Lernenden selbst zulässt. Die parallele Arbeit in Kleingruppen hingegen, die in den Lösungsvorschlag einer jeden Gruppe mündet, die Vorschläge mehrerer Gruppen in einem Plenum vergleicht und schließlich zum Gegenstand einer offenen Diskussion macht, ermöglicht den Lernenden eine selbständige Verhandlung des Problems und lösungsorientierte Interaktionen (vgl. Hallet 2006: 81ff., Bonnet 2004 sowie 2009). Es versteht sich, dass die Schüler solche Formen kooperativer Arbeit selbst wiederum erlernen und trainieren müssen (s. u.), so dass interaktionales, diskursives und methodisches Unterrichtshandeln stets eng verknüpft sind.

4 Bilingualer Unterricht in der Praxis

Nach den didaktischen Prinzipien folgen nun methodische Überlegungen zur Inszenierung eines Bilingualen Unterrichts, in dem die oben genannten Kompetenzen erworben werden können. Wir greifen hierzu eingangs noch einmal den Gedanken auf, dass der Kompetenzerwerb im Bilingualen Unterricht eine fremdsprachliche Rahmung erfährt, stellen sich daraus ergebende Problemfelder vor und leiten daraus Methoden und Inszenierungsprinzipien für die in den vorangehenden Abschnitten entwickelten Kompetenzfelder ab. Abschließend geben wir einen knappen Ausblick auf Entwicklungstendenzen des Bilingualen Unterrichts.

4.1 Problemfelder der Praxis und ihre methodische Wendung

Ein Problem, das die Methodendiskussion um den Bilingualen Unterricht bestimmt, ist zumindest in den frühen Stufen des Fremdsprachenlernens „die Diskrepanz zwischen den fremdsprachlichen und den kognitiven Möglichkeiten der Lernenden in den Sachfächern", die Thürmann (2008: 71) „das Dilemma des bilingualen Fachunterrichts" nennt. Dadurch entsteht ein kognitives Problem, da verschiedene Denkoperationen unterschiedliche sprachliche Schwierigkeitsgrade aufweisen. So ist z. B. die Feststellung eines äußeren Merkmals zumeist sprachlich weniger komplex als die Formulierung einer hypothetischen Handlungsalternative. Daraus folgt, dass kognitiv anspruchsvollere Operationen sprachlich schwieriger und damit für die Lernenden gegenüber der Muttersprache erschwert sind.

Seit den Anfängen von Bilingualem Unterricht in Deutschland wird aus dieser Divergenz abgeleitet, dass die verschiedenen Fächer unterschiedlich geeignet seien für den Bilingualen Unterricht. Dazu wird eine dritte Prämisse bemüht: In verschiedenen Fächern werde mit unterschiedlichen Denkoperationen und damit auf unterschiedlichen kognitiven Niveaus gearbeitet. Dieser Einwandüberzeugt jedoch nicht, denn der schulische Fächerkanon begründet sich nicht durch die „Sachlogik" einzelner Fächer (Mühlmann/Otten 1991), sondern durch die Exemplarität der in Ihnen zum Zuge kommenden Weltzugriffe – und diese erfordern allesamt (wenn auch nicht ausschließlich, wenn man auch ästhetische, leiblich vermittelte und emotional-affektive Formen der Bezugnahme zur Welt hinzuzählt) das ganze Repertoire kognitiver Operationen. Dessen Aufbau ist, wie wir oben gezeigt haben, Teil des Bildungsauftrags von Schule insgesamt.

Aus dem Befund der fremdsprachlichen Defizite wird außerdem ein grundsätzlicher Einwand gegen Bilingualen Unterricht abgeleitet: Dort werde nicht so viel wie in der Muttersprache gelernt, weil man nicht so schnell im Stoff vorankomme. Dies wäre nachvollziehbar, würde es denn zutreffen, dass im regulären Fachunterricht der Stoff bei besagtem Tempo tatsächlich gelernt und nicht bloß unter Zeitdruck abgearbeitet wird. In empirischen Untersuchungen (für das Fach Chemie z. B. Pitton 1997) zeigt sich, dass in einem Unterricht, der in schneller Folge Themen und Inhalte aneinanderreiht, außerordentlich wenig gelernt wird. Zwar werden ganze Lehrzielkataloge bewältigt, die Lernenden erwerben dabei aber nicht die erwünschten Konzepte und Kompetenzen.

Kritische Einwände gegenüber der vielerorts etablierten Praxis des Bilingualen Unterrichts bleiben gleichwohl bestehen. Denn auch für diesen zeigen Untersuchungen das Phänomen der Lehrer- und Stoffzentrierung mit den entsprechenden Effekten (Dalton-Puffer 2006). Die faktische Nicht-Einlösung des Reflexivitäts-Postulats sowie ein unsystematischer und für den Prozess des Kompetenzerwerbs folgenloser Einsatz der Erstsprache in Unterrichtsinteraktionen (Bonnet 2004) müssen an dieser Stelle ebenso genannt werden. Die gegenwärtige empirische Forschung scheint damit Bedenken zu bestätigen, wonach Bilingualer Unterricht eine Praxis befördert, die mit Handlungsorientierung nur äußerst wenig zu tun hat (vgl. Decke-Cornill 1999).

Mehr als die fremde Sprache scheint uns allerdings hier die an den jeweiligen Schulen (und nach unserer Erfahrung vermutlich im Schulsystem selbst) etablierte Unterrichtskultur für die bedenklichen Befunde verantwortlich zu sein (vgl. Dalton-Puffer 2006). So zeigt sich wie in einem Brennglas die grundlegende Problematik einer lehrer- und stoffzentrierten Unterrichtpraxis, die Bilingualem Unterricht ebenso abträglich ist wie jeder anderen Form von Unterricht auch. Dies kann natürlich kein Freibrief für den Bilingualen Unterricht sein. Zunächst ist das oben beschriebene sprachlich-kognitive Dilemma mit diesen Überlegungen nur aus dem irrelevanten Kontext der Fächer herausgeholt. Im Folgenden stellen wir es in jenen Kontext, innerhalb dessen es auch konkret bearbeitet werden kann und muss – und zwar in den Kontext der Unterrichtsmethode, und wir versuchen zu zeigen, wie es gelöst werden kann.

4.2 Unterstützung grundlegender Kompetenzen

Eine wenn auch nicht hinreichende, so doch notwendige Bedingung der Lösung des Problems ist es, die in den Sachfachdidaktiken geltenden Prinzipien der Handlungsorientierung über Lerner- und Lebensweltbezug, Authentizität und Problemorientierung zu berücksichtigen. Eine solche Orientierung ermöglicht es den Lernenden, sich zu den Lerninhalten in eine persönliche Beziehung zu setzen; sie kann eine Vorstellung vom spezifischen „Weltzugriff" des Sachfaches anbahnen und der Lehrkraft einen Einblick in die fremdsprachliche und kognitiv-konzeptuale Ausgangslage auf Seiten der Lernenden gewähren.

Im Bilingualen Unterricht wird man stets versuchen müssen, an Alltagserfahrungen und die alltagssprachlichen Kompetenzen in der Fremdsprache anzuknüpfen. Daher ist Spracharbeit selbstverständlich notwendig. Es gibt aber empirische Belege dafür, dass Probleme unterrichtlicher Kommunikation und Interaktion nicht nur auf sprachliche Defizite zurückzuführen sind (Bonnet 2004). Daraus folgt jedoch, dass „Sprachprobleme" nicht nur durch Spracharbeit, sondern auch durch andere methodische Maßnahmen behoben werden können. Dies führt zu einem Modell aus drei Kompetenzen (fremdsprachliche, sachfachliche und interaktionale Kompetenz), das besagt, dass jede dieser drei Fähigkeiten und Fertigkeiten der Lernenden die unterrichtliche Bedeutungsaushandlung maßgeblich beeinflusst (Bonnet 2007). Im Umkehrschluss bedeutet dies, dass Unterstützungsmaßnahmen (*scaffolding*) aller drei Kompetenzbereiche zum methodischen Repertoire jedes im Bilingualen Unterricht Lehrenden gehören müssen.

4.2.1 Die Förderung fremdsprachlicher Kompetenz

Bei der Darstellung der im Bilingualen Unterricht zu erwerbenden Kompetenzen ist deutlich geworden, dass den Diskursfunktionen die zentrale Rolle bei der Integration sprachlicher und sachfachlicher Kompetenz und deren Erwerb zukommt. Insofern ist es zuallererst notwendig, ihnen bei der Unterrichtsplanung besondere Sorgfalt zu widmen. Dabei ist es zum einen zentral, Aufgaben konsequent mit den entsprechenden Operatoren (z. B. *describe, discuss, evaluate*) zu formulieren. Darüber hinaus muss aber auch explizite Spracharbeit betrieben werden, in der die Lernenden Wortschatz und Redemittel zu ihrer Realisierung erwerben und durch Anwendung üben.

Da dem sprachlichen Verstehen besondere Bedeutung zukommt, muss dieser Bereich über die Unterstützung der Diskursfunktionen hinaus gestärkt werden. Dies geschieht vor allem durch möglichst häufige Progression von Rezeption zu Produktion, umfangreiche Visualisierung, explizite Wortschatzarbeit zum Aufbau eines Fachwortschatzes und die Darbietung vielfältiger Texte (Thürmann 2002, Krechel 2003). Aufgrund der zumeist noch stärker eingeschränkten Sprachkompetenz der Lernenden spielen diese Prinzipien in bilingualen Modulen eine besonders große Rolle.

Wenn im Bilingualen Unterricht besondere fremdsprachliche Defizite sichtbar werden, die die weitere fachlich-inhaltliche Arbeit behindern, kann es im Sinne tatsächlichen Lernfortschritts erforderlich sein, in streng begrenzten Phasen kommunikativ-sprachbezogener Arbeit Lücken und Defizite zu bearbeiten (vgl. Timm 2002). Eine solche Arbeit muss aber strikt *funktional,* d. h. auf den Zweck fachlichen Lernens bezogen und rein *remedial,* d. h. auf die Beseitigung von Defiziten beschränkt sein. Besonders relevant ist sie zum Aufbau von für die Realisierung der Diskursfunktionen notwendigen sprachlichen Strukturen wie z. B.: *If*-Sätze zur Strukturierung von Ursache-Wirkungs-Zusammenhängen, adverbiale Bestimmungen zur Realisierung von Ereignisketten oder Konjunktivkonstruktionen zur Formulierung von Hypothesen. – Es ist dabei wichtig daran zu erinnern, dass Fachtermini lediglich sprachliche *labels* für ein fachliches Konzept sind, das aber durchaus auch in anderer Form repräsentiert werden kann. Zu den wichtigsten Mitteln gehört die alltagssprachliche Paraphrase (vgl. Thürmann 2002: 85f.), die zudem den Vorteil hat, dass sie das wissenschaftliche Wissen an das Alltagswissen anschließt und zugleich das fachliche Wissen sprachlich kleinschrittiger strukturiert. Wo auch dies keine fremdsprachliche Bedeutungsaushandlung ermöglicht (z. B. im frühen Bilingualen Unterricht), kann dem Bedürfnis der Lernenden nach Benutzung der Muttersprache nachgegeben werden. Allerdings sollten solche Phasen klar vom fremdsprachigen Unterricht abgegrenzt werden.

4.2.2 Die Förderung sachfachlicher Kompetenz

Neben sprachlichen Defiziten führt auch eine kognitive Überlast im sachfachlichen Bereich dazu, dass die unterrichtliche Bedeutungsaushandlung zusammenbrechen kann. Um dies zu verhindern, sind zahlreiche sachfachdidaktische Methoden vorhanden. Diese können hier auch nicht annäherungsweise dargestellt werden. Allerdings hat sich ein Konzept als für sehr viele Sachfächer relevant und besonders im Bilingualen Unterricht als ausgesprochen hilfreich erwiesen.

Es geht davon aus, dass die sachfachlichen Konzepte nicht nur in verbalsprachlicher Form, sondern auch in anderer Gestalt repräsentiert werden können. Viele Sachfächer haben als wichtige Bestandteile ihrer Fachsprache ganz andere symbolische Repräsentationsweisen entwickelt. Diese reichen von der kartographischen Darstellung im Fach Erdkunde, verschiedenen Notensystemen in der Musik oder Schemazeichnungen in Biologie bis zur Formelsprache der Mathematik oder der Chemie. Dies kann man sich zur Förderung der Lernprozesse zu Nutze machen, indem der Unterricht als kontinuierlicher „Wechsel der Darstellungsformen" (Leisen 2000a) inszeniert wird. Auf verschiedenen Abstraktionsebenen kann so der Stoff vielfach umgewälzt werden. Dies relativiert die Rolle der verbalsprachlichen Repräsentation von Sachverhalten, eröffnet zahlreiche Zugänge und macht auch für die Lernenden deutlich, dass neu erworbene wissenschaftliche Begriffe nicht mit fachsprachlichen Vokabeln gleichzusetzen sind.

4.2.3 *Die Förderung interaktionaler Kompetenz*

Es hat sich empirisch gezeigt, dass auch ein Mangel an interaktionaler Kompetenz dazu führen kann, dass unterrichtliche Bedeutungsaushandlung abbricht. In diesem Bereich stellen sich den Lernenden vier Probleme (Bonnet 2004: 279ff.):

1. *Das Partizipationsproblem*: Die Schüler müssen quantitativ überhaupt zum Zuge kommen, und ihre Beiträge müssen von den anderen Unterrichtsteilnehmern gehört werden. Es braucht also eine paritätische und demokratische Partizipationsstruktur.
2. *Das Beziehungsproblem*: Die Schüler müssen mit Antipathie und bewusster Störung umgehen können. Sie brauchen also eine Mediationskompetenz.
3. *Das Komplexitätsproblem*: Die Schüler müssen die Komplexität ihrer Interaktion kontrollieren, d. h. regelmäßig Resümees ihrer Arbeit ziehen und Werkzeuge haben, die die Komplexität des bearbeiteten Problems beherrschbar machen (z. B. *Mind-Maps* oder Tabellen).
4. *Das Argumentationsproblem*: Die Schüler dürfen nicht nur behaupten, sondern müssen auch begründen können. Argumentationstheoretisch heißt das: Sie dürfen nicht nur Schlussfolgerungen mitteilen, sondern müssen Begründungen liefern oder sogar erklären können, mit welchen Theorien sie gerade argumentieren. Erst auf dieser Ebene erfolgt Viabilitätsprüfung.

Will man den Lernenden bei der Lösung dieser Probleme helfen, dann sind Maßnahmen auf der Mikroebene des Unterrichts nicht mehr ausreichend. Das erste Problem erfordert reflexive Instrumente wie z. B. Lernertagebücher und Videofeedback, verlangt aber auch danach, die Schülerinnen und Schüler an der Unterrichtsplanung zu beteiligen. Das zweite Problem kann durch den systematischen Aufbau von Mediationskompetenz bei den Lernenden gelöst werden. Das dritte Problem verlangt nach der Entwicklung der Metakognition, indem die Lernenden Methoden zur Strukturierung ihrer Interaktion von der einfachen *Mind-Map* bis zu komplexen Methoden der Projektplanung kennen lernen. Argumentationskompetenz schließlich kann am ehesten dadurch erworben werden, dass die Lernenden in Debatten und Rollenspielen selbst diskursiv tätig werden.

4.3 Inszenierung von Differenz/Interkulturalität

Die im vorangegangenen Abschnitt dargestellten Maßnahmen zielen darauf ab, die unterrichtliche Bedeutungsaushandlung zu fördern, um damit Kompetenzerwerb zu ermöglichen. Bezogen auf die Zielsetzung „fremdsprachige reflexive Diskurskompetenz" ist mit den bisher dargestellten Maßnahmen allerdings das Bildungspotential des Bilingualen Unterrichts im Bereich der reflexiven Kompetenz noch nicht hinreichend erschlossen. Reflexivität bedeutet, dass Lernende in eine kritische Distanz zu den Unterrichtsgegenständen treten können. Es heißt aber auch, dass sich Lernende über den subjektiven Sinn der Gegenstände für ihr Verhältnis zur Welt (bildungstheoretisch gesprochen: ihr Selbst- und Weltverhältnis) bewusst werden können. Wir gehen davon aus (siehe Abschnitt 2.4), dass sich Distanz in einem der beiden Bezüge dann einstellen kann, wenn Lernende die Erfahrung von Fremdheit machen.

Hierfür besteht grundsätzlich die Möglichkeit, Fremdheit sozial oder kognitiv zu verstehen. Soziale Fremdheit bestimmt sich über die Zugehörigkeit bzw. Nicht-Zugehörigkeit zu einer Gruppe. Diese kann sich beispielsweise historisch, geografisch, ethnisch, politisch, *gender*-bezogen oder sprachlich konstituieren (vgl. Breidbach 2007 im Anschluss an Stenger 1998). Für die Inszenierung von Differenz als Nationalkulturen bzw. Sprachgemeinschaften ist das *bilingual triangle* (Hallet 1998) seit langem eingeführt, mit dem Unterrichtsgegenstände aufgrund ihrer Zuweisung zu einem von drei Zielfeldern gewonnen werden können:

- dem Feld der eigenen Erfahrungen der Lernenden, ihrer eigenen Lebenswelt und ihres eigenen Kulturraums (z. B. Geographie, Geschichte, Wirtschaft, Gesellschaft, Technologie, Kunst),
- dem Feld der Phänomene, Gegebenheiten und Sachverhalte der zielsprachlichen Kulturen und Gesellschaften und

- dem Feld der Phänomene, Gegebenheiten und Sachverhalte von kulturübergreifender, kulturvergleichender, globaler oder universaler Bedeutung (z. B. *global warming, peace-keeping missions, technologies*).

Da sowohl die inhaltliche Fassung von Gegenständen als auch ihre Zuordnung zu einem Zielfeld eine didaktische Konstruktion darstellen, ist es notwendig, dass hierbei Unterrichtsverfahren gewählt werden, welche die Position der Lernenden in Bezug auf den Gegenstand nicht vorzeitig festschreiben, sie also beispielsweise nicht als „Experten" für die eigene Kultur vereinnahmen. Methodisch eignen sich daher besonders (auto-)biografische Ansätze, die das bisherige Erleben der Lernenden zur Unterrichtsthematik zum Ausgangspunkt nehmen und am Ende reflektieren, etwa in persönlichen Stellungnahmen, in denen individuell markante Punkte des zurückliegenden Lernprozesses thematisiert werden.

Kognitive Fremdheit als zweite Möglichkeit der Inszenierung von Differenz entsteht in der Polarität von Vertrautheit und Unvertrautheit der Lernenden mit der oben bereits angesprochenen Aspekthaftigkeit der Unterrichtsfächer. Beispielsweise kann ein rationalisierender Weltzugriff in einem naturwissenschaftlichen Fach für einen die Welt vorwiegend ästhetisch wahrnehmenden Menschen ebenso irritierend sein wie umgekehrt. Der Ansatz des fächerverbindenden Projektunterrichts kann hier besonders sinnvoll sein, sofern die bewusste Gegenüberstellung verschiedener Weltzugriffe auf dasselbe Thema explizites Thema der Reflexion kognitiver Fremdheit wird (z. B. Koll 1999 zum Thema „Leben" aus kultur- und naturwissenschaftlicher Sicht, vgl. Abschnitt 6).

Jedoch sind die verschiedenen Wirklichkeitsordnungen jede für sich ebenfalls reflexiv inszenierbar. Dabei ist die Überlegung hilfreich, dass es sich nicht um natürliche oder universelle Gegebenheiten handelt. Vielmehr sind es Praktiken, die zum einen historischen und gesellschaftlichen Ort haben und die zum anderen durch bestimmte Kommunikationsformen geprägt sind (vgl. ausführlich Breidbach 2007). Im ersten Bereich sind in methodischen Arrangements demnach Aspekte wie der Konstruktcharakter, die geschichtliche Eingebundenheit und soziale Zweckgebundenheit von Erkenntnis unter der Perspektive eines fraglichen Weltzugriffs zu erschließen. Im zweiten Bereich geht es um die Reflexion der sprachlich-diskursiven Praktiken, da diese die Aspekthaftigkeit eines Faches entscheidend mitkonstituieren. Es geht also um sprachliche Perspektivität, den Gebrauch von spezifischen Zeichensystemen und Kommunikationskonventionen und nicht zuletzt um die Einsicht, dass jede dieser Fächerpraktiken einen *anderen*, jedoch nicht einen *besseren* Zugang zur Wirklichkeit bedeutet. Ein entscheidendes methodisches Strukturprinzip ist auch hier das Offenhalten von Wirklichkeitsaussagen im Hinblick darauf, dass es stets ein Drittes gibt oder geben kann: historisch, gegenwärtig oder zukünftig.

4.4 Von neuen Wegen und institutionellen Zwängen

Spätestens hier ist die Ebene der Institution Schule erreicht. Befunde aus der Professionalisierungsforschung (Dirks 2004) haben gezeigt, dass Bilingualer Unterricht aufgrund der bei seiner Einführung verminderten behördlichen Kontrolle besonders experimentierfreudige und engagierte und in gleichem Maße auch kulturell sensible Lehrerinnen und Lehrer angezogen hat. Es scheint also, als könne diese Unterrichtsform einen besonderen Beitrag zur Reform des Bildungswesens leisten.

Mit dem Wegfall von Entlastungsstunden und der zunehmenden Durchregulierung auch dieses Bereichs ist dies aber zunehmend fraglich geworden. Darüber hinaus zeigen Ergebnisse aus der Schulbegleitforschung (Zydatiß 2007), dass bilinguale Schulen selektiv besonders leistungsstarke Schüler aus bildungsbewussten Elternhäusern abschöpfen. Diese Tendenz wird durch die Einführung des IB (*international baccalaureate*), dem Abschluss der internationalen Schulen, an immer mehr bilingualen Gymnasien noch verstärkt. Diese Bewegung macht den einstigen Vorreiter einer Reform von unten zunehmend zum strukturkonservativen Element eines auf Wettbewerb und Selektion ausgelegten Systems.

Es bleibt abzuwarten, inwieweit die Ausbreitung dieser Unterrichtsform auf andere Schultypen, -stufen und –fächer u. a. durch bilinguale Module dieser elitären Bewegung entgegen wirken kann. Auf jeden Fall müssen wir konstatieren, dass Bilingualer Unterricht nicht automatisch durch dieser Unterrichtsform innewohnende Eigenschaften zu einer auf Teilhabe und Demokratisierung gerichteten Reform des Bildungssystems beiträgt. Vielmehr hängt dies von schulorganisatorischen und unterrichtsmethodischen Entscheidungen ab.

5 Leistungsfeststellung und Leistungsbewertung im Bilingualen Unterricht

Leistungsfeststellung und Leistungsbewertung sind Verfahren, mittels derer die Lernenden und die Lehrenden, aber auch die Gesellschaft Auskunft über das Verhältnis von Anforderungen, Lernwegen und von tatsächlich im Unterricht Erreichtem erhalten. Dies gilt selbstredend auch und vielleicht gerade für einen handlungsorientierten fremdsprachigen Sachfachunterricht, der zudem die Erzeugung besonderer Qualifikationen und Kompetenzen für sich reklamiert. Insofern lässt besonders die Anforderung, erhobene Schülerleistungen zu bewerten, die institutionelle Seite schulischen Lehrens und Lernens deutlich werden. Wie für Leistungsfeststellungen und -bewertungen in jedem anderen Unterricht gilt natürlich auch für den Bilingualen Unterricht, dass diese für Lernende wie Lehrende transparent und unter den jeweils gegebenen Bedingungen akzeptierbar sein müssen.

In der Frage, wie das sachfachliche im Verhältnis zum sprachlichen Lernen zu bewerten sei, überwiegt in der Didaktik des Bilingualen Unterrichts bisher das normative Primat des so genannten „Sachfachlernens", demzufolge die Basis für Leistungserhebung und Leistungsbewertung in den Lehr-Lernzielprofilen der Sachfächer zu suchen ist. Eine (negativ zu Buche schlagende) Bewertung der formalen fremdsprachlichen Leistungen wird zumeist ausgeschlossen und es wird mindestens eine deutlich schwerer wiegende Bewertung von sachfachlichen Leistungen vorgeschrieben (vgl. H. J. Vollmer 2002).

Vorschriften dieser Art sind hilfreich, um einer ausschließlich formenorientierten Bewertung der Fremdsprache entgegenzutreten. Allerdings erfassen sie die Charakteristik bilingualen Lehrens und Lernens nur unzureichend, da sie von zwei fragwürdigen Annahmen ausgehen: Zum einen berücksichtigen sie nicht die zentrale Rolle der Sprache für das kognitive Lernen auch im Sachfach; zum anderen ist aufgrund der Sprachlichkeit schulischer Lehr-Lernprozesse eine einfache Trennung fachlicher und fremdsprachlicher Leistungen nicht möglich.

Zur Beschreibung von sachfachlichen Anforderungen, welche als Referenzpunkte für die Erhebung von Schülerleistungen dienen können, werden vielmehr domänen- oder fachspezifische Kompetenzmodelle benötigt, die in messbare Fähigkeitsniveaus auf der inhaltlichen wie sprachlichen Performanzebene umsetzbar sind (H. J. Vollmer 2002: 117). Die Vorschläge von Zydatiß (2002a: 57), der die textuelle Kompetenz in den Mittelpunkt auch der Leistungsbeurteilung stellt, und Bonnet (2004), der für das bilinguale Sachfach Chemie das domänenspezifische Kompetenzmodell der Bildungsgangdidaktik verwendet und weiterentwickelt, weisen daher einen pragmatischen Weg. Denn solche Vorschläge heben nicht auf punktuell abfragbares Wissen oder auf formale Sprachrichtigkeit ab, sondern auf sprachlich-inhaltliche Denk- und Lernprozesse.

6 Zum Verhältnis von Bilingualem Unterricht und Fremdsprachenunterricht

Wenn man anerkennt, dass gerade in den unteren Klassenstufen im Bilingualen Unterricht der Umgang mit sprachlichen Problemen eine wichtige Rolle spielt und man zugleich an der Forderung nach einem angemessenen Sachfachunterricht festhält, der die kognitiven Möglichkeiten der Schülerinnen und Schüler nicht unterfordert, stellt sich die Frage nach dem Verhältnis von Bilingualem Unterricht und Fremdsprachenunterricht fast von alleine. Zur Lösung dieser Aufgabe bieten sich zwei unterschiedliche Modelle an.

(1) Das erste ist ein *formal-integratives Modell*, in dem der Fremdsprachenunterricht die sprachlich-formalen und kommunikativen Bedürfnisse ins Zentrum fachbezogener Interaktion stellt (vgl. Timm 2002). Vorrangig geht es dabei um den Aufbau allgemeiner Sprachfähigkeit (Alltagssprache), auf die jeder Vorgang der Bedeutungsaushandlung und jede Begriffsarbeit angewiesen ist. Da fachliche Konzepte und deren sprachliche Abstraktion aus der alltagssprachlichen Bearbeitung von Welt heraus entstehen, ist auch der Sachfachunterricht notwendigerweise stark von Alltagssprache durchzogen (s. o.), und „echte" fremdsprachliche Bedeutungsaushandlung wird umso wahrscheinlicher, je ausgeprägter die allgemeinsprachlichen Kompetenzen ausgebildet sind. Krechel (1996) spricht darum zu Recht davon, dass auch im Bilingualen Unterricht die Sprache nicht als Fachsprache, sondern als „sachfachrelevante Sprache" zu bezeichnen sei. Hierunter ist Sprache zu verstehen, die es erlaubt, von Alltagssprache ausgehend, die beschreibende Ebene allmählich zu verlassen und Phänomene in zunehmend differenzierte Relationen zu bringen.

Dem Aufbau differenzierterer alltagssprachlicher Fähigkeiten dient bereits der verstärkte Fremdsprachenunterricht der Klassen 5 und 6. Kombiniert man diesen mit Timms Vorschlag eines „integrierten Sachfach- und Fremdsprachenunterrichts" für die Klassen 7 und 8, erhält man eine relativ lange Phase, in welcher sich Bilingualer Unterricht und Fremdsprachenunterricht gegenseitig flankieren: „Der ‚*integrierte Sachfach- und Fremdsprachenunterricht*' kombiniert den in Klasse 7 einsetzenden Bilingualen Sachfachunterricht für zwei Jahre mit einem ihm systematisch zugeordneten, d. h. sachfachbezogenen, auf seinen Inhalten und Interaktionen aufbauenden Fremdsprachenunterricht" (Timm 2002: 15). Dieser „sachfachbezogene Fremdsprachenunterricht" bietet in dieser Zeit die Gelegenheit, entlastet von den inhaltlichen Ansprüchen des Sachfaches, sprachliche Fertigkeiten mit der ihm eigenen Zielgerichtetheit zu schulen und darüber hinaus die Fremdsprache selbst zum Gegenstand des Lehrens und Lernens zu machen (ebd.). Neben klassischer Fehlerkorrektur findet hier auch das Erarbeiten von Strukturen, Redemitteln, *phrases* und *idioms* sowie der Erwerb von Sprach(lern)bewusstheit statt. Dabei sollten auch analytische Fähigkeiten im Umgang mit Sprache geschult werden, etwa zur Entwicklung von Inferierungstechniken bei Wortbedeutungen (z. B. Prä- und Suffixe, Wortstammbedeutungen). Wählt man diesen Ansatz, so fallen mit fiktionaler Literatur und Landeskunde allerdings zwei genuine Inhaltsbereiche des Fremdsprachenunterrichts für zwei Jahre fort, eine Entwicklung, die durchaus kritisch betrachtet werden muss (Decke-Cornill 1999).

(2) Will man diese Inhalte nicht aufgeben und dennoch Bilingualen Unterricht und Fremdsprachenunterricht aufeinander beziehen, kann man ein *inhaltlich-komplementäres Modell* wählen, in dem beide in einen fächerverbindenden und -vergleichenden Bezug zueinander treten: Bilingualer Unterricht und Fremdsprachenunterricht repräsentieren unterschiedliche, aber gleichwertige Zugriffsweisen auf die Welt, die miteinander kontrastiert werden. Im oben erwähnten Beispiel aus der Verbindung Biologie/Englisch entsteht das Gesamtbild des Phänomens „Leben" erst im Zusammenspiel der objektivierenden Beobachtungstechniken und logischen Schlussfolgerungen der Biologie mit der subjektiven Verarbeitung des Themas in fiktionalen, poetischen oder anderweitig ästhetisierten Darstellungsweisen des Englischunterrichts. Nicht nur zwischen dem Fremdsprachenunterricht und naturwissenschaftlichen Fächern lassen sich solche kontrastierenden Bezüge finden. Das Thema „Migration" bietet eine Vielfalt von Verknüpfungsmöglichkeiten zwischen bilingualem Politik-, Geschichts- oder Erdkundeunterricht (politische Legitimität, rechtliche Legalität und gesellschaftliche Akzeptanz; Auslöser und Folgen von Migration) und dem Fremdsprachenunterricht, in dem die subjektive, von menschlichem Hoffen und Leiden geprägte Verarbeitung sozialer Fremdheit, der Entwurzelung oder des Neuanfangs thematisiert werden kann.

In einem solchen inhaltlich-komplementären Modell liegt der Fokus auf der am gemeinsamen Themenbeispiel inszenierten „Aspekthaftigkeit" des bilingualen Faches und des Fremdsprachenunterrichts und zielt damit unmittelbar auf die oben dargelegten Aspektebenen von Interkulturalität. Angesichts des Sprachdefizits in der fremden Arbeitssprache zu Beginn des Bildungsgangs könnte sich die Kombination von beiden Modellen mit einer dynamischen Verteilung der Gewichte zwischen „formal-integrativ" und „inhaltlich-komplementär" – je nach Unterrichtssituation, Zielen, Lernfortgang und Lernerinteressen – als günstig erweisen.

R & R

Review and Reflect

Textverständnis/Reproduktion:

- Welche zwei „traditionellen" Verständnisse von Bilingualem Unterricht werden gegenübergestellt? Welche didaktischen Entscheidungen sind damit verbunden?
- Welche Rolle spielt der Begriff der Handlungsorientierung bei der Begründung der Notwendigkeit einer integrativen Didaktik vor für den Bilingualen Unterricht?
- Welche grundlegenden Kompetenzdimensionen werden unterschieden und in welchem Zusammenhang stehen diese zueinander?
- Welche Prozessaspekte des Bilingualen Unterrichts werden unterschieden?
- Mit welchen Strategien wird sprachlichen Problemen im Bilingualen Unterricht begegnet?
- Welcher Bereich der reflexiven Kompetenz lässt sich mit dem *bilingual triangle* bearbeiten?
- Wie wird der Aspekt der Leistungsmessung mit Bezug auf den Bilingualen Unterricht betrachtet?

Reflexion:

- Welche Erfahrungen (*if any*) haben Sie mit Bilingualem Sachfachunterricht gemacht?
- Inwieweit lassen sich die Überlegungen auch auf inhaltsorientierte Phasen des regulären Fremdsprachenunterrichts beziehen?
- Arbeiten Sie den lern- und bildungstheoretischen Rahmen heraus, auf den sich die Autoren beziehen.

Stellungnahme:

- Bitte nehmen Sie Stellung zu den im Text erwähnten (Vor-)Urteilen:
  1. Verschiedene Sachfächer eignen sich unterschiedlich gut für den Bilingualen Unterricht. Insbesondere naturwissenschaftliche Fächer eignen sich nicht.
  2. Im Bilingualen Unterricht werden aufgrund der Fremdsprache als Kommunikationsmedium weniger Inhalte gelernt als im deutschsprachigen Fachunterricht.
- Inwieweit bieten die Überlegungen zum Bilingualen Unterricht auch ein Innovationspotential für den Fremdsprachenunterricht?

Kapitel 9

Schüleräußerungen und Lehrerfeedback im Unterrichtsgespräch

Johannes-Peter Timm

1 Schüleräußerungen und Lehrerfeedback: Beispiele

Die folgenden Dialoge entstammen verschiedenen Unterrichtsstunden mit verschiedenen Lehrerinnen bzw. Lehrern:

1.1 6. Klasse Realschule: Sprachbezogener Einstieg in das Thema „Futur mit *will*“:

L: S_1: L:	*Marco, how old are you?* *I am twelve years old.* *You are twelve. Fine. I'll write it down.*	Die Reaktion des Lehrers (Lob und Tafelanschrieb) zeigt, dass er vor allem eine sprachlich korrekte Antwort erwartet hatte.
L: S_2 L: S_2: L:	*Annette, how old are you?* *'Thirteen.* *You are ...?* *'Thirteen.* *You are thir'teen. Yes. ...*	Der Lehrer versucht vergeblich, Annette mit dem Schwerhörigen-Trick zu veranlassen, ihre Aussprache von „thirteen“ selbst zu korrigieren. Mit „yes“ bestätigt er lediglich die inhaltliche Korrektheit der Antwort.

L: *And how old will Annette be in the year 2000?*
S_3: *She will be – äh – thirty ... thirty-three.*
L: *Yes, she will be thirty-three. Can you write it down?*

Hier wird in erster Linie die korrekte Lösung der Rechenaufgabe bestätigt (die Unterrichtsaufzeichnung ist von 1980). Diese Kontrolle hätte jedoch gut an die Klasse weitergegeben werden können: „Is this correct?"

L: *Stephan, can you ask a question?*
S_4: *How old will be ...*
L: *No. How old will ...*
S_4: *How old will be ...*
L: *No. How old will ...*
S_4: *How old will be Annette ...*
L: *How old will Annette be ...*
S_4: *How old will Annette be - äh - ninety ...*
L: *in ninety ...*
S_4: *in ninety-nine? ...*

Stephan wird auf eine Fehlerstelle aufmerksam gemacht, allerdings ohne Hinweis auf die korrekte Form. Entweder erkennt Stephan diese Strategie nicht, oder er kann sich nicht selbst korrigieren, da die fehlerhafte Struktur verfestigt ist. Erst als der Lehrer die korrekte Struktur direkt vorgibt, kann er sie *re*produzieren.

L: *And the last question. Annette, can you ask it?*
S_5: *How old will be Andreas ...*
L: *How old will Andreas be ...*
S_5: *How old will Andreas be in ... twenty-two?*
L: *... in the year ...*
S_5: *... in the year 2000? Iris.*
S_6: *He ... - nee - He will ... - äh - He will be thirty-four years.*
L: *Yes, he'll be thirty-four years. Fine.*

Annette hat die Korrektur der falschen Frageform Stephans offensichtlich nicht registriert – zumindest ist noch kein Lernerfolg sichtbar. Angesichts der Probleme mit Stephan korrigiert der Lehrer die Fehler Annettes sofort selbst.

1.2 7. Klasse Realschule: Gespräch über Verwandte, die während der Ferien besucht wurden:

L: *Where does he live?*
S_1: *He lives near Nürnberg.*
L: *Hm. Have you ever visited him?*
S_1: *Yes.*
L: *When did you last visit him?*
S_1: *For ...*
L: *Whèn? Whèn was it? Whèn did you visit him for the last time?*
S_1: *Since ... äh ... three weeks.*
L: *Three weeks ago? Oh, during your holidays?*

Mit der mehrmaligen betonten Rückfrage „Whèn ... ?" macht der Lehrer deutlich, dass er nach einem Zeitpunkt, nicht nach einem Zeitraum fragt. Der Schüler bezieht diese Hilfe jedoch auf die ihm geläufige Unterscheidung zwischen *for* und *since*, was der Lehrer an dieser Stelle jedoch nicht diskutieren will. Er will lieber den Dialog fortsetzen und korrigiert deshalb den Fehler selbst.

L: (spricht anderen Schüler an): *Who did* yòu *visit?*
S_2: *I did visit my ...*
L: *I visited ... You visited your ...*
S_2: *... cousin.*

Es wäre besser, den Schüler zunächst einmal aussprechen zu lassen, um dann kommunikativ-interpretativ mit Vorgabe der korrekten Verbform zu helfen, z. B.: „Sorry, I didn't understand who you visited."

L: *Your cousin? Where does he live?*
S_2: *He live in Pforzheim.*
L: *Oh, he lives in Pforzheim. Well, that's not so far away, is it? What did you do there? ...*

Hier wird kommunikativ-interpretativ in Form eines überraschten Kommentars korrigiert. Dies macht die Wiederholung der Schüleräußerung durch den Lehrer plausibel.

1.3 7. Klasse Realschule: Gespräch über die Havarie des Tankers *Torrey Canyon* und die Bemühungen der Rettungsmannschaften, den Schaden zu begrenzen (vgl. *English G* 3B, CVK, 1. Aufl. 1975, Unit 7):

S: *The government would – was heißt „versenken"? – senk the ship.*
L: *Indeed. They wanted to sink the ship with bombs.*
S: *Yes, and they wanted to burn the oil.*

Das „Yes" der Schülerin lässt vermuten, dass die Lehrerhilfe eine bestehende Bedürfnisspannung (Lücke im Wortschatz) reduzierte und deshalb „ankam". Ihre eigene Weiterführung macht darüber hinaus deutlich, dass auch die Korrektur von „would" zu „wanted to" wahrgenommen wurde.

1.4 8. Klasse Realschule: Gespräch über Schüleraktivitäten am vorangegangenen Wochenende:

L: *Where did the boys go from there?*
S: *They go to the disco.*
L: *They went to the disco? I thought they went first to McDonald's.*
S: *No, no. First to the disco. After they went to McDonald.*

Die überraschte Rückfrage des Lehrers hat Erfolg: In der Fortsetzung ihrer ersten Aussage korrigiert die Schülerin ihren Fehler. Die Rückfrage „Did they really go to the disco?" wäre im Hinblick auf eine mögliche Korrektur dagegen eher kontraproduktiv gewesen, weil sie die falsche Verbform der Schülerin wiederholt hätte.

1.5 8. Klasse Realschule: Situationsbezogener Dialog mit einem Schüler (vgl. Kap. 1, Abschnitt 3):

L: *Richard, where is your homework?*
S: *I couldn't do it. I was by my uncle and I come late at home.*
L: *What time was it when you came home? When did you come home from your uncle's?*
S: *At eight or so. At half past eight.*
L: *And what did you do at your uncle's?*
S: *We repaired the car.*
L: *Your uncle's car?*
S: *Yes. We had - äh – Probleme - äh - problems. We did not find a - 'n Engländer, an Englishman* (lacht) *- so'n* (unverständlich, Klasse lacht).
L: *Well, what you mean is a tool, ein Werkzeug, ein Schraubenschlüssel, for turning nuts* (macht eine entsprechende Geste) ... *I think it's called a spanner. Did you find a spanner in the end?*
S: *No.*
L: *So you couldn't repair the car after all?*
S: *No, we couldn't. But we - äh - tried long, till late in the night.*
L: *I see. And therefore you couldn't do your homework. Well, do it for tomorrow then, will you?*

Im Gegensatz zu allen vorangegangenen Sequenzen handelt es sich hier um situationsbezogene, didaktisch nicht gesteuerte Kommunikation, bei der ein Problem diskutiert wird. Der Schüler ist hoch motiviert, das Fehlen der Hausaufgabe zu begründen. Da es nur um die Klärung des Sachverhalts geht, werden Schülerfehler so lange ignoriert, wie sie nicht das Verständnis behindern.

Das Lachen Richards zeigt, dass er sehr wohl weiß, dass „Englishman" nicht das richtige Wort für das Werkzeug „Engländer" ist, der Lehrer ihn aber dennoch verstehen wird. Dieser greift helfend ein, damit der fremdsprachige Dialog weitergeführt werden kann. Seine eigene Strategie der Suche nach dem korrekten englischen Wort („adjustable spanner") mit einer auch in einer vergleichbaren muttersprachlichen Situation typischen Geste hilft dem Schüler, die Lehreräußerung zu verstehen.

Die intensiven sprachlichen Bemühungen des Schülers haben schließlich den gewünschten kommunikativen Erfolg: er entgeht der gefürchteten Sanktion.

1.6 Ausblick

Diese Beispiele veranschaulichen mögliche Reaktionen auf Schüleräußerungen und führen dabei zu einigen der Brennpunkte hin, die in diesem Kapitel behandelt werden:

- Die ersten drei Unterrichtssequenzen sind Beispiele für das häufigste und typischste Interaktionsmuster des Fremdsprachenunterrichts: das sog. *Lockstep*-Verfahren, das aus der Abfolge *Lehrerfrage – Schülerantwort – Lehrerfeedback* besteht (Edmondson/House 2006: 244ff.).

- Unterrichtsgespräche sind weithin geprägt von solchen metasprachlichen Reaktionen auf Schüleräußerungen, d. h. von Bestätigungen korrekter Äußerungen (meist verbunden mit Lob) bzw. Korrekturen oder anderen Reaktionen auf fehlerhafte Äußerungen (oft verbunden mit Tadel).
- In kommunikativen Unterrichtsphasen ist es grundsätzlich angezeigt, das Gespräch „laufen zu lassen", es also nicht unnötig durch eine Korrekturhandlung zu unterbrechen. (Was unter „unnötig" zu verstehen ist, wird in diesem Kapitel noch geklärt.)
- Andererseits benötigen die Schüler für ihren Lernprozess positive oder negative Rückmeldungen („Feedback"), d. h. Bewertungen ihrer Äußerungen, die ihnen helfen, ihre fremdsprachliche Produktion und damit vielleicht auch ihre aktuelle Sprachkompetenz (*interlanguage*) durch einen Vergleich mit der Zielsprache zu überprüfen.
- Unter einer positiven Rückmeldung versteht man die implizite oder explizite Bestätigung der (zumindest hinreichenden) Korrektheit der Schüleräußerung (z. B. *Yes. Fine. Indeed. Correct.*), unter einer negativen Rückmeldung die Korrektur einer fehlerhaften, missverständlichen oder sonstwie verbesserungswürdigen Äußerung (*No. That's wrong.*).
- Fehler sind wichtige Indikatoren für den Unterrichtenden über den aktuellen Sprachstand der Schüler, den Verlauf von Lernprozessen sowie den Erfolg oder Misserfolg von Lehrstrategien.
- Im Unterrichtsgespräch müssen Fehlerkorrekturen so erfolgen, dass sie den Schülern eine Rückmeldung geben, ohne ihre Sprech- und Kommunikationsbereitschaft zu hemmen oder zu lähmen (*affective filter*-Hypothese; Krashen 1982). Die Art des Feedbacks gibt den Lernenden nämlich immer auch Hinweise auf die Art der Lehrer-Schüler-Beziehung (Königs 2007: 378) (vgl. die Differenzierung zwischen „Inhaltsaspekt" und „Beziehungsaspekt" in Kap. 2, Abschnitt 1.2).

2 *Message before accuracy*

Kognitive und affektive Aspekte des schulisch gesteuerten Fremdsprachenlernens sind nur schwer miteinander vereinbar. Wenn wir jedoch das Richtziel des Fremdsprachenunterrichts, die fremdsprachliche Handlungskompetenz, ernst nehmen, dann müssen zumindest im offenen, inhaltlich orientierten Unterrichtsgespräch sowie bei der Partner- und Gruppenarbeit in Szenarien und Projekten vor allem die inhaltliche und die soziale Funktion des Sprechens sowie die damit verknüpfte spezifische emotionale Dimension berücksichtigt werden. Inhaltliches Engagement, d. h. der Wunsch zu verstehen und sich mitzuteilen, muss hier also Vorrang haben vor den kognitiven Aspekten des Sprachlernens. Nur auf diesem Hintergrund sind die Lernenden bereit, die entsprechenden kognitiven Fähigkeiten und Fertigkeiten zu erwerben, die sie zum Ausdruck dieser Absichten benötigen (vgl. das Beispiel *Richard* in Abschnitt 1.5).

Es ist zwar noch nicht ausreichend geklärt, in welcher Weise Fehlerkorrekturen mit anderen Faktoren der unterrichtlichen Interaktion zusammenwirken (vgl. Königs 2007). Es kann jedoch als gesichert gelten, dass viele Schülerinnen und Schüler durch häufige Fehlerkorrekturen demotiviert werden (Krashen/Terrell 1983: 177f., Terrell 1982: 165), auch wenn die negativen Folgen von Korrekturen für die Motivation durch eine positive emotionale Klassenatmosphäre sowie durch persönliche Zuwendung teilweise aufgefangen werden können. Zwar erwarten einzelne, vor allem leistungsstärkere Schüler Korrekturen durchaus nicht nur in Übungs-, sondern auch in Gesprächsphasen, weil sie ihnen helfen, mögliche Unsicherheiten abzubauen. Dennoch fühlen sich die meisten insbesondere im Unterrichtsgespräch durch Korrekturen eher verunsichert, besonders wenn diese auch noch mit Tadel gekoppelt sind. Viele geben dann nicht nur ihre aktuellen Kommunikationsbemühungen auf; sie werden darüber hinaus versuchen, fehlerträchtige Situationen grundsätzlich zu vermeiden, und begeben sich so der Möglichkeit, aus Fehlern zu lernen.

Insbesondere im kommunikativen Unterrichtsdialog, in dem der Schüler sich ja auch affektiv in gewisser Weise „öffnet“ (vgl. Bleyhl 1984: 171f.), muss er also zunächst erfahren, ob er verstanden wurde, ob sein sprachliches Handeln erfolgreich war, bevor es darum gehen kann, die sprachliche Korrektheit des Gesagten zu beurteilen. In Analogie zu der bekannten Forderung „fluency before accuracy“ (dem Sinn nach bei Billows 1961: 78) nenne ich dieses Prinzip *message before accuracy*. Die Lehrperson muss hier also zunächst einmal als Gesprächspartnerin reagieren, indem sie die Schüleräußerung inhaltlich kommentiert (*I see. Really? Well, this must have been difficult.*) und/oder weiterführt (*Oh, he lives in Pforzheim. Well, that's not so far away.*) oder gegebenenfalls ihr Unverständnis artikuliert (*I don't understand what you want to say.*). Die Fehlerkorrektur tritt hier also zunächst einmal in den Hintergrund.

3 Fehler, Fehleridentifizierung und Fehlerbewertung

Die gängige Definition macht deutlich, dass Fehler sich auf *Sprachnormen* im Sinne sozial verbindlicher Verhaltensregeln sowie auf kodifizierte *Regeln des Sprachsystems* beziehen können:

> Als sprachlicher Fehler gilt eine Abweichung von geltenden Normen, ein Verstoß gegen sprachliche Richtigkeit, Regelhaftigkeit oder Angemessenheit, eine Form, die zu Missverständnissen und Kommunikationsschwierigkeiten führt oder führen kann. (Lewandowski 1990: II, 297)

Eine weitere Unterscheidung geht auf Corder (1967: 166) zurück. Er trennt zwischen *errors* als systematischen, auf Kompetenzschwächen beruhenden Fehlern, *mistakes* als unsystematisch auftretenden Performanzfehlern, die vom Lerner erkannt und zum Teil auch korrigiert werden können, und (ebenfalls der Performanz zuzuordnenden) *slips* bzw. *lapses* als Flüchtigkeitsfehlern oder Versprechern. Wie die Aufstellung zu Fehlerursachen in Abschnitt 4 zeigt, wird die auf Chomsky zurückgehende Unterscheidung zwischen „Kompetenz" und „Performanz" den Kenntnissen, Prozessen und Strategien, die ein Sprachbenutzer in *reale* Kommunikationsprozesse einbringt, jedoch nicht gerecht (vgl. hierzu auch den in Kap. 1 entwickelten Begriff der „sprachlichen Handlungskompetenz"). So fehlt in der neueren Literatur der Bezug auf Chomskys Dichotomie:

> Mistakes are akin to slips of the tongue. That is, they are generally one-time-only events. The speaker who makes a mistake is able to recognize it as a mistake and correct it if necessary. An error, on the other hand, is systematic. That is, it is likely to occur repeatedly and is not recognized by the learner as an error. (Gass/Selinker 2001: 67)

Die Identifizierung und Bewertung von Verstößen gegen sprachliche Normen und Regeln ist sehr subjektiv und keineswegs leicht. Dabei scheint es gravierende Unterschiede zwischen den Urteilen von *native speakers* bzw. *non-native speakers* zu geben: Die Ersteren achten mehr auf die globale *Verstehbarkeit* von Äußerungen, die Letzteren mehr auf lexikalische und grammatische *Fehler*; außerdem bewerten *non-native speakers* insbesondere grammatische Fehler meist strenger als *native speakers* (vgl. R. Ellis 1994: 50-67).

Sprachnormen und Regeln einer Sprache sind nicht *a priori* vorgegeben; sie können nur aus der Beobachtung von Regelhaftigkeiten des Sprachgebrauchs erschlossen werden. Da aber eine Sprachgemeinschaft kein homogenes Gebilde ist, gelten beide im Prinzip immer nur innerhalb bestimmter regionaler und sozialer Bereiche. So verlassen sich auch *native* wie *non-native teachers* zunächst einmal auf ihre eigene sprachliche Intuition, d. h. ihr „Sprachgefühl", das sie in bestimmten regionalen und sozialen Kontexten erworben haben; darüber hinaus greifen sie aber auch auf explizite Norm- und Regelkenntnisse zurück. Wenn der *non-native teacher* in schwierigen Fällen jedoch zusätzlich zu lexikalischen, grammatischen und idiomatischen Handbüchern greift, muss er oft feststellen, dass diese über die Verwendungsmöglichkeit sowie den sozialen Wert eines Wortes, einer Kollokation, einer grammatischen Konstruktion oder eines *idiom* in dem vorliegenden Kontext keine oder nur sehr allgemeine Auskünfte geben; und Richtlinien und Lehrwerke, die bestimmte Normen und Regeln selektiv als Standards für den Fremdsprachenunterricht festlegen, helfen in Zweifelsfällen noch weniger weiter.

„Sachwalter" sprachlicher Normen und Regeln im schulischen Alltag sind also letztlich immer die jeweiligen Lehrerinnen und Lehrer. Ihre Regelkenntnisse und Normvorstellungen, ihr Sprachgefühl sowie gegebenenfalls der Rückgriff auf die Bestände ihrer Handbibliothek entscheiden darüber, was für die jeweilige Klasse als Standard gilt, und ihre fachdidaktischen und pädagogischen Alltagstheorien bestimmen, welche Fehler registriert oder bewusst übersehen werden. Obwohl das nicht offen ausgesprochen wird, werden also nicht die in Handbüchern oder Lehrwerken kodifizierten Normen als faktische Standards gesetzt, sondern genau diese mehr oder weniger fundierten Kenntnisse sowie das subjektive Sprachgefühl der Unterrichtenden.

4 Fehlerursachen

4.1 Von „Strukturmustern" zu Prozessen und Strategien der Lerner

Es ist sehr schwierig, die Ursache(n) eines konkreten Fehlers zu diagnostizieren (vgl. R. Hawkins 1998). Bis in die 1960er Jahre ging man meist von einem unbewussten *Transfer* falscher, meist muttersprachlicher „Strukturmuster" im Rahmen imitativer Lernprozesse aus (negativer Transfer, Interferenz). Dies führte zu einer Blütezeit der *Kontrastiven Linguistik*, deren Ziel die Prognose solcher interferenzbedingter Fehler sowie eine entsprechende Fehlerprophylaxe war. Erst in den siebziger Jahren löste man sich von dieser Fixierung auf die (nur negativ gesehene) Rolle der Muttersprache. Seitdem gründen *Fehleranalysen* auf der Analyse konkreter Äußerungen, Texte und Dialogsequenzen im Kontext ihres sozialen Umfelds (*Performanzanalysen*; vgl. Færch/Kasper 1987b: 8ff.). Auf diese Weise erhält der einzelne Fehler einen Stellenwert im Rahmen des Gesamtsystems des aktuellen Sprachstandes (Übergangskompetenz, Interimsprache, *interlanguage*) des jeweiligen Schülers.[1] In diesem Kontext geht man davon aus, dass Fehler auf Fehlleistungen bestimmter Prozesse und Strategien beim Lernen oder beim Sprachgebrauch zurückgehen.

---

1 Der Begriff der *interlanguage* ist nicht ganz eindeutig. Bei Selinker (1972: 214) verweist er auf das aus den (teilweise fehlerhaften) Sprachprodukten rekonstruierbare innere Regelsystem des Lernenden, auf seine Kompetenz; gelegentlich werden darunter jedoch auch die daraus resultierenden Sprachdaten selbst verstanden (die sog. „Lernersprache").

4.2 Lernprozesse und Lernstrategien

Wenn es sich nicht um bloße „Versprecher" handelt, sind die folgenden Lernprozesse und Lernstrategien in der Regel längerfristig wirksam:

- Strukturelle Vereinfachung durch Reduktion bestimmter grammatischer Merkmale: *Tom *play football* (statt *plays/played*); *The thief has *be arrested.*[2]
- Strukturelle Komplizierung: *Tom *did play football; *Did the ambulance will be called at once?*.
- Doppelte Markierung bestimmter Konzepte (z. B. *Past Tense*): *Tom *did played football.*
- Regularisierung: Übergeneralisierung von Regularitäten der Fremdsprache auf Fälle, für die eine speziellere Regel gilt: *All the *childs were playing outside* (*s*-Plural für alle Pluralformen); *Tom *goed away* (*-ed* für alle *Past Tense*-Formen).
- Übergeneralisierung von Regularitäten der Fremdsprache auf Fälle, für die eine andere Regel gilt : *Who *did come?* (*do*-Erweiterung für alle Fragen ohne „Operator"; vgl. *Who will come?*); *Football is *playing in all European countries* (Übergeneralisierung der *ing*-Form nach *be*); *Yesterday *I've bought the new Bruce Springsteen album* (Übergeneralisierung des *Present Perfect* bzw. fehlende Differenzierung zwischen *Present Perfect* und *Simple Past;* evtl. auch Interferenz aus dem Deutschen); *I went to *[bæd] late last night* (Generalisierung von [æ] für [e] und [æ]).
- Rückgriff auf Kategorien und Regularitäten der Muttersprache (Interferenz): (1) Semantik: Nichtberücksichtigung einer divergenten Lexik im Englischen: z. B. dt. „bemerken", engl.: (a) *I* noticed *somebody behind the tree;* (b) *„That's life", he* remarked *ironically;* (c) *She didn't* realize *her mistake* (nach Kieweg 2007: 12); (2) Wortbildung/Wortakzent: dt. „Góldmìne", „Góldmèdaille" (Komposita), engl. *góld mìne* (Kompositum), aber *gòld médal* (syntaktische Fügung); (3) Morphosyntax: *What *means „usually"?* (dt.: Inversionsfrage); *I have *my watch lost* (dt.: Spreizstellung des Verbalkomplexes); *The thief *will arrested* (dt.: „wird verhaftet"; vgl. Futur „wird verhaften" – *will arrest*); *When *have you lost your watch?* (dt.: Perfekt als Vergangenheitstempus); (4) Aussprache: *I went to [bɛd] late last night / Their performance was really *[bɛd]* (Hochdt.: keine Differenzierung zwischen [ɛ] und [æ], d. h. offenes „e" [ɛ] in „Zettel" wie in „Sättel"; vgl. auch die neue Schreibung „Stängel" für früheres „Stengel" – selbstverständlich ohne Änderung der Aussprache).

---

2 In den Beispielen kennzeichnen Sternchen (*) fehlerhafte Formen.

4.3 Kommunikationsstrategien

Der Einsatz einer bestimmten Kommunikationsstrategie erfolgt in der Regel spontan (Beispiele z. T. nach Hecht/Green 1991a: 138):

- „Foreignizing": *The government would *senk the ship.* – Die Abgrenzung zwischen einem Rückgriff auf Regularitäten der Muttersprache als einer längerfristigen Lernstrategie (vgl. unter 4.2) und einem spontanen „foreignizing" dürfte im Einzelfall allerdings schwierig sein.
- „Language switching": *Can you for our group ... a Reservierung annehmen?; The government would – was heißt „versenken"? – senk the ship?*
- Vermeidung: *The man did something he didn't want to do* (statt *By mistake the man did ...*); *The radio ... everybody could hear the radio* (statt *The radio could be heard by everybody*). Dies sind keine Fehler im üblichen Sinn, sondern Ergebnisse bewusster Formulierungsstrategien, die in einem handlungsorientierten Unterricht völlig akzeptabel sind und auch in Testsituationen als positive Leistungen gewertet werden können.
- „Mutige" und „intelligente Fehler", d. h. Fehler, die aus einem Probierverhalten der Lernenden und dem Mut zum Risiko entstehen: *We did not find a - 'n Engländer, an *Englishman* (vgl. Abschnitt 1.5).

4.4 Flüchtigkeitsfehler/Versprecher

Flüchtigkeitsfehler oder Versprecher sind unsystematische Fehler aufgrund momentaner psychischer Faktoren wie Unaufmerksamkeit, Ablenkung, Müdigkeit oder Aufgeregtheit.

4.5 Probleme

Eine solche Klassifikation kann letztlich keine verbindliche Aussage über die im jeweiligen Fall *tatsächlich* wirksame Fehlerursache machen. Zudem können Fehler ja auch aus unklaren oder falsch verstandenen Erklärungen, aus der Nachahmung eines falschen oder falsch verstandenen bzw. falsch erinnerten Schüler-, Lehrer- oder Lehrwerkvorbildes, aus der Kommunikations- bzw. Testsituation oder der Aufgabenstellung oder aus einem Zusammenwirken mehrerer innerer und äußerer Faktoren resultieren. So stellen Fehlererklärungen im jeweiligen Einzelfall, bei aller Plausibilität, meist Vereinfachungen eines äußerst komplexen Geschehens dar, für das es noch kein stringentes Erklärungsmodell gibt (vgl. Mundzeck 1991: 588ff.). Dennoch ist es für Lehrer hilfreich, sich über *mögliche* Fehlerursachen Gedanken zu machen und auch den Blick der Lernenden für ihre eigenen Lern- und Kommunikationsstrategien sowie mögliche Fehlerursachen zu schärfen (vgl. Abschnitt 11.7).

5 Die Rolle von Fehlern im Sprachlern- und Sprachlehrprozess

Im Gefolge von Skinners behavioristischer Lerntheorie bestand bis weit in die 1960er Jahre hinein das Ziel des Fremdsprachenunterrichts darin, die Lernenden zu korrekter Sprach(re)produktion und zur Ausbildung von „Sprechgewohnheiten" zu bringen. Dazu dienten die sorgfältige Strukturierung des Lernmaterials, gezielt formulierte Lehrerfragen, welche „Schülerantworten vorbestimmen und Lernhindernisse umgehen können" (Köhring/Beilharz 1973: 83f.), die möglichst weitgehende Verhinderung von Fehlern (Fehlerprophylaxe) sowie die Bestätigung korrekter Schülerantworten. Fehler galten dabei als Negativerscheinungen, als Zeichen einer ungenügenden Sprachbeherrschung aufgrund mangelnder Begabung, Leistungsbereitschaft oder Aufmerksamkeit der Schüler.

Spätestens seit dem Ende der sechziger Jahre weiß man jedoch, dass man eine Sprache, auch eine Fremdsprache, nicht über die möglichst fehlerfreie Imitation von Vorbildern, d. h. die reibungslose Anpassung an vorgegebene Formen und Normen lernt. Dies geschieht vielmehr in einem Prozess der aktiven mentalen Auseinandersetzung mit der Umwelt bzw. dem Lernstoff: „... second language learners are not mere sponges acquiring the new language by osmosis alone. They are thinking, reflective beings who consciously apply mental strategies to learning situations both in the classroom and outside of it" (Chamot 1987: 82). Bei diesem mentalen Geschehen handelt es sich um ein höchst komplexes Geschehen, bei dem *meaningful interaction* und *negotiation of meaning* sowie - in diesem Rahmen - positive oder negative Rückmeldungen, d. h. Bewertungen ihrer Äußerungen sowie gegebenenfalls die Korrektur von Fehlern, eine zentrale Rolle spielen (vgl. Kap. 2, Abschnitt 3). Schon aus diesem Grund kann der Mut zu sprachlichem Risiko im Unterrichtsgespräch sowie beim kreativen Schreiben gar nicht oft genug gelobt und auch in Testsituationen - je nach Aufgabentyp - sogar durch einen Punktbonus belohnt werden, selbst wenn die Risikobereitschaft zu Fehlern führt. Schüler sollen wissen, dass sie Fehler machen dürfen, weil Fehler Lernhilfen provozieren.

Ausgangspunkt für diese Sehweise ist Corders Äußerung: „ ...we can regard the making of errors as a device the learner uses in order to learn. It is a way the learner has of testing his hypotheses about the nature of the language he is learning" (Corder 1967: 167). Aus Fehlern lernen setzt jedoch voraus, dass man sie als solche erkennt. Da aber die meisten - auch die fehlerhaften - Äußerungen des Lernenden durchaus im Einklang mit seiner aktuellen Sprachkompetenz (*interlanguage*) stehen, ist für das Erkennen eines Fehlers und einen darauf aufbauenden weiteren Lernprozess deshalb, wie beim muttersprachlichen Spracherwerb, fast immer eine Rückmeldung von außen (Feedback) notwendig. Erst durch kommunikativen Misserfolg oder eine explizite Korrektur bzw. eine sonstige *gezielte* Reaktion des Kommunikationspartners bzw. der Lehrperson erfährt der Lernende also, dass bestimmte Regeln, die er „hypothetisch" aus Äußerungen, Erklärungen und Regelformulierungen seiner maßgeblichen Sprachautoritäten (Lehrer, Lehrwerk) abgeleitet hat, falsch, unvollständig oder nicht übertragbar und damit revisionsbedürftig sind.[3]

Darüber hinaus geben Fehler natürlich dem Unterrichtenden Hinweise auf die aktuellen *Kenntnisse* eines Schülers sowie auf den Verlauf von *Lernprozessen* und damit den Erfolg oder Misserfolg seiner *Lehrbemühungen*. Damit stellen Fehler „den bedeutsamsten Faktor im pädagogischen *feedback*-System" dar (Legenhausen 1975: 13) – obwohl die Tatsache, dass die Feststellung von Fehlern in vielen Fällen gleichzeitig der Leistungsbewertung und der Vergabe von Zensuren dient, dieser Diagnosefunktion oft zuwiderläuft und damit ein großes pädagogisches Problem bedeutet.

6 Vom *Input* zum *Intake*

Im „Handlungsraum Klassenzimmer" erhalten die Schüler einen – sprachlich längst nicht immer korrekten – Input an vielfältigen mündlichen und schriftlichen Äußerungsformen, die auf höchst komplexe und im Einzelnen noch längst nicht geklärte Weise miteinander interagieren. Wegen der mentalen Eigentätigkeit der Lernenden kann das unterrichtliche Angebot an sprachlichem *Input*, also Klassengespräche, Texte (auch über Medien), Übungen, Aufforderungen, Erklärungen, Fehlerkorrekturen und sonstiges Feedback usw., nie gleichgesetzt werden mit dem *Intake*, also dem, was sie davon wirklich aufnehmen und eigenaktiv-konstruktiv verarbeiten. So wird ein Lernfortschritt nie direkt durch das von außen an den Schüler herangetragene Lernmaterial selbst ausgelöst. Er ergibt sich vielmehr erst, wenn dieses Material (der Input) für den Schüler zumindest aus dem Kontext heraus verständlich ist und wenn es darüber hinaus in der Interaktion (Bedeutungsaushandlung) sowie dem Bemühen um eigene korrekte Äußerungen eine mentale Eigentätigkeit in Gang

---

3 Einzelne Teilbereiche der *interlanguage* können allerdings verfestigt (*fossilized*) und damit gegenüber unterrichtlichen Lehrbemühungen weitgehend resistent sein (Selinker 1972, Timm 1986, Han/Odlin 2006; vgl. oben Abschnitt 1.1: *Stephan*). – Das „Hypothesentesten" der Lernenden muss nicht notwendigerweise ein bewusster, zielgerichteter Vorgang sein; in den meisten Fällen handelt es sich um weitgehend unbewusste, intuitive Aktivitäten des Gehirns (vgl. Færch et al. 1984: 190f.).

setzt, die formale Merkmale und Bedeutungen intuitiv oder bewusst in Bezug zueinander setzt (vgl. ausführlicher Kap. 2, Abschnitt 3):

> Nach der Interaktionshypothese wirkt vor allem derjenige Input lernfördernd, der durch die Beteiligung der Lerner an der sprachlichen Interaktion verständlich ‚gemacht' wird. Es findet eine Aushandlung von Bedeutungen statt, eine Verständigung über Diskrepanzen zwischen dem, was gesagt wird, und dem, was verstanden wird. (Tönshoff 2005: 8f.)

In diesem Zusammenhang stellt Hüllen (1987: 202f.) fest, dass Lehreräußerungen keineswegs perfekt geplant sein müssen, ja, dass eine solche Perfektion nicht einmal wünschenswert wäre. Gerade wenn sie von Selbstkorrekturen, Wiederholungen und anderen Redundanzen durchsetzt sind und dabei noch die „Spuren ihres Planungsvorganges" in sich tragen, erleichtern sie den Schülern das Verständnis und die mentale Verarbeitung und helfen ihnen damit beim eigenen Lernprozess. Das Beispiel *Richard* in Abschnitt 1.5 bietet hierfür gutes Anschauungsmaterial.

Was vom einzelnen Schüler letztlich verstanden und damit vom Input zum Intake gemacht werden kann, hängt – außer von der Art und Darbietungsform des Inputs – von einer ganzen Reihe von Faktoren ab: von dem aktuellen Stand seiner interlinguistischen Kenntnisse (einschließlich möglicher muttersprachlicher Interferenzen), von den individuellen Determinanten seines Lernprozesses („Individuenvariablen" wie altersbedingter Entwicklungsstand, Lernertyp, Sprachlerneignung, Motivation, Grad an Selbstbewusstsein u. a.; vgl. Knapp-Potthoff/Knapp 1982, Kap. 4), von seinen spezifischen Lernstrategien sowie von institutionellen und organisatorischen Bedingungsfaktoren des Unterrichts. Der Input wird dabei in einer Weise verarbeitet, in der die Anteile und Wirkungen der verschiedenen Formen des Lernmaterials von Fall zu Fall ganz unterschiedlich zum Tragen kommen. Zwischen den entsprechenden Lernprozessen finden jedoch intensive Wechselwirkungen statt, so dass jeder Input sowohl die Wirkungen früheren als auch die Verarbeitung zukünftigen Inputs beeinflusst.

7 Der Stellenwert von Feedback

Lehrerfeedback kann sprachbezogen oder mitteilungsbezogen sein. *Sprachbezogenes Feedback* enthält entweder (negative) Korrekturhandlungen wie Hinweise auf einen Fehler, Korrekturen oder Aufforderungen zur Selbstkorrektur oder (positive) Bestätigungen der Korrektheit einer Antwort; *mitteilungsbezogenes Feedback* ist eine Weiterführung der Kommunikation, die explizit oder implizit einen Hinweis auf einen Fehler enthält (vgl. Abschnitt 8). Zusammen mit den entsprechenden Schülerreaktionen werden sie als „Reparatursequenzen" bezeichnet (vgl. Edmondson/House 2006: 252ff.).

Für die Wirkung von Korrekturhandlungen scheinen nach Schmidts Aufmerksamkeits-Hypothese (R. Schmidt 1995b; vgl. Kap. 2, Abschnitt 3) in erster Linie die *Aufmerksamkeit* der Lernenden auf das zu erlernende Phänomen sowie seine *bewusste Wahrnehmung* im Input maßgebend zu sein:

> Korrekturhandlungen können als aufmerksamkeitserregende Unterrichtsverfahren betrachtet werden. Kennzeichnend für Korrekturen ist aber, dass das bloße Gewahrwerden zielsprachlicher Phänomene oft nicht ausreicht. Von den Lernern muss auch der Unterschied oder „gap" zwischen der korrekturbedürftigen Lerneräußerung und der richtigen Form in der Zielsprache wahrgenommen werden. (Lochtmann 2002: 61f.)

Dabei heißt *noticing the gap*, dass die Lernenden sowohl die "Fehlermeldung" als auch den Unterschied zwischen ihrer eigenen Äußerung und der korrekten Form wahrnehmen (ebd.: 59).

Was die Wirksamkeit von mehr expliziten, d. h. formorientierten, gegenüber mehr impliziten, d. h. kommunikativen Feedbacks angeht, so geben Knapp-Potthoff/Knapp (1982) den Ersteren ganz eindeutig den Vorzug. Es sei nämlich plausibel anzunehmen, „daß Feedback umso effektiver ist, je eindeutiger es vom Lerner auf bestimmte Elemente seiner Lernersprache bezogen werden kann und je deutlicher ihm wird, in welche Richtung er seine Hypothesen verändern muss" (ebd.: 197). In diesem Sinne stellt zwanzig Jahre später auch Katja Lochtmann fest:

> ... je expliziter die Korrekturhandlung ausfällt, desto größer ist die Wahrscheinlichkeit, dass die Aufmerksamkeit der Schüler ausgelöst wird und dass die Schüler die Korrektur wahrnehmen, was ihnen erlauben würde, einen kognitiven Vergleich zu ziehen." (Lochtmann 2002: 66)[4]

Andererseits ist beim Sprachlernen nicht nur die kognitive Komponente wichtig, sondern (mindestens) ebenso auch die affektive. So fährt Lochtmann fort:

> Da mehrere Untersuchungen ... erwiesen haben, dass negatives Feedback in Form expliziter Korrekturen für den expliziten FSU spezifisch ist und im alltäglichen Sprachgebrauch zwischen Lernern und Muttersprachlern ... fast nicht vorkommt und ziemlich beleidigend wirken kann ..., wird im Allgemeinen angenommen, dass solche Korrekturen nicht sehr lernfördernd sind. Auch im FSU werden sie eher als störende Faktoren in einem Gespräch empfunden ..." (Ebd.: 67)

---

4 Vgl. hierzu auch den in die gleiche Richtung gehenden Befund von Havranek (2002) zur Wirksamkeit von sog. „recasts" in Abschnitt 11.2.

Die Qualität der Rückmeldung durch den Unterrichtenden ist zunächst von seinen sprach- und sprachlerntheoretischen, didaktisch-methodischen, pädagogischen und anderen Konzepten („Alltagswissen", vgl. Kap. 13, Abschnitt 4) bestimmt. Darüber hinaus unterliegt sein Urteil Beschränkungen, die ganz allgemein in der unterrichtlichen Lehrsituation liegen: Ablenkung durch Konzentration auf methodische Fragen, auf den nächsten Arbeitsschritt, auf Disziplinprobleme usw. Gerade unter dem Zwang zur spontanen Korrektur handelt man oft psychologisch ungeschickt und didaktisch wie sprachlich nicht reflektiert. So sind Rückmeldungen in solchen Situationen möglicherweise unnötig schroff, in ihrer Art sehr heterogen, teils zu wenig explizit, teils zu pedantisch, teils sogar fehlerhaft, und fordern so den Lernenden Interpretationsleistungen ab, bei denen sie häufig überfordert sind. Entsprechend groß ist die Gefahr, dass die Rückmeldung ohne Wirkung bleibt. Dies gilt natürlich umso mehr, je schwerer der einzelne Fehler zu erkennen oder gar exakt zu beschreiben ist und je mehr Fehler - unter Umständen auf verschiedenen sprachlichen Ebenen - eine Schüleräußerung enthält (vgl. die umfangreiche, trotz ihrer Absurdität durchaus typische Reparatursequenz im folgenden Abschnitt). Fehlerhinweise und Korrekturen müssen also eindeutig und durchschaubar bleiben. Nur so können sie von den Schülern lernwirksam verarbeitet werden. (Zur „Fehlerverarbeitung durch die Lernenden" vgl. auch Macht 1998: 364f.)

8 Formen des Feedbacks

Zwischen sprachbezogenen und mitteilungsbezogenen Unterrichtsphasen sollten auch in der Form der Rückmeldungen Unterschiede bestehen:

- *Sprachbezogenes Feedback*: entweder positiv (Bestätigung einer korrekten oder jedenfalls akzeptablen Schüleräußerung), z. B. *Right. Okay. Good. Great. Excellent.* oder negativ (Feststellung eines Fehlers, Korrektur), z. B. *No. That's not correct. Think before you speak. Wrong tense.* oder, als „Mittelding" zwischen positiver und negativer Rückmeldung: *That was almost right – just one little slip.*
- *Mitteilungsbezogenes Feedback*: entweder bestätigend, z. B. *I see. That's interesting. Go ahead; I'm with you.* oder fragend, z. B. *When did you last visit him? - For ... - Whèn? Whèn was it?* oder interpretativ-korrigierend, z. B. *Since ... äh ... three weeks. – Three weeks ago?; He live in Pforzheim. - Oh, he lives in Pforzheim.*

Bei der Frage, ob positives oder negatives Feedback vorzuziehen sei, muss man sowohl die kognitive als auch die affektive Dimension des Lernens ins Auge fassen. Vom rein kognitiven Standpunkt mögen negative Rückmeldungen zunächst durchaus zu einer Korrektur des Fehlers führen.

> There is, however, some evidence from experimental psychology that learners do not necessarily act according to what is most efficient from a narrow cognitive point of view. ... The teacher's task is therefore to make sure that *both* types of feedback are provided, to take into account both cognitive and affective factors. (Færch et al. 1984: 198)

Darüber hinaus unterscheiden sich Rückmeldungen auch im *Grad an Explizitheit* in bezug auf die Fehlermeldung. So sind auf den im Kontext einer Übung geäußerten Satz *I *have gone to England last year* u. a. die folgenden mehr oder weniger expliziten Feedbacks denkbar:

- Hinweise auf ein Fehlervorkommen: *No. You've made a mistake / committed an error here. Try again. Is that right? You* whát? *Be careful.*
- Mehr oder weniger direkte Hinweise auf den Fehler: *Wrong tense. Watch the tense. Careful: last year.*
- Mehr oder weniger direkte Korrektur des Fehlers: *Simple Past. You did* whát *last year?*.

Heterogene und unklare Rückmeldungen erfordern von den Schülern allerdings eine Interpretationsleistung, die viele von ihnen überfordert; entsprechend groß ist die Gefahr, dass die Rückmeldung ohne Wirkung bleibt. Dies gilt natürlich umso mehr, je schwerer der einzelne Fehler zu erkennen oder gar exakt zu beschreiben ist und je mehr Fehler - unter Umständen auf verschiedenen sprachlichen Ebenen - eine Schüleräußerung enthält. So zitieren Knapp-Potthoff/Knapp (1982: 202) eine Reparatursequenz, die wie ein Stück absurdes Theater klingt (Anordnung geändert):

L: *When does the train arrive at Nottingham? ... Yes, Heiko.*
H: *Eleven thirteen.*
L: *Answer in a complete sentence please. The train.*
H: *The train arrive Nottingham ...* (andere Schüler: *at at*)
H: *arrival*
L: *No, arrival is a noun. The train, now arrive, think of the ending.*
H: *arrive Nottingham*
L: *No, no, no, no. Arrive.* (anderer Schüler: *arrives*)
H: *arrives*
L: *That's it. And what is the next word after arrive, Heiko?* (anderer Schüler: *at kommt*) *What's the next word after arrive? Yes.*
A: *at*
L: *Right. That's it. Now your answer, Heiko.*
H: *[zə] train*
L: *the train, [ð] please.*
H: *The train arrives Nottingham at eleven thirteen.*

L: *Heiko, are you not listening? Ah, Annemarie, can you repeat that? Ah, in a correct way. The train.*
A: *The train arrives at eleven ...*
L: *Hm.*
A: *... thirteen.*
L: *Yes, but where does the train arrive? The train arrives where? Matthias.*
M: *at Nottingham*
L: *when?*
M: *at eleven thirteen.*
L: *Yes. ...*

Knapp-Potthoff/Knapp kommentieren: „Dieses Beispiel macht besonders deutlich, wie aus der Mehrfachkorrekturbedürftigkeit einer Lerneräußerung, die vom Lehrer komplett aufgegriffen wird, äußerst komplexe und lange Korrektursequenzen resultieren können" (ebd.: 203f.). Trotz oder besser: gerade wegen des großen Korrekturaufwandes wurde hier mit Sicherheit keinerlei Lernerfolg erzielt - im Gegenteil: Heiko wird sich zunächst einmal entmutigt zurückgezogen haben. Es ist also immer zu fragen, wie viel an Informationen der Schüler in der gegebenen Situation konkret verarbeiten kann und wie diese am sinnvollsten zu übermitteln ist.

9 Schüler-*Uptake* und die Wirksamkeit von Korrekturhandlungen

Um die Wirksamkeit von Korrekturhandlungen einzuschätzen, wird oft auf den sog. *uptake* verwiesen, die auf die der Korrekturhandlung folgende Äußerung des Schülers, mit der er die Lehrerkorrektur aufgreift: „*Uptake* zeigt, dass die Schüler wahrgenommen haben, dass es sich um eine Korrekturhandlung handelt. ... Anhand des *Uptake* wird klar, wie die Schüler mit der Korrekturhandlung der Lehrkraft umgehen" (Lochtmann 2002: 60). Dabei machen aber weder ein *uptake* noch sein Fehlen immer deutlich, ob bzw. inwieweit die Korrektur tatsächlich wahrgenommen und konstruktiv verarbeitet wurde:

> Ohne *Uptake* lässt sich nicht ohne Weiteres erkennen, dass die Korrekturhandlung nicht wahrgenommen wurde, nur ist dies nicht unmittelbar feststellbar. Wenn im *Uptake* immer noch der gleiche Fehler vorkommt, könnte daraus abgeleitet werden, dass beim Schüler kein erfolgreicher kognitiver Vergleich stattgefunden hat, während beim gelungenen *Uptake* doch vermutet werden darf, dass die Korrektur wahrgenommen und der Fehler identifiziert wurde. (Ebd.: 61)

Trotz dieser Schwierigkeiten sollten nach übereinstimmender Meinung der meisten Forscher die Lehrer darauf bestehen, dass der Schüler auf eine entsprechende Rückmeldung den Fehler selbst korrigiert bzw. die vom Lehrer korrigierte Struktur wiederholt (Havranek 2002: 219f.)

Ob korrigierendes Feedback letztlich wirksam sind, hängt nach Tönshoff (2005: 11ff., in Anlehnung an Havranek 2002) von drei Hauptkriterien ab:

- Wird eine Korrektur überhaupt als solche erkannt? (Dies ist kaum empirisch zu überprüfen.)
- Wiederholt der Lerner unmittelbar im Anschluss an die Korrektur die korrigierte Struktur (*uptake*) oder korrigiert er sich, nach einem Hinweis der Lehrkraft, selbst? (Bei impliziten Korrekturen liegt der Erfolg nur bei rund 20 Prozent, bei expliziteren Korrekturformen und Hinweisen zur Selbstkorrektur immerhin bei rund 50 Prozent.)
- Wird die korrigierte Struktur im weiteren Verlauf des Unterrichts oder bei einem späteren Test häufiger als zuvor verwendet? (Dies scheint im wesentlichen der Fall zu sein, wobei fortgeschrittene Lerner mehr zu profitieren scheinen als weniger fortgeschrittene.)

Zwar verweist Tönshoff auf eine Reihe von Problempunkten bei allen Studien, wodurch die Ergebnisse nicht eindeutig interpretierbar sind; als Fazit hält er jedoch fest, dass - bei allen Schwierigkeiten, Kriterien zu operationalisieren und Lernerkognitionen zuverlässig zu erfassen - „nun zumindest erste empirische Befunde dazu vorliegen, dass Korrekturen die Aufmerksameit von Fremdsprachenlernern lenken und die Aneignung der fremden Sprache fördern können" (ebd.: 16).

Allerdings stellt, wie wir in Abschnitt 7 gesehen haben, die Aufmerksamkeits-Hypothese, zumindest für kommunikative Phasen des Unterrichts, einseitig den kognitiven Aspekt des Lernprozesses (den Ausschluss falscher bzw. die Bestätigung korrekter Lernerhypothesen) in den Vordergrund und vernachlässigt den lernpsychologisch mindestens ebenso wichtigen affektiven Aspekt. Der korrigierende Eingriff führt das Gespräch nämlich leicht auf die Ebene der Übungssituation, des gelenkten „Pseudogesprächs" zurück, bei dem die Schüler meist nur widerwillig versuchen, den formalen Erwartungen des Lehrers zu entsprechen, ohne überhaupt etwas sagen zu wollen (vgl. Kap. 1, Abschnitt 3). Im Unterricht muss deshalb immer wieder versucht werden, auch über längere Abschnitte hinweg mit einem Minimum an korrigierend-steuernden Eingriffen zu kommunizieren (vgl. Abschnitt 2).

10 Phasenbezogenes Korrekturverhalten

Aus den bisherigen Abschnitten sind zwei nicht leicht miteinander vereinbare Positionen deutlich geworden: Einerseits sind Fehler und Fehlerkorrekturen notwendige Faktoren im Sprachlern- und Sprachlehrprozess. Andererseits führt ständiges Verbessern von Schülerfehlern häufig dazu, dass die Lernenden ihre sprachlichen Bemühungen nur noch als eine Serie von Misserfolgserlebnissen erfahren und dadurch mehr und mehr demotiviert werden; die als Hilfe gedachte Korrektur wird dann überhaupt nicht mehr wahrgenommen. Man darf also weder über jeden Fehler hinwegsehen noch darf man ihn grundsätzlich sofort verbessern. Wann soll der Lehrer also korrigieren, und auf welche Art und in welchem Umfang geschieht dies am wirkungsvollsten?

Zwar setzt fremdsprachliche Handlungskompetenz auch ein gewisses Maß an formalen Teilkompetenzen in Lexik, Grammatik, Aussprache und Orthographie voraus; dennoch müssen auch diese - als Teile der umfassenden Handlungskompetenz - zunächst einmal kommunikativ-handelnd angebahnt werden, indem von Anfang an der sozial-affektiven Dimension des Sprechens (inhaltliches Engagement, Befriedigung über einen kommunikativen Erfolg) Rechnung getragen wird. Darüber hinaus erfordert die besondere Situation des schulischen Lernens allerdings auch gesonderte Übungsphasen bezüglich der genannten Teilkompetenzen, und dort ist dann auch der Ort für explizite Korrekturen. Wenn also der früheren fehlerorientierten Unterrichtspraxis jetzt mehr *Fehlertoleranz* entgegengestellt wird, heißt das nicht, dass man in jeder Situation über jeden Fehler hinwegsehen darf oder muss; notwendig ist vielmehr ein „phasenbezogenes Korrekturverhalten" (Rattunde 1982: 612). Das heißt, dass beim Korrekturverhalten getrennt wird zwischen systematischen *Übungsphasen*, in denen bestimmte Formelemente gezielt gefestigt werden, und *kommunikativ-handelnden Phasen*, die auf intuitiven und ganzheitlichen Spracherwerb bzw. -gebrauch ausgerichtet sind (Butzkamm 1981: 59 spricht von „sprachbezogenem" vs. „mitteilungsbezogenem" Sprechen).

Natürlich darf hier bei den Schülern nicht der Eindruck von Willkür entstehen. Die Lehrperson muss deshalb durch ihr Verhalten, gegebenenfalls auch explizit, deutlich machen, welches die aktuellen Anforderungen sind und wo die Grenzen der Fehlertoleranz liegen.[5] In sprachbezogenen, didaktisch gesteuerten *Übungsphasen* müssen Fehler - selbstverständlich mit der notwendigen pädagogischen Behutsamkeit - grundsätzlich verbessert werden. Darüber hinaus ist es aber auch in *Kommunikationsphasen*

---

5 Kieweg (2007: 5) stellt fest, dass nach seinen Beobachtungen die Fehlertoleranz vieler Lehrkräfte oftmals zu hoch ist.

angezeigt, den einen oder anderen Schülerfehler zu verbessern, sonst kann er sich leicht verfestigen - nicht nur beim betreffenden Schüler, sondern auch beim aufmerksamen Mitschüler, der eine Korrektur erwartet (vgl. Horner 1988: 213).

Zumindest zwei Fehlertypen sollten nach den Ergebnissen vieler Untersuchungen auf jeden Fall, d. h. auch in Gesprächsphasen, verbessert werden:

- Fehler, welche die Verständlichkeit einer Äußerung gefährden, wobei sich lexikalische Fehler offenbar stärker auswirken als grammatische (van Els et al. 1984: 262): z. B. *Who* (= wer) **did Mary give the flowers?*; *The government *would* (= wollte) **senk the ship*; **exercise-book* (statt *workbook*); **bring this to the table over there* (statt *take*); „false friends" wie **self-conscious* (= selbstbewusst; korrekt: *self-confident*) sowie Pseudo-Anglizismen wie **handy* (= Handy; korrekt: *mobile/cell phone*) usw.
- Wendungen, die den Sprecher als unhöflich, hochnäsig, anmaßend oder autoritär stigmatisieren: z. B. im Pub: *A Carlsberg*; im Fall einer Autopanne: *Would you mind giving me a lift?*; am Hotelempfang: *Haven't you got any letters for me?* (nach Swan 1974). In diesem Kontext weist Hüllen (1987: 264) darauf hin, dass kommunikativ gesehen Verletzungen von Höflichkeitsregeln und sonstigen Normen des sozialen Verhaltens meist folgenschwerer sind als grammatische Fehler.

Im Anfangsunterricht, wo die Schüler, falls sie inhaltlich engagiert sind, auch formale Wiederholungen noch gerne akzeptieren, schließt auch das inhaltlich orientierte Klassengespräch explizite Steuerungen und Korrekturen nicht grundsätzlich aus. Im weiterführenden Unterricht sind sie dagegen eher selten - zumindest werden sie möglichst natürlich in die Kommunikation eingebettet. Für alle Schulstufen aber gilt: Wenn kommunikatives, auf Inhalte und Wirkungen bezogenes *Handeln* und sprachbezogene *Reflexion* permanent vermischt werden, verlieren die Schüler bald die Lust am spontanen Kommunikationsversuch, der ja prinzipiell einem Mitteilungsbedürfnis entspringt, und das Richtziel der Handlungskompetenz bleibt eine Leerformel.

Unter dem nach wie vor bestehenden Notendruck erwarten Schüler wie Eltern allerdings, dass das, was in Testsituationen als Fehler vermerkt wird, auch im Unterricht entsprechend deutlich korrigiert wird. So muss beiden der Unterschied zwischen kommunikativen Phasen und Übungsphasen und seine Implikationen immer wieder erklärt werden. Sie müssen wissen, dass ein Verzicht auf Korrekturen in Gesprächsphasen nicht bedeutet, dass die jeweiligen Äußerungen formal korrekt sind; er besagt lediglich, dass sie inhaltlich sinnvoll und verständlich sind und damit *in der aktuellen Situation* akzeptiert werden.

11 Korrekturstrategien

In kommunikativen Unterrichtsphasen wird man über Flüchtigkeitsfehler und unsystematische Gelegenheitsfehler sowie leichtere, in ihren kommunikativen Folgen harmlosere Fehler meist kommentarlos hinweggehen. Korrigiert werden müssen jedoch, wie gesagt, auf jeden Fall die Fehler, die die Kommunikation behindern oder zu Missverständnissen und Verstimmungen führen können.

Selbstverständlich müssen alle Rückmeldungen im Rahmen einer positiven Beziehung zwischen Lehrer und Schüler stattfinden, weil sonst der Lernende möglicherweise seine Kommunikationsbemühungen aufgibt. (Zur Bedeutung der sog. „Beziehungsebene" vgl. ausführlicher Kap. 2, Abschnitt 1.2.) Man wird deshalb nicht nur inhaltlich auf die Schüleräußerung eingehen, sondern darüber hinaus durch Mimik und Gestik deutlich machen, dass man am Schüler selbst, an seinen sprachlichen Bemühungen und seinem Lernfortschritt ernsthaft interessiert ist. Dazu gehört, dass man die Kommunikationsbemühung erkennbar würdigt. Bei notwendigen Korrekturen wird der Eingriff in die Kommunikation leichter akzeptiert, wenn deutlich wird, dass man, wie es auch im muttersprachlichen Gespräch völlig normal ist, lediglich helfend eingreift (vgl. Green 1992, Kleppin 1998: 327).

In kognitiver Hinsicht ist es darüber hinaus wichtig, dass im weiteren, auch mittel- bis längerfristigen Verlauf des Unterrichts die problematische Wendung bzw. grammatische Struktur immer wieder auftaucht und dass die Schüler die Gelegenheit bekommen, sie immer wieder auch selbst zu gebrauchen (Kieweg 2007: 5).

11.1 Fehlerhinweis mit Gelegenheit zur Selbstkorrektur

In kommunikativen Phasen sollten direkte Fehlerkorrekturen (S: *How old will be Annette …* – L: *How old will Annette be …)* sowie metalinguistische Fehlerhinweise wie *You've made a mistake here, Wrong, Be careful* oder *Watch the tense* selten sein, weil sie aus der realen Kommunikationssituation leicht wieder ein „Pseudogespräch" machen, bei dem der Schüler seine Kommunikationsbereitschaft verliert und weitere Kommunikationsbemühungen schnell aufgibt. Wenn solche Hinweise gegeben werden, wird man sie deshalb nach Möglichkeit immer mit einem anerkennenden Hinweis auf den geleisteten inhaltlichen Beitrag verknüpfen (*That was a very helpful remark, Andreas, but do remember to watch the tenses.*). Alternativ können auch bestimmte Handzeichen als Fehlersignale und Aufforderung zur Selbstkorrektur vereinbart werden (vgl. Kleppin 1998: 327).

Kommunikativ kann ein Fehlerhinweis in die Form eines *Handicap-Signals* gekleidet werden, das auf ein akustisches Nichtverstehen verweist, z. B. *Sorry, what was that?*, *What did you say/mean?*, *Say that again please, I didn't quite get it.* Solche Reaktionen sind ja auch in der außerschulischen Kommunikation häufig zu finden. Im Unterricht können sie als Aufforderungen zur Überprüfung des Gesagten sowie zur Selbstkorrektur vereinbart werden.

Durch Aufforderungen zur Selbstkorrektur sowie ihre nachfolgenden Bemühungen um einen verbesserten Output werden die Lernenden auf bestehende Lücken in ihrer aktuellen Sprachkompetenz (*interlanguage*) aufmerksam (Output-Hypothese von Swain; vgl. Kap. 2, Abschnitt 3):

> Das Feststellen der Divergenz zwischen Äußerungsabsicht und Sprachkompetenz löst Lernprozesse aus, die nachhaltiger sind als jene, die durch die Divergenz von Input und Sprachkompetenz bewirkt werden, da defizitäres Ausdrucksvermögen als erheblich störender empfunden wird als unvollständiges Verstehen von Input (vgl. de Bot 1996). (Aßbeck 2007: 22)

Eine über die Korrektur bzw. den Fehlerhinweis hinausgehende metasprachliche Erklärung der Regel ist nach den Befunden von Havranek jedoch „nicht zielführend und lenkt von der selbständigen Verarbeitung der Korrektur ab" (Havranek 2002: 216). Andererseits scheint es für den Lernprozess wichtig zu sein, dass der Schüler auf eine entsprechende Rückmeldung in seinem *uptake* den Fehler tatsächlich selbst korrigiert bzw. die vom Lehrer korrigierte Struktur wiederholt (ebd.: 219f.) (vgl. Abschnitt 9).

11.2 Korrekturhilfe (*Recast* als Hilfe zur Selbstkorrektur)

Bei den folgenden Korrekturformen gibt der Lehrer nur einen impliziten Hinweis auf einen Fehler, ohne ihn explizit zu benennen. Sie enthalten eine leichte Umgestaltung oder Erweiterung der Schüleräußerung (engl. *recast*), die jedoch die ursprüngliche Mitteilungsabsicht und die inhaltliche Aussage des Schülers bestätigt, ihm dabei jedoch Gelegenheit zu einer Selbstkorrektur seiner Äußerung gibt (sog. erweiterte Interaktionshypothese (Long 1996; vgl. Königs 2007: 378).

In diesem Zusammenhang spielt allerdings das *Noticing-the-contrast*-Prinzip, das auf die *Direct-Contrast*-Hypothese (von Saxton 1997 für den muttersprachlichen Spracherwerb fomuliert) zurückgeht, eine Rolle. Danach ist es für einen Lernprozess notwendig, dass das Kind den Unterschied zwischen seiner eigenen Sprachform und dem *recast* erkennt (Lochtmann 2002: 75ff.). In die gleiche Richtung geht ein Befund von Havranek (2002), die mit Bezug auf *recasts* feststellt:

> Die im Erstspracherwerb und im außerschulischen Zweitspracherwerb vorherrschende Form der Korrektur, die unauffällige korrigierende Wiederholung (*recast*) erweist sich im Unterricht als weit weniger erfolgreich als auffälligere Korrekturformen, bei denen der Lerner die Richtigstellung schließlich selbst vornimmt oder die richtige Form anschließend wiederholt. Der Erfolg auffälliger Korrekturen hängt eng mit den Funktionen korrigierender Rückmeldungen zusammen. Sie machen auf Strukturen aufmerksam, die nicht zielsprachengerecht verwendet werden. (Ebd.: 212f.)

Je mehr sich der Schüler jedoch vorher um einen bestimmten Ausdruck oder eine bestimmte Konstruktion bemüht und somit eine „Bedürfnisspannung" (Correll 1967: 16f.) aufgebaut hat, desto eher wird er das korrektive Element erkennen und kompetenzwirksam-konstruktiv verarbeiten, d. h. in seinem *uptake* korrekt aufnehmen können.

11.2.1 Handicap-Signal mit mehr oder weniger direkter Einbringung der korrekten Form

Auch diese Form der Korrektur fördert einerseits das notwendige *noticing* und fordert andererseits den Schüler zu einem verbesserten Output auf, gibt ihm also Gelegenheit zur notwendigen Eigenaktivität (Selbstkorrektur). Der „Prototyp" für diese Form der Rückmeldung findet sich bei Horner (1988: 216):

Learner: *I have gone to England last year.*
Teacher: *Sorry, where did you say you went last year?*
Learner: *I went to England.*

Der Schüler gewinnt hier möglicherweise eine Einsicht in seinen Fehler und verbessert ihn auf dieser Grundlage ganz bewusst. Allerdings darf nicht verkannt werden, dass dieses Verfahren die Kommunikationssituation in gewisser Weise entwertet: Akustisches Nicht-Verstehen vortäuschend, versucht die Lehrperson, den Schüler auf ein sprachliches Problem aufmerksam zu machen, und die Gefahr ist groß, dass die Schüler - insbesondere, wenn das Verfahren zu häufig eingesetzt wird - den „Trick" durchschauen. Zudem ist fraglich, inwieweit diese Korrektur in der Praxis wirklich funktioniert. In den meisten Fällen wird ein Schüler - wie der *native speaker* - hier nämlich nur die Kurzantwort *To England* geben, also ohne Wiederholung des Verbs. Der Lehrer kann dann jedoch - ohne die unsägliche Aufforderung *Answer in a complete sentence!* - mit *Oh, you went to England. Where exactly did you go? How did you get there? What did you do?* usw. die Hilfestellung wiederholen und das Gespräch weiterführen (vgl. 11.2.3). Gleichzeitig mit der Strukturhilfe erhält der Schüler also die Chance, weitere Auskünfte in der korrekten Zeitform, also im *Simple Past* zu geben.

11.2.2 *Interpretierende Korrektur (Reparatur)*

Hier wird die Schüleräußerung im Prinzip bestätigt, wobei die korrekte Form eingefügt wird in der Hoffnung, dass der Schüler die Korrektur wahrnimmt (*Noticing-the-contrast*-Prinzip) und im weiteren Verlauf des Gesprächs auf die korrekte Form zurückgreift (vgl. Abschnitt 1.2):

L: *Who did yòu visit?*
S: *I did visit my ...*
L: *I visited ... You visited your ...*
S: *cousin.*

Auch hier könnte der Schüler jedoch durch weitere Fragen die Chance erhalten, die betreffende Form im weiteren Gespräch selbst zu „reparieren" (vgl. 11.2.3).

11.2.3 *Kommunikative Erweiterung der Schüleräußerung*

Hier wird die Reparatur gleichzeitig inhaltlich weitergeführt. Wie einige der Sequenzen in Abschnitt 1 deutlich machen, kann dabei allerdings nicht immer sichergestellt werden, dass die Schüler die Korrektur wahrnehmen, was ja Grundlage für eine Revision ihrer „inneren" Regel wäre. In den Beispielen in den Abschnitten 1.3 und 1.4 zeigt der *uptake* des Schülers jedoch, dass dies durchaus möglich ist:

S: *The government would – was heißt „versenken"? – senk the ship.*
L: *Indeed. They wanted to sink the ship with bombs.*
S: *Yes, and they wanted to burn the oil.*

L: *Where did the boys go from there?*
S: *They go to the disco.*
L: *They went to the disco? I thought they went first to McDonald's.*
S: *No, no. First to the disco. After they went to McDonald.*

Auch im obigen Beispiel von Horner könnte die Lehrperson, anstatt akustisches Nicht-Verstehen vorzutäuschen, die Korrektur sofort an den inhaltlichen Fortgang des Gesprächs knüpfen:

S: *I have gone to England last year.*
L: *Oh, you went to England. Where exactly did you go?*
S: *I went to ...*

Zwei Probleme dürfen bei diesen Korrekturstrategien also nicht übersehen werden: (1) Je mehr die Aufmerksamkeit eines Schülers auf dem *Inhalt* der Mitteilung liegt, desto eher kann die *formale* Korrektur, zumindest für den betreffenden Schüler, ins Leere gehen. Havranek (2002: 18f.) verweist allerdings auf eine Untersuchung von Hulstijn (1989), wonach Aufmerksamkeit, die bei der Verarbeitung des Inputs auf die sprachliche

Form gerichtet ist, durchaus ausreichen kann, um - als Nebenprodukt - zu unbeabsichtigtem Lernen von Formen und Strukturen zu führen. Außerdem ist ja auch nicht ausgeschlossen, dass andere Schüler der Klasse von einer solchen indirekten Korrekturstrategie profitieren. Und schließlich kann der Fehler auch in einer anderen Unterrichtsphase noch systematisch und detailliert besprochen werden (vgl. Abschnitte 11.4 und 11.5). (2) Knapp-Potthoff/Knapp weisen darauf hin, dass der „Kurzzeiteffekt einer Korrektur auf die nächstfolgende Lerneräußerung ... ein sehr problematisches Erfolgskriterium" darstellt (1982: 197). Wirklich gefestigt werden kann die korrekte Form häufig erst in weitergehenden Anwendungs- bzw. Übungsphasen. Dennoch gilt: Wenn der Schüler seinen Fehler selbst *bewusst* korrigiert, ist die Tür zum Langzeitgedächtnis immerhin schon geöffnet.

11.3 Korrekturvorschlag von Mitschülern

Zusätzlich kann eine Klasse auch dafür sensibilisiert werden, auf bestimmte Signale des Lehrers hin (*Who can help Sarah?*) Vorschläge für die sprachliche Korrektur der Aussage eines Mitschülers zu machen. Diese Form der Korrekturhilfe bietet sich dann an, wenn man erkennt, dass der Schüler sich selbst nicht korrigieren kann und Mitschüler eventuell helfen könnten. Außerdem sind bei diesem Verfahren mehr Schüler aufgefordert, dem Unterrichtsgespräch aufmerksam zu folgen. Allerdings muss dieses Verfahren in der Klasse gut eingespielt und vor allem von den Schülerinnen und Schülern generell akzeptiert sein - was nach verschiedenen Untersuchungsergebnissen nicht unbedingt gegeben ist (vgl. den letzten der von Königs referierten Befunde in Abschnitt 12).

11.4 Nachträgliche Korrekturen

Eine weitere Möglichkeit des kommunikativ unaufdringlichen Umgangs mit Fehlern besteht in der *Nachbesprechung*, wobei man sich Fehler kommentarlos merkt und diese erst nach Abschluss der kommunikativen Phase bespricht und gegebenenfalls gesondert übt. Allerdings fällt eine solche Zurückhaltung den meisten Lehrern erfahrungsgemäß recht schwer, ganz abgesehen davon, dass diese Strategie - will man den Kommunikationsfluss nicht durch das Mitschreiben eines Fehlerprotokolls hemmen - gelegentlich auch erhebliche Anforderungen an Konzentration und Gedächtnis stellt.

11.5 Summarische Besprechung „typischer" Fehler

In eine ähnliche Richtung gehen die Überlegungen von Legenhausen, der mit spracherwerblichen Gesetzmäßigkeiten und motivationspsychologischen Befunden begründet, dass direkte, an einzelne Schüler gerichtete Sofortkorrekturen nicht nur generell unwirksam, sondern sogar ausgesprochen lernschädlich seien. Er plädiert deshalb dafür, die „situationsspezifische Individualkorrektur" durch eine generelle Bewusstmachung von häufigen Fehlerquellen und -typen „in einer vom Einzelvorkommen losgelösten und abstrahierten Form" (Legenhausen 1985: 185) zu ersetzen.

Ein Vorteil dieses Verfahrens besteht darin, dass dabei auf „typische" Fehlerquellen, insbesondere auf Interferenzfehler, gründlich eingegangen werden kann (Aßbeck 2001). Andererseits dürfte eine solche Bewusstmachungsphase, die sich nicht an den spezifischen Fehlern individueller Schüler orientiert, häufig an deren Bedürfnissen vorbeigehen und deshalb kaum einen Lernprozess auslösen; außerdem führt sie, wegen ihrer Anklänge an die überholte Lehrform der „Grammatikstunde", leicht zu Langeweile und damit zum totalen „Abschalten". Dieses Verfahren kann deshalb individuell orientierte Spontankorrekturen und Nachbesprechungen höchstens ergänzen, keinesfalls jedoch ersetzen.

11.6 Fehlerbewusstes Lernen I: *Peer correction*

Über die Ad-hoc-Verbesserung von Fehlern durch Mitschüler hinaus macht Aßbeck (2007) einen Vorschlag, der sich zwar in erster Linie auf die Verbesserung von Texten bezieht, daneben aber auch Fehler in der mündlichen Sprachproduktion einbezieht: „die Korrektur komplexer Aufgaben und freier schriftlicher Texte in Zusammenarbeit mit einem Partner":

> *Peer correction*, die Schülerinnen und Schülern die Fehleridentifikation, die Suche nach einer akzeptablen Lösung und gleichzeitig die Verantwortung für den Text eines Lernpartners überträgt, bietet … gute Voraussetzungen für eine nachhaltige Wirksamkeit der Korrektur. (Ebd.: 24)

Zwar erwies sich in einer (nicht repräsentativen) Untersuchung von Aßbeck *peer correction* bei schriftlicher Selbstproduktion als etwas weniger effizient als die Korrektur durch die Lehrperson, war aber immerhin erfolgreicher als die Selbstkorrektur der Schüler; außerdem mögen längerfristig die Vorteile einer Einübung der Schüler in Strategien eines „fehlerbewussten Lernens" diesen Nachteil ausgleichen.

11.7 Fehlerbewusstes Lernen II: Aus eigenen Fehlern lernen

Im Sinne eines konstruktiven Fremdsprachenlernens ist es über die genannten Maßnahmen hinaus wichtig, fehlerbewusstes Lernen als *Lernstrategie* auch im Umgang mit den *eigenen* Fehlern zu trainieren:

> Wenn Fehler ein zentraler Bestandteil des Sprachlernprozesses sind und ihr Auftreten im Unterricht daher vollkommen normal ist ..., dann ist ein intelligenter, analytischer Umgang mit ihnen eine Strategie, mit deren Hilfe effizient weitergelernt werden kann. (Häuptle-Barceló 2007: 28).

Häuptle-Barceló schlägt hierfür ein mehrstufiges Verfahren vor: Es beginnt mit einer „Sensibilisierungsphase", in der die Schülerinnen und Schüler auf einem Fragebogen ihre Einstellung zu ihren eigenen Fehlern reflektieren, um so zu erkennen, dass Fehler einen wichtigen Bestandteil ihres Lernprozesses darstellen. Der eigentliche Prozess, das sog. „Fehlerlesen", enthält „ein dreistufiges Modell für den Umgang mit Fehlern im Unterricht, das ein prozedurales Denken fördert. Es trainiert den eigenverantwortlichen Umgang der Lerner mit ihren Fehlern und stärkt darüber hinaus ihre Kompetenz, den Spracherwerb insgesamt autonomer zu gestalten" (ebd.: 29).[6] Diese Schritte sind:

- *Fehler finden*: Zunächst suchen die Schüler im „Textlupe"-Verfahren (Menzel 2001) in ihren Texten oder in einem transkribierten Tonbandprotokoll Fehler eines bestimmten Typs, um so ihre Aufmerksamkeit zu schärfen und zu fokussieren.
- *Fehler analysieren*: Die Schüler ordnen ihre Fehler in von der Lehrkraft vorgegebene Kategorien. Dabei setzen sie sich mit ihren möglichen Ursachen sowie ihrer Korrektur aktiv auseinander und versuchen dabei, ihren individuellen Lernstand zu ermitteln.
- *Fehler (selbst) korrigieren und evaluieren*: Auf dieser Grundlage erarbeiten die Schüler - ggf. unter Zuhilfenahme von Wörterbüchern, Grammatiken usw. - zunehmend selbständig Korrekturvorschläge (*self-monitoring*). Die Ergebnisse dieser Selbstkorrektur können dann auch in ihr Portfolio aufgenommen werden.

12 Empirische Befunde zum Korrekturverhalten

Untersuchungen von Kleppin/Königs (1991, 1993) und Kleppin (1997) zur tatsächlichen Praxis mündlicher Fehlerkorrekturen zeigen, dass die hier vorgestellten Feedback- bzw. Korrekturstrategien noch keineswegs

[6] Vgl. auch die Überlegungen zur Förderung des strategischen Verhaltens der Schüler durch einen prozessorientierten Unterricht in Kap. 2, Abschnitt 4.6.

gängige Praxis sind (vgl. auch Kleppin 1998). Die für unsere Diskussion wichtigsten Befunde fasst Königs (2007) zusammen:

- Lehrer sind nur bedingt vom Wert mündlicher Korrekturen überzeugt. Die meisten korrigieren im Anfangsunterricht konsequenter und mehr als im Fortgeschrittenenunterricht. ...
- Die Art und Weise der Fehlerkorrektur scheint nicht fehler-, sondern lehrergebunden zu sein. Lehrer haben also unabhängig von der Fehlerart bestimmte Vorlieben für bestimmte mündliche Fehlerkorrekturen. Unsere Annahme, dass Fehlerkorrekturen phasenbestimmt sind, hat sich nicht bestätigt.
- Lehrerseitige Initiierungen zur Selbstkorrektur sind in der überwiegenden Anzahl nicht erfolgreich; Lerner korrigieren sich trotz des Angebots dazu häufig nicht selbst.
- In mehr als der Hälfte der Fälle führen Lehrer die Korrekturen direkt durch und streben dadurch die Vermittlung von Einsicht an. ...
- Gestik und Mimik als ausschließliche Korrektursignale sind selten und beschränken sich auf wenige grammatische Teilgebiete.
- Insgesamt haben sich bestimmte Korrekturrituale eingeschliffen. ...
- Lerner sind mit dem Korrekturverhalten ihrer Lehrer durchweg zufrieden ... Lerner wollen ... Fehlerkorrekturen.
- Korrekturen durch Mitschüler werden auf breiter Front durch die Lernenden abgelehnt. Dies scheint insbesondere mit dem Rollenverständnis der Lernenden zusammenzuhängen. (Ebd.: 380)

Lehrerseitige Initiierungen zur Selbstkorrektur können allerdings durchaus erfolgreich sein, wenn Reaktionen auf einen entsprechenden Lehrerimpuls mit der Klasse eingeübt werden (vgl. Hecht/Green 1991b). Auch was die Korrekturen durch Mitschüler betrifft, gehen die Erfahrungen vieler praktizierender Lehrerinnen und Lehrer in eine andere Richtung: Auch hier kommt es offensichtlich stark darauf an, dass die entsprechenden Verhaltensweisen mit der Klasse besprochen und eingeübt werden. Insgesamt ist Königs jedoch zuzustimmen: In der Ausbildung zukünftiger Lehrkräfte sowie in der Lehrerfortbildung ist, zusätzlich zur Vorstellung und Erprobung konkreter methodischer Möglichkeiten, ganz offensichtlich noch viel Aufklärungs- und Überzeugungsarbeit zu leisten.

13 Benotung

Die häufig demotivierende Wirkung von Korrekturen wird durch schlechte Noten verstärkt. Wenn, wie in unserem staatlichen Bildungssystem, der Schule eine Auslesefunktion zukommt, dann mögen Noten aus administrativen Gründen notwendig sein, und auf viele Schüler - vorwiegend gute - mögen sie auch positiv und anspornend wirken. In Verbindung mit einer fehlerorientierten Unterrichtspraxis nehmen gerade sie jedoch vielen - vor allem schwächeren Schülern - bald jegliche Lust an der Fremdsprache. Außerdem steht die direkte Koppelung von Ergebnissicherung und Leistungsbeurteilung einem Lernen durch Erfahren, Ausprobieren und Aushandeln sowie einer dementsprechenden Würdigung individueller Lernfortschritte entgegen. Administrative Anforderungen und lernpsychologische bzw. pädagogische Erkenntnisse stehen hier also in deutlichem Widerspruch zueinander.

So wendet sich auch Müller vehement gegen die „perverse Herrschaft der Zensuren" (1989: 15) und plädiert für den Fremdsprachenlehrer als „Trainer", nicht als „Leistungsrichter", der sich angesichts unterrichtlicher Fehler, auch in Klassenarbeiten, fragt, „ob sie einen brauchbaren Ansatzpunkt zur Erkenntnis der vorliegenden und zur Erreichung der beabsichtigten Kompetenz bieten" (ebd.: 17). Dies ist sicher richtig - aber als Pädagoge erfüllt der Unterrichtende nun einmal mehrere Rollen: Er ist nicht nur Trainer und Mitspieler, sondern *auch* Schiedsrichter. Die Frage kann deshalb nur sein, *wie* er die jeweiligen Rollenerwartungen erfüllt und *wie* er dabei den ihm garantierten pädagogischen Freiraum und den damit verbundenen Beurteilungsspielraum nutzt. So bietet z. B. die Leistungsbeurteilung in Verbindung mit Verfahren des „self-assessment" oder des Portfolios in dieser Hinsicht sehr viel bessere Möglichkeiten als die traditionelle Klassenarbeit (vgl. Schärer 2003 sowie Kap. 11, Abschnitt 4.2).

14 Fehlerprophylaxe

Natürlich ist es für Schüler ein motivierendes und damit lernförderndes Erfolgserlebnis, wenn sie nur wenige Fehler machen. Andererseits haben wir oben (Abschnitte 5 bis 7) gesehen, dass sie die bewusste Wahrnehmung von Fehlerkorrekturen benötigen, um „nicht-viable", also falsche Konzept- und Regelableitungen („Konstruktionen" im Sinne von Kap. 3), die ihnen sonst nicht bewusst wären, zu korrigieren - mit anderen Worten: Sie müssen Fehler machen können, um aus ihnen zu lernen. Versuche, zur Fehlervorbeugung die unterrichtlichen Aktivitäten eng zu steuern, gehen deshalb in die falsche Richtung. Wirklich lernfördernd können nur Maßnahmen sein, die - dem Prinzip „Fordern statt Verwöhnen" (v. Cube/Alshuth 1986) folgend - Motivation und mentale Eigenaktivität der Schüler erhöhen und so dem Einzelnen möglichst gute Lernchancen bieten:

- die Bereitstellung einer angenehmen Lernumgebung, die Schaffung einer positiven Lernhaltung bei den Schülern sowie ganzheitliche Arbeitsformen (vgl. Kap. 1, Abschnitt 4.3);

- die Berücksichtigung neuer Erkenntnisse über die natürlichen Voraussetzungen, Prozesse und Strategien der konstruktiven Sprachverarbeitung und des Sprachlernens (vgl. Kap. 2 und 3);
- die Befolgung des „Prinzips der optimalen Passung", wobei der Schwierigkeitsgrad der Lerninhalte den Leistungsstand der Schüler nur leicht übersteigt (vgl. die Stufe *i + 1* bei Krashen 1982: 20ff., wo *i* den aktuellen Sprachstand bezeichnet, *i + 1* die nächste Stufe);
- die behutsame und unaufdringliche (Re)Aktivierung gegebenenfalls notwendiger Vorerfahrungen bzw. Vorkenntnisse der Lernenden als so genannte *advance organizers*, damit sie in ihrem individuellen Vorwissen genügend Anknüpfungspunkte finden können, um den jeweiligen Input zu verstehen und zu strukturieren;
- bestimmte Formen der Erstdarbietung, die den Schülern einerseits gewisse Hilfen für ihre sprachstrukturelle „Hypothesenbildung" geben und ihnen andererseits genügend Zeit für diese mentalen Strukturierungen lassen, ohne dass von ihnen immer sofort produktive Leistungen verlangt werden (*incubation period*; vgl. Billows 1961: 37);
- Rückgriff auf Verfahren des *scaffolding*, das auch unter den Bezeichnungen *collaborative discourse* (R. Ellis 1994: 284f.) bzw. „unterstützter Output" (Edmondson/House 2006: 271f.) bekannt ist; dabei greift die Lehrperson durch gezielte Vorgaben (*prompts*, *elicitations*) in eine – vom Schüler initiierte – Äußerung ein, indem sie die sprachlichen Wahlmöglichkeiten und damit auch die Unsicherheitsfaktoren der Schüler begrenzt und ihnen damit Äußerungen ermöglicht, die sie alleine nicht hätten produzieren können oder wollen;
- Geduld, insbesondere gegenüber langsameren Schülern, die mehr Zeit für die Planung und Formulierung ihrer Äußerungen benötigen, um den Lernenden so die Möglichkeit zu geben, ihre Beiträge sofort fehlerfrei zu formulieren sowie sich gegebenenfalls selbst zu verbessern.

Nur in diesem nicht-behavioristischen Sinn kann „Vorbeugen besser als Heilen" sein: Schwierigkeiten werden nicht einfach aus dem Weg geräumt, sondern die Lernenden erhalten Hilfen, sie zu meistern und aus ihnen zu lernen.[7]

---

7 Für viele der in diesem Kapitel behandelten Punkte gibt es umfangreiche und sehr differenzierte empirische Untersuchungen, die hier nur selektiv angeführt werden konnten. Für weitere Befunde verweise ich auf die Forschungsarbeiten von Havranek (2002) und Lochtmann (2002) sowie den Forschungsüberblick von Tönshoff (2005).

R & R

Review and Reflect

Textverständnis/Reproduktion:

- Welche Formen des Umgangs mit Fehlern lassen sich aus den Eingangsbeispielen (Abschnitte 1.1 bis 1.5) erkennen?
- Was ist ein ‚Fehler'? Welche Unterscheidungen werden getroffen?
- Nach welchen Kriterien kann ein Fehler festgestellt werden?
- Welche Fehlerursachen werden unterschieden? In welchen Kontexten?
- Welche Rolle spielen Fehler im Lernprozess? Welche Rolle spielen Sie für die Lehrenden?
- Welches Korrektur*verhalten* wird vorgeschlagen? Was heißt das konkret?
- Was sind Korrektur*strategien*? Beschreiben Sie fünf davon.
- Welche Rolle spielt der sog. ‚Schüler-*Uptake*' für den Erfolg einer Korrekturhandlung?
- Was bedeutet *message before accuracy*? (Greifen Sie bei Ihren Überlegungen auch auf die Begriffe ‚Inhaltsebene' und ‚Beziehungsebene' zurück.)

Reflexion:

- Welche Folgerungen können Sie aus den Beispielen *Richard* (S. 200) und *Heiko* (S. 214-215) ableiten?
- Welche Formen der Fehlerkorrektur haben Sie in Ihrem Englischunterricht erfahren? An welche emotionalen Reaktionen können Sie sich erinnern?
- Welchen Anspruch würden Sie an Ihre Schülerinnen und Schüler bezüglich der sprachlichen Richtigkeit ihrer Beiträge stellen?
- Welche Korrekturstrategien erscheinen Ihnen als besonders bedeutsam im Hinblick auf einen handlungs- und lernorientierten Fremdsprachenunterricht?

Stellungnahme:

- Wie stehen Sie zur angesprochenen Problematik des Zusammenhangs von Fehlern und Benotung?
- Ist – in Bezug auf den Umgang mit Schülerfehlern – ‚Vorbeugen' besser als ‚Heilen'? (Versuchen Sie eine differenzierte Antwort.)

Kapitel 10

Lernstrategien und Lerntechniken im Kontext neuer Unterrichtsaufgaben

Claudia Finkbeiner

1 Strategiewissen und Lernerfolg

In den Erhebungen von PISA 2000, 2003 und 2006 zum Textverstehen von Schülerinnen und Schülern in der offiziellen Unterrichtssprache Deutsch wurden (neben „Interessen“) „Strategien“ als wichtigster Faktor für erfolgreiches, selbstreguliertes Lernen identifiziert (Drechsel/Artelt 2007: 246). Analog zeigen die Ergebnisse der Kompetenzstudie DESI *(Deutsch-Englisch-Schülerleistungen-International*) von 2003/2004 (vgl. DESI-Konsortium 2008*)*, dass Lernstrategien sowie metakognitive Strategien zur Erklärung von Leistungsunterschieden beitragen und dass Motivation, Lerninteresse, kognitive Fähigkeiten und Lernstrategien korrelieren (Schrader et al. 2008: 280f.). Die Autoren verweisen deshalb auf den „hohe[n] Stellenwert der Vermittlung von Strategien und (Arbeits-)Techniken des verstehenden Lesens“ (ebd.: 270f). Diese Ergebnisse werden gestützt durch die Studie von Finkbeiner (2005:389f.), wonach sich Interessen dann auf die Qualität des Lernergebnisses auswirken, wenn Strategien als moderierende Variable dazukommen. Das Ausmaß bzw. die Intensität selbstregulierten Lernens hat ferner signifikante Voraussagekraft für die Tiefe der Textverarbeitung beim Lesen (vgl. Abschnitt 9).

Die Erkenntnis über den angemessenen Einsatz von Strategien deckt sich mit der dritten Dimension in Garners (1990) dreifach differenziertem Wissensansatz von (a) *knowing what,* (b) *knowing how,* (c) *knowing when.* Diese Dimension erwies sich auch als höchst bedeutsam bei Untersuchungen zum Zusammenhang von Strategien und Interessen bei fremdsprachlichen Leseprozessen (Finkbeiner 2005) sowie bei der ADEQUA-Studie zur Förderung des situationsadäquaten Einsatzes von Lernstrategien in selbständigkeitsorientierten, textbasierten Lernumgebungen im Englischunterricht (Finkbeiner et al. 2006; vgl. Abschnitt 6).

Ein kleines Experiment kann Lernenden nicht nur die Funktion situational adäquater Strategien verdeutlichen, sondern ihnen auch den Unterschied zwischen Faktenwissen (= *deklaratives Wissen)* und Wissen zur Steuerung von Tätigkeiten, also Wissen darüber, was unter bestimmten Bedingungen zu tun ist (= *prozedurales Wissen*), verdeutlichen: Fordert man einen Schüler auf, einer Mitschülerin eine genaue Anweisung zu geben, wie sie ihre Schnürsenkel binden soll, wird er vermutlich scheitern. Dies liegt darin begründet, dass das Binden von Schnürsenkeln als prozedurales Wissen repräsentiert ist; nur bei ganz wenigen Menschen ist es auch als deklaratives Wissen gespeichert. Die prozedurale Wissensrepräsentation ist dabei hochgradig automatisiert und zur Routine entwickelt. Das Beispiel zeigt auch, dass Kinder prozedurales Wissen nicht erwerben können, indem sie es erklärt bekommen, sondern vielmehr dadurch, dass sie es handelnd üben (z. B. an den Ästen eines Bäumchens oder an Stäbchen 30 Schleifen binden).

Die Notwendigkeit des Einsatzes *situational adäquater* Strategien kann bei dem Experiment dadurch verdeutlicht werden, dass die Anweisung zum Schuheschnüren mit unterschiedlichen Parametern variiert wird: Vorbereitung einer mehrstündigen Wanderung, eines Hundertmeterlaufs, einer langen Busfahrt, eines interkontinentalen Langstreckenflugs o. ä. Je nach Situation werden die Schnürsenkel unterschiedlich sorgfältig und eng geschnürt und/oder gelockert.

Das Einüben situativ angemessener Strategien ist sehr wichtig, da PISA und TIMSS gezeigt haben, dass Schüler Probleme damit haben, eine Aufgabe in einer eng begrenzten Zeit durchzuführen. Durch strategisches Üben mit unterschiedlichen Vorgaben von Zeit, Medien, Hilfen, Lernfeld (Lernumgebung und/oder Lernanreiz) usw. beim Lösen einer bestimmten Aufgabe können Lernende darin unterstützt und gefördert werden, situationsadäquate Lösungsstrategien zu aktivieren und einzusetzen.

2 Historischer Kontext

Die Frage, wie Lernen und Denken optimal gelehrt und gelernt werden können und welche Prozesse dabei im Gehirn ablaufen, ist nicht neu. Bereits vor Tausenden von Jahren wurden Lernstrategien und Lerntechniken von den Geschichtenerzählern und Minnesängern eingesetzt, und die Lehre des Konfuzius über das „richtige" Lernen beeinflusst heute noch das Lehren und Lernen in der asiatischen Welt. Das darin begründete Bildungsverständnis und die damit verbundene bejahende Einstellung zu Schule und Lehrpersonen als Autoritäten diente bei der PISA-Studie als ein Erklärungsmodell für die Leistungsunterschiede der Schüler in Deutschland im Vergleich zu denen in den asiatischen Ländern Korea, Japan und Taiwan. Analoges trifft auf die Befunde der kulturvergleichenden SCHOLASTIK-Studie zum Selbstkonzept und zu schulischen Leistungen mit Stichproben in Deutschland und Vietnam zu (Helmke et al. 2002).

Die Jahrtausende alte Tradition des Rückgriffs auf Lerntechniken und Lernstrategien wurde erst in der zweiten Hälfte des letzten Jahrhunderts zu einem systematischen Forschungsthema der Fremdsprachenlehr- und -lernforschung. Neben den ersten Untersuchungen zu Strategien in der Psychologie (Flavell et al. 1966) und Psycholinguistik (Bever 1970) ist die von van Dijk/Kintsch (1983) geleistete Arbeit insbesondere für das Textverstehen wichtig. Van Dijk und Kintsch integrierten den Strategiebegriff in alle Ebenen ihres Textverarbeitungsmodells und koppelten ihn an den Handlungsbegriff. Auf dieses Modell wurde sowohl bei der PISA-Studie als auch bei denStudien zum Textverstehen von Finkbeiner (2005), Schiefele (1996) sowie von Finkbeiner et al. (2006) zurückgegriffen.

Nach Stern (1975, 1990) setzen „gute Sprachenlerner" Strategien nicht nur mehr oder weniger zufällig ein, sondern sie planen diesen Einsatz ganz bewusst. Stern folgert, dass die „guten Lerner" sehr wahrscheinlich Gebrauch von vier grundlegenden Sets von Strategien machen: *active planning strategy*, *academic (explicit) learning strategy*, *social learning strategy* und *affective strategy* (1990: 411ff.). Dagegen wenden die weniger effizienten Lerner diese Strategiensets entweder nur selten an oder sie haben Probleme, sie kontinuierlich zu nutzen. Eine weitere Erklärung ist, dass sie erfolglos darin sind, diese Strategien zu entwickeln. Gute Sprachenlerner planen den Strategieneinsatz dagegen ganz bewusst.

Heute wird jedoch diese Beschreibung des „good language learner" in Zweifel gezogen, da sie der Komplexität verschiedener Aufgaben- und Problemstellungen, die mit dem Sprachlernen verbunden sind, nicht gerecht wird (vgl. Griffiths 2008) und insbesondere auch Kultur und Persönlichkeit als determinierende Faktoren berücksichtigt werden müssen (Finkbeiner 2008). Es ist durchaus anzunehmen, dass „gute Lerner" einerseits aktiv planen und bewusst vorgehen; darüber hinaus ist aber auch vorstellbar, dass sie auf einer sehr hohen Stufe sprachlichen Könnens bei bestimmten Tätigkeiten auch implizit und in hohem Maße unbewusst vorgehen.

Dieses eher implizite Vorgehen ist insbesondere bei Tätigkeiten denkbar, die mit einem *Flow*-Erlebnis verbunden sind (Csikszentmihalyi/ Schiefele 1993; Finkbeiner 2005). Wenn zum Beispiel über eine längere Zeitdauer hinweg gelesen wird, kann sich das mit *Flow* verbundene holistische Gefühl des völligen Aufgehens in der durch den Text vermittelten Realität einstellen. Diese Art des Lesens ermöglicht es nicht nur, Zeit und Raum zu vergessen, sie führt auch zu einem qualitativ hochwertigen Lesen, das Tiefenverarbeitung zulässt. Möglicherweise steht der „good language learner" also für einen Lerntyp, dessen Lernstil den eher unbewussten und impliziten Einsatz von Strategien bevorzugt und unter Eintreten der *Flow*-Bedingungen zum erfolgreichen Lernen führt. Jedoch wurde Lernen unter *Flow*-Bedingungen als für den schulischen Kontext bislang eher untypisch identifiziert (Finkbeiner 2005: 331).

Neben diesem teils mehr oder weniger bewussten, teils unbewussten und zufälligen Einsatz von kognitiven und metakognitiven Strategien machen gute Sprachenlerner, ebenfalls mehr oder weniger bewusst, auch Gebrauch von sozialen und affektiven Strategien. Diese unterstützen die Lernenden darin, mit emotionalen und motivationalen Problemen effektiv umzugehen. Sie spielen eine entscheidende Rolle bei der Verarbeitung von Wissen, insbesondere beim Finden von kreativen Lösungswegen, aber auch bei der Umarbeitung bisherigen Wissens zu neuem Wissen. (Zur genaueren Unterscheidung von kognitiven, metakognitiven und sozial-affektiven Strategien vgl. Abschnitt 5.)

3 Begriffsunterscheidung: „Lernstrategie" und „Lerntechnik"

Ein forschungsmethodologisches Problem ergibt sich aus der Tatsache, dass in der Literatur auch heute noch keine Einheitlichkeit hinsichtlich der Verwendung der Begriffe „Lernstrategie" und „Lerntechnik" besteht. Gegenüber ersten Veröffentlichungen, die sich insbesondere dem Thema der „Lerntechniken" widmeten (z. B. Rampillon 1985), werden in neueren Untersuchungen überwiegend nur noch „Lernstrategien" diskutiert (Schnaitmann 2004). Dabei wird mit „Strategie" meist der in der Lernhierarchie höhere Prozess bezeichnet:

> Eine Strategie ist eine Sequenz von Handlungen, mit der ein bestimmtes Ziel erreicht werden soll. Lernstrategien sind demnach Handlungssequenzen zur Erreichung eines Lernziels ... . Mit Prozedur bzw. Technik werden dagegen Teilhandlungen bezeichnet, die je nach Situation und Aufgabe in die Strategie integriert werden, um das jeweilige Ziel zu erreichen. (Friedrich/Mandl 1992: 6)

In gleicher Weise trifft Rampillon, die bereits ab den 1980er Jahren den Einsatz von Lerntechniken propagierte, in einem neueren Beitrag die folgende Unterscheidung zwischen *Lerntechniken* und *Lernstrategien*:

> Will man Lerntechniken und mit ihnen oft verwechselte Lernstrategien ... begrifflich auseinanderhalten, so kann man unter einer Lerntechnik eine Einzelmaßnahme verstehen, wie z. B. das Nachschlagen in einem Wörterbuch. Von einer Lernstrategie würde man dann sprechen, wenn verschiedene Einzelverfahren systematisch gebündelt werden. (Rampillon 2007: 340)

Demgegenüber weist Schnaitmann (2002: 75) darauf hin, dass kompetentes, selbstgesteuertes Lernen heute als reflexiver Prozess verstanden wird,

> in dem der Lerner den interaktiven Zusammenhang von Lernaktivitäten, Lerngegenstand, spezifischer Zielsetzung und persönlichen Voraussetzungen hinsichtlich Wissen und Motiven aktiv steuert. Daraus lassen sich zentrale Merkmale aktiven Lernens ableiten: planvolle und adaptive Nutzung kognitiver, metakognitiver, motivationaler und verhaltensbezogener Strategien.

Beispiel 1

Der Unterschied zwischen Strategien und Techniken soll am Beispiel einer Aufgabe im Bereich des Wortschatzlernens verdeutlicht werden. Sie lautet: „Try to memorize the following words; you have five minutes to do so: *dishwasher, sweatshirt, paperclip, windscreen, tie, stapler, microwave, waistcoat, exhaust pipe, frying pan, keyboard, pyjamas, number plate, fridge, notepad, fleece, bumper, blender, post-it, headlight.*" Die Strategien, die verwendet werden, um die Aufgabe zu lösen, sind als die individuellen mentalen Pläne der Lernenden zu verstehen. Diese Pläne werden von den Lernenden entworfen, um das Handlungsziel, in diesem Fall „Erinnern möglichst vieler der zuvor gelesenen Wörter", zu erreichen. Der Plan kann dabei je nach Lernendem auf unterschiedlichen Abstraktionsniveaus liegen:

(a) die Wörter so reproduzieren wie sie gehört wurden;
(b) die Wörter in eine alphabetische Reihenfolge bringen;
(c) die Wörter unterteilen in einfache und zusammengesetzte Wörter;
(d) einen Fokus setzen auf die einfacheren und bekannten Wörter;
(e) die Wörter in einen bestimmten Reim oder Rhythmus einbetten;
(f) einen Teil der Wörter nachschlagen;

(g) die Wörter in eine Geschichte einbetten (*Yesterday Tom bought a new dishwasher und a microwave ...*);
(h) die Wörter aufschreiben;
(i) die Wörter „logisch" anordnen und gruppieren bzw. Oberbegriffe finden und Hierarchien bilden.

Aufgrund des gesetzten Zeitlimits und wegen der begrenzten Aufnahmekapazität des Arbeitsgedächtnisses scheint der unter (i) beschriebene Plan am erfolgreichsten zu sein. Hier müssen nur vier Hauptstichwörter erinnert werden und die restlichen Begriffe sind dann aus dem Vorwissen heraus erschließbar bzw. sie werden an einem Hauptanker, dem jeweils hierarchiehöheren Begriff (*kitchen, office, clothes, car*) aufgehängt:

kitchen	**Office**	**clothes**	**Car**
dishwasher microwave frying pan fridge blender	paper clip keyboard stapler notepad post-it	sweatshirt tie waistcoat pyjamas fleece	windscreen exhaust pipe number plate bumper headlight

Abbildung 10.1: Wörter lernen durch Hierarchien- und Gruppenbildung

Die Einzeltechniken, die bei dieser Aufgabe beobachtet werden können, reichen vom lauten Vorsagen der Wörter über das Notizenmachen bis hin zum Nachschlagen. Die Techniken sind in diesem Falle beobachtbar, während die Strategien nur inferierbar und interpretierbar sind aufgrund von erfolgten Handlungen oder aufgrund eines Lerngesprächs über die erfolgte Kognition.

Ein solches Gespräch über das Lernen ist sehr wichtig für die Lerndiagnose und Lernförderung. Es kann den Lernenden helfen, Strategien zu elizitieren, welche sie von sich aus möglicherweise nicht zielstrebig genug zur Lösung des Lernproblems einsetzen. Um zur Lösung in obigem Beispiel zu kommen (Oberbegriffe finden und Gruppen bilden), müssen Lernende die folgenden kognitiven Teilhandlungen durchführen:

- erkennen, dass grundsätzlich alle Begriffe in einem Netz verankert sind und niemals isoliert stehen, d. h. ein mentales Lexikon (Aitchison 2003) verstehen und dieses bei sich selbst entwickeln (mentale Netze zum Begriffsfeld „kitchen, office, clothes, car" haben die übergeordneten Netze „house" bzw. „life of human beings" versus „animal or plant life");

- erkennen, dass es für Begriffe unterschiedliche Hierarchien (Unter- und Überordnung sowie Gleichordnung) gibt, und diese für den jeweiligen Begriff auch kennen (*fork, spoon, knife: silverware* [Am.]/ *cutlery* [Brit.]);
- einen Begriff von anderen sehr ähnlichen Begriffen unterscheiden können, d. h. einen mentalen Thesaurus bilden (z. B. *terrible, dreadful, shocking, fearful, horrid, horrible, horrific, ghastly, awful, eerie, weird, revolting*);
- die Subjektivität der Begriffsvernetzung erkennen: sich über eigene minibiographische Begriffserlebnisse klar werden (subjektive Attribution von Begriffen mit Gefühlen usw., z. B. Assoziation mit Farbbegriffen wie „rot", „grün" oder „schwarz");
- die historische und zeitliche Dimension bei der Entstehung, bei der Wandlung und beim Absterben von Begriffen erkennen (z. B. *Ground Zero, 9-11, dot-commers, baby-boomers*);
- die kulturspezifischen Unterschiede in der Ausprägung der Bedeutung von Begriffen erkennen und reflektieren lernen (vgl. Abbildung 10.2).

Beispiel 2

Bei verschiedenen Bezeichnungen für den neutralen Begriff „Pogromnacht" lässt sich der politisch bewusste Missbrauch von Sprache bei der Begriffsbildung erkennen. Das Deutsche wie auch die polnische und die russische Übersetzung legen den Fokus verharmlosend auf „Kristall", d. h. etwas Edles, wohingegen das Englische mit dem „zerbrochenen Glas" die tatsächlichen Ereignisse deutlich benennt.

	„Pogromnacht" (alltagssprachlich)	**Fokus auf**
Deutsch	Reichskristallnacht	Kristall
Polnisch	Noc Krysztalowa	Kristall
Russisch	Chrustal'naja noč	Kristall
Englisch	Night of broken glass	Zerbrochenes Glas

Abbildung 10.2: Konzepte und Schemata des Begriffes „Pogromnacht"

Diese Art von Reflexion über Sprache im Sinne von *language awareness* ist insbesondere für den Bilingualen Sachfachunterricht angezeigt, damit Lernende den Unterschied in den kulturellen Skripts verschiedener Sprachen wahrnehmen und Fremdbild und Selbstbild auf der Grundlage von Sprache reflektieren lernen (vgl. Kap. 8, Abschnitte 1.4 und 2.4). Diese Reflexion über die Bedeutung von Sprache ist den *Strategien*, das Aufschreiben in einer Tabelle und Nachschlagen der Bedeutung im etymologischen Wörterbuch dagegen den *Techniken* zuzuordnen.

Gelegentlich werden *Lernstrategien* nicht nur von Lerntechniken, sondern auch von *Lernerstrategien* unterschieden. So differenzieren O'Malley/ Chamot Strategien danach, ob sie in natürlichen oder in institutionalisierten Lernsituationen eingesetzt werden:

> ... we use the term learner strategies to identify strategies that students have developed on their own to solve language learning problems. ... We contrast this term with learning strategies, which we use to describe the strategies that have been (or could be) taught explicitly as part of instruction in both first and second language contexts. (O'Malley/Chamot 1994: 371)

Daneben wird insbesondere in methodischen Kompendien häufig von *Lern-* bzw. *Lernertypen* und *Lernstilen* gesprochen. Lern(er)typen sind durch ganz bestimmte Lernstile definiert. Ein Lernstil ist die individuell unterschiedliche Gesamtheit persönlicher Arbeits- und Lernpräferenzen sowie Fertigkeiten und Techniken.

Die Unterscheidungen zwischen bestimmten Lernstrategien und die Annahme bestimmter Lernertypen sowie die didaktisch-methodischen Folgerungen, die sich daraus ergeben, können allerdings nach wie vor nur bedingt als gesichert gelten. Zwar besteht bezüglich der Existenz von Lernstrategien und Lernstilen sowie der jeweils zu Grunde liegenden Lerntypen inzwischen Einigkeit, jedoch sind die Vorstellungen bezüglich der Dimensionen und auch der Trainierbarkeit noch recht diffus. So betont Grotjahn (2007: 326), dass der Begriff Lernstil in der Fachliteratur nach wie vor inkonsistent verwendet und nur unzureichend zwischen Lernstil und kognitivem Stil unterschieden wird. Eine Untersuchung zu subjektiven Theorien über Strategien insbesondere bei den Lernenden, aber auch bei den Lehrenden zeigt, dass diese häufig auf unhinterfragten Alltagstheorien beruhen (Finkbeiner 1998; 2005 sowie Kap. 13, Abschnitt 3). Hier stehen Forschung und Schulpraxis gleichermaßen vor einer großen Herausforderung.

4 Das dreidimensionale Kontinuum des Konstrukts „Lernstrategien"

Im Folgenden soll ein Lösungsansatz zur Vereinheitlichung der Beschreibung von Strategien und Techniken aufgezeigt werden. Über alle Quellen hinweg lässt sich eine einheitliche Darstellung anhand von Attributen vornehmen, die durch drei grundlegende Faktoren kennzeichnet sind (vgl. Finkbeiner 2001b; 2005: 90f.). Diese Faktoren sind weniger als dichotom beschreibbare Zustände denn als Endpunkte eines Kontinuums zu verstehen. Sie reichen von

- bewusst zu unbewusst, d. h. von absichtlich-planvoll zu zufällig und ungesteuert;
- beobachtbar zu nicht-beobachtbar;
- explizit zu implizit.

4.1 Das Kontinuum von bewusst zu unbewusst

Als wichtigste Kriterien für *Lernerstrategien* nennt Tönshoff (2007: 332) Problemorientiertheit, Zielgerichtetheit/Intentionalität und (potentielle) Bewusstheit von Strategien. Diese Kriterien sind kompatibel mit den von Rampillon (2007: 340) beschriebenen absichtlichen und planvollen Verfahren zur Lernsteuerung und Lernkontrolle. Analog führt Oxford (1990: 8) Bewusstheit als ein wichtiges Kriterium für Strategien an. Demgegenüber verzichtet Wendt (1997: 77) auf eine Dichotomisierung bewusster versus unbewusster Prozesse und stellt die unterschiedlichen Stufen des Bewusstseins innerhalb der Entwicklungsstufen von Strategien zu Routinen heraus. Analog zu diesem Konzept der Routine geht Wolff bei der Beschreibung des strategischen Verarbeitungsverhaltens des Muttersprachlers von einem völlig automatisierten Prozess aus. Die Tatsache jedoch, dass Verarbeitungsstrategien bei Misserfolg variiert werden können, sind für ihn Indiz dafür,

> daß sie auf einer vergleichsweise hohen Stufe der Bewußtheit angesiedelt sind: Der kompetente Sprachverarbeiter ist in der Lage, sein Verarbeitungsproblem zu analysieren und dann aus seinem Strategienrepertoire eine andere, angemessenere Strategie auszuwählen. Dies ist aber nur möglich, wenn es sich bei den Strategien um mentale Operationen handelt, für die ein gewisser Grad an Bewußtheit vorhanden ist. (Wolff 1997: 273)

Nold/Schnaitmann verstehen das Kriterium der Bewusstheit in analoger Weise:

> Danach werden Lernstrategien aufgefaßt als Handlungssequenzen ..., die in ihrer Entstehung beim Lerner vor allem in den frühen Phasen bewußt oder potentiell bewußt sein können und danach auch halb- oder unbewußt und damit automatisiert eingesetzt werden. (Nold/Schnaitmann 1997: 136)

Bewusstheit oder Nicht-Bewusstheit jedoch als Kriterium für die Charakterisierung von Lernstrategien heranzuziehen, ist schwierig. Diese beiden Enden eines Kontinuums bezeichnen nämlich weniger so genannte einheitliche Zustände als vielmehr eine Vielzahl von Stufen der Bewusstheit (Butzkamm 2002: 95ff.).

4.2 Das Kontinuum von beobachtbar zu unbeobachtbar

Wenden/Rubin führen zusätzlich zu dem Kriterium „Bewusstheit" das der „Beobachtbarkeit" ein; dabei vertreten sie eine eher gemäßigte Position:

> First of all strategies refer to *specific actions or techniques* ... . They are not characteristics that describe a learner's general approach, as when language learners are said to be reflective, or risk takers. ... Some of these actions will be *observable* (asking a question) and others will *not* be *observable* (making a mental comparison). (Wenden/Rubin 1987: 7)

Ergänzend verweisen sie auf die Interdependenz dieser Faktoren mit jenen des Bewusstheitskontinuums: „Sometimes strategies *may be consciously deployed*. ... For certain learning problems, strategies *can become automatized* and remain below consciousness or potentially conscious" (ebd.: 8).

4.3 Das Kontinuum von implizit zu explizit

Auch bei der Erklärung dessen, was implizites bzw. explizites Lernen ausmacht, wird auf die Dimension „bewusst - unbewusst", aber auch auf die oben erwähnten Konzepte der Routine (Wendt 1997) und des automatisierten Lernens (Wolff 1997) rekurriert:

> Implicit learning is acquisition of knowledge about the underlying structure of a complex stimulus environment by a process which takes place naturally, simply and without conscious operations. Explicit learning is a more conscious operation where the individual makes and tests hypotheses in a search for structure. (N. C. Ellis 1994a: 1f.)

Für Bialystok (1994: 551) besteht zwischen explizitem und implizitem Wissen kein unauflösbarer Widerspruch. Nach ihrer Meinung gibt es zwischen beiden Wissensbeständen nicht nur eine Verbindung, sondern darüber hinaus eine Interaktion. Sie erklärt den Unterschied zwischen implizitem und explizitem Wissen über unterschiedliche Wissensrepräsentationen, die verantwortlich sind für funktionale Unterschiede im Gebrauch von Wissen und im Zugang zur Wissensbasis. Das zuvor aufgezeigte Beispiel des Schnürsenkelbindens kann nach dieser Vorstellung auch so erklärt werden: das Problem in der Beschreibung des Vorgangs entsteht dadurch, dass das Wissen nur implizit und nicht explizit repräsentiert ist. Das Einüben expliziter und impliziter Strategien soll an einem Beispiel gezeigt werden.

Beispiel 3

Im Schulalltag ist es sinnvoll, sowohl explizite und implizite als auch bewusste und unbewusste Verfahren zu variieren. Dies soll an dieser Stelle am konkreten Beispiel des Themas „Sports Report" aufgezeigt werden. Der Fokus liegt dabei auf den grammatischen Strukturen „Adjektive und Adverbien". Den Schülern kann der Unterschied zwischen Adjektiven und Adverbien in authentischer Weise über Kommentare oder Texte aus der Sportsprache verdeutlicht werden. Die zwei folgenden Herangehensweisen sind möglich:

(1) Bei der impliziten Herangehensweise werden die Adjektive und Adverbien induktiv über die Analyse des Textes erarbeitet. Das grammatische Thema steht dabei nicht im Zentrum, sondern dient nur dem Verstehen der funktionellen Unterscheidung der Beschreibung der Spieler- und Spielqualitätsattribute. Darüber hinaus kann anhand der Analyse der Adjektive und Adverbien auch festgestellt werden, ob der Text persuasiv ist oder neutral. Der folgende Textausschnitt eines Spielberichts über das Endspiel der U21-Europameisterschaft zwischen England und Deutschland im Juni 2009 ist für diese Herangehensweise geeignet:

Loach, having been promoted to the starting line-up after Joe Hart's suspension, misjudged the swerving flight of Mesut Ozil's 48th-minute free-kick and, as time momentarily stood still, the ball rode up off him and trickled over the line. At the beginning of the 2007-08 season, Loach was on loan with the Conference club Stafford Rangers. This was comfortably the biggest game of his career and it was heart-wrenching that his error effectively killed the contest. (http://www.guardian.co.uk/football/2009/jun/29/england-germany-scott-loach-under-21)

(2) Bei der expliziten Herangehensweise steht die grammatische Regel im Zentrum der Unterrichtsstunde. Man löst dazu beispielsweise zwei kontrastierende Sätze aus dem Spielbericht heraus und beginnt direkt mit der Regel:

Adjective	**Adverb**
Loan .. misjudged the swerving flight ... *It was heart wrenching...*	*This was comfortably the biggest game of his career.* *... his error effectively killed the contest*
The adjectives are of quality: they have the same form for singular and plural and for masculine and feminine nouns.	The adverbs are of manner; most adverbs of manner are formed by adding „-ly" to the corresponding adjectives.

Abbildung 10.3: Adjektive und Adverbien im Englischen: expliziter Ansatz

5 Die Lernstrategientypologie im Modell von O'Malley/Chamot

Eine wichtige Grundlage zu Lernstrategien für das Sprachlernen ist in den Arbeiten von O'Malley/Chamot (1990, 1994) zu sehen. Diese entwickelten einen kognitionsbasierten, lernerorientierten Strategieansatz des Zweitsprachenlernens. Ihr Klassifikationsschema ist eine wichtige Anregung für Lehrende und Lernende, Lernstrategien genauer wahrzunehmen und in ihrer Bedeutung für effektiveres Lernen einzuschätzen. O'Malley/Chamot (1990: 137) unterscheiden metakognitive, kognitive und sozial-affektive Strategien.

5.1 Metakognitive Strategien

Metakognitive Strategien dienen im wörtlichen Sinne der Vorsilbe *meta* dazu, „über" die kognitive Manipulation des Lernmaterials nachzudenken, d. h. sie zu planen. Sie beinhalten demnach das Antizipieren von grundlegenden Zielen oder Hauptthemenstellungen, die bewusst gesteuerte Konzentration auf Wesentliches (Aufmerksamkeit), das Planen und Aufzählen bestimmter sprachlicher Komponenten, die notwendig sind, um die Aufgaben zu bewältigen, die geplante selektive Aufmerksamkeit auf spezielle Aspekte (*keywords* usw.), das selbständige Organisieren der eigenen Lernbedingungen sowie die Selbstkontrolle und Selbstevaluation von Lernprozessen. Diese Strategien sind darauf gerichtet, den Lerner unabhängig zu machen. Sehr oft sind jedoch die Lernenden „metakognitive Analphabeten", denn es fehlt ihnen das strategische Rüstzeug, den Lernprozess selbst aktiv und autonom zu organisieren (Finkbeiner 2005). Dies bedeutet, dass z. B. ein Lerner bestimmte Lernpensen auch selbst einteilen lernt (ebd.: 353ff.). Im Unterricht müssen deshalb Situationen bereitgestellt werden, in denen die eigenständige Planung, die Selbstkontrolle und die Selbstevaluation erprobt und geübt werden. Die folgende metakognitive Aufgabe eignet sich zu Beginn einer Lernphase, in der erstmals explizit und bewusst mit Lernstrategien und Lerntechniken gearbeitet wird.

Beispiel 4

Die Aufgabe heißt „Lerngalerie". Eine „Lerngalerie" hat folgende Ziele (vgl. ebd.: 469f.): (a) *getting to know oneself as a learner*, (b) *reflecting on one's learning preferences*, (c) *developing diagnostic skills*, (d) *becoming learning-strategically literate (acquiring the specific linguistic means to talk about learning).* Sie wird durch folgende Frage initiiert: „Who am I as a foreign language learner?" Die darauf bezogene Instruktion lautet: „Draw a mind map, a picture, or write down a list of keywords of how you see yourself as a foreign language learner. You have 15 minutes to complete this task." Die Lernenden erhalten DIN A3-Bögen und breite Filzstifte zur Erstellung der Ergebnisse. Nach Beendigung der Aufgabe werden diese, z. B. eine Anzahl Mindmaps, in einer Art Galerie an den Wänden des Klassenzimmers aufgehängt (vgl. Abbildungen 10.4 und 10.5). Die Ergebnisse werden zuerst schweigend betrachtet. Die Lernenden bewegen sich dazu langsam an den Mindmaps entlang. Sie erhalten die Aufgabe, diese genau anzusehen und sich die Mindmap auszusuchen, welche sie besonders bemerkenswert, auffällig, interessant oder fremd finden.

Im Anschluss an die stille Betrachtung der Lerngalerie von etwa zehn Minuten versammeln sich die Lernenden vor den Aushängen zur Evaluation. Der Lehrende gibt dazu folgenden Impuls: „Which mind map did you choose? Explain why and describe the profile of the kind of learner represented." Die Lernenden üben sich nun in der Beschreibung und Diagnose verschiedener Lernprofile. Im Anschluss daran findet ein Gespräch über die unterschiedlichen Lerntypen, über Ähnlichkeiten und Unterschiede statt. Falls möglich, können die Ergebnisse bestimmten Strategiengruppen zugeordnet werden. Die jeweiligen Autoren können sich zur Interpretation durch die anderen äußern, müssen es aber nicht.

Die „Lerngalerie" sollte anonym ablaufen. Die Anonymität ist insbesondere bei sozial heterogenen Klassen angezeigt. Bei eigenen Versuchen mit Studierenden wurde in einem Fall beispielsweise der Faktor „Geld" bzw. „Mangel an Geld" als ein das Lernen in hohem Maße belastender Faktor genannt. Jedoch wollte die Autorin nicht identifiziert werden, da dies zum „Gesichtsverlust" hätte führen können. Diese Privatheit sollte respektiert werden, sonst kann es insbesondere bei erwachsenen Lernern passieren, dass eher sozial erwünschte anstatt die Realität erfassende Mindmaps erstellt werden. Bei jungen Lernenden kann dieses Problem in analoger Weise entstehen, wenn Lernorte explizit beschrieben werden (individueller Lernort: eigenes Zimmer und eigener Schreibtisch versus gemeinsamer Lernort mit den Geschwistern: Küchentisch, Esstisch usw.).

5.2 Kognitive Strategien

Gegenüber den metakognitiven Strategien sind die *kognitiven Strategien* darauf gerichtet, das Lernmaterial direkt zu manipulieren. Dies geschieht dadurch, dass zum Beispiel Textstellen markiert, Randnotizen gemacht und Mindmaps zu den Inhalten selbst erstellt werden.

Abbildungen 10.4 und 10.5: Lerngalerie: Mindmaps „Lernerprofile“

Besonderes Augenmerk unter den kognitiven Strategien ist den *Elaborationsstrategien* zu widmen. Bei dieser sehr wichtigen Strategiengruppe wird die neue Information mit bisherigem Wissen in Beziehung gesetzt (Finkbeiner 2001b; 2005). Hier findet also tatsächliche Tiefenverarbeitung und kein oberflächliches Lernen statt. Aufgrund bisheriger Erfahrungen werden zum Beispiel verschiedene Teile der neuen Information auf bisherige Informationen bezogen oder es werden persönliche Assoziationen zur neuen Information hergestellt. Dieser Vorgang wird durch Schemata unterstützt, welche das Hintergrundwissen bereitstellen, damit die Lernenden den Text richtig interpretieren, Inferenzen hervorbringen, Erwartungen hervorrufen, Aufmerksamkeit steuern sowie vorherige Verstehensinhalte korrigieren und neuen Inhalten anpassen können. Dabei spielt zum Beispiel auch die Erwartung der Schüler in Bezug auf eine gewisse Textsorte eine Rolle. Je nachdem, ob sie mit einem narrativen (Detektivgeschichte, Abenteuergeschichte, humorvolle Erzählung), einem dramatischen (Dialog, Sketch, Theaterstück und Hörspiel) oder einem lyrischen Text (Gedicht, Lied) oder aber einem Sach- oder Gebrauchstext (Bericht, Darstellung, Beschreibung, Zeitungs-/Werbeanzeigen, Prospekt, Gebrauchsanweisung) konfrontiert werden, werden bestimmte Erwartungen in ihnen geweckt. Elaborationen können sich in folgenden mentalen Verknüpfungen äußern (vgl. Finkbeiner 2005: 366):

- Textüberschrift und Text
- Textautor und Text
- Text und innere Bilder
- Textlayout/Textäußeres und evozierte Gedanken
- Textaufgabe und bisheriges Aufgabenwissen
- Textverstehenstest und bisheriges Testwissen
- Text und innere Fragen zum Text
- Text und innere Evaluation, was man verstanden hat
- Text als Anlass zum Verfassen eines eigenen Textes
- Text und akustische Geräusche (Natur, Lied u. a.)
- usw.

Beispiel 5

Im Folgenden wird mit der „sponge method" eine Studier- und Lerntechnik vorgestellt, die sich für kognitiv anspruchsvolles Lernen mit Texten und Lexik eignet (vgl. Abbildung 10.6). Sie wurde aus der Praxis heraus entwickelt und eignet sich sowohl für Lernende ab den Klassenstufen 9 und 10 als auch für Examenskandidaten beim Abschluss des Studiums.

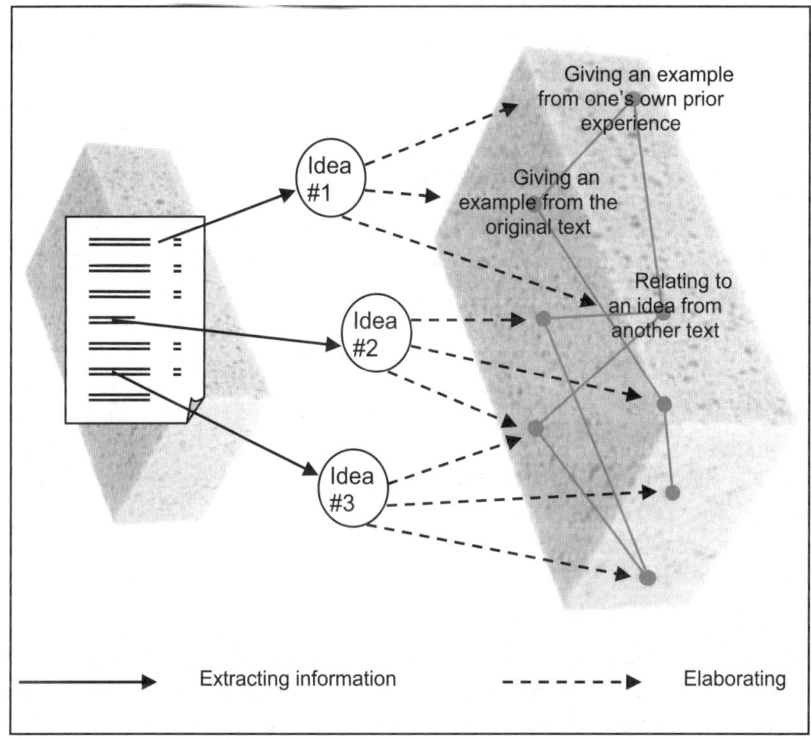

Abbildung 10.6: „Sponge method" am Beispiel eines Textes

Bei der „sponge method" werden zu einem bestimmten Thema ein oder mehrere Texte gelesen. Folgende Ziele werden damit verfolgt: (a) die für einen selbst wichtigsten Ideen und Gedanken aus den Texten sollen erkannt, extrahiert und erinnert werden, (b) anhand der wichtigsten Ideen und Stichwörter werden Elaborationen gebildet, es wird also wieder expandiert, (c) dieser Prozess wird auf alle einzelnen Texte angewendet und diese werden einer vergleichenden Analyse unterzogen, um Ähnlichkeiten oder Gegensätze und Widersprüche festzustellen. Dies ist möglich über die wichtigsten Stichwörter beziehungsweise über die verwendete Terminologie. Während es sich also bei den Zielen unter (a) und (b) um mehr oder weniger reversible kognitive Lernprozesse handelt, zielt das unter (c) dargestellte Ziel auf die Fähigkeit zu komplexem und vernetzendem Denken. Beim Extrahieren der wichtigsten Ideen, Stichwörter oder Fragen wird der Text, metaphorisch gesehen, wie ein Schwamm ausgedrückt, wobei die gehaltvollsten Tropfen aufgefangen werden. Diese dürften, wenn wir der „magischen Formel" von Miller (1956) folgen, bei 7±2 liegen: laut Miller kann der Mensch aufgrund der Begrenztheit seines Arbeitsgedächtnisses maximal sieben plus/minus zwei kognitive Einheiten auf einmal verarbeiten und erinnern. Einige Menschen können demnach bis zu neun *chunks* erinnern, manche nur bis zu fünf. Diese Unterschiede hängen u.a. vom Vorwissen der Lernenden, der Länge des Wortes, der Zeit und der jeweiligen Repräsentation ab (Hulme et al. 1995). Umgekehrt muss es - wieder metaphorisch gesehen - möglich sein, den Schwamm vollkommen mit Wasser aufzufüllen. Dies bedeutet, dass Lernende anhand der wichtigsten Stichwörter ihr Wissen elaborieren und expandieren und so den Schwamm mit „neuem Wasser" (neu durchgeführten Konstruktionen) füllen. Bei der „sponge method" wird dieser reversible Prozess dadurch evoziert, dass man Lernende auffordert, aus jedem „herausgepressten" Tropfen bzw. Stichwort einen prägnanten Satz zu formulieren und aus diesen Sätzen sowie, falls notwendig, einigen kleineren Einfügungen wieder einen kohärenten Text zu bilden. Die Lernenden werden somit aufgefordert, Details, die sie verkürzt haben, wieder zu spezifizieren.

5.3 Sozial-affektive Strategien

Die *sozial-affektiven Strategien* helfen den Lernenden, über Kooperation mit anderen Lernenden, Lehrenden oder Muttersprachlern den eigenen Lernprozess zu assistieren und zu verbessern. Sie sind auch dazu da, die eigenen Gefühle zu kontrollieren und Angst oder Hemmungen in den Griff zu bekommen. Dies ist zum Beispiel möglich über das Antizipieren angsterregender Situationen sowie über mentale und atmungszentrierte Entspannung.

6 Adäquater Einsatz von Strategien

Es ist bemerkenswert, dass viele Lernende sowohl in der Schule als auch an der Hochschule oftmals keinen aktiven und/oder adäquaten Gebrauch von Strategien machen. Darüber hinaus führen nicht alle Strategien zum Erfolg. Die Gründe hierfür sind vielfältig: Die kognitiven Fähigkeiten dazu sind nicht vorhanden oder werden nicht geschult, die Lernenden haben den Gebrauch von Strategien nicht gelernt, sie sind von der Wichtigkeit des Einsatzes von Strategien nicht überzeugt oder sie sehen durch den Einsatz bestimmter Strategien ihr Selbstbild dann bedroht, wenn sich trotz erfolgtem Strategieneinsatz kein Erfolg einstellt.

Die ADEQUA-Studie zum adäquaten Einsatz von Strategien beim fremdsprachigen Lesen (Finkbeiner et al. 2006) hat gezeigt, dass Unterschiede im Lernergebnis nicht durch die Häufigkeit des Strategieneinsatzes erklärbar sind, sondern vielmehr durch dessen Qualität, d. h. Adäquatheit. Darüber hinaus zeigte sich, dass die Lernenden zwar bestimmte Strategien häufig anwenden, diese jedoch nur wenig zum Erfolg führen. Ein weiteres wichtiges Ergebnis ist, dass, die situationale Adäquatheit der von den Lerndenen eingesetzten Lernstrategien in Zusammenhang mit (a) der absoluten Textverstehensleistung sowie (b) dem objektiven Lerngewinn stehen. Hierdurch wird die Bedeutung eines situationsadäquaten Strategieneinsatzes bestätigt. Dies hat Folgen für die Rolle der Lehrperson und die Gestaltung der Lernumgebung (Finkbeiner/Knierim 2008b).

7 Die Bereichsspezifik von Strategien

Der Aspekt der Bereichsspezifik ist bei der Erforschung sowie beim Versuch des Lehrens und Lernens von Strategien sehr wichtig, da Strategien nur angemessen erfasst werden können, wenn man sie auf bestimmte Kontexte, konkrete Tätigkeiten und Herangehensweisen bezieht (Finkbeiner 2005: 106f.). Dies entspricht dem Ansatz des *situated learning* nach Lave/Wenger (1991) und Raizen (1991) sowie der *theory of settings* nach Garner (1990). Demnach sollen Wissen und Prozeduren im Fremdsprachenunterricht nicht nur übergreifend vermittelt werden, sondern es ist wichtig, die kontextspezifischen Anwendungsbedingungen zu beachten (vgl. auch Beispiel 1). Dies bedeutet, dass neben den bereichsunspezifischen Strategien (wie zum Beispiel der Aufmerksamkeitssteuerung) die bereichsspezifischen Strategien zu fördern sind.

Zu den Letzteren zählen Strategien, die bei ganz konkreten fremdsprachenspezifischen Tätigkeiten evoziert oder bewusst eingesetzt werden, z. B. beim Lesen, Schreiben, Hören oder Sprechen. Es ist jedoch zu berücksichtigen, dass diese bereichsspezifischen Strategien darüber hinaus auch innerhalb einer Tätigkeit variieren. So sind innerhalb der fremdsprachenspezifischen Tätigkeit des Lesens völlig unterschiedliche Strategien nötig, bei

- lautem gegenüber stillem Lesen,
- extensivem gegenüber intensivem Lesen,
- ästhetischem gegenüber efferentem, d. h. sinnentnehmendem Lesen,
- Lesen unter Zeitdruck gegenüber Lesen ohne Zeitlimit oder
- Lesen mit intrinsischer gegenüber Lesen mit extrinsischer Motivation.

Dabei muss berücksichtigt werden, dass bestimmte bereichsspezifische Strategien, die beispielsweise aufgrund von ganz konkreten Instruktionen im Englischunterricht zum Einsatz kommen, eine Ähnlichkeit aufweisen können mit ganz konkreten bereichsspezifischen Strategien eines völlig anderen Faches wie zum Beispiel der Mathematik (Finkbeiner 2001a). Dies ist für solche Fälle anzunehmen, in welchen durch vergleichbare Instruktionen bei bestimmten Textaufgaben der Einsatz ähnlicher Strategien evoziert wird. Ein Beispiel einer solchen Instruktion würde lauten: „Lies den Text genau durch und versuche dann, die Fragen zu beantworten." Unabhängig davon, ob es sich um mathematischen oder sprachlichen Unterricht handelt, wird hier (a) auf globales Verstehen und (b) auf fokussierte Aufmerksamkeit gezielt.[1]

8 Die Rolle des Vorwissens beim Fremdsprachenlernen und -lehren

Vorwissen spielt eine große Rolle im Hinblick auf den Erfolg oder Nichterfolg eines Strategieneinsatzes beim Lernen (Finkbeiner 2005: 108). Nach Kintsch (1994: 41) können kognitive Strategien nur dann Erfolg versprechen, wenn sie einerseits gut eingeübt und automatisiert sind und andererseits Zugang zu einer reichhaltigen Wissensbasis haben. Da Verstehen wissensintensiv ist, können die erforderlichen mentalen Repräsentationen nicht ohne adäquates Wissen und ohne verlässliche Enkodierstrategien gebildet werden. Dies bedeutet, dass die Lehrperson sicherstellen muss, dass den Schülerinnen und Schülern neben den Lernstrategien eine reichhaltige Wissensbasis bezüglich Wortschatz, Grammatik, Pragmatik usw. zur Verfügung gestellt wird. Die besten Strategien nützen nichts, wenn beispielsweise der Anteil an unbekanntem Wortschatz innerhalb eines Textes größer ist als der Anteil an bekannten Wörtern. Der Text kann dann nicht mehr verstanden und Wörter können nicht mehr inferiert, sondern allenfalls spekulativ erraten werden. Nach Anderson (2007) ist der Zuwachs an Wissen zusammen mit dem Gedächtnis für intellektuelle Veränderungen verantwortlich. Intellektuelle Fortentwicklung wird somit einerseits mit Wissenszuwachs, andererseits mit einer größeren und flexibleren Gedächtnisleistung erklärt. Vorwissen und Strategien stehen folglich offensichtlich im Wechselverhältnis zueinander.

---

1 Dieser äußerst wichtige Aspekt weist auf die Interdisziplinarität bereichsspezifischer Strategien hin und wird deshalb neuerdings in der empirischen Unterrichtsforschung von Forschergruppen aufgegriffen (Kasseler Forschergruppe Empirische Bildungsforschung Lehren Lernen Literacy, 2008).

Hier findet also stets ein Zusammenspiel historisch-biographischer und aktuell-gegenwärtiger Erfahrungen im Lernprozess statt. Ebenso wichtig ist, dass die Lehrenden diese Zusammenhänge zwischen Strategien und Interessen kennen und ihren Unterricht dementsprechend anspruchsvoll und motivierend gestalten.

9 Das Zusammenspiel von Strategien und Interessen

Neben den bereits dargestellten Faktoren wie Vorwissen, bereichsspezifisches Vorwissen und kognitive Fähigkeiten wird der Einsatz von Strategien in hohem Maße von affektiven Faktoren beeinflusst. Wird eine Lernhandlung mit Interesse und Motivation verfolgt, ist die Verarbeitungstiefe größer und die Vergessensrate wird geringer. Interesse, Motivation, Gefühle und Eindrücke, welche die Lernhandlung begleiten, sind von grundlegender Bedeutung, denn parallel zur Abspeicherung eines Lerninhaltes werden auch die Begleitumstände im Gedächtnis mitverankert (Finkbeiner 1995: 194).

Wichtig ist, dass beim Erinnern die Motivationslage und -stärke sowohl zum Zeitpunkt der Abspeicherung im Gedächtnis als auch zum Zeitpunkt des Erinnerns selbst eine Rolle spielen. Hier findet also stets ein Zusammenspiel historisch-biographischer und aktuell-gegenwärtiger Erfahrungen im Lernprozess statt. Ebenso wichtig ist, dass die Lehrenden diese Zusammenhänge zwischen Strategien und Interessen kennen und ihren Unterricht dementsprechend anspruchsvoll und motivierend gestalten.

In einer Studie von Finkbeiner (2005) ergab sich ein höchst signifikanter Zusammenhang zwischen dem Einsatz von Elaborationsstrategien und Literaturinteresse. Über eine LISLREL-Analyse wurden die theoretischen und hypothetischen Annahmen bezüglich des Modells zum Zusammenspiel von Interessen und Strategien beim fremdsprachlichen Lesen bestätigt. In dem Strukturmodell wurden die folgenden Zusammenhänge deutlich (ebd.: 392f.): Fremdsprachliches Leseinteresse ist ein direkter Prädiktor für die Variable persönliche Elaboration. Persönliche Elaboration ist einerseits stark von fremdsprachlichem Leseinteresse abhängig, gleichzeitig jedoch selbst Prädiktor für die Variable Tiefenverarbeitung beim fremdsprachlichen Lesen. Das spannendste Ergebnis ist darin zu sehen, dass es zwar zwischen fremdsprachlichem Leseinteresse und Tiefenverarbeitung einen indirekten kausalen Effekt über persönliche Elaboration als intervenierende Variable gibt, das Modell aber diesen Effekt nicht als direkten nachweisen kann. Fremdsprachliches Leseinteresse wirkt folglich nur indirekt auf die Tiefenverarbeitung. Somit wird persönliche Elaboration zu einer enorm wichtigen vermittelnden, intervenierenden Variable zwischen fremdsprachlichen Leseinteresse und Tiefenverarbietung: „Ohne Elaboration nützt alles Interesse nichts im Hinblick auf eine Tiefenverarbeitung beim Lesen" (ebd.: 392). Demgegenüber wirkt selbstreguliertes Lernen ohne Elaboration direkt als Prädiktor für Tiefenverarbeitung beim fremdsprachlichen Lesen.

10 Die Rolle der Lehrperson

Der Lehrpersonen kommt dahingehend eine große Verantwortung zu, dass sie den Lernenden helfen müssen, entweder an eine inhaltlich relevante Vorwissensbasis anzuknüpfen oder, falls kulturell divergierende oder gar keine Schemata vorliegen, diese neu aufzubauen (vgl. Finkbeiner 2008). Die Ansätze eines auf autonomem und selbstreguliertem Lernen beruhenden und somit Strategien vermittelnden Fremdsprachenunterrichts sollten nicht in dem Sinne fehlinterpretiert werden, dass Lehrende den Lernenden keine Hilfe und Unterstützung mehr zukommen lassen müssten. Dies wäre ein falsches Verständnis von „selbstreguliertem Lernen". Im Gegenteil: Auch in einem „lernorientierten", auf konstruktivistischen Prinzipien beruhenden Unterricht müssen Handlungs- und damit Lernmöglichkeiten strukturiert und Lernprozesse und strategisches Verhalten der Schüler gefördert werden (vgl. Kap. 3, Abschnitt 4).

Dies wird unter anderem in Wygotskis (1962, 1978) Theorien von *social negotiation* und der *zone of proximal development*, d. h. der Zone der Exploration, auf welche der Lernende kognitiv optimal vorbereitet ist, sowie in Bruners (1986) Theorie des *scaffolding* (vgl. Kap. 9, Abschnitt 14) zum Ausdruck gebracht. Beide Positionen betonen, dass Lehrende in sozialer Auseinandersetzung mit den Lernenden deren Lernprozess entsprechend ihrem jeweiligen Entwicklungsstand unterstützen und fördern sollen. Darüber hinaus können Lernende in der Rolle von Lehrenden diesen Prozess anregen (Finkbeiner 2004; zum Konzept „Lernen durch Lehren" vgl. auch Martin/Kelchner 1998 und Schelhaas 2003). Dabei spielt wiederum das Vorwissen der Lernenden eine große Rolle. Damit ist jedoch nach F. E. Weinert (1996: 115) nicht ein rein mechanisch akkumuliertes Faktenwissen, sondern so genanntes „intelligentes Wissen" gemeint. Darunter versteht er ein System von Fähigkeiten, Fertigkeiten, Kenntnissen und metakognitiven Kompetenzen, die flexibel genutzt werden können. Die Lehrenden haben die verantwortungsvolle Aufgabe, entwicklungspsychologisch adäquate, nach den verschiedenen Lernniveaus in den einzelnen Klassen differenzierte, motivierende und lebensweltlich relevante Aufgaben zu schaffen, die dieses „intelligente Wissen" hervorlocken und fördern.

Dies entspricht den von van Lier (1996: 204ff.) aufgestellten Anforderungen an Lernaufgaben (*tasks*), die im Rahmen seines auf „awareness, autonomy, authenticity“ aufbauenden Fremdsprachencurriculums verankert sind. Müller-Hartmann/Schocker-v. Dithfurth (2006, 2008) haben diesen Ansatz weiterentwickelt und konkrete Lernszenarien vorgestellt. Finkbeiner/Knierim (2008a, 2008b) haben den Ansatz des *task-based learning* zielgerichtet auf einen Strategien vermittelnden Lernansatz übertragen und in entsprechende Lernumgebungen implementiert. Um den kognitiven Fähigkeitsstand der verschiedenen Niveaus in solchen Aufgaben berücksichtigen zu können, müssen Lehrende nicht nur über Sachkompetenzen, fachdidaktischen Kompetenzen sowie Klassenführungskompetenzen verfügen, sondern insbesondere über diagnostische Kompetenzen. Lehrkräfte sind über interindividuelle Unterschiede bezogen auf Leistungsfähigkeit und über affektive Merkmale wie Leistungsangst noch wenig informiert (Helmke 2002). Mit unterrichtsbegleitenden Projekten zur Lernaufgabenforschung soll hier auch im Fremdsprachenunterricht Abhilfe geschaffen werden.[2]

Die Entwicklung der verschiedenen Kompetenzbereiche der Lernenden, d. h. Fähigkeiten, Fertigkeiten, Kenntnisse und metakognitive Kompetenzen, bedarf der Hilfe von außen und der sozialen Interaktion (vgl. Kap. 3). Erfahrene Partner oder Experten versuchen demnach, gemeinsam mit den Lernenden einen bestimmten Lerngegenstand schrittweise zu erarbeiten und somit zur Entwicklung deren Verstehens beizutragen. Neben der Lehrperson können Partner auch aus der *peer group* der Lernenden stammen. In diesem Fall kann der Kenntnis- und Lernstand vergleichbar sein. Dabei liegt die Herausforderung in der Chance, mit solchen Partnern zu kooperieren, die einerseits mehr oder gleich viel, andererseits weniger Erfahrung und Expertise haben als man selbst. Die Entscheidung zur Eröffnung dieser Lernchance für die Schüler liegt meist in der Hand der Lehrenden. Es muss den Lehrpersonen bewusst sein, dass ihre expertenseitige Unterstützung und Kooperation ganz besonders bedeutsam ist für die Entwicklung der höheren kognitiven Fähigkeiten der Schüler. Die Ergebnisse der ADEQUA-Studie belegen dies in eindeutiger Weise (vgl. Finkbeiner et al. 2006).

---

2 Vgl. das vom Institut zur Qualitätsentwicklung im Bildungswesen (IQB) der Humboldt Universität in Auftrag gegebene Projekt „Lernaufgabenforschung Englisch Sekundarstufe I an allen Schularten“; online unter: http://www.ph-freiburg.de/fakultaeten-und-institute/fakultaet-2/fremdsprachen/abteilung-englisch/forschung/forschungsprojekte. html

11 Strategien beim Einsatz von Geschichten und Erzählungen

Abschließend soll an einem Beispiel aufgezeigt werden, wie Strategien im Rahmen von Geschichten und Erzählungen in den Englischunterricht implementiert werden können. Wichtig dazu ist das Schaffen der optimalen Vorbedingungen im Rahmen eines handlungsorientierten Settings. Dazu gehört unter anderem die Akzeptanz des gegenseitigen Rollenverständnisses: Alle Beteiligten sind sowohl Lernende als auch Lehrende und Forschende (van Lier 1996, Legutke 1998, Finkbeiner 2001c).

Als Beispiel dient im Folgenden die Behandlung des Textes in dem Bilderbuch *The Very Hungry Caterpillar* von Eric Carle. Dieses Bilderbuch kann in der Primarstufe wie auch im Übergang zur Sekundarstufe I eingesetzt werden. Der Text eignet sich sowohl für den traditionellen Englischunterricht als auch aufgrund der in der Geschichte dargestellten Metamorphose (*caterpillar → butterfly*) für Szenarien des *content and language integrated learning (CLIL)*. Nach dem zuvor dargestellten dreidimensionalen Kontinuum des Konstrukts „Lernstrategien" sind aufgrund der Lernertypenvielfalt in heterogenen Klassen (Finkbeiner 2008) Lern- und Lesephasen so zu planen, dass sie sowohl die explizite als auch implizite Aneignung und Konstruktion von Wissen zulassen.

11.1 Implizites Lernen und gemeinsames soziales Handeln

Eine Lesesituation, die eher implizite Wissenskonstruktionen erlaubt, muss individuell und zeitlich offen geplant werden. Damit die Entwicklung impliziter Lesestrategien in Gang kommt, sind immer wiederkehrende Situationen zu schaffen, die dem Lernenden freies Lesen erlauben. Dies ist in der Fremdsprache auch schon in frühem Alter möglich und bedeutet, dass die Kinder in der Schule Raum und Zeit erhalten müssen zum individuellen, leisen, selbsttätigen Lesen. Auch wenn dieses Lesen manchmal gar kein richtiges „Lesen" ist, ist diese Phase wichtig zur Entwicklung des Lesens als Routine und als soziale Handlung im Sinne Wygotskis. Optimal sind Phasen freien Lesens in einem ästhetisch ansprechenden Leseraum mit einer großen Auswahl an deutschen und fremdsprachigen Lesematerialien, die zum Beispiel vor Beginn und/oder nach Ende des „offiziellen" Unterrichts genutzt werden können.

11.2 Explizites Lernen

Explizite Wissensaneignung kann von der Lehrperson (im Sinne von Wygotskis *zone of proximal development*; vgl. Abschnitt 9) über gesteuerte

Lernsituationen unter Berücksichtigung der unterschiedlichen Lernniveaus angebahnt werden. Dabei sind folgende Faktoren zu berücksichtigen:

- *Aktivierung von Vorwissen und Elaborationsstrategien*: Fragen nach den Vorkenntnissen bezüglich einer Raupe (aus Natur, Bilderbuch oder Fernsehen); Wer kennt das Buch *Die kleine Raupe Nimmersatt*?
- *„Elaboration" und „Awareness Raising"*: Vergleich der Raupenbewegung in der Natur und in der Technik.
- *Bildung von mentalen Netzwerken*: Bei der Erarbeitung der Geschichte können die Nahrungsmittel vernetzt und gruppiert werden, durch welche sich die kleine Raupe Nimmersatt durchfrisst: *vegan food* bzw. *greens* versus *non-vegan food*, innerhalb der veganen Nahrungsmittel *vegetables* und *fruit*. Die Netzwerke können ergänzt und erweitert werden, was zur Produktion einer eigenen neuen Geschichte führt.
- *Inferieren unbekannter Wörter*: Erschließen der Wörter durch Ähnlichkeiten mit der eigenen Sprache und/oder aus dem Kontext sowie über die Bilder.
- *Zusammenhänge erkennen – handlungsorientiert*: Zuordnung der in kopierter Form bereitliegenden Text- und Bildbausteine der Geschichte.
- *Zusammenhänge erkennen – abstrakt*: Die Metamorphose der Raupe steht im Zentrum dieser höchst anspruchsvollen Lernphase, in welcher die Kinder erkennen, dass die Raupe zu einem Schmetterling wird. Sie suchen nach weiteren Beispielen der Wandlung in der Natur.
- *Textsorten kennen lernen und Überprüfen des Wahrheitsgehaltes des Textes*: Die Kinder sollen dadurch lernen, dass sich narrative Texte in ihrem Wahrheitsgehalt von Sachtexten unterscheiden. Sie werden angeregt, einfache Sachtexte zu diesem Thema zu lesen, welche die Lehrperson bereitstellt oder welche sie eventuell bereits selbst (ggf. auch mit Hilfe des Internets) recherchieren können.
- *Gruppenprodukte erstellen und präsentieren*: Einzelne Gruppen arbeiten weiter an dem Thema unter differenzierter Themenstellung und unter Berücksichtigung der Lernervielfalt: die vorfindliche Geschichte ändern (anderes Tier, andere Nahrungsmittel, anderer Verlauf); neue Geschichte erzählen, malen, darstellen mit und ohne Sprache (singen, rezitieren, Pantomime); Textsorte ändern von Erzählung in Brief, Gedicht, Rap-Song, Zeitungsartikel usw.; Bezüge zum Sachunterricht (Biologie) herausarbeiten; Naturräume in der eigenen Umgebung finden; Spiel entwickeln; Umfrage machen (wer hat bereits einmal eine Raupe gesehen, über die Hand haben krabbeln lassen usw.).
- *Lernergebnisse gemeinsam evaluieren* anhand vorher gemeinsam festgelegter Kriterien.

12 Ausblick

Es steht außer Frage, dass die Vermittlung von Lernstrategien im Fremdsprachenunterricht wichtig ist. Ziel ist es, lebenslanges kompetentes, zieladäquates Lernen zu ermöglichen. Zieladäquat bedeutet, dass Kinder, Jugendliche und Erwachsene entscheiden lernen, welche Situationsanforderungen an sie jeweils gestellt sind und welche Strategien sie demzufolge aktivieren können. Lernende, die großzügig mit der Zeit umgehen und dabei extrem gründlich sind, handeln dabei nur im Rahmen bestimmter Lernanforderungen, die den Einsatz genau dieser Strategien erfordern, zieladäquat. In anderen Situationen mag verlangt sein, dass sie unter großem Zeitdruck möglichst schnell zu einem Ergebnis kommen. Lehrende haben die verantwortungsvolle Aufgabe, unterschiedlich anspruchsvolle, klar formulierte Lernaufgaben in einer motivational anregenden Lernumgebung zu inszenieren. Dabei helfen sie den Lernenden, diese Aufgaben schrittweise immer selbständiger zu bewältigen. Solche Inszenierungen müssen angebahnt werden in einer authentischen Lernumgebung, die dem Lernenden eine sinnvolle Wissensaneignung erlaubt. Gelingt dies, so können nicht nur die Lernenden von und mit ihren Lehrenden lernen, sondern auch umgekehrt die Lehrenden von und mit den Lernenden im gemeinsamen Aufgabenfeld spannender (fremd-)sprachlicher Herausforderungen.

R & R

Review and Reflect

Textverständnis/Reproduktion:

- Welche Zusammenhänge werden zwischen Strategiewissen und Lernerfolg angenommen?
- Worin unterscheiden sich ‚Lernstrategie' und ‚Lerntechnik'?
- Welcher Unterschied wird zwischen ‚Lernstrategie' und ‚Lernerstrategie' gemacht?
- Welche Attribute werden im Zusammenhang mit dem Konstrukt ‚Lernstrategie' unterschieden? Wie werden sie jeweils charakterisiert?
- Welche Relevanz ergibt sich aus der Diskussion der Attribute von Lernstrategien für die Methoden des Fremdsprachenlernens?
- Welche Lernerstrategien unterscheiden O'Malley/Chamot in ihrem Modell? In welchem Zusammenhang stehen Vorwissen und Interesse zum Konstrukt ‚Lernerstrategie'?

Reflexion:

- Inwieweit wurden in Ihrem Fremdsprachenunterricht ‚Lernstrategien' oder ‚Lerntechniken' thematisiert? Inwieweit wurden/werden sie in Ihrer Lehrerausbildung thematisiert?
- Wie sieht Ihr eigener ‚Lernstil' aus? Welcher ‚Lernertyp' sind Sie?
- Wie funktioniert die *sponge method*? Entwickeln Sie dazu ein eigenes Beispiel.
- Welche Rolle kommt der Lehrperson bei der Entwicklung von Lernstrategien zu?
- Wählen Sie einen Text für Schüler der Sek I oder der Sek II und wenden Sie die Faktoren expliziten Lernens (Abschnitt 11.2) auf diesen in einem Unterrichtsentwurf an.

Stellungnahme:

- Beziehen Sie das „dreidimensionale Kontinuum" Finkbeiners (Abschnitt 4) auf die Darstellung „strategischen Verhaltens beim Fremdsprachenlernen" von Timm (S. 58f.) und entwickeln Sie Ihre eigene Definition von ‚Lernstrategie', einmal aus der Sicht des Lerners (Handlungsaspekt: „Wie lerne ich was am besten?"), danach aus der Sicht des Lehrers (Methodenaspekt: „Was muss ich wissen/ tun, damit meine Schüler besser lernen?").

Kapitel 11

Bildungsstandards lernerorientiert umsetzen: Kompetenzen, Aufgabenstellungen und Leistungsbeurteilung

Ralf Weskamp

1 Einleitung

Standards sind allgegenwärtig. Sie definieren Anforderungen, schaffen Verlässlichkeit und dienen der Qualitätssicherung. In der Wirtschaft gibt es seit langem Organisationen wie die *International Organization for Standardization* (ISO) oder das *Deutsche Institut für Normung*, das sogar einen Standard für Standards entwickelt hat. Die DIN EN 45020 definiert einen Standard als ein „Dokument, das mit Konsens erstellt und von einer anerkannten Institution angenommen wurde und das für die allgemeine und wiederkehrende Anwendung Regeln, Leitlinien oder Merkmale für Tätigkeiten oder deren Ergebnisse festlegt, wobei ein optimaler Ordnungsgrad in einem gegebenen Zusammenhang angestrebt wird“ (DIN 2006: 25). Standards legen Anforderungen fest, ohne genau zu bestimmen, wie diese Anforderungen in einem einzelnen Unternehmen erreicht werden. Ihre Einhaltung wird durch betriebsinterne und -externe Evaluation gesichert. Solche Standards haben eine hohe Akzeptanz bei den Verbrauchern, reduzieren für international operierende Firmen Mobilitätshindernisse und sparen letztlich Kosten ein. So überrascht es nicht, dass in vielen Ländern Standards mittlerweile auch im Bildungswesen eingeführt sind und von eigens eingerichteten Institutionen überwacht werden, so zum Beispiel in England vom *Office for Standards in Education, Children's Services and Skills* (OFSTED), das über 2300 Mitarbeiterinnen und Mitarbeiter beschäftigt, von denen wiederum etwa die Hälfte Schulinspektoren sind.

In Deutschland kann man den Beginn einer Standardisierung im Bildungswesen in der Preußischen Bildungsreform im 19. Jahrhundert sehen, durch die einheitliche Lehrpläne entstanden, die zu einer Zunahme an Verbindlichkeit führten. So definieren die Lehrpläne für höhere Schulen aus dem Jahre 1882 als „Lehraufgabe" für das Fach Französisch (Englisch war noch nicht vorgesehen):

> Diejenige Sicherheit in der französischen Formenlehre und den Hauptlehren der Syntax und derjenige Umfang des Wortschatzes, welche es ermöglichen, französische Schriften von nicht erheblicher Schwierigkeit zu verstehen und die französische Sprache innerhalb des durch die Lektüre zugeführten Gedankenkreises schriftlich ohne große Inkorrektheit anzuwenden. (Königlich Preußischer Minister 1882: 15)

Dies ist eine erstaunlich genaue Festlegung, die überprüft werden kann und die nicht nur beschreibt, was die Lehrkraft unterrichten muss, sondern auch, was die Schüler können sollen. Auch spätere Lehrpläne bestimmen immer zugleich die Aufgaben der Lehrkraft und die zu erreichenden Fertigkeiten der Schüler. Wenn heute über Bildungsstandards gesprochen wird, dann handelt es sich also nicht um einen revolutionären Neuansatz, sondern vielmehr um eine Akzentverschiebung, die sich auf drei Ebenen vollzieht:

- Anstelle von zu erreichenden Wissensbeständen rücken Kompetenzen in den Vordergrund. Kompetenzen befähigen zur Übertragung von Wissen auf andere Situationen und Zusammenhänge. Für den Englischunterricht bedeutet dies beispielsweise, dass Vokabeln nicht nur erlernt und abgefragt, sondern kommunikativ angewendet werden können.
- Das Augenmerk der Bildungspolitik gilt weniger der Entwicklung von Lehrplänen und Vorschriften als den Ergebnissen von Lernprozessen (*outcomes*), die durch die Standards beschrieben werden.
- Das Erreichen der Bildungsstandards wird durch zentrale, professionell entwickelte Testinstrumente überprüft, die zeigen, inwieweit die Schüler ihr Wissen nicht nur reproduzieren, sondern auch anwenden können.

Die Ursachen für diese Akzentverschiebung liegen zum einen in veränderten Anforderungen durch den gesellschaftlichen und technologischen Wandel, zum anderen in der neuen Sehweise des Lernens als kognitiver, sozial eingebetteter und interaktiver Konstruktionsprozess (vgl. Kap. 3). Auf politischer Seite haben zudem die Ergebnisse der großen Schulleistungsstudien wie TIMMS, PISA und DESI dazu beigetragen, Lehrpläne durch Bildungsstandards zu ergänzen oder ganz zu ersetzen.

Bildungsstandards sind nie unabhängig von dem Kontext, in dem sie entstehen, sondern werden durch Annahmen darüber beeinflusst, mit welchem Ziel und auf welche Weise fachliches Wissen und sprachliche Fähigkeiten erlernt werden. Die Fremdsprachen nehmen dabei deshalb eine besondere Rolle ein, weil die Grundlagen zu ihrem Erwerb vom Europarat systematisch ausgearbeitet worden sind. Als Bezugsrahmen für die Entwicklung sowohl von Lehrplänen als auch von Bildungsstandards gibt es daher im Gegensatz zu anderen Fächern einen einheitlichen Bezugsrahmen, den Gemeinsamen Europäischen Referenzrahmen für Sprachen (GER), der dem Leitbild eines kommunikativen und handlungsorientierten Fremdsprachenunterrichts verpflichtet ist.

2 Das Leitbild des kommunikativen und handlungsorientierten Fremdsprachenunterrichts und der GER

Nach 1970 setzt sich die Einsicht durch, dass das Erlernen von Fremdsprachen einen deutlich lebensweltlichen Bezug haben und stärker die Bedürfnisse der Lernenden berücksichtigen solle. Diese Konzeption wurde durch das pädagogische Klima der Zeit unterstützt, in der eine Neugestaltung und Demokratisierung des Unterrichts gefordert wurde, durch Entwicklungen in der Linguistik, vor allem der Sprachakttheorie, und durch Erkenntnisse der Sozialwissenschaften wie Jürgen Habermas' *Theorie des kommunikativen Handelns*. In Deutschland hat vor allem Hans-Eberhard Piepho diese Gedanken frühzeitig aufgegriffen und mit dem Leitziel der „kommunikativen Kompetenz" einen Paradigmenwechsel in der Fachdidaktik eingeleitet (vgl. Piepho 1974).

In der weiteren Entwicklung des kommunikativen Fremdsprachenunterrichts sind zwei wesentliche Richtungen zu unterscheiden: Die eine zielt auf eine „Pädagogisierung", indem sie Erkenntnisse der allgemeinen Didaktik auf den Fremdsprachenunterricht überträgt und mit sprachlichem Handeln verbindet (Weskamp 1996). Dieser Richtung ist auch das vorliegende Buch mit seinem Ziel der Handlungsorientierung verpflichtet. Der andere Weg ist die Entwicklung von Standards, die beschreiben, was Lerner können müssen, um sich in der alltäglichen Kommunikation zu bewähren. Hierzu zählt der sog. „Threshold Level" des Europarats, ein Dokument, das, erstmals 1975 veröffentlicht, zur Grundlage unzähliger Lehrpläne in ganz Europa wurde. Das grundlegende Ziel (*objective*) lautet:

> As temporary visitors to, or temporary residents in, a country where the foreign language is used for general communicative purposes, when dealing with foreign visitors or temporary residents in their own country, using English as a common means of communication, in contact with native or with non-native speakers of the foreign language in another foreign country, when encountering written or spoken texts in the foreign language the learners will be able to use the foreign language in such a way as to cope with the (principally linguistic) requirements of those situations they are most likely to find themselves in, particularly:
>
> - situations, including practical transactions in everyday life, requiring a largely predictable language use;
> - situations involving personal interaction, enabling the learners to establish and to maintain social contacts, including those made in business contacts;
> - situations involving indirect communication, requiring the understanding of the gist and/or relevant details of written or spoken texts.
>
> (van Ek/Trim 1991: 8)

Dieses Ziel wird für unterschiedliche sprachliche Situationen (z. B. „arrangements for meals", „shopping") konkretisiert und anhand von Sprachfunktionen (*functions,* z. B. *asking*) sowie sprachlicher Konzepte und Äußerungsmuster (*notions,* z. B. *future reference*) beschrieben. Das Leitziel der kommunikativen Kompetenz wird hierbei nicht absolut gesetzt, sondern als Stufenmodell ausgearbeitet. Der *Threshold*-Level ist dabei die Konkretisierung eines möglichen Niveaus.

An dieser Stelle setzt eine weitere Initiative des Europarates an, nämlich, einen grundlegenden Referenzrahmen zu entwickeln, der einen professionellen Diskurs über die Ziele, Methoden und Leistungsbeurteilungsverfahren beim fremdsprachlichen Lernen ermöglicht. 1991 beginnen die Vorarbeiten in einem Symposium in Rüschlikon (Schweiz); 2001 liegt die endgültige Version vor. Der *Common European Framework of Reference for Languages* (COE 2001) dient seither als Planungsinstrument für Lehrpläne, Prüfungen, Schulbücher und Lehrerbildungsprogramme.[1] Außerdem definiert er als „Can Do"-Ziele Niveaus des Sprachkönnens und bildet damit die Grundlage für die Entwicklung von Bildungsstandards. Insgesamt unterscheidet er sechs Niveaus: *Breakthrough* (A1), *Waystage* (A2), *Threshold* (B1), *Vantage* (B2), *Effective Operational Proficiency* (A1) und *Mastery* (C2).

Für die Entwicklung von Bildungsstandards auf der Basis dieses Referenzrahmens ist es wichtig zu wissen, dass er den schulischen Fremdsprachenerwerb nicht neutral beschreibt, sondern das Leitbild des kommunikativen Fremdsprachenunterrichts als grundlegend setzt und damit

---

1 Eine ähnliche Funktion haben in den USA die *Standards for Foreign Language Learning in the 21st Century* des American Council on the Teaching of Foreign Languages.

ein Grundmuster bestimmt, das für alle Beteiligten (Wissenschaftler, Lehrkräfte, Schüler, Politiker usw.) handlungsleitend ist. Der Referenzrahmen betont, dass er einen handlungsorientierten Ansatz verfolgt, das heißt, Lernende werden als sozial handelnd betrachtet und fremdsprachliches Lernen als Sprachverwendung beschrieben. Durch Sprachverwendung werden wiederum allgemeine, sprachliche und kommunikative Kompetenzen aufgebaut. Sprachverwendung geschieht nicht isoliert durch das Erlernen von Vokabular, Grammatik oder Sprachfunktionen, sondern durch sprachliche Aktivitäten in bestimmten Lebensbereichen (Schule, Arbeit, öffentliches und privates Leben) und Kontexten (z. B. Klassenzimmer, Immersion, Erwachsenenbildung) mittels Aufgaben und Strategien.

Bei der Entwicklung von Bildungsstandards wird nun kommunikative Handlungskompetenz als eine besondere Form allgemeiner Kompetenz aufgefasst. Für diese hat sich in der Literatur die Definition F. E. Weinerts (2001a: 27f.) durchgesetzt. Hiernach sind Kompetenzen „die bei Individuen verfügbaren oder durch sie erlernbaren kognitiven Fähigkeiten und Fertigkeiten, um bestimmte Probleme zu lösen, sowie die damit verbundenen motivationalen, volitionalen und sozialen Bereitschaften und Fähigkeiten, um die Problemlösungen und variablen Situationen erfolgreich und verantwortungsvoll nutzen zu können".

Analog hierzu lässt sich die Bewältigung sprachlicher Situationen als „Problemlösung" beschreiben. Allerdings gibt es einen fundamentalen Unterschied: Sprache ist in allen Fächern als Medium der Kognition Mittel zur Problemlösung, während sie im Fremdsprachenunterricht gleichzeitig Medium und Lerngegenstand darstellt. Die Schüler verwenden und erlernen die Fremdsprache simultan (*learning by doing*). Sprechkennen geht nicht Sprachkönnen voraus. Dies gilt vor allem für handlungsorientierte Unterrichtsformen. Entsprechend ist es notwendig, diejenigen „kognitiven Fertigkeiten und Fähigkeiten" näher zu bestimmen, die mit kommunikativer Kompetenz verbunden sind. Der Referenzrahmen unterscheidet hierbei linguistisches Wissen, das implizit oder explizit sein kann, soziokulturelles Wissen (z. B. Höflichkeitsformen) und pragmatisches Wissen. Dieses Wissen wird als Kompetenz sichtbar, wenn die Schüler Aufgaben (*tasks*) ausführen, bei denen Texte rezipiert (Hörverstehen, Leseverstehen), produziert (Sprechen, Schreiben) oder in andere Sprachen übertragen (Sprachmittlung) werden. Lernen geschieht dann, wenn die vorhandene Kompetenz nicht nur gefordert, sondern erweitert wird. Dies wird beispielsweise dann deutlich, wenn die Lernenden Lern- und Kommunikationsstrategien einsetzen und so neue sprachliche Fähigkeiten entwickeln.

3 Bildungsstandards

3.1 Das Verhältnis von Bildungsstandards und Kompetenzen

Bildungsstandards und Kompetenzen werden in der bildungspolitischen Diskussion häufig gemeinsam betrachtet, beziehen sich jedoch eigentlich auf unterschiedliche Diskurse: Kompetenzen sind kognitive Konstrukte, während Bildungsstandards Normen im Bildungsbereich darstellen.

Kompetenzen sind erlernbar, bauen aber auf individuell unterschiedliche Lerndispositionen auf. Hierzu gehören zum Beispiel die von Howard Gardner (1993) beschriebenen „Intelligenzen" - einschließlich der sprachlichen Intelligenz (vgl. Armstrong 2003) - oder die Sprachlerneignung (*aptitude*) (für eine Übersicht vgl. Dörnyei 2005, Kapitel 3). Diese Lerndispositionen bilden die Grundlage der Lernmöglichkeiten eines Individuums, auf deren Basis etwa durch Unterricht Fähigkeiten, Fertigkeiten und Wissen aufgebaut werden kann. Kompetenzen sind das Ergebnis (*outcome*) von Lernerfahrungen, in denen unterschiedliche Fähigkeiten, Fertigkeiten und Wissen miteinander in Beziehung gebracht wurden. Sie sind kognitiver Natur, lassen sich aber bei der Erfüllung von Lernaufgaben beobachten (NCES 2002).

Bildungsstandards beschreiben Kompetenzen, die Schüler erwerben sollen, und bestimmen normativ Kompetenzniveaus. Diese Kompetenzniveaus können ausdrücken, was Schüler minimal (Mindeststandards), höchstens (Maximalstandards) oder in der Regel (Regelstandards) erreichen sollen. Welche Arten von Kompetenzniveaus definiert werden, ist letztlich eine politische Entscheidung. In den USA bevorzugt man Maximalstandards, um zu signalisieren, dass man hohe Erwartungen an die Lernergebnisse hat; die deutsche Expertise *Zur Entwicklung nationaler Bildungsstandards* (Klieme et al. 2003) favorisiert Mindeststandards, um klar zu machen, dass man gerade die Leistungsschwächeren im Blick hat und von der Schule erwartet, dass bestimmte Standards von allen Schülern erreicht werden. Die KMK hat sich auf Regelstandards verständigt mit dem Argument, bei der Implementierung der Bildungsstandards Über- oder Unterforderung zu vermeiden (KMK 2005). Allerdings wird auf diese Weise nicht der in der eingangs zitierten DIN-Norm erwähnte „optimale Ordnungsgrad" erreicht, weil man von vornherein annimmt, dass einige Schüler den gesetzten Standard nicht erfüllen oder übererfüllen.

Man unterscheidet vor allem in den USA ferner Inhaltsstandards (*content standards*), Performanzstandards (*performance standards*) und Standards für Lernmöglichkeiten (*opportunity-to-learn standards*) (Ravitch 1995). Inhaltsstandards beschreiben, was Schüler wissen (*knowledge*) und können (*skills*) sollen. Insbesondere in Deutschland erfolgt die weitere inhaltliche und zeitliche Präzisierung der Standards (*wann* soll *was* erreicht werden) durch sog. Kerncurricula, die ähnlich den Lehrplänen Vorgaben für den Unterricht beinhalten. Performanzstandards definieren, wann eine beobachtete Kompetenz hinreichend ist, damit ein Standard als erfüllt gilt. Dabei sind Stufungen möglich, zum Beispiel auf einer Skala von 0 (nicht beobachtet) bis 6 (sehr elaboriert). Standards für Lernmöglichkeiten legen die Voraussetzungen fest, die gegeben sein müssen, damit Schüler überhaupt die vorgesehenen Inhalts- und Performanzstandards erreichen können. Hierzu gehören Ressourcen, die einer Schule zur Verfügung stehen, Unterrichtsmaterialien, Unterstützungssysteme und die Aus- und Fortbildung der Lehrkräfte.

Bildungsstandards unterliegen bestimmten Qualitätskriterien, zu denen der direkte Bezug zu dem betreffenden Unterrichtsfach und die Konzentration auf das Wesentliche zählen. Sie bestehen aus der Kompetenzbeschreibung selbst und aus Indikatoren, durch die die Kompetenz sichtbar wird. Ein Beispiel hierfür zeigen die *English Language Arts 7* der kanadischen Provinz Saskatchewan, die auf Maximalstandards hin ausgerichtet ist (Abbildung 11.1).

Outcomes	**Indicators**
CR7.5 ***Listen critically to understand and analyze oral information and ideas from a wide range of texts (e.g., complex instructions, oral explanations and reports, opinions or viewpoints, messages presented in the media).***	a. Display active listening behaviours (e.g., focusing on the message of the speaker, making reasonable predictions, checking for understanding, recognizing when information is making sense, making notes). b. Listen to understand and analyze instructions, directions, and oral explanations. c. Adopt a receptive listening posture and observe visual and verbal cues from the speaker. d. Determine literal and implied meaning of message. e. Separate own ideas and opinions from speaker's ideas and opinions. f. Recognize and follow the presenter's main ideas, supporting details, and organizational structure. g. Consider and respect ideas from speaker's point of view. h. Identify the perspective implicit within an oral presentation and what information, arguments, or positions are not included. i. Listen critically to understand and analyze oral information and ideas in oral explanations and reports, and in opinions or messages presented in the mass media. j. Evaluate the effectiveness of a range of oral texts. k. Note how examples, illustrations, and visual aids support or take away from the key message.

Abbildung 11.1: *English Language Arts 7* (Saskatchewan Min. of Education 2008: 38)

3.2 Bildungsstandards für Englisch

In Deutschland sind bundesweit geltende Standards für einzelne Schulabschlüsse durch die Kultusministerkonferenz verabschiedet worden, die zuvor in Arbeitsgruppen durch Fachdidaktiker und Schulpraktiker erarbeitet und anschließend öffentlich diskutiert wurden (KMK 2005). Diese Standards bilden die Basis für die Erarbeitung von Standards und Curricula in den einzelnen Ländern, sind also nur mittelbare Steuerungsinstrumente für die unterrichtliche Arbeit.

Die KMK-Standards haben einen einheitlichen Aufbau, sie machen Aussagen zu den Bildungszielen des Faches, weisen zentrale Kompetenzbereiche aus, formulieren Standards für diese Kompetenzbereiche und veranschaulichen die Standards durch Aufgabenstellungen. Für den Englischunterricht existieren zwei Dokumente, eines für den Hauptschulabschluss nach Jahrgangsstufe 9 und eines für den mittleren Schulabschluss nach Jahrgangsstufe 10. Bei den Bildungszielen konzentriert sich die KMK auf interkulturelle Handlungsfähigkeit und die Entwicklung von Methodenkompetenz. Bei der Darstellung der Kompetenzen fällt auf, dass nur zum Teil auf den Begriff der kommunikativen Kompetenz des Europäischen Referenzrahmens rekurriert wird. Stattdessen wird ein eigenes System der „funktionalen kommunikativen Kompetenzen" entwickelt (Abbildung 11.2).

<table>
<tr><th colspan="2">Funktionale kommunikative Kompetenzen</th></tr>
<tr><td>Kommunikative Fertigkeiten</td><td>Verfügung über die sprachlichen Mittel</td></tr>
<tr><td>• Hör- und Hör-/Sehverstehen
• Leseverstehen
• Sprechen
- an Gesprächen teilnehmen
- zusammenhängendes Sprechen
• Schreiben
• Sprachmittlung</td><td>• Wortschatz
• Grammatik
• Aussprache und Intonation
• Orthographie</td></tr>
<tr><th colspan="2">Interkulturelle Kompetenzen</th></tr>
<tr><td colspan="2">• Soziokulturelles Orientierungswissen
• Verständnisvoller Umgang mit kultureller Differenz
• Praktische Bewältigung interkultureller Begegnungssituationen</td></tr>
<tr><th colspan="2">Methodische Kompetenzen</th></tr>
<tr><td colspan="2">• Textrezeption (Leseverstehen und Hörverstehen)
• Interaktion
• Textproduktion (Sprechen und Schreiben)
• Lernstrategien
• Präsentation und Mediennutzung
• Lernbewusstheit und Lernorganisation</td></tr>
</table>

Abbildung 11.2: Kompetenzen in den KMK-Standards für den Mittleren Abschluss (KMK 2003: 8)

Für den Mittleren Abschluss in der ersten Fremdsprache legt sich die Kultusministerkonferenz auf das Niveau B1, für den Hauptschulabschluss auf das Niveau A2 fest. Die Deskriptoren sind an den Referenzrahmen angelehnt, zum Beispiel (KMK 2003: 13):

> *An Gesprächen teilnehmen*
>
> Die Schülerinnen und Schüler können
>
> - an Gesprächen über vertraute Themen teilnehmen, persönliche Meinungen ausdrücken und Informationen austauschen (B1)
>
> Die Schülerinnen und Schüler können
>
> - soziale Kontakte herstellen durch Begrüßung, Abschied, Sich-Vorstellen, Danken und Höflichkeitsformeln verwenden (A2),
> - Gefühle wie Überraschung, Freude, Trauer, Interesse und Gleichgültigkeit ausdrücken und auf entsprechende Gefühlsäußerungen reagieren (B1) ... .

Die auf die Standards bezogene Lehrplanarbeit kann hier für die einzelnen Bundesländer nicht nachgezeichnet werden. Beispielhaft seien Nordrhein-Westfalen und Baden-Württemberg genannt. Der Kernlehrplan für den verkürzten Bildungsgang am Gymnasium in Nordrhein-Westfalen ist stark an die KMK-Standards angelehnt und präzisiert die dort formulierten Standards für die Jahrgangsstufen 6, 8 und 9. Zu diesen Standards werden Indikatoren bereitgestellt, die Hinweise auf das Erreichen der Standards auf den einzelnen Stufen geben und in dieser Stufung einen möglichen Weg zu den abschlussbezogenen Standards der KMK aufzeigen. Darüber hinaus stellt der Kernlehrplan gemeinsame Prinzipien des Erlernens einer Fremdsprache in der Grundschule und auf der Sekundarstufe I heraus und nennt allgemeine Themen, die im Unterricht behandelt werden sollen, wie zum Beispiel „Schule und Schulalltag in Großbritannien oder Irland" oder „Feste und Traditionen" (NRW 2007: 22). Auch wenn Kompetenzen notwendigerweise isoliert beschrieben werden, wird darauf hingewiesen, dass es gelte „thematisch-inhaltliche Schwerpunkte zu setzen, die den Schülern transparent gemacht werden, die die Teilkompetenzen integrieren und bündeln, vielfältiges Üben und Anwenden ermöglichen und einen isolierten ‚Testbetrieb' bezogen auf einzelne Teilkompetenzen ausschließen." Vielmehr solle „den Anforderungen an einen inhalts-, anwendungs- und schülerorientierten kommunikativen Englischunterricht... " Rechnung getragen werden (NRW 2007: 20).

Baden-Württemberg ist insoweit einen Sonderweg gegangen, als die Entwicklung von Standards dort bereits vor Verabschiedung der KMK-Standards begonnen hat und der 2004 vorgelegte Bildungsplan ähnlich wie das *National Curriculum* in England eine einheitliche Struktur aufweist (Kultusministerium Baden-Württemberg 2004). In einer Einführung (verfasst von Hartmut von Hentig) werden die Absichten und Ziele des

Bildungsplans vorgestellt, der Auftrag der Schule im Hinblick auf die Bildung der Schüler erläutert, Einstellungen, Fähigkeiten und Kenntnisse als Kategorien der Bildungsstandards eingeführt und didaktische und methodische Prinzipien beschrieben, zu denen etwa die Handlungsorientierung, das selbsttätige Lernen und die ganzheitliche Betrachtung von Kompetenzen gehören. Analog hierzu werden auch für die einzelnen Fächer Leitgedanken formuliert. Neben den Bildungsstandards wurden sog. „Niveaukonkretisierungen" erarbeitet; das sind Aufgabenstellungen, an deren Erfüllung sich zeigt, ob die Schüler über die vorgesehenen Kompetenzen verfügen. Die Einordnung erfolgt dabei auf drei Niveaustufen, die vorgegeben sind. Darüber hinaus sind nicht verbindliche, auf schulischer Ebene erarbeitete Curricula veröffentlicht, die als *best-practice*-Beispiele dienen.

Für den Grundschulbereich erfolgte die Erarbeitung und Evaluation der Bildungsstandards in der wissenschaftlichen Begleitung der Pilotphase Fremdsprache in der Grundschule „WiBe" (Werlen et al. 2005). Diese verstand sich als schulnahe, beratende und unterrichtsbegleitende Forschung, in der die Forscherinnen und Forscher von „Outsidern" zu „Insidern" wurden, die die Grundschullehrkräfte als Partner mit in den Forschungsprozess einbezogen. Auf diese Weise wurden Unterrichtsentwicklung und wissenschaftliche Erkenntnisgewinnung kombiniert (Weskamp 2009). Gleichzeitig konnte gezeigt werden, dass die Grundschüler die im Bildungsplan formulierten Standards tatsächlich erreichen. Eine solche Validierung steht für die KMK-Standards noch aus.

3.3 Überprüfung der Bildungsstandards

Zu den Bildungsstandards gehört deren Überprüfung durch Tests (Oelkers/Reusser 2008). Diese werden auf drei Ebenen durchgeführt und dienen unterschiedlichen Zwecken: Auf nationaler Ebene dem Bildungsmonitoring, auf schulischer Ebene der Schulevaluation und auf Schülerebene der Individualdiagnostik. Insbesondere im Hinblick auf die Schülerebene sollen detaillierte Rückmeldungen an die Lehrkräfte eine objektivierte, unterrichtsunabhängige Fremdbeurteilung des Leistungsstands der Schüler liefern und der Vergewisserung dienen, ob der Unterricht wirksam ist. Tests können so einen Ausgangspunkt für die Verbesserung der Unterrichtspraxis darstellen.

In Deutschland hat das Institut zur Qualität im Bildungswesen (IQB) als gemeinsame Einrichtung aller 16 Bundesländer 2004 seine Arbeit aufgenommen. Seine Aufgaben umfassen vor allem die (Weiter-)Entwicklung der Bildungsstandards und das Erstellen von Aufgaben, Tests und Unterrichtsmaterialien. Im Fach Englisch kommen neben geschlossenen

Aufgabenformaten (wie *Multiple Choice, True/False*, Zuordnungsaufgaben, Lückenaufgaben, Kurzantworten) auch offene Schreibaufgaben vor. Diese werden anhand einer Skala mit den Kriterien Aufgabenerfüllung, Kohärenz/Kohäsion des Textes, Grammatik und Wortschatz beurteilt. Ein Beispiel für eine Hörverstehensaufgabe zeigt Abbildung 11.3.

(2) *Hörverstehen* (GER *Niveau* B1)

Listen to a radio programme on "Carbon Footprints". While listening complete the sentences using 1 to 5 words / numbers. There is an example at the beginning (o). You will hear the recording twice. You will have 30 seconds between each recording and 15 seconds at the end of the recordings to complete your answers. You now have 30 seconds to look at the task.

Carbon Footprints

This week's programme is on how we can improve our (o) _environment_. The "carbon footprint" shows the amount of (1) _________ emissions caused by every single person. In Great Britain the carbon footprint per person is about (2) _________.
The basic reasons for environmental problems are wasting energy at home, travelling by planes and (3) _________ as well as our food consumption. Our food travels long ways, for instance we buy (4) _____________ from New Zealand.
Everybody can help to reduce these harmful gases by using energy saving light bulbs or (5) _____________. You can get more information about this topic (6) __________.
In the meanwhile, go for a walk for a change instead of watching TV!

Abbildung 11.3: Beispiel aus der Testaufgabendatenbank des IQB (IQB 2007: 55)

In einer auf Lernergebnisse (*outcome*) hin orientierten Bildungspolitik ist die Durchführung von nationalen Tests allerdings nur ein Bestandteil eines umfassenden Bildungsmonitorings, zu dem ein Schulinspektorat ebenso gehört wie länderbezogene oder länderübergreifende Lernstandserhebungen in regelmäßigen Abständen, Schulleistungsstudien wie PISA, externe Prüfungen wie die *University of Cambridge ESOL Examinations* und schulinterne Verfahren wie Vergleichsarbeiten innerhalb einer Jahrgangsstufe.

3.4 Kritik an den Bildungsstandards

Bildungsstandards sind Teil eines umfassenden Reformbemühens, das zu einer größeren Eigenverantwortlichkeit der Schulen führen soll. Die inhaltliche und methodische Gestaltung ist damit – weil Bildungsstandards den Blick auf das Lernergebnis richten – den Fachkonferenzen überlassen. Die meisten Bundesländer schränken diese Freiheit jedoch durch Kerncurricula wieder ein, so dass nun *de facto* Input-, Output- und Prozessvorgaben durch die Ministerien erfolgen. In den Handreichungen des schleswig-holsteinischen Kultusministeriums heißt es beispielsweise:

> Mit dem neuen Schuljahr werden für den Unterricht die Lehrpläne durch die Bildungsstandards als zusätzlicher Orientierungsrahmen ergänzt. Wurden bisher durch die Lehrpläne Ziele und Inhalte für die Unterrichtsplanung und -gestaltung beschrieben, so kommen nun konkret beschriebene Leistungserwartungen für Kernbereiche eines Unterrichtsfaches zum Zeitpunkt des Mittleren Bildungsabschlusses hinzu. (MBWFK 2004: 18)

Sind die Vorgaben sehr eng, dann machen Bildungsstandards und deren Überprüfung durch landesweite oder nationale Tests wenig Sinn, weil die Schulen bzw. Fachkonferenzen nur geringe Handlungsmöglichkeiten erhalten, um auf die Testergebnisse tatsächlich zu reagieren (vgl. Oelkers/ Reusser 2008).

Werden zu Bildungsstandards - wie vorgesehen - Tests entwickelt, dann haben diese einen großen Einfluss auf die Unterrichtsgestaltung. Man spricht in diesem Zusammenhang von einem „washback effect" (Bailey 1999). Lehrkräfte richten ihren Unterricht dann nicht an den Bildungsstandards aus, sondern an dem, was getestet wird. Wenn die Aufgabenkonstruktion eher testtheoretischen bzw. normativen Kriterien (wie Validität und Reliabilität) folgt als einer ganzheitlichen Auffassung von Sprachverwendung, dann werden vermutlich eher geschlossene und halboffene Aufgabentypen die Tests dominieren (vgl. Abbildung 12.3). Dies kann letztlich zu einer Abkehr von kommunikativen und handlungsorientierten Unterrichtsformen führen. Darüber hinaus können Tests immer nur einen Teil der Bildungsstandards überprüfen.

Insbesondere in Deutschland mit seiner Historie reformpädagogischer Vorhaben und der geisteswissenschaftlichen Tradition in den Erziehungswissenschaften und den Fachdidaktiken wirkt die mit den Bildungsstandards verwendete Terminologie technokratisch und schreckt die Lehrkräfte ab. Eine standardbasierte Unterrichtsreform wird aber nur dann Aussicht auf Erfolg haben, wenn die subjektiven Theorien der Lehrkräfte Berücksichtigung finden (vgl. Kap. 13, Abschnitt 2). Kritiker befürchten außerdem eine Schule, in der nicht mehr die Muße gegeben sein wird, aus Fehlern zu lernen, sondern eine, in der ständig Rechenschaft abgelegt werden muss, ohne dass klar wäre, ob hierin überhaupt ein Vorteil gegenüber der bisherigen Praxis liegt. Dies wäre dann ein Schritt in Richtung Bürokratisierung und Entprofessionalisierung des Lehrerberufs.

Unklar ist außerdem in der Standarddiskussion für die Fremdsprachen, welches Lernmodell zugrunde liegt. Häufig wird das traditionelle *English-as-a-Foreign-Language*-Modell (EFL) verwendet, dessen Ziel es ist, Schülern dazu zu verhelfen, ein „native speaker"-Niveau zu erreichen. Dies bringt jedoch Probleme mit, wie Graddol (2006: 83) in einer Studie für den British Council formuliert: „When measured against the standard of a native speaker, few EFL learners will be perfect. Within traditional EFL methodology there is an inbuilt ideological positioning of the student as outsider and failure - however proficient they become." Standards müssen diese Diskussion aufnehmen und die grundlegende Frage beantworten, ob sie auf einen *native speaker* einer englischen Varietät abzielen oder auf internationale Verständigung (Englisch als *lingua franca*). In diesem Zusammenhang spricht man von einem *N-bound approach*, der sich an der Norm des *native speaker* orientiert und einem *C-bound approach* („C" steht hier für *communication, comprehensibility, culture*), in dem es um die englischsprachige Kommunikation zwischen Sprechern unterschiedlicher Sprachen geht, die Englisch nicht als Muttersprache sprechen (Sifakis 2004).

Im Unterschied zu den eingangs erwähnten DIN- und ISO-Standards kann man nicht davon ausgehen, dass alle Schüler die gleichen Standards erreichen. Genau dies suggerieren aber die KMK-Standards, wenn sie Bildungsgängen bestimmte Referenzniveaus zuordnen und von durchschnittlichen Lernern ausgehen. Ein an Standards orientierter Unterricht kann deshalb oppressiv wirken, wie es beispielsweise Breen/Littlejohn (2000a: 21) befürchten:

> In classrooms that require conformity to externally determined decisions mediated through the teacher and/or to those of the teacher, students have to try to make sense of the curriculum covertly as best they can or withdraw into surviving as an individual not wishing to appear out of place. Learning becomes, at best, a lonely guessing game or, at worst, simply oppressive.

Standards beinhalten so die Gefahr, dass die in den letzten Jahren durch Unterrichtsforschung und Praxis herausgebildeten neuen didaktischen Konzepte wie Handlungsorientierung, Lernerautonomie und ganzheitliche Spracherfahrung unbeabsichtigt wieder in den Hintergrund treten.

Die großflächige Einführung von Standards erfolgt ohne wissenschaftlichen Hintergrund. Bislang existieren kaum überzeugende empirische Studien über die Wirkungsweise von Bildungsstandards auf die Schule oder auf den Fremdsprachenunterricht. Ähnlich wie beim Test-*washback* sind die Ergebnisse oft unvorhersehbar. So stellt McNamara (2000: 74) im Hinblick auf Tests fest:

> Whether or not the desired effect is achieved will depend on local conditions in classrooms, the established traditions of teaching, the immediate motivation of learners, and the frequently unpredictable ways in which classroom interactions develop.

Angesichts dieser Bedenken müssen bestimmte Gelingensbedingungen für die Einführung von Bildungsstandards beachtet werden. Hierzu gehören unter anderem folgende:

(1) Ein Standard wie „die Schülerinnen und Schüler können in persönlichen Briefen Mitteilungen, einfache Informationen und Gedanken darlegen" (KMK 2003: 14) kann theoretisch auf unterschiedlichen Wegen erreicht werden; nicht alle Wege sind jedoch gleich gut. Deshalb dürfen Standards nicht losgelöst von Erkenntnissen zum Spracherwerb rezipiert werden. Aus neuro- und psycholinguistischer Sicht beruht der Erwerb aller Sprachen prinzipiell auf den gleichen Mechanismen (Weskamp 2007b) und profitiert in der Schule von bestimmten Gegebenheiten, die man als „acquisition-rich classroom" bezeichnen kann: reichhaltiger, verstehbarer Input, Möglichkeit zur Interaktion, Fokus auf die formale Seite der Sprache (*focus on form*), Kopplung von fachlichem und sprachlichem Lernen (Inhaltsorientierung) und Unterstützung durch Bewusstmachung von Lernstrategien (vgl. Kap. 3). Aus fachdidaktischer Perspektive kommen handlungsorientiertes Lernen, Authentizität und Komplexität der Lernsituationen und Lernerautonomie hinzu. Diese Prinzipien müssen mit den Bildungsstandards in die Unterrichtspraxis eingehen und bedürfen einer *alignment*-Strategie, in die insbesondere die Lehreraus- und -weiterbildung und die Materialentwicklung mit einbezogen werden.

(2) Eine standardbasierte Reform gelingt nur dann, wenn sie bei den subjektiven Theorien der Lehrkräfte ansetzt. Hier ist sowohl die Lehrerfortbildung gefordert als auch eine wissenschaftliche Forschung, die sich der Aktionsforschung verpflichtet fühlt. Sonst nehmen Lehrkräfte Bildungsstandards „als Thema der Behörden- und Expertendiskussion wahr, welches ihren konkreten Erfahrungsraum nicht berührt" (Oelkers/Reusser 2008: 280).

(3) Tests dürfen nicht ausschließlich aus der psychometrischen Tradition heraus entwickelt werden. Diese sind zwar besonders objektiv und leicht auswertbar, besitzen jedoch keine Beziehung zu den für den Spracherwerb förderlichen Unterrichtsverfahren. Tests müssen sich daher auch an den Kriterien Authentizität und Interaktivität messen lassen. Dies gilt zum Beispiel für Performanztests, die authentische „real-world tasks" enthalten und die Bedürfnisse und Interessen der Lerner berücksichtigen. Der unter (1) zitierte Standard würde entsprechend dadurch getestet, dass Schüler tatsächlich einen persönlichen Brief verfassen.

(4) Landesweite und nationale Tests sollten sich nur auf die Bildungsstandards für die Schulabschlüsse beziehen. Das reduziert die Gefahr, dass der Unterricht ausschließlich auf Tests ausgerichtet wird, lässt

schulische Bildung nicht zu einem nicht endenden Teufelskreis von Rechenschaftslegungen und Sanktionen degenerieren und spart Kosten, um so wirklich hochwertige Tests mit großer augenscheinlicher Validität zu entwickeln. Gerade diese Form der Testvalidität ist wichtig, um die Akzeptanz zu sichern, beinhaltet sie doch den Grad, mit dem ein Test die Erwartungen der Lehrkräfte, Eltern und Schüler erfüllt. Sie kann entsprechend nur dann erreicht werden, wenn die Tests auch zu dem passen, was man von „gutem Unterricht" (Meyer 2004) erwartet.

4 Unterrichtliche Umsetzung der Bildungsstandards

4.1 Lernaufgaben

Bildungsstandards formulieren Resultate erfolgreichen Lernens, sind also Indikatoren für Unterrichtswirksamkeit, sie sprechen jedoch nicht das Unterrichtsgeschehen selbst an. Hierin liegt möglicherweise eine weitere Problematik. Wenn Ergebnisse standardisierbar sind, könnte man der Idee verfallen, dass dies auch für Unterrichtsprozesse gilt, ein Gedanke, den beispielsweise Tudor (2003: 3) anspricht:

> If it could be assumed that learners were "simply" learners, that teachers were "simply" teachers, and that one classroom was essentially the same as another, there would probably be little need for other than a technological approach to language teaching. Objective differences such as the age of learners, the specific goals being pursued, or class numbers, could be included in a pre-established matrix and accommodated in a reasonably straightforward manner as departures from a given norm - rather in the way that the same production machinery can be recalibrated to produce different cars. In this scenario, a well developed technology of language teaching would be sufficient to guarantee a fairly predictable set of results.

Zwar kennen wir - wie bereits dargestellt - grundlegende Gelingensbedingungen für den Fremdsprachenunterricht, aber wir wissen auch, dass Lernerfolg vom Lernkontext und den Personen abhängt, die in ihm agieren. Um es mit Kramsch (2008: 392) zu formulieren: „Rather than developing in the linear manner that syllabi and curricula want us to believe, learning develops in non-linear, discontinuous ways." Diese Unsicherheit zu akzeptieren, wird angesichts von Bildungsstandards und Tests nicht einfacher. Umso wichtiger ist es, dass Lehrkräfte - wie Bleyhl in Kap. 2 fordert - der grundlegenden Fähigkeit von Lernern, eine Sprache zu erlernen, vertrauen und Fehler als das wahrnehmen, was sie sind, nämlich Kennzeichen einer normalen Sprachentwicklung. Das Augenmerk liegt dann nicht mehr darauf, was die Schüler nicht können, sondern was ihnen kommunikativ bereits gelingt. Richtig verstanden greifen Bildungsstandards diese Perspektive auf, indem sie Könnensziele formulieren und nicht den Abstand zu einem *native speaker*, der Schüler wie Lehrkräfte immer in einer defizitären Position belässt.

Als geeignetes unterrichtliches Verfahren können Lernaufgaben (*tasks*) gesehen werden, die sowohl den Kompetenzsaufbau als auch eine sinnvolle methodische Strukturierungen des Unterrichts im Blick haben. Lernaufgaben stellen „eine Form der verdichteten und fokussierten Spracherfahrung und des Sprachhandelns dar, die zum Ziel hat, Lernwege und Lernzuwächse zu optimieren" (Eckerth 2003: 22) und zeichnen sich durch folgende Charakteristika aus (R. Ellis 2003, Weskamp 2004, Byrnes et al. 2006):

- Sie verbinden didaktisch-methodisches Handeln mit Erkenntnissen zum Spracherwerb, indem sie einen „acquisition-rich classroom" forcieren;
- sie sind Teil eines handlungsorientierten Unterrichts;
- sie haben einen Bildungswert, das heißt, die Auseinandersetzung mit der Lernaufgabe hat für die Schüler Gegenwarts-, Zukunfts- und exemplarische Bedeutung (Klafki 1994);
- sie sind kognitiv anspruchsvoll und ermöglichen den Schülern einen feststellbaren Lernzuwachs;
- sie enthalten einen Arbeitsplan;
- sie setzen den Akzent auf inhaltliches Arbeiten, aus dem sprachliches Handeln folgt;
- sie verlangen die Rezeption und Produktion unterschiedlicher Genres, das heißt, sie sind differenziert nach Themen (zum Beispiel Sport, Politik, Literatur, Wirtschaft, Bildung), Zweck (zum Beispiel Überzeugen, Erläutern, Beschreiben), Beziehungen zwischen den Kommunikationspartnern (zum Beispiel symmetrisch, komplementär) und dem Modus (mündlich, schriftlich, visuell, Mischformen);
- sie beziehen sich eindeutig auf die in den Bildungsstandards ausgewiesenen Kompetenzen;
- sie haben ein klares Ziel, an dem sich erweist, ob die Lernaufgabe erfolgreich erledigt wurde.

Lernaufgaben dienen in einem an Bildungsstandards ausgerichteten Unterricht dazu, die dort geforderten Kompetenzen stufenweise zu verwirklichen. Sie werden so zu einem relativ flexiblen Curriculum, das subjektive und objektive Schülerbedürfnisse berücksichtigt (vgl. van den Branden 2006). Eine Aufgabe für die Jahrgangsstufe 9 eines Gymnasiums könnte beispielsweise so aussehen:

Task: *You are a member of Waterwise, a British organisation that focuses on decreasing water consumption. The Bundespräsident-Theodor-Heuss-Schule has invited you to deliver a speech before pupils in which you explain why it is important to save water and how to do this.*

Standard: *Die Schülerinnen und Schüler können Erfahrungen und Sachverhalte zusammenhängend darstellen, z. B. beschreiben, berichten, erzählen und bewerten (B1).*

Materials: *World Water Day brochure, website http://www.waterwise.org.uk.*

Calendar:

Session	**Topics**	**Comment for Teacher**
1	Talking Circle: Introduction of the theme "World Water Day" Brainstorming "Water" Introduction of the task Circle discussion: Differences between essay and speech / What makes a great speech / Stories as part of a speech	Prior knowledge/skills: Pupils already know how to write essays.
2-3	Writing of speech draft on the computer	
4	Direct teaching: "Sentence Game"	Teacher shows pupils a simple sentence and asks them to change the main verb, add a connective, add/move a subordinate clause, start with an adverb/a prepositional phrase/a participle. Pupils then discuss the effects.
5	Revising speech	According to what pupils have learned during the sentence game.
6	Conferencing	Talking about the draft with the teacher.
7	Editing speech (content, organisation, audience)	
8	Direct teaching: Speech delivery tips	Teacher discusses speech delivery (see, for example, Garr Reynold's website http://www.garrreynolds.com/Presentation/delivery.html).

9	Peer conferencing	Pupils deliver their speeches before peers who coach them how to connect with the audience.
10-11	Pupils decide on the best speech	Decision takes place in peer conferences. The three best speeches are presented before the class. One speech is finally chosen.
12	Pupils and teacher coach chosen speakers to "stage" their speech.	
13	Speech is presented before another class.	
14	Talking circle: What have we learned? What was good? What was bad? What is there still to learn?	

Allerdings lässt sich auch bei sorgfältiger Planung von Lernaufgaben letztlich nicht vorhersagen, wie Schüler mit diesen Aufgaben tatsächlich umgehen. In dem genannten Beispiel beschäftigten sich einige Schülergruppen intensiv mit der sprachlichen Ebene, die sie als „sentence game" kennengelernt hatten und überarbeiteten ihre Rede auf dieser Basis, andere jedoch schenkten während der *revising*-Phase der inhaltlichen Seite größere Beachtung. Kumaravadivelu (2006: 140), der dieses Phänomen untersucht hat, kommt zu einem ähnlichen Schluss, zeigt aber gleichzeitig, dass gerade hierin eine Chance liegt:

> The learners have shown a tendency to notice the gap between their current interlanguage system and the target-like system without any explicit instruction or external clues. It appears that they have ... a capacity to switch between different aspects of the task depending on whatever processing demands are most pressing.

4.2 Leistungsbeurteilung: Assessment und Evaluation

Die Leistungsbeurteilung bildet neben den Lernaufgaben das zweite Standbein der unterrichtlichen Umsetzung von Bildungsstandards (vgl. Edelhoff/Weskamp 2002 und die in der Zeitschrift *Praxis Fremdsprachenunterricht* in den Ausgaben 5/2005 bis 1/2008 geführte Diskussion „Leistungen feststellen und bewerten"). Leistungsbeurteilung bedeutet nicht nur Zensurenvergabe, sondern zielt auf personalisiertes Lernen, also darauf, das Potential der Lernenden zu entdecken, zu nutzen und weiterzuentwickeln. Sie besteht aus dem Sammeln von Daten (*assessment*) mit unterschiedlichen Instrumenten und deren Auswertung im Hinblick auf eine weitere, auf die Bedürfnisse der Schüler zugeschnittene Unterrichtsplanung (*evaluation*) (vgl. Kapitel 8 in Weskamp 2001). Man unterscheidet drei miteinander in Beziehung stehende Funktionen der Leistungsbeurteilung:

Form	Zweck	Fragestellungen	Ausrichtung	Typische Instrumente und Formen
Beurteilung *des* Lernens **(Assessment of Learning)**	Monitoring des Unterrichts im Hinblick auf die Bildungsstandards	Wie erfolgreich war der Unterricht?	summativ	Klassenarbeiten Vergleichsarbeiten, *University of Cambridge ESOL Examinations,* Zentrale Überprüfungen
Beurteilung *für das* Lernen **(Assessment for Learning)**	Feedback für Schüler (und Eltern)	Wo stehen die einzelnen Lernenden, welche Ziele sollen erreicht werden, welche Schlussfolgerungen ergeben sich für die weitere unterrichtliche Arbeit?	diagnostisch, formativ	Performanzbeurteilung, Skalen, Checklisten, Rubriken
Beurteilung *als* Lernen **(Assessment as Learning)**	Schüler für das eigene Lernen sensibilisieren, Erziehung zur Übernahme von Verantwortung	Aus der Sicht des einzelnen Schülers: Wo stehe ich in meinem Lernprozess? Was sind meine Ziele? Wie kann ich diese Ziele am besten erreichen?	formativ	Selbst- und Peerbeurteilung, Skalen, Checklisten, Rubriken, Portfolios

Eine *summative* Leistungsbeurteilung erfolgt zum Ende einer Unterrichtseinheit, eines Lernabschnitts oder eines Bildungsganges. Sie gibt Hinweise auf das, was die Schüler erreicht haben, und wie effektiv der Unterricht war. Die *diagnostische* Leistungsbeurteilung dient dazu, Stärken und Schwächen zu erfassen und Lernwege von Schülern zu verstehen. *Formative* Leistungsbeurteilung schließlich hat die Funktion, Feedback zu geben, Lernbedürfnisse zu identifizieren, gemeinsam mit den Schülern Ziele zu erarbeiten und geeignete Hilfen (zum Beispiel in Form von Lernstrategien) anzubieten. Idealerweise resultiert hieraus ein auf jeden einzelnen Schüler zugeschnittenes Programm, in dem die jeweiligen Fähigkeiten am besten gefördert werden. Formative Leistungsbeurteilung hat vor allem mit Transparenz zu tun: Nur wenn Schüler wissen, wo sie stehen, und wenn ihnen Möglichkeiten bewusst werden, sich zu verbessern, können sie sich entwickeln. Leistungsbeurteilung ist damit nicht nur ein Weg zum Erreichen von Bildungsstandards, sondern sie bildet auch den Kern von Lernerautonomie und lebenslangem Lernen.

Leistungsbeurteilungsformen, die der Entwicklung von Kompetenzen und dem Aufbau von Expertise dienen, orientieren sich im Wesentlichen an den Lernaufgaben im Unterricht. In diesem Zusammenhang spricht man von Performanzbeurteilung (*performance assessment*), in der Unterricht und Beurteilung zusammenfließen: Lehrkräfte beobachten die Schüler bei der Durchführung einer Aufgabe, um Feedback zu geben und Hilfen anzubieten, die sich direkt auf das Leistungsvermögen der Schüler auswirken. Gleichzeitig werden Schüler befähigt, ihr eigenes Lernen zu evaluieren, sich Ziele zu setzen und Lernprozesse und -produkte zu verbessern und zu verfeinern. Im Gegensatz zu summativen Verfahren sind solche Beurteilungsverfahren nicht statisch, sondern dynamisch, indem sie nicht auf das Gelernte zielen, sondern auf das Lernpotential der Schüler (Sternberg/Grigorenko 2002, Lantolf 2009).

Als Instrumente formativer Beurteilung dienen neben unstrukturierten Beobachtungsnotizen häufig Checklisten, Skalen und Rubriken. Checklisten enthalten Kriterien, mit deren Hilfe Lehrkräfte feststellen können, ob ihre Schüler eine bestimmte Fähigkeit bereits beherrschen, Skalen enthalten zusätzlich die Möglichkeit, die Qualität bei der Aufgabenerfüllung festzuhalten. Rubriken definieren die in einer Aufgabe erreichbaren Ziele und lassen nicht nur eine Aussage darüber zu, ob ein Standard erreicht worden ist, sondern auch auf welcher Niveaustufe (Abbildung 11.4). Formative und summative Ausrichtungen der Leistungsbeurteilung lassen sich in einem Portfolio zusammenführen. Portfolios stellen systematische und strukturierte Sammlungen der Arbeiten der Schüler dar, die diese über eine längeren Zeitraum (idealerweise über die gesamte Schulzeit und darüber hinaus) führen, um ihre Fähigkeiten, ihre Fertigkeiten und ihr Wissen zu dokumentieren.

Rubric: Written Brochure					
	Exceeds expectations	**4**	**3**	**2**	**1**
Content	Outstanding illustrations and creativity; more than 6 points of interest; meticulously described	Well illustrated; very creative; at least 6 points of interest; thoroughly described	Some illustrations; some creativity; at least 5 points of interest; well described	Illustrations haphazard; creativity lacking; at least 4 points of interest; details missing	Few if any illustrations; 3 or less points of interest; few if any details
Organization	Title and introductory comments would persuade any tourist	Title and introductory comments engaging; work flows smoothly	Title and introductory comments present; logical order	Title and/or introductory comments incomplete; order somewhat confusing	Title and introduction incomplete; points of interest follow no logical pattern
Grammar, punctuation	Completely accurate; no errors	Nearly all accurate; 2-3 errors	Mostly all accurate; 4-5 errors	Some accurate; 6-7 errors	Little accuracy; 8 or more errors
Spelling	No spelling errors	Nearly all accurate; 1-2 errors	Mostly accurate; 3-4 errors	Some accurate; 5-6 errors	Little accuracy; 7 or more errors
Workload equality	Quality team work	Shared equally	Workload somewhat unequal	Workload unequal; work done mostly by one student	Work load unequal; one student has done all the work

Abbildung 11.4: Rubrik für das Erarbeiten einer Broschüre zu der Stadt, in der die Schüler leben (Nebraska Dept. of Education 1996: 173)

Portfolios zeichnen sich gegenüber anderen Verfahren der Leistungsbeurteilung durch eine Reihe von Vorzügen aus, die sie zu einer idealen Begleitung bei der Umsetzung eines standard- und kompetenzbasierten Unterrichts werden lassen (Belgrad et al. 2008).

- Portfolios dokumentieren die Entwicklung von Schülern für die einzelnen Kompetenzen (zum Beispiel Veränderungen beim Lesen oder Schreiben) und lassen für Schüler, Eltern und Lehrkräfte so klare Lernfortschritte erkennen.
- Sie motivieren Schüler, weil sie sich auf die besten Arbeiten einer Schülerin oder eines Schülers konzentrieren und nicht den Vergleich zu anderen Schülern ziehen (*norm-referenced*), sondern zu den eigenen, vorangegangenen Arbeiten (*self-referenced*).
- Sie entwickeln Lernerautonomie, weil Schüler selbst ihre besten Arbeiten auswählen und die Auswahl begründen müssen.
- Sie ermöglichen einen differenzierenden Unterricht, weil die Schüler zwar an gemeinsamen Aufgaben arbeiten, jedoch diese auf unterschiedlichen Niveaustufen erfüllen können.
- Sie integrieren Skalen, Checklisten und Rubriken zu differenzierten Beurteilungen.

Portfolios können auch als Prüfungsbestandteil verwendet werden und erhalten dann eine summative Ausrichtung. Ein interessantes Beispiel hierzu beschreibt Inglin (2005), der den gesamten Oberstufenunterricht in Englisch mit Hilfe der Portfolioarbeit steuert. Die Schüler schließen dabei eine Projektvereinbarung mit der Lehrkraft, in der die Grundsätze der Portfolioarbeit festgelegt sind. Das Portfolio wird dann zunächst in „*Work-in-Progress*-Präsentationen" einbezogen und ist schließlich Teil der Abiturprüfung. Hier können die Schüler das gesamte Portfolio oder Teile daraus vorstellen oder mit Hilfe des Portfolios eine konkrete Aufgabenstellung bearbeiten. Die Bewertung erfolgt auf der Basis zuvor festgelegter Kriterien.

Neben solchen offenen Portfolios bietet sich im fremdsprachlichen Unterricht das Europäische Sprachenportfolio an, das eine festgelegte Struktur besitzt und sich auf den Europäischen Referenzrahmen für Sprachen bezieht (Little 2002). Das Europäische Sprachenportfolio dokumentiert die Fähigkeiten und die Lernwege in unterschiedlichen Sprachen, die Sprachenkontakte und interkulturellen Erfahrungen. Es fördert den Plurilingualismus und lässt einen in Europa anerkannten Vergleich der sprachlichen Fähigkeiten zu. Im Gegensatz zu punktuellen Tests gestattet es einen Einblick in die fremdsprachliche und interkulturelle Kommunikationsfähigkeit von Lernern und ein kontinuierliches Erfassen der Sprachentwicklung. Das europäische Sprachenportfolio kann genutzt werden, um bei Schulwechsel oder bei Bewerbungen ein aussagekräftigeres Bild über sprachliche Leistungen zu geben, als dies Zertifikate oder Zeugnisse allein tun können. Speziell für den Fremdsprachenunterricht an deutschen Grund- und Sekundarschulen ist ein von verschiedenen Bundesländern entwickeltes „Grund- und Aufbauportfolio" kommerziell erhältlich (Drese et al. 2007).

5 Ausblick

Bildungsstandards bilden, international gesehen, seit zwei Jahrzehnten einen Schwerpunkt der bildungspolitischen Diskussion und haben sowohl enthusiastische Befürworter als auch deutliche Kritiker gefunden. Mit Dowson et al. (2007: 10) kann man folgende Schlussfolgerung formulieren:

> Educational standards in and of themselves are not bad. However, educational standards may be poorly constructed, propagated, implemented, supported, and utililized. In order, then, for standards to achieve what they set out to do (i.e., to improve educational effectiveness and student performance), the standards themselves need to form part of a wider-system of initiatives and reforms designed to assist all student [sic] to achieve to their highest potential.

Bildungsstandards sind ein Baustein einer umfassenden Reform des Bildungswesens, welche in besonderer Weise die Qualitätsentwicklung und -sicherung in den Mittelpunkt rückt und den Schulen, aber auch den einzelnen Lehrkräften, Verantwortung für die Ergebnisse des Lernens zuweist. Das Denken von Ergebnissen her ist deshalb aus der Sicht des Bildungsmonitorings ein überzeugender Ansatz. Ob hieraus eine wirkliche Verbesserung des Fremdsprachenunterrichts resultiert, hängt jedoch weniger von der Formulierung von Bildungsstandards und vom politischen Willen ab, als von der tagtäglichen Umsetzung. Hierzu gehören unter anderem die in diesem Buch beschriebene Handlungsorientierung, die ganzheitliche, kommunikative Spracherfahrung (Timm 1987, Bach 2005), die Erweiterung des Lernkontexts (*context integrated language learning*, Immersion, Englischunterricht ab der Grundschule, Sprachreisen usw.), die Berücksichtigung der Lernerbedürfnisse und -wünsche (*negotiated curriculum*), die Orientierung des Unterrichts an komplexen Lernaufgaben und die Etablierung einer Feedback- und Reflexionskultur. Vieles davon ist nicht neu und einiges ist bereits heute im Fremdsprachenunterricht realisiert, aber möglicherweise führt die Diskussion um Bildungsstandards und kompetenzorientierten Unterricht zu einer weiteren Förderung und Akzentuierung dieser Wege.

R & R

Review and Reflect

Textverständnis/Reproduktion:

- Wodurch unterscheiden sich Bildungsstandards von Lehrplänen?
- Wie nimmt der *Gemeinsame Europäische Referenzrahmen* Einfluss auf die Entwicklung und Formulierung von Bildungsstandards für die Fremdsprachen? Welche Aufgabe haben die KMK-Standards?
- Wie lassen sich die Begriffe „Kompetenzen" und „Bildungsstandards" voneinander abgrenzen?
- Welche Arten von Bildungsstandards können Sie benennen?
- Welche Kritikpunkte werden im Hinblick auf Bildungsstandards genannt?
- Wie lassen sich Bildungsstandards im Unterricht umsetzen?

Reflexion:

- Arbeiten Sie heraus, warum man es nicht bei Lehrplänen als bildungspolitische Vorgaben belassen möchte.
- Vergleichen Sie die unterschiedlichen Formen der Leistungsbeurteilung. Welche Formen halten Sie für besonders wichtig?
- Überlegen Sie sich ein Thema, dass Sie im Unterricht behandeln möchten. Entwickeln Sie eine Lernaufgabe, einen Arbeitsplan und ein passendes Verfahren der Leistungsbeurteilung. Benennen Sie in Anlehnung an Abb. 11.1 Standards (*outcomes*) und Indikatoren.

Stellungnahme:

- Zeigen Sie positive und negative Konsequenzen für den fremdsprachlichen Unterricht auf, wenn dieser sich systematisch an Bildungsstandards orientiert.
- Erörtern Sie Argumente für und gegen einen Portfoliounterricht, wie ihn Inglin (Abschnitt 4.2) beschreibt.
- Setzen Sie sich mit dem Zitat von Dowson et al. (Abschnitt 5) auseinander. Wie müsste die unterrichtliche Realität aussehen, damit alle Schüler ihr „highest potential" erreichen?

Kapitel 12

Fremdsprachenkompetenz in der mehrsprachigen Wissensgesellschaft

Gerhard Bach, Stephan Breidbach

> Education will play a key role in determining who becomes the interacted in the new networked society and who becomes the interacting - in other words, who has the language, communication, and technological multiliteracies required to become active shapers of the multimedia future rather than mere recipients of prepackaged choices ... . And language classrooms will be one important place where these new educational opportunities are found, or missed. (Warschauer 2001: 58)

1 Fremdsprachen: Bedarfe, Kompetenzen, Profile

Die Frage nach dem Zusammenhang zwischen dem Lernen einer Fremdsprache in der Schule und ihrer Verwendung außerhalb des Unterrichts oder im Anschluss an die Schulzeit ist weder besonders neu noch besonders originell. Nichtsdestoweniger ist es aber gerade heute notwendig, sich über diesen Zusammenhang Gedanken zu machen, denn an ihm kristallisieren sich wesentliche Fragen, die den Englischunterricht, zumal den handlungsorientierten, politisch, pädagogisch und fachlich begründen und legitimieren: Gemeint sind Fragen etwa danach, welche Funktion das Englische in der heutigen Welt hat, welche außer- und nachschulischen Handlungspotentiale damit verbunden sind und wie sich dies in den Kompetenzen niederschlägt, die Englischlernende erwerben sollen. Antworten auf diese Fragen geben also zugleich Auskunft darüber, warum und zu welchem Zweck Englischunterricht überhaupt stattfindet und stattfinden soll.

1.1 Europäisierung und Globalisierung

Zunächst ist zu klären, warum im weiteren Verlauf dieses Kapitels eine europäische Perspektive auf die genannten Fragestellungen gewählt wird. Denn es liegen mindestens zwei Einwände nahe: Einerseits lässt sich einwenden, dass es sich um eine viel zu enge, eurozentristische Sichtweise handelt. Andererseits schiene es ein Leichtes, pauschal auf den Prozess der kulturellen, medialen oder ökonomischen Globalisierung zu verweisen, der sich unter Verbreitung des Englischen als *global language* vollzieht. Solchen Einwänden sind drei Argumente entgegen zu halten:

- *Ordnungspolitisch*: Der Globalisierungsprozess wird zwar durch (ordnungs-)politische Maßnahmen gefördert und ermöglicht, allerdings gibt es gegenwärtig keine erkennbare global agierende Institution, die imstande wäre oder den Versuch unternähme, diesen Prozess sozial-, bildungs- und sprachenpolitisch zu gestalten. Um zu vermeiden, dass einer Englischdidaktik des globalen Wettbewerbs das Wort geredet wird, ist die Ebene der Europäisierung, die sowohl durch die Europäische Union als auch durch den Europarat mit bildungs- und sprachenpolitischen Konzeptionen (s. u.) begleitet und geformt wird, der angebrachte Referenzpunkt, und zwar zunächst auch unabhängig davon, wie man zu den genannten Konzeptionen im Einzelnen steht.
- *Europapolitisch*: Die europäische Ebene ist nicht so selbstbezüglich, wie die oben formulierte Kritik nahe legt. So wird seit geraumer Zeit seitens des Europarats das Konzept einer *Education for Democratic Citizenship (EDC)* als Leitidee europäischer Bürgerschaft verbreitet (http://www.coe.int/t/dg4/education/edc/; vgl. auch Abs 2009 und COE 2009). Wie unten ausgeführt wird, basiert das Verständnis von *democratic citizenship* jedoch auf multiplen bürgerschaftlichen Zugehörigkeiten jenseits nationaler, kultureller oder sprachlicher Grenzen und weist damit als Möglichkeit, eine Art *global citizenship* zu denken, über den unmittelbaren Kontext Europas hinaus.
- *Bildungstheoretisch*: Der Prozess der Europäisierung ist prototypisch von einer Reihe von Spannungsfeldern gekennzeichnet, die sich mit Wolfgang Klafki (1994) als „epochaltypische Schlüsselprobleme" ausweisen lassen, z. B. Demokratie; Krieg und Frieden; Freiheit und Sicherheit; Arbeit; Umwelt; nachhaltiges Wirtschaften; Interkulturalität und Vielsprachigkeit. Diese Problemfelder sind im (Fremdsprachen-)Unterricht so zu bearbeiten, dass Schüler an ihnen zu „Selbstbestimmung", „Mitbestimmung" und „Solidarität" (ebd.: 52) befähigt werden. So verstandene Bildung ist ein ebenso europäisches wie allgemeines Anliegen.

Anhand dieser drei Überlegungen wird erkennbar, dass diese Entwicklung es geradezu erfordert, „Schule" als lebensnahen Interaktions- und Kommunikationsraum zu erfahren. Andererseits wird mit dieser Perspektive auch eine neue Forderung an den Unterricht herangetragen. Die Schule ist aufgefordert, konkreter als bislang mit einem entsprechenden Lernangebot auf außer- und nachschulische Bedürfnisse und Bedarfe einzugehen und sich gleichzeitig der Frage zu stellen, wie den Lernenden eine auf *democratic citizenship* ausgerichtete Bildung ermöglicht werden kann.

1.2 Mehrsprachigkeit als elementare Kulturkompetenz

Im Kontext von *democratic citizenship* als Bildungsziel spielt Sprach(en)-kompetenz eine vorrangige Rolle, wobei *Englisch*kompetenz nicht länger als *Fremdsprachen*kompetenz, sondern vielmehr als elementare Kulturkompetenz, d. h. als eine kommunikative Kompetenz im Kontext verschiedenster (fremd-)kulturbezogener Aktivitäten im weitesten Sinne gilt. Dass Englisch mit dieser Hegemonialposition das Ziel der Mehrsprachigkeit in Europa untergraben könnte, wird einerseits befürchtet (Phillipson 2003). Andererseits führt diese Position zu der Überzeugung, Englisch als nationenspezifische „Fremd-"Sprache sei ein überholtes Konstrukt (Graddol 2006); entsprechend sei es notwendig, Englischlehrkräfte für einen Unterricht in „global English" auszubilden.

Neben den tradierten allgemeinen Bildungszielen betonen Bildungspläne auf nationaler Ebene für den nachschulischen Verwertungsaspekt inzwischen auch mehrsprachige und interkulturelle Kompetenzen. Damit entsprechen sie einerseits den europaweit geltenden Rahmenvorgaben. Daneben stellt sich im Zuge dieser Entwicklung die Frage, inwieweit der fremdsprachliche Unterricht allgemeine Bildungsansprüche mit spezifischen Bedarfsansprüchen vermischen sollte. Denn der Bedarf an spezifischen fremdsprachlichen Kompetenzen in einzelnen Berufsbereichen und Wirtschaftszweigen ist immer in Abhängigkeit von ökonomischen Interessen oder Zwängen zu sehen. Darüber hinaus werden Bedarfsansprüche, die aus wirtschaftlichen Erwägungen an die Schule herangetragen werden, von dieser mit Skepsis betrachtet, da die in ihnen unmittelbar zutage tretenden ökonomischen Verwertungszusammenhänge Konfliktpotential mit normativen Bildungsvorstellungen wie die freie Entfaltung der Persönlichkeit bergen.

Gleichwohl: Wer bedarfsorientierte Fremdsprachenkompetenz zum Ziel erklärt, ist gezwungen, die Abhängigkeit von demographischen Veränderungen, von Marktorientierung und von wirtschaftlichen Interessen entweder in Kauf zu nehmen oder pädagogisch so Einfluss auf sie zu nehmen, dass sie mit neuen, auch europapolitisch erwünschten Zielsetzungen, z. B. „Partizipation an Entscheidungsprozessen", in Einklang zu bringen sind. Die Diskussion über die Relevanz des Fremdsprachenunterrichts in diesem Komplex von Interessen erhält damit eine Aktualität, die sich in Bildungskonzepten (Stichwort „frühbeginnender Englischunterricht") und im Fächerkanon (Stichwort „Bilingualer Unterricht") sowie in der Beurteilung von Lernleistungen und Kompetenzen (Stichwort „Bildungsstandards") niederschlägt. Besonders produktiv erscheint ferner die Umsetzung interkultureller Ziele in Lernszenarien, ggf. unter Einsatz neuer Informations- und Kommunikationstechnologien.

Die genannten Aspekte werden in anderen Kapiteln dieses Buches individuell beleuchtet. Hier ist es wichtig, vor dem Hintergrund der bisherigen Überlegungen einen Blick auf die tatsächliche Mehrsprachlichkeit bei europäischen Fremdsprachenlernern zu werfen.

1.3 Das Sprachen- und Kompetenzprofil junger Europäer

Im Weißbuch der Europäischen Kommission (1995) über die Entwicklung Europas zur Wissensgesellschaft wurde Mitte der 1990er Jahre die Prognose geäußert: „Wir alle können drei Sprachen lernen", begründet mit der als Faktum getarnten Behauptung, dass es in vielen europäischen Ländern für viele Menschen „normal [sei], drei Sprachen zu verwenden". Umfragen der Europäischen Kommission über „Die Europäer und die Sprachen" (erstmals 2000 statistisch erfasst, erneut durchgeführt 2005), bestätigen diese Aussage allerdings nicht. Bezogen auf Sprachenvielfalt und Mehrsprachigkeit ist Europa teilweise noch Entwicklungsgebiet: Nur 56 % aller Europäer sprechen neben ihrer Muttersprache eine weitere Sprache als Fremd- oder Zweitsprache; lediglich 28 % sprechen zwei Fremdsprachen, und ein kleiner Anteil von 11 % verfügt über Kenntnisse in drei oder mehr Fremdsprachen (Europäische Kommission 2005: 3) . Die Kommission hat seit 2000 ihre Position modifiziert; ab 2005 steht als Referenzkriterium und Zielkategorie *globale Mehrsprachigkeit* im Blickpunkt: „Für die Mehrheit der Weltbevölkerung gehört es bereits heute zum Alltag, mehr als eine Sprache zu verstehen und in mehr als einer Sprache kommunizieren zu können - eine Fähigkeit, die auch für alle europäischen Bürger/innen als erstrebenswert gilt." (ebd.: 3)

Die demographische Ausdifferenzierung der Umfrageergebnisse nach Alterszugehörigkeit zeigt eine deutlich zunehmende Fremdsprachenkompetenz unter 15-24 Jahre alten Jugendlichen. Dieses Phänomen trifft im übrigen für alle EU-Mitgliedsländer zu und ist in den vier „großen" Sprachen, die mehrheitlich als Fremdsprachen unterrichtet werden (Englisch, Spanisch, Französisch, Deutsch), gleichermaßen zu finden.

Ersichtlich ist außerdem, dass zwei Drittel dieser Altersgruppe in der Tat auf dem Weg sind, sich wenn schon nicht mehrsprachig, so doch zweisprachig zu profilieren. Da die Kenntnisse in *weiteren* Fremdsprachen jedoch deutlich hinter den hier genannten Werten zurückfallen, kann von einer Entwicklung Europas hin zu einer vielsprachigen Gesellschaft auf absehbare Zeit noch nicht gesprochen werden. In einigen Mitgliedsländern ist sogar eine rückläufige Tendenz zu erkennen (vgl. CILT 2006). Nicht obwohl, sondern gerade weil es inzwischen zum europäischen Allgemeinwissen gehört, ist es wichtig, hier festzuhalten, dass in dieser Situation das Englische die mit Abstand am häufigsten unterrichtete und in vielen „Schülerkarrieren" einzige Fremdsprache ist.

Um das Profil der heutigen Generation von Schülern und Studierenden oder in Ausbildung befindlichen jungen Erwachsenen in Europa zu ermitteln, sind die von der Europäischen Kommission in Auftrag gegebenen Eurobarometer-Umfragen hilfreich, insbesondere im Hinblick auf soziale Integration, berufliche Perspektiven, Freizeitverhalten und Sprachkompetenz. Die deutlichsten Veränderungen seit Ende der 1990er Jahre sind in den Bereichen Kommunikationsverhalten und Verwendung neuer Kommunikationstechnologien zu erkennen (European Commission 2007: 21). Dabei kommt natürlich auch die englische Sprache vermehrt zum Einsatz, wie Untersuchungen zur globalen Internet-Nutzung zeigen: Ein Drittel aller Internet-Kommunikation weltweit findet auf Englisch (29,1 %) statt; 20,1 % auf Chinesisch. Weitere europäische Sprachen liegen deutlich zurück, z. B. Spanisch 8,2 %, Französisch 4,6 %, Deutsch 4,1 % (vgl. http://www.internetworldstats.comstats7. htm).

Kommunikationsverhalten bezogen auf die Verwendung bestimmter Sprachen ist allerdings nur ein Indikator für das sich verändernde Kompetenzprofil junger Europäer. Umfragen zeigen auch, dass seit Mitte der 1990er Jahre die Bereitschaft zu grenzüberschreitender Mobilität abgenommen hat, was zum einen auf die „mediale Mobilität" im Internet zurückgeführt wird, zum anderen - speziell in Ausbildungskontexten - auf eine deutlich zunehmende Internationalisierung und damit auf die Priorisierung des Englischen als primäres Kommunikationsmedium weltweit (vgl. *lingua franca,* Abschnitt 4.2.2). Unter diesem Blickwinkel erhält das Profil einer „Europakompetenz" - laut O'Shea (2004: 18ff.) sind darin eingeschlossen *participation, partnership, social cohesion, access, equity, accountability, solidarity* - eine neue Dimension: Jugendliche in Europa wissen zwar, welche EU-Programme es im Bildungsbereich gibt, die ihnen helfen, ihre Kompetenzen in diesem von der EDC abgesteckten Anforderungsprofil zu erweitern. Tatsächlich genutzt werden solche Programme jedoch nur von einem geringen Prozentsatz.

„Europakompetenz", verstanden als partizipatorische „democratic citizenship", ist also für junge Europäer noch keine Selbstverständlichkeit; ebenso wenig ist diese Kompetenz allerdings auch in den Curricula festgeschrieben, da ein solches Profil vielfach mit „fremdbestimmten" Inhalten in Verbindung gebracht wird. Für den (Fremdsprachen-)Unterricht ist im Zuge dieser Entwicklung das Problem einer doppelten Zielvorgabe entstanden. Neben dem tradierten Ziel des Englischunterrichts als einem kulturraumspezifischen und allgemein bildenden Fremdsprachenunterricht steht mit der zunehmenden Europäisierung der Bildungsvorgaben das Ziel eines bedarfsorientierten, auf globale Kommunikationskontexte hin ausgerichteten Englischunterrichts. Wie lassen sich diese aufeinander beziehen?

2 Handlungsorientierter Unterricht zwischen Fremd- und Selbstbestimmung

In verschiedenen Kapiteln dieses Buches wird die Verantwortung der Bildungseinrichtungen, die ihnen anvertrauten Schüler zu autonomen Kommunikationspartnern auszubilden, immer wieder hervorgehoben; so sind Partizipation und Autonomie als grundlegende Faktoren des Lernens in die Definition von Unterricht in diesem Buch eingegangen (vgl. Kap. 1, Abschnitt 4.1). Das Klassenzimmer als Handlungsraum wird dadurch zum Experimentier-, Übungs- und Arbeitsfeld für die Bewältigung komplexer Anforderungen und Aufgaben, die in außerschulischen sozialen Kontexten Wirklichkeit sind, wozu auch die Nutzung von Informations- und Kommunikationstechnologien zum realen Handlungsfeld eines „globalen Klassenzimmers" gehört. Im übrigen ist, wie Lewis im Sinne der Handlungsorientierung (vgl. Kap. 1, Abschnitt 1) betont, die Trennung von schulischer und außerschulischer Realität verstanden als „Lernen für das Leben") ein didaktisches Konstrukt: "The classroom is part of the real world, different only in having a different set of conventions, relationships and strategies" (Lewis 1993: 17).

Allerdings ist es erforderlich, bei der Erörterung solcher auf Praxis bezogenen Strategien einen fundamentalen Unterschied festzuhalten: Der handlungsorientierte Ansatz im Fremdsprachenunterricht hat den funktionalen Zusammenhang zwischen Schule und Welt *aus pädagogischer Erkenntnis* entwickelt und bildungstheoretisch unterlegt, und er orientiert ihn an der individuellen Entfaltung der Persönlichkeit. Im Kontext sozialökonomischer Bedarfsansprüche wird demgegenüber die *materielle Begründung* betont. Jeder Versuch, die eine Sichtweise gegen die andere auszuspielen oder sie ein eine Rangordnung zu bringen, würde zu einem auf je unterschiedliche Weise sehr einseitigen und damit fragwürdigen Englischunterricht führen. Es geht also darum, pädagogisch und fachdidaktisch konvergente Alternativen zu entwickeln.

Die Aufhebung der genannten Divergenzen bestünde demzufolge darin, die Grundmuster der *chronologischen Linearität* (vom „Lernen" zum „Leben/Beruf") und der *Polarität* (Schule vs. Freizeit, Schule vs. Beruf, Freizeit vs. Beruf) auszuhebeln. Der handlungsorientierte Ansatz nimmt für sich in Anspruch, eine Gleichrangigkeit herzustellen, durch die die Hierarchisierung von Nützlichkeitsfaktoren aufgehoben ist. Im Umkehrschluss bedeutet dies: Der handlungsorientierte Ansatz bleibt unvollständig, solange er außerschulische und bedarfsspezifische Anwendungskontexte von *English as a global means of communication* vernachlässigt.

Zu welchem Zweck aber soll „bedarfsorientierte Fremdsprachenkompetenz" dann erworben werden? Wird diese als eine durch die staatliche Schule zu gewährleistende Grundausstattung im europäischen oder auch globalen Konkurrenzkampf um gut bezahlte Arbeit missverstanden, kann dies nicht nur dazu führen, Schülern bereits den Fremdsprachen*unterricht* gründlich zu verleiden, sondern auch dazu, dass sich diese Kompetenzen gerade nicht im Prozess einer auf Selbstbestimmung, Solidarität und Mitbestimmung (Partizipation) angelegten Persönlichkeitsentwicklung vollziehen. Damit aber verstieße Schule gegen ihren gesetzlichen Bildungsauftrag. Gleichzeitig muss kritisch angemerkt werden, dass die Kompetenzen zur selbstbestimmten, solidarischen Partizipation bisher nicht als Bildungsstandard niedergelegt sind, was eine ebenso bedenkliche Fehlsteuerung von Schule und Unterricht in der Zukunft befürchten lässt. Umso wichtiger ist es, sich diese Kompetenzen stets neu zu vergegenwärtigen.

3 Ansätze europäischer Mehrsprachigkeitspolitik

3.1 Zielbereiche

Im Kontext europäischer Konsolidierungsmaßnahmen steht für die Bildungsforschung ebenso wie für die Schulpraxis die Erstellung und Umsetzung internationaler Qualitätsstandards im Vordergrund, um auf diese Weise Motivationsanreize zu schaffen – für die Menschen und ihre individuelle Sprach(en)kompetenz ebenso wie für die nationalen Bildungssysteme und deren Abschlussprofile und Zertifikate, die eine grenzüberschreitende Mobilität fördern (vgl. Kap. 11). Die Förderung von Fremdsprachenkompetenz bzw. Mehrsprachigkeitskompetenz bedeutet in diesem allgemeinen europäischen Bildungskontext allerdings nicht nur, mehr Menschen mit besseren Methoden an mehr Sprachen heranzuführen. Ebenso wichtig ist das Ziel, Europäer zu kompetenten „intercultural speakers" (Michael Byram) zu machen, d. h. sie zu befähigen, in einer von Rassismus, Ethnozentrismus und Fremdenfeindlichkeit gekennzeichneten Welt das Fremde im Eigenen wahrzunehmen (vgl. Abschnitt 4.3). So besteht das Hauptziel der Europäischen Bildungspolitik in der neuesten Verlautbarung der Europäischen Kommission (2008: 5), darin, „das Bewusstsein für den Wert der Sprachenvielfalt in der EU und für die von dieser Vielfalt ausgehenden Chancen zu schärfen und den Abbau von Hindernissen für den interkulturellen Dialog zu fördern".

3.2 Bildungsökonomie und Arbeitswelt: Bedarfsspezifik

Die Frage, weshalb Mehrsprachigkeit eine vorrangige Förderaufgabe in der Wissensgesellschaft ist, steht auch in einem engen Bezug zum erklärten Ziel der Europäischen Union, zu einer führenden Wirtschaftsmacht aufzusteigen. Die ELAN-Studie aus dem Jahr 2006 zu den „Auswirkungen mangelnder Fremdsprachenkenntnisse in den Unternehmen auf die europäische Wirtschaft" zeigt auf, dass vielen kleinen und mittelständischen Unternehmen in Europa wegen sprachlicher und kultureller Defizite ihrer Mitarbeiter Geschäftschancen entgehen (vgl. CILT 2006). Wenn Europa nicht lerne, so Brammertz (2009) in seiner Zusammenfassung der ELAN-Ergebnisse, das ökonomischen Potential der Mehrsprachigkeit besser als bisher auszuschöpfen, werde es im globalisierten Wettbewerb gegenüber Schwellenländern ins Hintertreffen geraten.

Natürlich können Arbeitskräfte mit entsprechenden Fremdsprachenkenntnissen auf ein größeres Ausbildungs- oder Arbeitsplatzangebot zurückgreifen und das allen europäischen Bürgern zugestandene Recht auf Mobilität und freizügige Arbeitsmigration besser nutzen. Dies als wichtige Begründung für Fremdsprachenunterricht zu bestreiten würde die Zukunftswünsche und auch -sorgen vieler Schüler ignorieren, die sich einem solchen beruflichen Umfeld werden bewähren müssen.

Allerdings bleiben in einer solchen Kausalverkettung drei wichtige Faktoren unberücksichtigt. (1) Zum einen ist diese Sicht reduktionistisch, weil sie soziale wie politische Zusammenhänge des Europäisierungsprozesses ausblendet. (2) Zum anderen gefährdet eine Orientierung an globalen Marktgesetzen die ebenfalls von der Union vertretene Mehrsprachigkeitspolitik und den Schutz von Minderheitensprachen, denn der globale Markt kommuniziert in weit überwiegendem Maße auf Englisch, der *lingua franca* der internationalen Kommunikation. Diese beiden ersten Faktoren werden in den beiden folgenden Abschnitten ausführlicher dargestellt. (3) Mit dem ökonomischen Begründungszusammenhang wird eine Arbeitswelt projiziert, deren Merkmale als relativ stabil und voraussagbar gekennzeichnet sind, obwohl sie - wie z. B. die *silicon economy* der Computerindustrie in den 1990er Jahren gezeigt hat - faktisch hochgradig instabil sind und nicht vorhersehbaren Fluktuationen unterliegen. Hinzu kommt, dass Berufe heute nicht mehr nur funktional auf standardisierte Arbeitsabläufe und relativ eng definierte Produktbereiche ausgerichtet sind. Die sich kontinuierlich wandelnden Strukturen der Arbeitswelt fordern ein Umdenken hin zu fachübergreifenden Kompetenzen und Schlüsselqualifikationen. Lernen und Arbeiten werden als interdependente Lebensbereiche verstanden, in denen Kommunikationsprozesse ebenso bedeutsam sind wie Produktionsprozesse. Damit würde ein allzu sehr berufsspezifisch verstandener Fremdsprachenunterricht für die Schüler langfristig sogar kontraproduktive Wirkungen haben können.

Aus den drei Einwänden lässt sich schließen, dass fremdsprachliche Kompetenzen offenkundig zentrale Faktoren europäischer wie globaler Bildung sind, diese aber aus pädagogischen, sozialpolitischen und schließlich auch ökonomischen Erwägungen selbst nicht unkritisch aus den Anforderungen eines letztlich volatilen Arbeitsmarktes abgeleitet werden können. Welche Schlüsselqualifikationen sind hier im engeren Sinne angesprochen? Welche Kompetenzprofile werden daraus formuliert?

3.3 *Democratic Citizenship*

Wie oben bereits angesprochen, ist der Europäisierungsprozess geprägt von vielfältigen Spannungsfeldern (Stichwort „epochaltypische Schlüsselprobleme", vgl. Abschnitt 1.1), auf die Schule und Fremdsprachenunterricht nicht nur eine bildungsökonomische Antwort geben können (Stichworte: Bildungsstandards und Berufsorientierung). Seit gut einem Jahrzehnt propagiert der Europarat daher das weitaus umfassendere Bildungskonzept der *democratic citizenship*. Es stellt den Versuch einer Antwort darauf dar, dass in den europäischen Gegenwartsgesellschaften, die durch Urbanisierung, Migration sowie kulturelle Diversifizierung geprägt sind, gesellschaftliche Inklusion (*citizenship*) nicht mehr ausschließlich an die Staatszugehörigkeit (*nationality*) gebunden sein kann. Gleichzeitig ist *democratic citizenship* auch mehr als ein legalistisches Konzept, das sich nicht in der Ausübung des Wahlaktes erschöpft.

Im Begriffspaar *democratic citizenship* markiert das Wort *democratic* einen Wertehintergrund, der sich an den Prinzipien von Ausgleich, Toleranz und prozeduraler Gerechtigkeit (*rule of law*) orientiert, während *citizenship* anzeigt, dass alle Betroffenen durch die Wahrnehmung ihrer Rechte und Pflichten an den Angelegenheiten des Gemeinwesens partizipieren. Als Bildungsziel hebt der Council of Europe (COE 2009) in seiner Definition von *democratic citizenship* folglich darauf ab,

> to give people the knowledge, understanding, skills and attitudes that will help them to play an effective role in their community - be it on the local, national or international level. It shows people how to become informed about their rights, responsibilities and duties and it helps them to realise that they can have influence and make a difference. (http://www.coe.int/T/E/Com/Files/Themes/ECD/Q-R.asp).

Wesentlich ist hier zudem, dass europäische Kommunikationskontexte ökonomisch, politisch und zivilgesellschaftlich begründet sind und zugleich mindestens drei gänzlich unterschiedlichen Ebenen (lokal, national, inter- bzw. supranational) zuzuordnen sind. Um auf diesen Ebenen wiederum kompetent handeln zu können, sind (fremd)sprachliche Kompetenzen - hierunter in hervorgehobener Weise das Englische als *lingua franca* - unverzichtbar. Einige Beispiele müssen hier genügen, um dies zu verdeutlichen (vgl. ausführlich Breidbach et al. 2002):

- *Die lokale Ebene*: In urbanen Ballungsräumen, die durch permanente Migration gekennzeichnet sind, kann es vor allem für „Neuankömmlinge", die sich erst noch auf dem Weg zur Mehrheitssprache befinden, im wahrsten Sinne des Wortes überlebenswichtig sein, auf eine Gesellschaft zu stoßen, die sie in einer internationalen Verkehrssprache empfängt. Umgekehrt gehört es zum guten Ton einer Einwanderungsgesellschaft, über eine solche Sprache zu verfügen.
- *Die nationale Ebene*: Partizipation auf dieser Ebene verlangt typischerweise die nationalsprachliche Kommunikation. Aber auch hier hat das Englische ein Potential als Bindeglied zur lokalen wie supranationalen Ebene hin. Hier spielen mehr-, aber auch englischsprachige Versionen deutscher und ausländischer Massenmedien eine wichtige Rolle (vgl. beispielsweise die tägliche, mehrsprachig abzurufende Presseschau unter www.eurotopics.net).
- *Die supra-/internationale Ebene*: Wenn es hier im Wesentlichen um die „großen" Themen europäischer bzw. globaler Politik geht, hängt Partizipationsfähigkeit entscheidend davon ab, dass die Beteiligten - also nicht nur die kleine Gruppe der politischen Entscheidungsträger, sondern die Gesamtheit der Menschen, die von den Entscheidungen betroffen sind - *un*mittelbar kommunizieren können. Es bleibt aber auch festzustellen, dass die Globalsprache Englisch zu gerade dem Medium aufgestiegen ist, das insbesondere (wenn auch nicht ausschließlich) in der Lage ist, Sprechern „kleinerer" Sprachen eine Stimme im größeren europäischen bzw. globalen Kontext zu geben. Dieses Inklusionspotential des *global English* gilt es zu stärken.

Im Zusammenhang dieser drei Kontexte ist von einer Gruppe Intellektueller um den Schriftsteller Amin Maalouf im Auftrag der Europäischen Kommission das Konzept der „persönlichen Adoptivsprache" entwickelt worden, mit dem Ziel, die Chancen der sprachlichen Vielfalt für die Entwicklung einer europäischen Identität und Koexistenz in Europa zu nutzen:

> Wir verstehen unter diesem Begriff, dass jeder Europäer ermutigt werden soll, aus freiem Ermessen eine besondere Sprache zuwählen, die sich sowohl von jener Sprache unterscheidet, die seine Identität begründet, als auch von der Sprache der internationalen Kommunikation. So, wie wir sie sehen, wäre die *persönliche Adoptivsprache* keineswegs eine zweite Fremdsprache, sondern vielmehr gewissermaßen eine zweite Muttersprache. (Maalouf 2008: 7, Hervorhebung GB/SB)

Eine solche Konzeption stellt die europäischen Bildungseinrichtungen und die sie stützende Bildungspolitk zweifellos vor große Herausforderungen. Gleichwohl verhilft sie dem Gedanken individueller Plurilingualität der europäischen Bürger zu einer ausformulierten Perspektive, ohne das Englische gegen alle anderen Sprachen auszuspielen:

> Indem bei der Entscheidung klar zwischen einer *internationalen Verkehrssprache* und einer *persönlichen Adoptivsprache* unterschieden wird, würden die Europäer ermutigt, in der Frage des Sprachenerwerbs zwei getrennte Entscheidungen zu treffen: Die eine würde von den Anforderungen der Kommunikation im weitesten Sinne diktiert, die andere von einem Bündel persönlicher Beweggründe geleitet, die mit dem individuellen oder familiären Lebensweg, emotionalen Bindungen, beruflichen Neigungen, kulturellen Präferenzen, intellektueller Neugier usw. zusammenhängen. (Ebd.: 12)

Der besondere Reiz dieser Konzeption liegt darin, dass die Sprachenwahl zwar eine ökonomische Motivation keineswegs ausschließt, im Begriff „persönliche Adoptivsprache" aber bereits aufscheint, dass das Sprachenlernen im Kern an das Ziel der Überschreitung monolingualer Horizontbeschränkungen und die Entwicklung von Solidarität und Empathiefähigkeit gebunden ist (vgl. hierzu auch zuletzt Europäische Kommission 2008, insbes. Abschnitt 4). Damit könnte das Konzept der „persönlichen Adoptivsprache" eine wichtige Stütze zur Erlangung von emotional-affektiven und normativ-moralischen Kompetenzen sein, ohne die auch die Leitvorstellung der *democratic citizenship* nicht auskommt (vgl. Starkey 2002: 16).

4 Kompetenzen in der Wissensgesellschaft: Lerner und Lehrer

4.1 Lernwelt/Lebenswelt

Ein bedarfsadäquater Englischunterricht greift die bildungsspezifischen Faktoren der Wissensgesellschaft auf, wobei „Wissen" hier ebenso sehr am Lernprozess orientiert ist wie am Lernergebnis. Der Begriff *learning society* kennzeichnet daher genauer die Zielsetzungen, auf die der bedarfsorientierte Fremdsprachenunterricht sein Augenmerk zu richten hat: Neben der Befähigung, sich in einer oder mehreren Sprachen kompetent zu verhalten, ist die Befähigung zum lebenslangen Lernen ein gleichrangiges Ziel, das gerade im handlungsorientierten Unterricht einen besonderen Stellenwert hat. Zu den Verfahren, die hier zu nennen sind, gehören *learning arrangements*, modularisierte Lehr-/Lerneinheiten, die Förderung autonomer Lernprozesse, das *discovery learning*, die stärkere Beachtung individueller Lernstrategien und Lernstile, der kommunikationsintensive Einsatz neuer Medien (ICT - *information and communication technologies*) sowie neue Verfahren der Feststellung von Lernergebnissen und der Bewertung von Lernerfolg, z. B. das *portfolio assessment* als Ergänzung konventioneller Bewertungsinstrumentarien (vgl. Kap. 11). Die hier geforderten und geförderten Kompetenzen beziehen sich auf Qualifikationsmerkmale, die für lebenslanges Lernen von Belang sind. Somit haben außerschulische fremdsprachliche Praxis und schulischer Unterricht das gleiche langfristige Ziel im Blick - Selbstverantwortung und Autonomie.

4.2 Kompetenzprofil - Lerner

Eine fremde Sprache „kompetent" einsetzen können heißt, in eigen- oder fremdkulturellen Kontexten sprachlich adäquat, zielgerichtet und ergebnisorientiert zu agieren. Aus der Perspektive außerschulischer Verwendungskontexte ist die Frage "Wozu brauche ich die Fremdsprache eigentlich?" auf konkrete kommunikative Kontexte hin ausgerichtet, die spezifische Sprachhandlungsfertigkeiten erfordern. Es liegen einschlägige Untersuchungen über fremdsprachliche Qualifikationsmerkmale vor, die einen Berufswelt*bezug* aufweisen, ohne immanent berufs*spezifisch* zu sein. Die Ergebnisse dieser Untersuchungen räumen mit einer verbreiteten Fehlannahme auf, derzufolge die Berufswelt fachsprachliche Spezialkenntnisse verlangt, welche in einem allgemeinbildenden Curriculum keinen Platz haben. Tatsächlich ist es umgekehrt: Die Berufswelt verlangt in erster Linie *generelle* kommunikative Fertigkeiten. Zu den gemeinsamen *communicative essentials* gehören sprachliche, kulturelle und sozialaffektive Kompetenzen. Diese *non-specialist skills* determinieren den

Kommunikationserfolg auch im beruflichen Umfeld; allerdings sind sie selbst bei fortgeschrittenen Lernern nicht so ausgeprägt vorhanden, wie die Berufswelt sie erwartet (vgl. CILT 2006: 70).

4.2.1. *Gemeinsamer Europäischer Referenzrahmen (GER)*

Der Europarat hat mit dem „Gemeinsamen Europäischen Referenzrahmen für Sprachen" (GER) ein Mess- und Evaluationsinstrument geschaffen, mit dem Sprachlernprozesse transparent und Kompetenzen nachvollziehbar gemacht werden können (zur Historie des GER vgl. Kap. 11, Abschnitt 2). Als „Referenz"-Instrument definiert der GER Standards, mit denen das sprachliche Niveau des Lernenden skaliert und die Ergebnisse seiner Leistungen bewertet werden können. Im GER werden dafür nicht nur die für erfolgreiche Kommunikation erforderlichen Kompetenzen beschrieben, sondern auch die dazugehörigen Kenntnisse und Fertigkeiten, bezogen auf spezifische Kommunkationssituationen und Handlungsfelder. Damit soll Lehrkräften, Curriculumplanern und Lehrwerksentwicklern eine Handhabe gegeben werden, die Sprachkompetenz des einzelnen Lerners einer bestimmten Niveaustufe zuzuordnen. Innovativ am GER ist die Art und Weise der Kompetenzzuschreibungen vermittels der sog. *„can do"-statements*, also der Darstellung von Könnensprofilen anstelle von Fehlleistungen. Dies hat europaweit zu einem Umdenken bei der Bewertung von Schülerleistungen geführt. Als „Referenz"-Rahmen legt der GER Standards nicht fest, sondern erlaubt kontextabhängige Festlegungen auf lokaler, regionaler oder nationaler Ebene.

Nach fast 10-jähriger Erprobungszeit gibt es allerdings auch deutliche Kritik am GER, die aus der Sicht sowohl der handlungsorientierten Fremdsprachendidaktik als auch der Leitbildfunktion von „Europakompetenz" besonderes Augenmerk verlangt, da beide auch als übergeordnete Kategorien für erfolgreichen Spracherwerb im GER propagiert werden. Auch wenn die Zielbereiche des GER auf vier Ebenen angesiedelt sind – (1) praktische Sprachbeherrschung, (2) Reflexion über Sprache und Sprachverwendung, (3) kulturbewusstes Handeln in der Zielsprache, (4) Auseinandersetzung mit Literatur der Zielsprache –, so präferiert der GER doch eindeutig den ersten Zielbereich. Ferner ist das Verständnis von „Kompetenz" ausschließlich Output-orientiert; die Prozesse der Sprachaneignung, *language awareness*, der bewusste Strategieneinsatz beim Lernen, all diese Faktoren bleiben ebenso unbeachtet wie sozial-affektive Faktoren (Einstellungen, Einfühlungsvermögen, Sozialkompetenz).

Damit rücken die Kann-Beschreibungen in ein neues Licht: Auch wenn sie vorgeben, nur Näherungswerte („Referenzen") darzustellen, werden sie durch die Skalierung auf Niveaustufen zu Normen, die, dekontextualisiert, sprachliches Handeln „als solches" bewertbar machen. Aufgrund dieser Verortung bleiben die weiteren Zielbereiche „Reflexion über Sprache" und „Kulturbewusstes sprachliches Handeln" unberücksichtigt. Dass diese Tendenz zur Normierung einen *backwash*-effect auf die Entwicklung von Lehrplänen und Lernmaterialien sowie die Bewertung von Lernleistungen haben könnte, ist zu befürchten, denn nur das, was durch die Kann-Festlegungen abprüfbar wird, kann auch als Lernmaterial akzeptiert werden (Krumm 2007: 124).

Ähnlich kritisch ist zu bewerten, dass der GER die vom Europarat selbst als hochrangig bewertete Mehrsprachigkeit nicht in den Kann-Beschreibungen konsequent umsetzt. Man tut so, als seien alle europäischen Sprachen gleichberechtigt im Referenzrahmen berücksichtigt; „von dem tatsächlich aber sehr unterschiedlichen und nicht zuletzt politisch bedingten Prestige von Sprachen [ist jedoch] ebenso wenig die Rede wie von der Rolle des Englischen als de facto welt- und europaweiter Lingua Franca" (Altmayer 2004: 3).

Am schwerwiegendsten erscheint im Zusammenhang dieses Kapitels jedoch das zweckrationale Verständnis von handlungsorientiertem Lernen, auf das der GER sein Konzept von kompetenter fremdsprachlicher Kommunikation gründet. Kommunikatives Handeln zielt, so der Konsens innerhalb der handlungsorientierten Pädagogik, im eigentlichen Sinne auf gegenseitiges Verstehen und interkulturelle Verständigung ab, nicht auf Effizienz und Erfolg.

Somit kann der GER nur im eng begrenzten Umfeld der praktischen Sprachbeherrschung punkten. Mit einem auf Zweckrationalität reduzierten Blickwinkel erfasst er jedoch das komplexe Kompetenzspektrum des mündigen Europäers als *democratic citizen* nur zu einem geringen Teil. Sprachkompetenz als Europakompetenz ist mehr. Sie beinhaltet zum einen den reflektierten Umgang mit kultureller und sprachlicher Differenz. Sie beinhaltet darüber hinaus die Toleranz sprachlicher Vielfalt, besonders der Varietäten des Englischen. Schließlich beinhaltet sie zwei Aspekte, auf die in den beiden folgenden Abschnitten näher eingegangen wird: erstens die Kompetenz, Englisch als Sprache der internationalen Kommunikation in *lingua franca*-Situationen kontextadäquat zu variieren und zweitens Handlungs- und Reflexionskompetenz im Umgang mit fremdsprachigen sowie multimodalen Texten und Medien (Kompetenzen der *Multiliteralität*, vgl. Abschnitt 4.2.3).

4.2.2. *Lingua franca*

Anerkanntermaßen spielt Englisch als internationale Verkehrssprache eine wichtige Rolle, die manche von Englisch als der *lingua franca* unserer Zeit sprechen lässt. Im Zusammenhang damit steht die Beobachtung, dass ein beständig größer werdender Teil der englischsprachigen Kommunikation weltweit zwischen *non-native speakers* stattfindet. In einer durchaus plakativ gemeinten Formulierung von Barbara Seidlhofer (2007: 137) lässt sich sagen, dass nicht nur Europa im Begriff ist, sich Englisch als ein öffentliches Gut (*common property*) anzueignen.

Wenn wir diese Formulierung vom öffentlichen Gut hier einbringen, verfolgen wir damit nicht den Gedanken des Englischen als einer kulturneutralen Sprache, stellen aber sehr wohl die Frage, was im Verständnis von Englisch als *lingua franca* als angemessene Sprachbeherrschung und kommunikative Handlungsfähigkeit gelten kann. Die Debatte, ob es sich um graduelle oder qualitative Unterschiede im Vergleich zu dem handelt, was darunter im Fall von Englisch als Kultursprache zu verstehen wäre, muss zwar bis auf weiteres als offen gelten, für das Kompetenzprofil von Englischlernern ergeben sich unabhängig davon, wie die Anwort ausfällt, wenigstens zwei grundsätzliche Implikationen.

(1) So vertritt Seidlhofer (2007) die Auffassung, dass die linguistische Beschreibung des Englischen als *lingua franca* (ELF) grundsätzlich andere Kategorien in den Vordergrund stellen muss als die der traditionellen Semantik, Syntax, Phonetik und Pragmatik. Hier geht es vielmehr darum, welche Sprachmerkmale die Verständlichkeit und den kommunikativen Erfolg in ELF-Situationen bedingen bzw. einschränken oder verhindern (ebd.: 141ff.). Seidlhofer zeigt anhand umfangreicher Corpora von vorwiegend gesprochenem Englisch in verschiedenen Kontexten von beruflich bis privat (vgl. www.univie.ac.at/voice/), dass zu den Gelingensbedingungen beispielweise die Verfügung über Strategien der gegenseitigen Gesichtswahrung (Entschuldigungen, höfliche Nachfragen und Absagen usw.) gehört, während der ungekrönte Champion unter den von Lehrern beklagten Grammatikfehlern, das fehlende *third-person singular-s*, im Prinzip ohne kommunikative Relevanz ist.

(2) Die Aneignung des Englischen als öffentliches Gut bedeutet aber auch, dass die kulturellen ebenso wie die politischen und ökonomischen Normen im Falle von ELF nicht mehr verlässlich jene sind, die *man* im Englischunterricht unter Bezug auf Großbritannien, die USA oder andere Teile der englischsprachigen Welt gelernt hat. Kritiker wenden dagegen nicht zu Unrecht ein, dass solche Divergenzen historische Zeiträume beanspruchen, um im großen Stil wirksam zu sein, so dass die Dominanz der vor allem mit der US-amerikanischen Variante des Englischen

verbundenen sozio-ökonomischen wie auch kulturellen Praktiken ungebrochen transportiert wird (Phillipson 2003, 2008). Auch diese Diskussion muss hier nicht entschieden werden, sie zeigt aber an, dass die meist implizit transportierten Kommunikationsnormen und die sie tragenden kulturellen, politischen und ökonomischen Praxen in ELF-Kommunikation zumindest prizipiell zur Disposition stehen. Inwiefern dies auch praktisch der Fall ist, hängt wahrscheinlich zu einem erheblichen Teil vom Grad der von den Lernern erreichten oder ihnen durch die Schule zugestandenen Autonomie ab (vgl. hierzu Abschnitt 5). Insgesamt ergibt sich also eine neue, strukturelle Unsicherheit im Hinblick auf die normative und kulturelle Rahmung jeder ELF-Situation, die nicht mehr von vornherein als (ggf. sogar nur simulierte) anglo–amerikanische vorausgesetzt werden kann. Es kommt demnach für Lernende entscheidend darauf an, über Fähigkeiten und Strategien zur Aushandlung dieses kommunikativ-pragmatischen Rahmens zu verfügen.

4.2.3. Multiliteralität und ICT

Die in Abschnitt 4.2.1 vorgestellten Parameter, die laut GER „kompetente Europäer" charakterisieren, implizieren, dass wir uns auch mit der erweiterten Konzeption des Begriffs „Literalität" auseinandersetzen. Das traditionelle Konzept von Literalität orientiert sich am Status quo eines einsprachig dimensionierten Nationenschemas; ein solches Verständnis unterliegt einem normativen, regelbasierten, monolingualen und monokulturellen Code, und ihre Herausbildung orientiert sich folglich an der Vermittlung von gesichertem Wissen, primär über das Medium des schriftlichen Textes. Wie die Ergebnisse der PISA-Studie jedoch für Deutschland - aber auch für einige andere europäische Länder - gezeigt haben, ist dieses Verständnis von Literalität im internationalen Vergleich nicht zukunftsfähig. Unter dem Einfluss des Wandels und der Öffnung gesellschaftlicher Prozesse - Mehrsprachigkeit, Globalisierung (kulturell, medial und wirtschaftlich) – ist Literalität heute so zu definieren, dass sie der Vielschichtigkeit gesellschaftlicher Prozesse und Diskurse Rechnung trägt. Einem dergestalt erweiterten Literalitätsbegriff entspricht das Kompetenzprofil von *Multiliteralität*. Sie wird definiert als

> die Fähigkeit, Sprache generell, auch eine fremde Sprache, kontextadäquat, ziel- und aufgabenorientiert variabel anwenden zu können. [Sie] ist gekennzeichnet durch die Fähigkeit des Einzelnen zur Selbstorganisation, d. h. dazu, Informationen und Ressourcen so nutzbar zu machen, dass Lernprozesse und Aufgaben mit einem Fokus auf Lösungswege und Ergebnisse selbstständig … organisiert und strukturiert werden können. (Bach 2007: 23)

Als Teil des vom europäischen Einigungsprozess ausgehenden Impulses zur transnationalen und interkulturellen Identitätsbildung in einer komplexen Wissensgesellschaft ist Multiliteralität zu einem der zentralen Faktoren in der Beschreibung einer *democatic citizenship* geworden. Die Fremdsprachendidaktik hat dabei die Aneignung folgender „literaler" Kompetenzen als vorrangig in mehrsprachigen Gesellschaften fixiert:

- *funktionale Literalität* im sprachlichen Sektor - die Fähigkeit, Sprachen zu lernen und kontextadäquat einzusetzen;
- *multimodale Literalität* - die Fähigkeit, in verschiedenen Symbolsystemen (sprachlich, numerisch, visuell, auditiv) Wissen zu entschlüsseln, zu ordnen, zu erweitern und interdisziplinär zu vernetzen;
- *kritische Literalität* - die Fähigkeit, Informationen auf ihre Validität und Reliabilität hin zu prüfen, um sie angemessen in Handlungsstrategien überführen zu können;
- *e-Literalität* - die Fähigkeit, *information and communication technologies* (ICT) nutzbar zu machen für autonomes Lernen und kommunikatives Handeln in unterrichtlichen Kontexten und darüber hinaus.

Unter dem Einfluss der *e-Literalität* hat sich nun auch die soziale Dimension eines als gesellschaftlich homogen wahrgenommenen Bildungsauftrags grundlegend verändert. Insbesondere haben sich die Faktoren geändert, die Lernumgebungen und damit Lernbedingungen charakterisieren. Da ICT-Anwendungen viele Primäreigenschaften haben - ICT ist multidimensional, multimedial, multimodal und multilingual - können sie in Lehr-/Lernkontexten ein besonders geeignetes „Tool" zur Entwicklung von Multiliteralität sein. Gleichzeitig stellt dies eine Herausforderung für eine ICT-gestützte Multiliteralitätsdidaktik dar, denn bei ICT-Aktivitäten handelt es sich um nicht-lineare, nicht-chronologische (und daher didaktisch nicht immer vorausplanbare) Prozesse der Informationsbeschaffung, -vernetzung und –weitergabe (vgl. hierzu Kap. 6). Daher erachten es Conacher/Kelly-Holmes (2007) als wesentlich, dass in „neuen Lernumgebungen" folgende Faktoren Berücksichtigung finden: ein Lernkontinuum, diversifizierte Lernmodalitäten, Partizipationsstrukturen, Aufgaben und Aktivitäten sowie lernbegleitende und evaluierende „support structures".

Multiliteralität als ein weiteres Qualifikationsmerkmal von Europakompetenz setzt somit ein Bewusstsein von der Bedeutung der folgenden Aspekte voraus:

- Die Elemente, die Multiliteralität ausmachen, werden nicht durch die Nutzung von ICT an sich (als Lernwerkzeug, als Arbeitsmittel) generiert, sondern durch spezifische Strategien, die die Lerner sich als kommunikative Strategien aneignen bzw. angeeignet haben. Hierzu zählen insbesondere Autonomie und Selbstorganisation sowie im sprachlich-kulturellen Sektor Flexibilität im Umgang mit Differenz und Identifikation mit dem Fremden.

- Die inzwischen vorliegenden Ergebnisse aus der Praxis (vgl. Kap. 5 und 6), geben Anlass, die Ziele und Profile einer *language policy* in Europa neu zu gewichten bzw. präziser zu fassen, dies insbesondere im gegenwärtig sich aufbauenden Spannungsfeld von Globalisierung und Lokalisierung (= *glocalization*).
- Es ist zu prüfen, welchen Einfluss so genannte „blended public spheres" (z. B. Internet-Cafés, Chatrooms) auf das sprachlich-soziale und „glokale" Selbstverständnis der heutigen Schülergeneration hat und inwieweit sich hier eine Multiliteralitätskompetenz mit neuer Dimension herausbildet.

Diese drei Faktoren von Mulitliteralität bauen auf einem erweiterten Sprachbegriff *und* einem erweiterten Kompetenzbegriff auf. Sie sind für den handlungsorientierten Lehransatz deshalb hochgradig relevant, weil Erfolg oder Misserfolg beim Lernen darüber mitentscheiden, ob unsere Schüler an der Wissensgesellschaft und ihrer zukünftigen Gestaltung partizipieren können oder von ihr ausgeschlossen bleiben.

4.3 Kompetenzprofil - europäische Sprachenlehrkräfte

Mit dieser veränderten Perspektive geht notwendigerweise auch eine neue Profilbeschreibung von Fremdsprachenlehrkräften und ihrer Aus- und Weiterbildung einher. Wir stellen hier zwei Dokumente/Instrumente vor, die verdeutlichen, wie das zunächst im GER am Lerner ausgerichtete Kompetenzprofil auf die Professionalisierung europäischer Lehrkräfte ausstrahlt. Beispielhaft für den Ansatz, anhand eines Kriterienkatalogs ein Profil für gute Lehrpraxis zu entwickeln, an dem sich einzelne Länder bei der curricularen Entwicklung von Aus- und Weiterbildungsstrukturen orientieren können, ist das *European Profile for Language Teacher Education - A Frame of Rereference* (Kelly et al. 2004). Im Anschluss daran hat das Expertenteam um David Newby ein Portfolio-System als studienbegleitendes Reflexionsinstrument entwickelt - EPOSTL (*European Portfolio for Student Teachers of Languages*; vgl. Newby et al. 2007), das Studierende nutzen können, um ihre Progression im Ausbildungsvernverlauf zu dokumentieren.

Das Kelly-*Profile* ist in einem Feld angesiedelt, das für die Profilbildung von Fremdsprachenlehrkräften lokale strukturelle Rahmenbedingungen ebenso berücksichtigt wie die Vorgaben des GER. Fallstudien aus elf europäischen Ländern zur Konkretisierung von exemplarischen Ausbildungsprogrammen ergänzen das *Profile.* Wichtig für den Zusammenhang dieses Kapitel ist, dass das Kelly-*Profile* neben den aus dem GER bekannten Kategorien „Struktur", „Wissen und Verstehen", „Strategien und Fertigkeiten" die Kategeorie „Werte" besonders heraushebt, mit Schwerpunktsetzungen auf Mehrsprachigkeit, Mehrkulturalität und Mobilität. Das Profil des *European language teacher* ist daher nicht etwa durch Begriffe wie „foreign/second language teaching" näher spezifiziert, sondern wird folgendermaßen charakterisiert:

> It refers to a future category of teachers who think of themselves as „languages teachers" rather than single language teachers (e.g. „teacher of Polish"). „Languages teachers" learn and teach through the concept of plurilingualism, and emphasise pluricultural approaches to language learning. Such teachers would receive specialist education in the European dimension and values of language teaching, and would have a high degree of mobility throughout Europe. (Kelly et al. 2004: 118)

EPOSTL ist in gewisser Hinsicht eine Weiterentwicklung des Kelly-*Profile,* denn sein Augenmerk gilt den unterrichtlichen Planungs- und Evaluationsprozessen. EPOSTL arbeitet mit sieben Planungskategorien (*content, methodology, resources, lesson planning, conducting a lesson, independent learning, assessment of learning*), innerhalb derer Studierende ihre Lehrkompetenz auf einem Kontinuum unterschiedlicher Kompetenzstufen selbst zuordnen können. EPOSTL versteht sich daher als ein Instrument zur Selbstevaluation von Kompetenzen in ihrer Entwicklung (*process portfolio*), nicht als Instrument der Evaluierung von Ergebnissen (*showcase portfolio*).

Beide Kompetenzprofile verfolgen strategisch dasselbe Ziel: einen Referenzrahmen bereit zu stellen, innerhalb dessen Entscheidungen über reflektiertes unterrichtliches Handeln getroffen werden können. Da sie unterschiedliche Zielgruppen ansprechen (Curriculumplaner bzw. Studierende), ergänzen sie einander. EPOSTL fokussiert dementsprechend die fachdidaktischen Kompetenzen, über die *European language teachers* verfügen können müssen. Auch EPOSTL verwendet daher *„can-do" statements* als Deskriptoren, so dass eine strukturelle Parallelität sowohl zum GER als auch zum *European Language Portfolio* (ELP) hergestellt ist. Die Zielkategorien kompetenten unterrichtlichen Handelns für europäische Sprachenlehrkräfte sind in folgender Taxononomie festgeschrieben. *European language teachers* können (1) eigenes Lehrverhalten reflektieren; (2) eigenes Lehrverhalten einschätzen und (3) bewerten; (4) Lernfortschritte der Schüler dokumentieren; (5) Sprachhandlungsaktivitäten der

Schüler initiieren; (6) Feedback durch Mentoren erfolgreich in neue Lehraktivitäten umsetzen (vgl. Newby 2007: 24).

Die zum GER und zum ELP bestehende Parallelität in der Anlage der Kompetenzprofile bedeutet allerdings zugleich, dass auch für EPOSTL gilt, was in Abschnitt 4.2.1 kritisch am GER angemerkt wurde: Die Deskriptoren sind vorrangig an sprachlich normierten Kompetenzen und an dem dafür erforderlichen didaktischen Inventar orientiert. Die Ebene der reflektiven Handhabung von Mehrsprachigkeit und kultureller Differenz, die im Kelly-*Profile* als wichtige Eigenschaft von europäischen Sprachenlehrkräften gekennzeichnet wird, wird in EPOSTL nicht berücksichtigt.

5 Fremdsprachenkompetenz als Kulturkompetenz

In unseren Überlegungen sind wir von der Doppelcharakteristik der europäischen Wirklichkeit als transnationale Wissensgesellschaft und als ein multilinguales, plurikulturelles Gemeinwesen ausgegangen. Die Frage, die uns bei der unterrichtsbezogenen Ausarbeitung der beiden Aspekte begleitet hat, lautete, welchen konkreten Bedarfen Fremdsprachen- und insbesondere Englischunterricht dabei zuarbeiten kann. Unsere Antwort haben wir auf die Formel „Fremdsprachenkompetenz als Kulturkompetenz" gebracht, eine Formel, die ihrerseits vier Sphären zur Geltung bringt: *education for democratic citizenship, English as a lingua franca, multiliteracies* sowie das Konzept der „persönlichen Adoptivsprache" im Kontext individueller Plurilingualität eines jeden europäischen Bürgers. Alle vier weisen vielfältige Berührungspunkte auf und bedingen sich letztlich gegenseitig.

Welche fremdsprachendidaktischen Konsequenzen lassen sich aus diesen Überlegungen ziehen? Wenn im transnationalen Raum der mehrsprachigen Wissensgesellschaft Englisch ein öffentliches Gut wird, kommt man zu dem Schluss, dass Englischunterricht nicht mehr (ausschließlich) an kulturellen Inhalten oder sprachlichen Normen der im traditionellen Sinne englischsprachigen Welt ausgerichtet sein kann. Mit dieser Forderung geht allerdings die Konsequenz einher, dass Englisch zumindest teilweise auch außerhalb spezifischer nationaler bzw. ethnischer Kontexte und somit im Raum einer tertiären Sprach- und Kulturgemeinschaft gelehrt und gelernt wird.

Gleichwohl kommen die verschiedenen anglophonen Räume auch weiterhin als Gegenstände des Englischunterrichts in Frage. Allerdings können sie diesen nicht mehr alleine tragen und bedürfen darüber hinaus einer erweiterten Perspektivierung, indem sie exemplarisch für eine ethnisch, sprachlich, kulturell, sozial und politisch heterogene und dynamische Lebenswelt stehen – Phänomene also, die sowohl den Europäisierungs- als auch den Globalisierungsprozess kennzeichnen.

Wenn darüber hinaus die kommunikativen Normen und die ihnen unterliegenden kulturellen wie auch sozio-ökonomischen Praxen zur Disposition stehen und folglich ausgehandelt werden müssen, ist es zwingend, bei der Frage nach der Ausrichtung der den Englischunterricht steuernden Bildungsstandards den *C-bound-approach* (vgl. Kap. 11, Abschnitt 3.4) konsequent zu verfolgen. Hier sind Lehrer in ihrer eigenen professionellen Autonomie gefordert, denn eine solche Entscheidung kann im Zweifelsfall nicht an eine Bildungsbürokratie delegiert werden. Hier kommt auch die Warnung der *critical pedagogy* zum Tragen, sich offener oder versteckter Hegemonialisierung bewusst zu werden und diese kritisch zu reflektieren (Fairclough 1999; Luke 1997).

Lehrkräfte, die im Rahmen des *C-bound-approach* den Wirklichkeitsbezug des Englischunterrichts auch von bedarfsrelevanten Bezügen abhängig machen, greifen die pädagogisch-pragmatische Perspektive handlungsorientierter Unterrichtsprozesse in dem Sinne auf, wie sie in Kapitel 1 im Anschluss an Meyer (1987) definiert wurde: geleitet von schüleraktivierenden Verfahren, die ganzheitliche Lernprozesse ermöglichen. *So verstanden* ist „Handlungsorientierung" weder eine anspruchsvolle didaktische Theorie noch eine methodische Wunderwaffe und auch kein unterrichtlicher Modetrend, sondern allein das Verfahren, Schüler zu motivieren, sich eigenaktiv, emotional engagiert, weitgehend eigenverantwortlich, sozial sowie inhalts- und ergebnisorientiert mit einem Lerngegenstand auseinanderzusetzen. Bedarfsnaher Englischunterricht auf dieser Grundlage ist immer auch Realität: die „Welt" muss hier nicht pädagogisch aufbereitet werden. In dieser Hinsicht ist er auch zumindest berufs*relevant*. Selten jedoch ist er berufs*spezifisch*: Es geht nicht um die Vorschaltung – zumeist nur vermuteter – beruflicher Verwendungssituationen in den schulischen Englischunterricht hinein, sondern es geht um eine Verknüpfung gemeinsamer, weil in beiden Fällen bedarfsnaher Aufgaben und Ziele. *So gesehen* ist Fremdsprachenunterricht ein Instrument zugleich der eigenen Bildung als auch der fremd- und interkulturellen Kommunikation. In diesem Sinne ist bedarfsnahe Fremdsprachenkompetenz eine komplexe Kulturkompetenz.

Dass ein solcher Fremdsprachenunterricht nicht ausschließlich an das Klassenzimmer als alleinigem Lernort gebunden sein kann, versteht sich im Grunde von selbst. Doch bereits beim Klassenraum handelt es sich im Idealfall um eine Fremdsprachen-Lernwerkstatt, die den Schülern Möglichkeiten zur selbständigen Recherche, Anfertigung, Kontrolle und Präsentation von Arbeitsergebnissen bietet sowie zu intensiver Einzel-

und Gruppenarbeit. Darüber hinaus sucht ein solcher Unterricht die Orte in der eigenen Umwelt auf, wo Englisch als *lingua franca* täglich erlebt werden kann: Flughäfen, Bahnhöfe, Hotels, Autobahnraststätten, Sportzentren, Discos, Museen, Sehenswürdigkeiten, internationale Firmen, Kulturzentren, Kongresse, Events, Konzerte und nicht zuletzt Reisen. Ergänzend lässt sich englischsprachige *lingua franca*-Kommunikation direkt durch die Einbindung ausländischer bzw. fremdsprachiger Gäste ins Klassenzimmer holen, etwa als Experten für ein gerade bearbeitetes Thema, oder auch medial vermittelt durch Web 2.0-, Email- und Internetprojekte und Simulationen – selbstverständlich auch mit nicht-englischsprachigen Partnern. Unterricht im 45-Minuten-Takt verträgt sich hiermit natürlich nur schlecht, doch Schulprofilbildung und die flächendeckende Umstellung auf Ganztagsschulen können durchaus ein Tor zur nachhaltigen Umsetzung solcher Vorhaben sein.

Bereits angeklungen ist, dass jeder Fremdsprachenunterricht, der sich Kulturkompetenz zum Ziel setzt, notwendigerweise themen- bzw. inhaltsorientiert ist. Er schöpft seine Themen aus dem Reservoir an Spannungsfeldern, die sich für das Zusammenleben in demokratischen Gemeinwesen immer wieder neu ergeben. Mit den „epochaltypischen Schlüsselproblemen" hatten wir eingangs den übergreifenden Rahmen gesetzt. Innerhalb eines solchen Rahmens lassen sich aktuelle Themenfelder und in ihnen Einzelthemen auffinden, wie sie beispielsweise durch den Europarat als (Lern-)Aufgaben einer europäischen *democratic citizenship* vorgeschlagen werden: *media awareness, prevention of terrorism, citizenship and disabilities, gender mainstreaming in schools, democracy in school, sustainable development, ethical tourism, responsible consumption and investment, participation of foreigners in public life* (vgl. http://www.coe.int/t/dg4/education/edc/AspectsCitizenship/Default_en.asp).

Der letzte dieser Auswahlpunkte schlägt schließlich die Brücke zur Frage der individuellen Plurilingualität als Element von Kulturkompetenz. Fremdsprachenunterricht, Englischunterricht eingeschlossen, der sich an der Entwicklung der Schüler zu mündigen *democratic citizens* eines nicht-exklusiven europäischen Gemeinwesens orientiert, wird nicht umhin kommen, sich als Sprach*en*unterricht zu verstehen. Insofern hat hier auch der Gedanke der „persönlichen Adoptivsprache" seinen Platz. Fremdsprachenunterricht muss nicht nur das Erlernen *einer* Fremdsprache ermöglichen, sondern auf das Lernen von Fremdsprachen überhaupt abzielen. Der Erwerb diesbezüglicher Strategien, aber auch Einstellungen, ist zu ermöglichen. Das Begegnungssprachenmodell kann hier vorbildlich sein, und zwar nicht nur im Kontext der Grundschule (vgl. das hierfür exemplarische Modell von Hélot/Young 2006), sondern gerade auch in der Weiterführung für ältere Schüler. In gleicher Weise stehen für diesen Ansatz Tandem-Projekte, die auch über Web2.0-Aktivitäten („eTandems") angebahnt werden können. Einen ersten Schritt in Richtung „persönlicher Adoptivsprache" – hier freilich im Klassenverband – gehen bilinguale Schulen wie etwa die Staatlichen Europaschulen Berlin, in denen Englisch als Fremdsprache angeboten wird, in denen die Alphabetisierung der Schüler aber in Deutsch und einer anderen Sprache erfolgt. Schulen, die sich Strukturen geben bzw. Projekte verwirklichen, in denen Fremdsprachenkompetenz zu einer Sprachen übergreifenden Kulturkompetenz weiterentwickelt wird, verwirklichen das Ziel europäischer Mehrsprachigkeitspolitik unter dem Signum konkreter *participatory action*.

R & R

Review and Reflect

Textverständnis/Reproduktion:

- Erläutern Sie das Verständnis von Mehrsprachigkeit als „Kulturkompetenz". Welches Kompetenzprofil strebt die europäische Bildungs- und Mehrsprachigkeitspolitik an?
- Durch welche Merkmale zeichnen sich europäische Sprachen- und Qualifikationsprofile aus?
- In welchem Verhältnis stehen „Bedarfsorientierung" und „allgemeine Bildung" als politische und pädagogische Ziele des (Fremdsprachen-)Unterrichts?
- Welche Folgerungen ergeben sich aus den Überlegungen zur Bedarfsorientierung für den Fremdsprachenunterricht?
- Welchen Einfluss übt der GER auf das Kompetenzprofil des Lerners aus? Welche Folgerungen ergeben sich damit für den Lehrer?
- Was bedeutet *Multiliteralität* für einen an „Europakompetenz" ausgerichteten Englischunterricht?

Reflexion:

- Welche Faktoren müssen Sie bedenken, wenn Sie aufgefordert sind, Englisch als *lingua franca* zu unterrichten?
- Vergleichen Sie, welche kulturspezifischen Faktoren des Englischunterrichts für Sie unverzichtbar sind und welche gegenüber globalsprachlichen zurückstehen können.
- Welche Sprache würden Sie zu Ihrer „persönlichen Adoptivsprache" machen? Welche Gründe spielen hierfür eine Rolle?

- Untersuchen Sie die Nationalen Bildungsstandards der KMK: Welchen Stellenwert messen diese den vier Dimensionen („Sphären", vgl. S. 299) zu, die in diesem Kapitel als Elemente von „Fremdsprachenkompetenz als Kulturkompetenz" herausgearbeitet werden?

Stellungnahme:

- Möglichkeiten für die Umsetzung einer EDC können Sie am Beispiel des Themenfelds *media literacy* erkunden. Gehen Sie dazu auf die COE-Website (http://www.coe.int/t/dg4/education/edc/Aspects Citizenship/MediaAwareness_en.asp#TopOfPage). Recherchieren Sie zu einem der dort genannten Aspekte den aktuellen Stand in verschiedenen europäischen Ländern. Legen Sie des weiteren eine Auswahl von für Sie wichtigen Kompetenzen der *media awareness* fest und entwickeln Sie daraus unterrichtliche Arbeitsaufträge.
- Das Konzept der „persönlichen Adoptivsprache" enthält einen erkennbaren utopischen Überschuss. Formulieren Sie Ihre offenen Fragen zu diesem Konzept und prüfen Sie, inwieweit das Maalouf-Papier Antworten auf bzw. Perspektiven zu Ihren Fragen bereithält. Überlegen Sie, welche „Adoptivsprache" für eine Klasse in Frage käme. Wie würde die Arbeit mit einer solchen Sprache im Unterrichtsalltag aussehen? Bringen Sie hier ggf. auch Ihre Kenntnisse in der Mehrsprachigkeitsdidaktik (DaZ, DaF, CLIL) als zusätzliche Referenzpunkte ein.
- EPOSTL als studienbegleitendes *self-assessment*-Instrument steht auch Ihnen zur Verfügung. (http://www.ecml.at/mtp2/Fte/ html/FTE_E_Results.htm). Bearbeiten Sie die Liste der Deskriptoren bezogen auf Ihren eigenen Aus- bzw. Weiterbildungsstand. Bewerten Sie abschließend die Effizienz dieses Instruments für die Positionsbestimmung und Reflexion eigener Lernprozesse.

Kapitel 13

Alltagswissen und Unterrichtspraxis: der Weg zum *reflective practioner*

Gerhard Bach

1 Unterrichten (lernen) im Kontext von *action* und *reflection*

> One of the most important factors which influences what happens in the classroom is the totality of ideas, knowledge and attitudes which represent the teacher's mind-set. This complex of ideas is partly explicit, based on information given to the teacher, formal learning and the like, but much of it is implicit, based on the teacher's self-image, value system and even prejudice. (Lewis 1993: 32)

Wenn es um die Frage geht, wie Sprachenlernen „funktioniert", sind die Betroffenen – Schüler ebenso wie Lehrkräfte – auf Wissen und Einsichten angewiesen, die sie sich über Jahre angeeignet haben und die immer auch die eigenen, individuellen Sprachlernerfahrungen mit einschließen. Es gibt kaum einen unterrichtsbezogenen Entscheidungsprozess, der nicht durch das Dreigestirn von „beliefs, assumptions and knowledge" (Woods 1996: 185) bestimmt ist, jenem Netzwerk, das die Wahrnehmung davon bestimmt, welche Faktoren beim Sprachenlernen beteiligt sind. Solche Vorannahmen, Einschätzungen und Bewertungen bezeichnen wir als „Alltagswissen" oder auch als „subjektive Theorien", und speziell im Kontext von Unterrichtsentscheidungen als „teacher beliefs" oder „the teacher's mind-set".

Wie Untersuchungen darüber, was Schüler und Schülerinnen über das Fremdsprachenlernen denken, gezeigt haben, sind solche Theorien in einem relativ stabilen Verhaltensrepertoire verankert, und deshalb beeinflussen sie nachhaltig Lernprozess und Lernverhalten des Einzelnen. Ähnliche Ergebnisse sind uns aus der Erforschung des Lehrverhaltens von Fremdsprachenlehrkräften seit Anfang der 1990er Jahre bekannt, im Kontext der Entwicklung neuer Forschungsparadigmen, vor allem der empirisch-qualitativen Untersuchungen zu subjektiven Theorien von Lehrern und Lehrerinnen über das, was Sprache und Sprachlernen definiert, und über die Frage, welche Methoden welche Formen des Lernens auslösen bzw. motivieren. „The teacher's beliefs, assumptions and knowledge play an important role in how the teacher interprets events related to teaching (both in preparation for teaching and in the classroom), and thus affect the teaching decisions that are ultimately made" (Woods 1996: 184). Bedeutsam in diesem Zusammenhang ist die weitgehende Übereinstimmung einer Beobachtung: Wenn solche Theorien „fossilisieren", sind die Perspektiven für Veränderung schlecht: Schüler bleiben in ihrer Sprachlernentwicklung stehen (Düwell 2007: 349) und Unterricht wird zur unreflektierten Routine - „ein Lippenbekenntnis zum Neuen bei gleichzeitigem Verharren in bestehender Praxis" (Appel 2000: 18). Umso wichtiger sind die Schlüsselqualifikationen zu bewerten, die den „guten Lerner" ausmachen - neben Lern(er)strategien (vgl. Kap. 10) hier insbesondere Kommunikationsbereitschaft, Flexibilität, Offenheit, Bereitschaft zum Experiment, Selbstkontrolle -, Faktoren also, die, wie wir in Kapitel 1 dargestellt haben, einen schülernahen, prozess- und ergebnisorientierten Unterricht ausmachen.

Subjektive Theorien bei Lehrpersonen und ihre Auswirkungen auf individuelles Lehrverhalten stehen seit einiger Zeit im Zentrum didaktisch-methodischer Aufmerksamkeit (vgl. Krumm 2007, Weskamp 2003: 46-72). So wie jede Lernaktivität von Vorannahmen über ihr Ziel, ihren Sinn, ihre Funktion, ihr Ergebnis und dessen Folgen beeinflusst wird, ist auch der Unterricht gesteuert von einer komplexen Lehr-Lern-Verhaltensdynamik, die, wenn sie unreflektiert bleibt, einen „heimlichen Lehrplan" über Ziel, Sinn, Funktion, Ergebnis, Folgen in Aktion setzt, der den explizit formulierten Zielen möglicherweise zuwider läuft: „The teacher's interpretation of a syllabus and reasons for classroom decisions are *usually covert*. Similarly, learners' own unfolding interpretations of what is done in the classroom and how it relates to their own learning agendas are *rarely the focus of overt considerations*" (Breen/Littlejohn 2000a: 9, Hervorhebung GB). Die Folge solcher subjektiver Handlungsinterpretationen ist die Ausbildung eines entsprechenden „heimlichen Lehrplans", der bei Schülern und Lehrern aufgrund unterschiedlicher Interessenskontexte zu divergierenden „language learning agendas" führen kann: eine solche Divergenz „has the potential to inhibit, disrupt or delay the learning process" (ebd.).

Andererseits kann Lehrverhalten positiv beeinflusst werden, wenn seine konstituierenden Faktoren bewusst gemacht werden und es so zu einer Auseinandersetzung mit eigenen Handlungsstrategien kommt. Gerade der handlungsorientierte Unterricht bewirkt und ermöglicht – durch die Einbindung pragmatisch-konstruktivistischer und lernorientierter Prinzipien (vgl. Kap. 3, Abschnitt 4) – Aushandlungsprozesse, die zur Transparenz von Lernprozessen und zur Modifikation „heimlicher Lehrpläne" führen können. Flexibilität, Offenheit, Bereitschaft zum Experiment sind also nicht nur schülerrelevant; auch im Repertoire unterrichtlicher und Unterricht reflektierender Bemühungen der Lehrkräfte sind sie verankert: *action* ist motiviert durch *reflection*.

2 Alltagswissen: *teacher beliefs* und *language teaching awareness*

„Sprachliches Probehandeln", „Hypothesentesten", „negotiating the communicative context", „negotiation of meaning" sind Schlagwörter, die, neben anderen, den handlungsorientierten Fremdsprachenunterricht kennzeichnen und derer wir uns auch in diesem Buch wiederholt bedient haben. Ein Blick ins Klassenzimmer oder in ein Hochschul- oder Ausbildungsseminar macht allerdings sehr deutlich, dass die Einlassung auf den methodisch-didaktischen Ansatz des handlungsorientierten Unterrichts keineswegs selbstverständlich ist. Gerade in der Anfangsphase, also im Praktikum oder Referendariat, bauen angehende Lehrerinnen und Lehrer ihren Unterricht zunächst und in der Regel unbewusst in einem Kontext unterschiedlicher Erwartungen, Interessen und Ansprüchen auf – an sich selbst, an ihre Schule und an Schule als Institution, wobei vier Eckpfeiler besonderes Gewicht haben:

- Eigene lebens- und schulbiographische Erfahrungen werden in dieser Anfangsphase unreflektiert als Bezugsrahmen für eigenes unterrichtliches Handeln übernommen.
- Erziehungswissenschaftliche und fremdsprachendidaktische Theorien werden als den eigenen pädagogischen Intentionen zuwiderlaufend empfunden, denn unterschwellig wirkt unreflektiertes Alltagswissen bei jeder unterrichtlichen Aktivität mit.
- Die Vielfalt an Alternativen im Methodenrepertoire wird bei eigenen Planungsaktivitäten als nicht hilfreich empfunden.
- Dies hat unübersehbare Qualitätseinbußen im Unterricht zur Folge: Methoden weichen Rezepten, Unterricht wird zur Folie, Lehrerhandeln wird zur Routine.

Prabhu (1990: 171f.) bezeichnet solches Lehrerhandeln als unbeteiligtes Beteiligtsein: „When we encounter an instance of really bad teaching, it is most often not a case of the teacher following a method with which we disagree, but rather of the teacher merely going through the motions of teaching, with no sense of involvement."

Mit der Frage, wie ein solcher Routinenzirkel aufgebrochen werden kann, d. h. wie Routinen („the motions of teaching", Prabhu) in reflektiertes Handeln („reflective practice", u.a. Woods 1996, Burwitz-Melzer 2004a) verwandelt werden kann, befasst sich dieses Kapitel. Hilfreich ist hier der Rückgriff auf Erkenntnisse aus der Aktionsforschung, dem Forschungszweig, der sich empirisch mit Lehrverhalten befasst, und dabei vor allem auch mit der Frage, wie Lehrkräfte eine „teacher awareness" bzw. „language teaching awareness" entwickeln können. Im Vorfeld ist jedoch zunächst die Frage zu klären, welche Faktoren an dem komplexen Netzwerk von Alltagswissen überhaupt beteiligt sind.

Mit dem Begriff „Alltagswissen" definiere ich handlungsleitende Konzepte, die aus Einstellungen und Überzeugungen entwickelt werden, welche auf einen Komplex von Meinungen, Vorannahmen und (Erfahrungs-) Wissen zurückgreifen. In der Aktionsforschung haben sich für diesen Komplex verschiedene Begriffe etabliert, die unterschiedliche Konzepte bzw. Schwerpunktsetzungen ausweisen. Für die Fremdsprachendidaktik werden im deutschsprachigen Raum vorrangig „subjektive Theorien" (Kallenbach 1996) und „Erfahrungswissen" (Appel 2000) untersucht, im anglo-amerikanischen „teacher beliefs" (Wenden 1999), mit dem Ziel des „teacher awareness (raising)" (Gebhard/Oprandy 1999). Die primäre Demarkationslinie verläuft zwischen Kognition (Wissenskonzepten) und Affektivität (Verhaltenskonzepten). Pajares (1992: 311) meint bereits am Ausgangspunkt dieser Entwicklung, die Unterschiede seien nur graduell. Ich verwende hier den etwas aus dem Blickfeld geratenen Begriff „Alltagswissen", weil er m. E. beide Komponenten enthält und dem – bei Lehr- und Lernaktivitäten einflussreichen – *Erfahrungs*wissen besonderes Gewicht beimisst. Alltagswissen hat somit drei Dimensionen:

- eine *subjektiv-normative Dimension* – sie enthält nicht-verifizierte Meinungen, Vorannahmen, Einstellungen, Erfahrungswissen, Überzeugungen und Werte; diese sind lebens- und berufsbiographisch vernetzt und in dieser Vernetzung stabilisieren sie sich selbst, sowohl in affektiver als auch in kognitiver Hinsicht;
- eine *relationale Dimension* – hier werden *teacher beliefs* in Intentionen übertragen und rationalisiert, so dass Handlungsstrategien entwickelt werden können;
- eine *pragmatische Dimension* – sie steuert unter Zuhilfenahme der Handlungsstrategien unterrichtliche Aktivitäten.

In der schematischen Darstellung (vgl. Abbildung 13.1.) wird deutlich, dass die subjektiv-normative Dimension den Unterrichtsprozess „wie aus dem Hintergrund" und weitgehend unbewusst steuert.

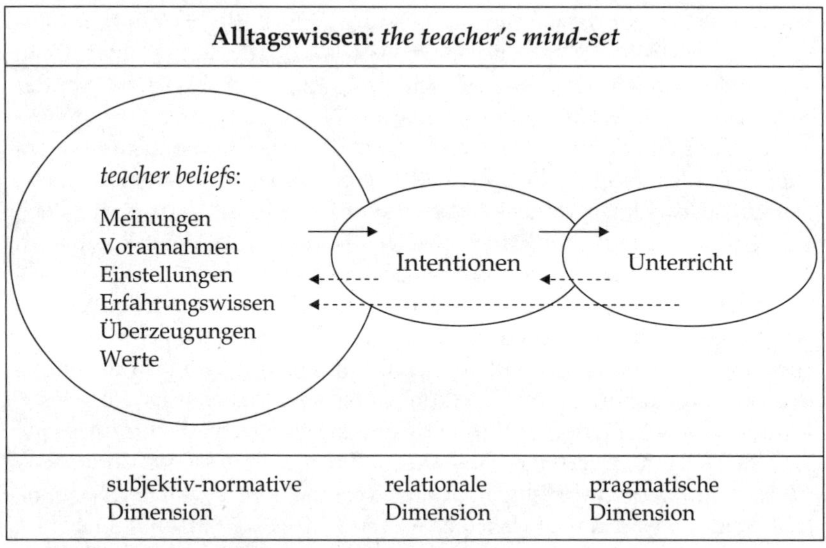

Abbildung 13.1: Unterrichtssteuerung durch Alltagswissen

Da *teacher beliefs* auf den Lehrer und sein pädagogisches Verhaltensrepertoire stabilisierend wirken, können sie ihren normativen Charakter voll entfalten. Die subjektiv-normative Dimension ist besonders „aktiv" in Situationen, die als bedrohlich wahrgenommen werden. Wenn etwa Vorannahmen sich im Kontext einer unterrichtlichen Situation nicht bestätigen, bleiben *beliefs* stabil: „ ... beliefs provide the underlying framework which guides the teacher's action" (Richards/Lockhart 1996: 29). Das Erfahrungswissen behält die Oberhand, weil es die Verknüpfung zwischen Lernen (Erleben) und Lehren (Erlebtes reaktivieren) darstellt. Appel (2000: 29) hat dafür eine plausible Erklärung:

> Die Gründe dafür, dass Überzeugungen vom Individuum so konstant für wahr gehalten werden, liegen einmal darin, dass sie sehr früh erworben werden. ... Während Angehörige anderer Professionen sich mit dem Eintritt in den Beruf grundlegend neu orientieren müssen, d. h. sich neues Erfahrungswissen aneignen müssen, ist es für LehrerInnen möglich, auf ihre eigene biographische Erfahrung zurückzugreifen. Dies erklärt das oft zitierte Phänomen, dass die Überzeugungen von Lehramtsstudenten außerordentlich stabil, wenngleich nicht unveränderbar ... sind.

Auch wenn in empirischen Untersuchungen in der Regel eine direkte Übertragung von *teacher beliefs* auf unterrichtliches Handeln beobachtet worden ist, kann dies gleichwohl die von Appel konstatierte Veränderbarkeit des individuellen Lehrverhaltens nicht schlüssig erklären; denn diese impliziert eine direkte Rückbindung von unterrichtlichem Verhalten an die *beliefs*. Demgegenüber sieht das hier vorgestellte Modell eine „Schaltstelle" vor, die eine Brückenfunktion zwischen der intrapersonalen Dynamik der *beliefs* und der sich aus diesen herauskristallisierenden Unterrichtsaktivitäten darstellt. Lehrprozesse werden, wie oben gesagt, zwar unbewusst durch *beliefs* gesteuert, gleichzeitig aber von der Lehrperson selbst als *intendiert* charakterisiert. „Intention" bezeichnet dabei das Gefühl von Kontrolle über die im Unterricht ablaufenden Prozesse, auch im Hinblick auf innovatives Lernverhalten.

Dabei stehen Intention und Innovation in einem interdependenten Zusammenhang: Intention „is the degree of control individuals believe they have over an innovation" (Kennedy/Kennedy 1996: 356). Ihr kommt aber auch deshalb besondere Bedeutung zu, weil Intentionalität ein (Selbst-) Steuerungsinstrument ist, d. h. sie kann die Kausalbeziehung zwischen der subjektiv-normativen und der pragmatischen Dimension dahingehend aufheben, dass Veränderungen im Lehrverhalten möglich werden. Intentionale Rückbindung (vgl. die gestrichelten Pfeile in Abbildung 13.1) ist ein Prozess, der uns auffordert, das eigene Lehrverhalten, Wissen und Können sowie die eigenen Einstellungen und Wertbindungen, die wir im Fremdsprachenunterricht aktivieren, ins Bewusstsein (*awareness*) zu heben. *Language teaching awareness* entwickeln heißt, übernommene Lehrverhaltensweisen zu reflektieren, so dass *beliefs* erkannt und gegebenenfalls destabilisiert/dekonstruiert, also modifiziert oder geändert werden können. Im Folgenden wird ein entsprechendes Modell für die Aus- und Weiterbildung von Fremdsprachenlehrkräften vorgestellt.

3 Destabilisierung und Praxisschock

Eine Fremdsprache unterrichten impliziert die Aufgabe, während des Unterrichtens neben pädagogischen und kontextabhängigen Entscheidungen ständig auch fachbezogene Entscheidungen zu treffen – über akzeptables sprachliches Verhalten (Fehler, Feedback und Korrektur), sprachliche Unterrichtsaktivitäten (Einzelarbeit, gruppenbezogenes Arbeiten), Steuerungsverhalten des Lehrers (verbale oder nonverbale Steuerung), die Bewertung des Lernerfolgs (Optionen für Lernzielkontrolle) und das Sozialverhalten einzelner Schüler. Bei der Auseinandersetzung mit solchen Fragen entwickelt sich rasch eine scheinbar unüberbrückbare Perspektivendifferenz zwischen den Intentionen (Planungsperspektive, relationale Dimension) des Unterrichts und dem aktuellen Kontext (Machbarkeitsperspektive, pragmatische Dimension): „When we explore teaching, we simultaneously probe ourselves and the larger meaning of our endeavor" (Gebhard/Oprandy 1999: 4). Was bei solchen Konflikten, die durch dieses doppelte „probing" hervorgerufen werden, in der Regel nicht wahrgenommen wird, ist die Tatsache, dass beide Perspektiven auf Alltagswissen basieren, das aus dem Hintergrund steuernd einwirkt. Im Folgenden werden exemplarisch Vorschläge entwickelt, wie diese Differenz ergebnisorientiert aufgelöst werden kann, wie also handlungsorientiertes Lehr- und Lernverhalten so entwickelt werden kann, dass „Unterrichten (-lernen)" mehr ist als das Sich-Arrangieren mit subjektiv wahrgenommenen Systemzwängen. Dazu vorab ein kurzes Gedankenspiel:

Frère Jacques,
Alte Kacke,
Dormez-vous,
Blöde Kuh?
Sonnent les matines,
Kaputte Waschmaschine.
Ding, ding, dong,
Pappkarton.

Diese unter Grundschülern anzutreffende Version von „Frère Jacques" dient uns als Ausgangspunkt. Zwei Interpretationsmöglichkeiten bieten sich an. Beide implizieren die „Sinnfrage", d. h. die Intention, die wir mit Fremdsprachenlernen verbinden:

(1) Ein solches Unterrichtsergebnis, wenn also Schüler im Unterricht beginnen, das Liedchen in derart verballhornter Form zu trällern, ist kontraproduktiv - wir stellen fest, dass die Schüler keinen Sinn darin sehen, sich ernsthaft mit der fremden Sprache auseinander zu setzen, sie konterkarieren unsere Lehrbemühungen, „machen nur Quatsch".

(2) Das Ergebnis ist produktiv - die Schüler setzen das Gelernte kreativ um; sie signalisieren damit nicht nur, dass sie etwas verstanden haben, sondern auch, dass sie damit spielerisch-konstruktiv „arbeiten" können.

Wenn uns die erste Position eher überzeugt, dann gehört ein solcher „Schülerbeitrag" tatsächlich nicht in den Unterricht, sondern auf den Pausenhof, denn der „Lernerfolg" dürfte dann kaum lernzielrelevant sein. Überzeugt uns eher die zweite Position, dann gehen wir davon aus, dass die Neufassung des Lieds ein „Lern-"Ergebnis darstellt, wenn auch nicht gerade *unterrichtlich* motiviert, denn Verhaltensweisen wie Kreativität, Flexibilität und Neugier initiieren und motivieren Lernprozesse.

Das sich hier abzeichnende Entscheidungsfeld charakterisiert Kontroversen zwischen dem, was wir im Unterricht (beobachtend oder selbst agierend) erfahren, und dem, was in der Aus- und Weiterbildungssituation an methodischen und didaktischen Prinzipien und Lösungsmöglichkeiten angeboten wird. Fremdsprachendidaktische Lösungsvorschläge werden dabei nicht immer als hilfreich betrachtet. Sie lassen sich in der Frage bündeln, warum das, was wir im Unterricht beobachten und das, was wir über Spracherwerbsprozesse, Vermittlungsstrategien und Unterrichtsmanagement gelernt haben, sich nur schwer zur Deckung bringen lässt. Diese Krise des Praxisschocks ist mehrschichtig - wir erfahren sie bei der Planung des Unterrichts, der schüleraktivierend und aufgabenbezogen sowie prozessorientiert sein soll, in der Unterrichtsstunde selbst, wo Lernstrategien und Lernerfolgskontrolle im Vordergrund stehen, und bei der Nachbereitung, in der unterrichtliches Handeln reflektiert und begründet wird. Diese Destabilisierung von unbewusst vorhandenen oder eingeübten Denk- und Verhaltensweisen wird von Faktoren gesteuert, die von der Lehrkraft als externe Einflüsse definiert werden - didaktische Theorien, pädagogische Konzepte, methodische und lernpsychologische Grundfragen sowie Erkenntnisse der Sprachlehr- und Sprachlernforschung. Sie werden hier als ganz persönliche Einflussfaktoren wahrgenommen: Was ist *meine* Vorstellung von Englischunterricht, von Lernen und Lehren als kommunikativem Prozess?

4 Das Spektrum des Alltagswissens

Diese Destabilisierung ist, wie oben dargestellt, ein notwendiger Prozess beim Aufbau von *language teaching awareness.* Im fremdsprachendidaktischen Kontext sind es die folgenden sieben Faktoren, die *the teacher's mind-set* kennzeichnen.

4.1 Sprache

Jeder Fremdsprachenlehrer hat eine implizite Vorstellung davon, was Sprache generell und fremde Sprachen im Besonderen ausmacht, welches ihre konstituierenden Merkmale sind und was der Zweck des Fremdsprachenlernens ist. Sprache im Lernprozess wird oft reduziert auf Wortschatz, Grammatik, Ausspracheregeln und Orthographie, ein Konglomerat, das der Weitergabe von Informationen dient; primär soll der Schüler lernen, wie man diese Elemente so verbindet, dass es zu sprachlich korrekten Äußerungen kommt, die dann durch Lob oder gute Noten belohnt werden. Erst sekundär ist Sprache ein Medium für soziale Interaktion und Kommunikation. So enthalten dann auch Alltagswissen und subjektive Theorien über die zu lehrende Fremdsprache eher nicht die Überzeugung, dass diese ein Mittel zum Aufbau und Erhalt von interpersonellen Beziehungen und zur Sinngebung für solche Beziehungen ist.

4.2 Sprachen lernen und lehren

Die Vorstellung der Lehrperson von dem, was Sprache konstituiert, hat einen Einfluss auf ihre Vorstellungen davon, wie Schüler am besten eine fremde Sprache erlernen. Die an Sprache als System orientierte Theorie geht davon aus, dass die fremde Sprache in einem geordneten Ablauf von *memorization*, *practice* und *habit formation* korrekter sprachlicher Formen gelernt werden muss. Dem entspricht methodisch die dreischrittige PPP-Lehrsequenz: *present, practice, produce.* Im Gegensatz zu diesem Konzept von Lernen als hierarchischem Ablauf linearer Prozesse steht die Theorie, dass das Erlernen einer fremden Sprache über individuelle *Aneignungs*prozesse abläuft, in inhaltsreichen und bedeutungstragenden Zusammenhängen (*meaningful contexts*), unter Beteiligung von *interlanguage*-Konzepten und Strategien der Vernetzung von sprachlichen Einheiten und der Ausdifferenzierung von Bedeutung(en) (ausführlich dazu Kap. 2; zum Verhältnis von „Aneignung", „Lernen" und „Anwenden" fremder Sprachen vgl. Kap. 3). Das aus der eigenen Lernbiographie übernommene Alltagswissen läuft der Vorstellung zuwider, dass bedeutungstragende Kommunikation gerade auch dann zu effizienten Lernerträgen führt, wenn Schüler für ihr Lernen eigene Verfahren und Strategien einsetzen.

4.3 Ziele

Alltagswissen über das, was Sprache konstituiert und wie Sprachlernprozesse ablaufen, beeinflussen unsere Vorstellung davon, wie Lernprozesse zu gestalten und wie Ziele zu formulieren seien. Der in der Regel lehrbuchzentrierte Englischunterricht in der Sekundarstufe I orientiert sich traditionell an der Theorie der gestuften Progression in den vier Kompetenzbereichen Hörverstehen, Sprechen, Leseverstehen und Schreiben – gewöhnlich in dieser Abfolge unter Berücksichtigung von intellektueller Entwicklung und Lernalter. Diese Theorie von Fremdsprachenlernen als geordnete und daher durchgängig planbare Progression auf vier Kompetenzziele hin wird, vom Lehrplan gestützt, auch zum Beurteilungskriterium für „guten Unterricht". Die alltagstheoretischen Annahmen, die hier mitschwingen, sind komplex: Sie implizieren die Vorstellung, dass Unterrichtsziele Handhaben des Lehrers zur Sicherstellung einer Lernumgebung sind; diese befinden sich in Übereinstimmung mit curricular festgelegten Abstufungen und Progressionen; diese wiederum bauen auf der Annahme bzw. Überzeugung auf, dass bestimmte sprachliche Phänomene *generell* leichter zu lernen sind als andere, weil wir meinen, Lernabläufe der Informationsverarbeitung zu kennen. Zu bedenken ist hier, dass „Ziele" in diesem komplexen Zusammenhang *Lehr*-Ziele sind und nicht *Lern*-Ziele. Selbst dort, wo „Kommunikation" im Planungskonzept verankert ist, bleibt das vorrangige Ziel die grammatisch korrekte Kommunikation: „Can you say that in a full sentence, please?", sagt der Lehrer, wobei er eigentlich meint: „I understood exactly what you meant, but would now like you to use a totally unnecessary grammaticalization" (Lewis 1993: 192; vgl. auch das Beispiel in Kap. 9, S. 214f.). Hier wird Methode als Strukturierungskontrolle verstanden - der Systemzwang zum Nachweis eines erkennbaren „Lernerfolgs" kann, so sieht es der Lehrende (und „konsequenterweise" der Lernende dann auch), nur durch punktuell messbare Erfolgskriterien erbracht werden, nicht aber durch Faktoren, die den Lernprozess und das kommunikative Verhalten bewerten.

4.4 Lernaktivitäten und Lernprozesse

Die meisten Unterrichtsaktivitäten, von der Vorstrukturierung einzelner Lernaufgaben und der Auswahl von Materialien und Medien bis hin zur Auswahl der Beurteilungskriterien und -verfahren, stehen in einem unmittelbaren Zusammenhang mit *teacher beliefs* über Lehr- und Lernziele. Lehrbuchfokussierter Englischunterricht vermittelt den Eindruck (und damit das Gefühl der Sicherheit), dass nicht nur das Lernergebnis vordefiniert ist, sondern darin eingebettet auch alle Lernprozesse. Der Lernstoff erfüllt die Lehrplanvorgaben, er ist mediengerecht und lernergerecht aufbereitet. Wortschatz und Grammatik sind sorgfältig nach angenommenen Lernschwierigkeiten strukturiert, die Progression ist gesichert. Die Aufgabe des Lehrers ist, Aktivitäten zu planen und in eine Abfolge zu bringen, die dem Stoff gerecht wird und die Schüler motiviert. Gelernt wird in gesteuertem Lehrer-Schüler-Dialog, bei dem der Lehrer die Fragen stellt und die Schüler sie beantworten - einzeln, in der Gruppe oder im Klassenverband. Dieses geschlossene Curriculum bestätigt den Lehrer und seine Bedeutung im Lernprozess als Sachwalter seines Faches und konsolidiert dadurch sein Alltagswissen von der eigenen Unabkömmlichkeit und der Notwendigkeit, dass Prozesse und Aktivitäten seiner - inhaltlichen und prozeduralen - Steuerung unterliegen müssen.

> Durch unsere Ausbildung und durch überkommene Lehr-Traditionen sind wir es gewöhnt, darüber nachzudenken, was wir in der nächsten Stunde alles veranlassen, fordern oder anbieten werden, damit Lernen zustande kommt. So überlegen wir uns sehr wohl, wieviele Minuten einer Unterrichtsstunde wir für Übungen opfern wollen, und wie wir die Kontrolle durchführen wollen.

> Als gut vorbereitete LehrerInnen wählen wir auch sorgsam geeignetes Lernmaterial aus und machen uns Gedanken, auf welche Schülerin oder welchen Schüler wir uns mit unserer Kraft in der nächsten Stunde besonders konzentrieren wollen. Und so treten wir dann mit einem wohldurchdachten Plan die nächste Unterrichtsstunde an, hoffend, daß möglichst viele SchülerInnen „mitspielen" werden. Diese haben in diesem Spiel jedoch lediglich eine reagierende Rolle. (Rampillon 1995: 53)

Der Entschluss, Lernaktivitäten und Lernprozesse auch in die Entscheidungskompetenz der Schüler zu legen und damit die Verantwortung zu sprachlich verbindlicher Kommunikation zu teilen, beinhaltet die Bereitschaft, kommunikatives Risiko einzugehen (vgl. Kap. 1 zum kommunikativen Aushandeln und Kap. 9 zum Umgang mit Fehlern).

4.5 Lehrverhalten und Rollenwahrnehmung (Lehrer)

Dies ist der Bereich, in dem das Alltagswissen über Sprache, Sprachlernen, Ziele, Prozesse und Aktivitäten wie in einem Brennpunkt gebündelt erscheint. Wir können beobachten, wie die Lehrerin eine Unterrichtsstunde, einen Unterrichtsabschnitt oder eine Lernaktivität „orchestriert", wie sie Antworten hervorlockt, die Dynamik der Lernprogression strukturiert und kontrolliert, und wie sie auf einzelne Schüler bzw. auf Gruppenprozesse reagiert. Wir können beobachten, wie sie in ihrer Rolle als *facilitator* Gesprächssequenzen oder Stillarbeitssequenzen begleitet. Wir können ermessen, wie sie sich sprachlich einbringt und ob dies sprachlich-kommunikativ angemessen mit dem Kompetenzniveau der Schüler korrespondiert. An diesen Faktoren ermessen wir die Qualität des Lehrverhaltens insgesamt, ob es von innerer oder äußerer Autorität bestimmt ist, ob Kontrolle direkt oder indirekt ausgeübt wird, oder ob ein „coaching from the side-line" zu beobachten ist - d. h. wir reflektieren die unterschwellig beteiligten Alltagswissenskomponenten.

Gerade im Fremdsprachenunterricht ist die Rollenwahrnehmung der Lehrperson daran zu ermessen, was für Fragen sie stellt (Informations- oder Entscheidungsfragen), d. h. welche Funktion Fragen in ihrem Unterricht für die Kommunikation überhaupt haben. Wenn im Ausbildungspraktikum die Beobachtungsaufgabe „Identify the types of teacher questions" gestellt wird, ist das Ergebnis in den meisten Fällen eindeutig: Der Lehrer stellt überwiegend solche Fragen, auf die es nur eine richtige Antwort gibt, die er selbst bereits kennt, und auch die Schüler wissen, dass der Lehrer sie kennt. Aber schon im fremdsprachlichen Anfangsunterricht lernen Kinder schnell, sich mit dieser Situation abzufinden, ebenso wie mit der Tatsache, dass es im Unterricht (im Gegensatz zu außerschulischen Kommunikationsanlässen) eine Grundsatzregel gibt: Lehrer sind dazu da, Fragen zu stellen, und Schüler, sie zu beantworten. Solche beobachtbaren Verhaltensweisen sind charakteristische Signaturen für Lehrverhaltensweisen und Rollenkonzeptionen, die heimlich den Unterrichtsprozess mitgestalten und auf *beliefs* darüber beruhen, wie das Erlernen der Fremdsprache am ehesten zum Erfolg führt.

4.6 Lernverhalten und Rollenwahrnehmung (Schüler)

Diese Beispiele zeigen, dass die Rolle, die die Lehrperson für sich - teilweise unbewusst oder unreflektiert - bestimmt hat, einen direkten Einfluss darauf hat, welche Rolle der Schüler im Sprachlernprozess übernimmt. Darüber hinaus legt das eigene Rollenschema der Lehrperson auch ihre Wahrnehmung darüber fest, wie die Schüler am besten lernen und wie sie am ehesten ihre Lernergebnisse nachweisen können. Bei einem stark vorstrukturierten und auf Lehrer-Schüler-Dialog ausgerichteten Unterricht sind Schüleräußerungen hochgradig abhängig vom Lehrerinput. Die fremde Sprache wird häppchenweise vermittelt: Der Lehrer stellt eine Aufgabe, und die Schüler antworten, reagieren, üben und internalisieren den Lernstoff - so zumindest in der Alltagswahrnehmung der Lehrkraft. Hier verselbständigt sich dann die für einen dergestalten Unterricht typische gegenseitige Abhängigkeit des in Routinen fixierten Frage-Antwort-Unterrichts, dessen direktionale Kommunikationsstruktur umso schwerer zu durchbrechen ist, je länger er fortgesetzt wird.

Die Rollenwahrnehmung der Schüler als im Lernprozess reagierende - und damit, wie Rampillon oben deutlich macht, eben auch abhängige - Teilhaber kann jedoch mit relativ geringfügigen Mitteln wenigstens ansatzweise in eine konstruktiv handelnde Lernsituation umstrukturiert werden. Wenn die Rollen im Frage-Antwort-Schema getauscht werden, entsteht jene Neugier, die Lernen für einen partnerschaftlichen Konsens frei macht: Jetzt fragen die Schüler, sie erfragen Zusammenhänge und befragen dazu den Lehrer oder ihre Mitschüler (vgl. Kap. 3, Abschnitt 1.2: Stufe der „Dekonstruktion"). Wer so motiviert wird, die Wirklichkeit zu befragen, agiert, übt und internalisiert - nicht um der Aufgabe willen, ein lexikalisches oder grammatisches Phänomens korrekt zu reproduzieren, sondern zur Erfüllung real-kommunikativer Bedürfnisse. Mit diesem Rollentausch veranlassen die Schüler auch die Lehrperson, die Rolle des *learning facilitator* zu übernehmen. Schon im Anfangsunterricht können Schüler sich ein Inventar kommunikativer *tools* aneignen, mit dem sie ihre Aufgaben sprachlich allein bewältigen können, ohne dass Kommunikationseinbrüche zu befürchten sind. Dazu gehören Formeln wie „What's the meaning of ...?", „What's the English word for ...?" und „How can I say ... in English?". Solche *classroom phrases* befähigen die Schüler, sich zu proaktiven Lernern zu entwickeln. Erst das entsprechende Handwerkszeug erlaubt es ihnen, sprachliche Handlungs*partner* zu sein und ihr Lernverhalten bzw. ihre Rolle oder Funktion im Lernprozess entsprechend selbst festzulegen und auch ein Bewusstsein dafür zu entwickeln, dass sie proaktive Partizipanden im Aushandeln von Bedeutungszusammenhängen sind (vgl. auch Kap. 1, Abschnitt 2.2, sowie Kap. 5, Abschnitt 4).

4.7 Bewerten und Beurteilen

Alle sechs bisher vorgestellten Faktoren spielen bei der Bewertung bzw. Beurteilung des Lernerfolgs eine Rolle. Dies ist der Bereich, in dem Alltagswissen seine längste „Haltbarkeitsdauer" hat. Lehrer investieren in diesen Bereich am wenigsten von ihrer Kreativität - ganz im Gegensatz zu den Schülern, deren „Kreativität" unerschöpflich ist, um bestmögliche Noten zu erzielen. Den traditionellen Verfahren folgend, testen wir Gedächtnisleistung, d. h. in der Klassenarbeit weist der Schüler nach, was vom unterrichteten Stoff „hängen geblieben" ist. Die Probleme, die mit diesem Verfahren zusammenhängen, werden eher selten hinterfragt, da sie systemdestabilisierende Wirkung haben: Die Ergebnisse solcher Tests haben in der Regel nur eine geringen Aussagewert darüber, welcher Lernzuwachs beim einzelnen Schüler von einer Testsituation zur nächsten zu verzeichnen ist; in solchen Bewertungsverfahren spiegelt sich mindestens ebenso sehr das Ergebnis des *Lehr*erfolgs wie des individuellen *Lern*erfolgs; Testverfahren sind nach wie vor *nicht-kommunikativ*, obwohl sie *kommunikative Lernleistungen* messen sollen; mündliche Kompetenz wird als Primat festgeschrieben, gleichwohl testen wir mit *schriftlichen* Verfahren: „We teach for oracy but test for literacy."

Wollen wir den individuellen Lernfortschritt des einzelnen Schülers über eine bestimmte Zeitspanne hinweg messen und bewerten, müssen wir unsere Zielkategorien, die wir mit Lernfortschritt und Leistungsbeurteilung verbinden, verändern. Ein prozessorientierter Englischunterricht, der die mentalen Verarbeitungs-, Produktions- und Lernaktivitäten der Schüler fördern will, orientiert sich an Formen der Bewertung und Dokumentation von Ergebnissen, die anders sind als punktuelle Verfahren der schriftlichen Leistungsbeurteilung, die durch subjektiv ermittelte ad-hoc-Noten über „mündliche Beteiligung" angereichert sind. Verfahren des *communicative testing*, die Unterscheidung von *performance, achievement* und *proficiency* in der Bewertung von Lernergebnissen, gehören daher zum Basisinventar des Fremdsprachenlehrers. Der *C-bound approach*, der den Fokus auf *communication, comprehensibility* und *culture* legt (vgl. Kap. 11, Abschnitt 3.4), ist hierfür ein wichtiges Instrument. In die eher gegensätzliche Richtung läuft die durch europäische Vorgaben eingeforderte systematische Vergleichbarkeit von Kompetenzen, die regelmäßig auf Länderbene flächendeckend jahrgangsbasiert zur Evaluation einzelner Schulen und Klassen als Standortbestimmung vor dem Hintergrund der länderübergreifenden Bildungsstandards durchgeführt werden. Für die 8. Jahrgangsstufe ist seit 2009 VERA-8 verbindlich (vgl. http://www.iqb.hu-berlin.de/vera). Die Dokumentation des individuellen Lernfortschritts sowie Verfahren des *self-assessment* sind damit allerdings nicht verbunden. Diese bedingen eine „Reflexionskultur im Klassenzimmer" (Weskamp 2007a: 382), die von Schülern ebenso wie von Lehrern erst noch entwickelt werden muss.

5 Der Weg zum *reflective practitioner*

Eingangs wurde darauf aufmerksam gemacht, dass ein notwendiger Teilschritt bei der Entwicklung von *language teaching awareness* die Bewusstmachung immanent wirkender subjektiver Theorien, Einstellungen und Wertzuschreibungen ist. „Warum unterrichte ich das, was ich unterrichte, so, wie ich es tue?" - diese Frage spiegelt die Komplexität der beteiligten Faktoren: „Mind-set is about the *totality* of your attitudes and values and is therefore both difficult, and perhaps uncomfortable to change" (Lewis 1993: 32). Ein zusätzlicher subjektiv-normativer Einflussfaktor mit systemerhaltender Tendenz ist die Wahrnehmung der eigenen Lehrerrolle, die oft und gerade zu Beginn selbstverantwortlicher Lehrtätigkeit mit der eigenen Identität gleichgesetzt wird. Hinzu kommt die unter Anfängern im Lehrberuf verbreitete Annahme, dass Lehrverhaltensweisen nicht wirklich lernbar oder modifizierbar seien, sowie der bei erfahrenen Lehrkräften anzutreffende Zweifel, dass die Veränderung von Lehrverhalten auch strukturverändernde Wirkung haben kann. Die Auseinandersetzung mit einer solchen Komplexion personaler und außerpersonaler Faktoren kann in der Aus- und Weiterbildung z. B. durch die von Lewis vorgeschlagene Selbsteinschätzung der Rollenwahrnehmung angestoßen werden. Beantworten Sie deshalb erst für sich selbst die beiden folgenden Fragen, bevor Sie dann weiterlesen:

> Welche der unten angegebenen Rollen (nach Lewis 1993: 30) könnten typisch für Ihr eigenes Unterrichtsverhalten sein und welche würden Sie für sich selbst als „ideal" empfinden?

Instructor	Editor	Language partner
Educator	Counsellor	Cheerful steamroller
Motivator	Confessor	Instant reference book
Dictator	Fount of all truth	Sympathetic interlocutor
Assessor	Social organizer	Representative of authority
Time-keeper	Genial host	Language adviser

Eine solche Aufgabe, bei der man für sich entscheidet, mit welchen Attributen die eigene lehrende Position am besten beschrieben werden kann, und dies mit den Zuschreibungen anderer Beobachter - Kolleginnen, Kommilitonen, Mentoren - vergleicht, erlaubt es, die alltagstheoretischen und methodischen Positionen zu verorten, die sich hinter diesen Typzuschreibungen verbergen und gegebenenfalls im eigenen Unterricht als fossilisierte *teaching agents* das Lehrverhalten mitbestimmen. Als Folge davon stellt sich dann auch die Frage, welche Unterrichtsmethoden prinzipiell als „dominant" gelten und welche der ihnen zugrunde liegenden Theorien intersubjektiv „valide" sind oder sein können. Damit verbinden sich sowohl historische als auch systematische und bildungspolitische Fragestellungen zur Fremdsprachendidaktik. Dies wiederum kann zu einer die eigenen Intentionen hinterfragenden Auseinandersetzung mit Systemzwängen (Schule und Unterricht) und dem fremdsprachendidaktischen Methodenrepertoire führen.

Hier berührt sich lehrerseitige Methodenreflexion mit schülerseitigen Handlungsmustern. Weskamp hat, unter Rückbezug auf die Prinzipien von Lernerautonomie und Prozessorientierung, einen auf Aushandlungsprozessen basierenden Lehr-Lern-Ansatz entwickelt, den er als „entwicklungsorientierten Fremdsprachenunterricht" bezeichnet. Zentrum dieses Ansatzes ist die Entwicklung unterrichtlicher Prozesse durch „kollaborative Schüler-Lehrer-Aktionsforschung": „Durch die Bewusstwerdung des eigenen Lernens und durch die Übernahme von Verantwortung entsteht eine authentische Lernsituation, in der die Beteiligten sich nicht mit bestimmten, stereotypen Verläufen des Fremdsprachenunterrichts abfinden, sondern ihren eigenen Bedürfnissen und Vorstellungen nachgehen" (Weskamp 2007a: 54f., unter Bezug auf van Lier). Dabei steht das Ziel im Vordergrund, dem fremdsprachlichen Lernprozess dadurch zu größerer Authentizität zu verhelfen, dass Schüler und Lehrer gemeinsam unterrichtliche Prozesse bewusst machen, planen, beschreiben, auswerten und in neue Handlungskonzepte überführen. So kann bereits im englischen Anfangsunterricht, wie Weskamp (ebd., 55-58) an einem Beispiel veranschaulicht, der Lerner motiviert werden, ein „ownership"-Verhalten für seinen eigenen Lernprozess zu entwickeln, ebenso wie Akzeptanz, Toleranz und Mündigkeit.

Vieles von dem, was wir über gute Lehrer (Terhart 2007) bzw. über guten Unterricht (Helmke 2006) wissen, erfahren wir über reflexive Verfahren der Selbsteinschätzung aus der Aktionsforschung. Burwitz-Melzer (2004a) hat für die Phase des Referendariats ein Inventar in Form eines „Professionsportfolios" für Fremdsprachenlehrkräfte erstellt, das in prototypischer Weise das Qualitätsspektrum des „reflective practitioner" wiedergibt. An positiven Auswirkungen der Reflexion eigenen Lehrverhaltens werden u. a. ausgemacht: Motivation, Kontrolle von handlungsleitenden Überzeugungen, Selbstkonzept, Selbstwirksamkeitskonzept, Berufszufriedenheit, Wahrnehmung von Ressourcen, Einschätzung von Belastungen, Beurteilung der eigenen Kompetenz.

Nicht nur im Referendariat sind solche ausbildungsbegleitenden Portfolios sinnvolle Instrumente für die Entwicklung von Professionalität. Auch in der ersten Phase der Lehrerausbildung müssen Studierende zu einer kontinuierlichen reflexiven Begleitung eigener Lernprozesse angehalten werden. Das bereits in Kap. 12 (Abschnitt 4.3) vorgestellte EPOSTL ist dafür in mehrfacher Hinsicht geeignet. Zunächst stellt es in Form einer Taxonomie alle an fremdsprachlichen Lehr-/Lernprozessen beteiligten Faktoren zusammen. Ferner ermöglicht es, sowohl den momentanen Lernstand zu kartieren als auch Prozesse des Lernfortschritts. Schließlich ist es - als „europäisch" definiertes Instrument - geeignet, angehende Fremdsprachenlehrkräften auf die „glokale" Bedeutung ihrer Profession und ihrer Professionalität aufmerksam zu machen (Stichwort: „Multiliteralität", vgl. Kap. 12). Einen weiterführenden Schritt in diese Richtung unternimmt *epos*, das „elektronische Portfolio der Sprachen", das als Instrument sowohl der Selbstevaluation (für Schüler) als auch der Lernberatung (für Lehrer) gedacht ist und Fragen der Lernerautonomie und der Lernprozessreflexion bearbeitet (http://www.wilhelm-olbers-schule.de/279.html).

Ausbildungs- bzw. professionsbegleitende Portfolios sind aber in gleichem Maße auch ergebnisorientiert, in der Auseinandersetzung mit Konzepten wie „Handlungsorientierung", „Lernorientierung", „Ganzheitlichkeit", „Inhaltsorientierung", „Prozessorientierung", „Lernerautonomie", „Lern(er)strategien". Die hinter dieser Auseinandersetzung aufscheinende Grundannahme ist in der Regel die, dass Methoden, die als „fluide" empfunden werden, in einem Bildungssystem, das als „statisch" erfahren wird, erst dann greifen können, wenn sie in gemeinsame Tätigkeiten überführt werden, die eingebettet sind in ein „verhandelbares Curriculum". Van Lier bezeichnet dies, ähnlich wie Bleyhl (vgl. Kap. 2, Abschnitt 6) als die „ökologische" Variante des Fremdsprachenerwerbs: „Learning is not a holus-bolus or piecemeal migration of meanings to the inside of the learner's head, but rather the development of increasingly effective ways of dealing with the world and its meanings." (Van Lier 2000: 247; vgl. auch Weskamp 2003: 69)

Fremdsprachliche Lehr- und Lernprozesse methodisch-didaktisch reflektieren heißt somit zum einen, dass sich mit entsprechenden Lernkontexten nur dann optimale Lernvoraussetzungen schaffen lassen, wenn man nicht nur die äußeren, strukturgebundenen Einflussfaktoren wahrnimmt, sondern auch die inneren, aus eigenen Vorannahmen gespeisten. Zum anderen bedeutet es, dass Lehrverhalten lernbar ist, da *beliefs* im Einzelnen bzw. *mind-sets* insgesamt in dem Moment modifizierbar werden, wo wir die Intentionalität unseres Handelns durchschauen.

R & R

Review and Reflect

Textverständnis/Reproduktion:

- Welche Relevanz hat – besonders für Sie als zukünftige Lehrkraft – die Auseinandersetzung mit Alltagswissen?
- Welche Zusammenhänge bestehen zwischen den *beliefs* und Überzeugungen von Fremdsprachenlehrerinnen und -lehrern und ihrem unterrichtlichen Handeln?
- Welche Faktoren kennzeichnen *the teacher's mind-set* im fremdsprachendidaktischen Kontext? Nennen Sie ein Beispiel einer Alltagstheorie zu jedem Faktor.
- Welche Zusammenhänge bestehen zwischen den Alltagstheorien und dem Methodenrepertoire von Lehrkräften?

Reflexion:

- An welcher Stelle dieses Kapitels sind Ihre bisherigen Überzeugungen zum Lernen bzw. Unterrichten von Fremdsprachen am meisten verunsichert worden? Warum?
- Welche der auf Seite 316 genannten Lehrerrollen haben Sie für sich gewählt? Warum? Welche Rückschlüsse erlaubt Ihre Wahl auf Ihre eigenen zugrunde liegenden Alltagstheorien?

Stellungnahme

- Angenommen, Sie übernehmen für sich und Ihre eigenen Lernprozesse das von Weskamp propagierte „ownership"-Verhalten als grundlegenden Lernstil (vgl. S. 317). Welcher Aspekt der handlungsorientierten Fremdsprachendidaktik ist dann für Sie primäres Lernobjekt der unmittelbaren Zukunft – an welche Fragen gehen Sie *jetzt* heran?
- Machen Sie EPOSTL zu Ihrem studienbegleitendes *self-assessment*-Instrument (http://www.ecml.at/mtp2/Fte/ html/FTE_E_Results.htm). Bearbeiten Sie die Liste der Deskriptoren bezogen auf Ihren eigenen Aus- bzw. Weiterbildungsstand und bewerten Sie die Effizienz dieses Instruments für die Reflexion eigener Lernprozesse.

Literaturverzeichnis

Abendroth-Timmer, D./Breidbach, S. (Hg.) 2000: *Handlungsorientierung und Mehrsprachigkeit. Fremd- und mehrsprachliches Handeln in interkulturellen Kontexten.* Frankfurt/M.: Lang.

Abendroth-Timmer, D. et al. (Hg.). 2009. *Handlungsorientierung im Fokus: Impulse und Perspektiven für den Fremdsprachenunterricht im 21. Jahrhundert.* Frankfurt/M.: Lang.

Abs, H. J. (Hg.) 2009. *Learning and living democracy: Introducing quality assurance of education for democratic citizenship in schools.* Strasbourg: Council of Europe.

Aebli, H. 1988. Begriffliches Denken. In: Mandl/Spada 1988, 227-246.

Ahrens, R./Antor, H. (Hg.) 1992. *Text - culture - reception. Cross-cultural aspects of English Studies.* Heidelberg: Winter.

Aitchison, J. 2003. *Words in the mind: an introduction to the mental lexicon* (3. Aufl.). Oxford: Blackwell (1. Aufl. 1987).

Alix, C./Kodron, C. 1988. Deutsch-französische Schulkooperation: Lernen im Dialog. In: Edelhoff/Liebau 1988, 176-191.

Allhoff, D. W. (Hg.) 1983. *Mündliche Kommunikation: Störungen und Therapie.* Frankfurt/M.: Scriptor.

Altmayer, C. 2004. Sprachkultur und Mehrsprachigkeit: Neuerscheinungen zur europäischen Sprachenpolitik. *Zeitschrift für Interkulturellen Fremdsprachenunterricht* 8(2-3), 1-10. Online: http://zif.spz.tu-darmstadt.de/jg-08-2-3/beitrag/Europaeische%20Sprachenpolitik.htm

Anderson, J. R. 2007. *Kognitive Psychologie: eine Einführung.* (6. Aufl.). Heidelberg: Spektrum der Wissenschaft. (1. Aufl. 1988).

Apel, H. J./Knoll, M. 2001. *Aus Projekten Lernen. Grundlegung und Anregungen.* München: Oldenbourg.

Appel, J. 2000. *Erfahrungswissen und Fremdsprachendidaktik.* München: Langenscheidt-Longman.

Armstrong, T. 2000. *Multiple Intelligences in the Classroom.* Alexandria, Va.: Association for Supervision and Curriculum Development.

Armstrong, T. 2003. *The Multiple Intelligences of Reading and Writing: Making the Words Come Alive.* Alexandria, Va.: Association for Supervision and Curriculum Development.

Asher, J. 1977. *Learning another language through actions.* Los Gatos: Sky Oaks Productions.

Aßbeck, J. 2001. Noch immer das ewige Dilemma: die mündliche Fehlerkorrektur. *Der Fremdsprachliche Unterricht Französisch* 52: 28-31.

Aßbeck, J. 2007. Correct me if I'm wrong. Peer Correction: Texte von Mitschülern korrigieren. *Der Fremdsprachliche Unterricht Englisch* 41: 22-26.

Bach, G. 2002. Approaching and assessing the „Third Domain" in intercultural learning. In: Küpers/Souchon 2002, 183-194.

Bach, G. 2005. Whole person, whole language - fragmented theories: common and scientific paradigms of holistic language learning. In: Penman 2005: 15-34.

Bach, G. 2007. Multiliteralität und der europäische Bildungsauftrag. In: Elsner et al. 2007, 23-34.

Bach, G./Niemeier, S. (Hg.) 2008. *Bilingualer Unterricht. Grundlagen, Methoden, Praxis, Perspektiven* (4., überarb. u. erw. Aufl.). Frankfurt/M.: Lang. (1. Aufl. 2000).

BAG (Bundesarbeitsgemeinschaft Englisch an Gesamtschulen) (Hg.) 1996. *Kommunikativer Englischunterricht. Prinzipien und Übungstypologie* (2. Aufl.). München: Langenscheidt. BAG. (1. Aufl. 1978).

Bailey, K. M. 1999. *Washback in Language Testing*. Princeton, NJ: Educational Testing Service.

Bartsch, E. 1983. Entwurf einer handlungsorientierten Sprachtherapie. In: Allhoff 1983, 21-41.

Bauer, J. 2006. *Warum ich fühle, was du fühlst. Intuitive Kommunikation und das Geheimnis der Spiegelneurone*. München: Heyne.

Bauer, J. 2008. *Das kooperative Gen. Abschied vom Darwinismus*. Hamburg: Hoffmann und Campe.

Baur, S. 2005. Fremdsprachenunterricht als Komponente interkultureller Erziehung. In: Doyé 2005, 9-29.

Baurmann J. et al. (Hg.) 1981. *Nebenkommunikationen. Beobachtungen und Analysen zum nicht-offiziellen Schülerverhalten innerhalb und außerhalb des Unterrichts*. Braunschweig: Westermann.

Bausch, K.-R. et al. 1986 (Hg.). *Lehrperspektive, Methodik und Methoden. Arbeitspapiere der 6. Frühjahrskonferenz zur Erforschung des Fremsprachenunterrichts*. Tübingen: Narr.

Bausch, K.-R. et al. (Hg.) 1987. *Sprachbegriffe im Fremdsprachenunterricht. Arbeitspapiere der 7. Frühjahrskonferenz zur Erforschung des Fremdsprachenunterrichts*. Tübingen: Narr.

Bausch, K.-R. et al. (Hg.) 1988. *Fortschritt und Fortschritte im Fremdsprachenunterricht. Arbeitspapiere der 8. Frühjahrskonferenz zur Erforschung des Fremdsprachenunterrichts*. Tübingen: Narr.

Bausch, K.-R. et al. (Hg.) 1993. *Fremdsprachenlehr- und -lernprozesse im Spannungsfeld von Steuerung und Offenheit. Arbeitspapiere der 13. Frühjahrskonferenz zur Erforschung des Fremdsprachenunterrichts*. Bochum: Brockmeyer.

Bausch, K.-R. et al. (Hg.) 2003. *Der Gemeinsame Europäische Referenzrahmen für Sprachen in der Diskussion. Arbeitspapiere der 22. Frühjahrskonferenz zur Erforschung des Fremdsprachenunterrichts*. Tübingen: Narr.

Bausch, K.-R. et al. (Hg.) 2007. *Handbuch Fremdsprachenunterricht* (5. vollst. neu bearb. Aufl.). Tübingen, Basel: Francke. (1. Aufl. 1989).

Bayrhuber, H. et al. (Hg.) 2001. *Lehr- und Lernforschung in den Fachdidaktiken*. Innsbruck: Studienverlag.

Bebermeier, H. 2003. Fremdsprachliches Lehren und Lernen in der Primarstufe und in den Eingangsklassen der Sekundarstufe I. *Neusprachliche Mitteilungen* 1: 2-4.

Bebermeier, H. et al. 1992. *Begegnung mit Englisch. Beispiele für die Klassen 1-4.* Frankfurt/M.: Cornelsen Scriptor.

Beckmann, U. 2006. Frühes Fremdsprachenlernen: Historischer Überblick. In: Pienemann et al. 2006, 11-23.

Behrendt, M. et al. 2004. *Discovery* 4. *Activity Book.* Braunschweig: Westermann.

Belgrad, S. et al. 2008. *The Portfolio Connection: Student Work Linked to Standards.* Thousand Oaks, CA: Corwin Press.

Benson, P. 2001. *Teaching and Researching Autonomy in Language Learning.* London: Longman.

Benson, P. 2007. Autonomy in language teaching and learning. *Language Teaching* 40/1: 21-40

Benson, P. 2008. Teachers' and learners' perspectives on autonomy. In: Lamb/ Reinders 2008, 15-32.

Benson, P./Voller, P. (Hg.) 1997. *Autonomy and independence in language learning.* London: Longman.

Bernhardt, T./Kirchner, M. 2007. *E-Learning 2.0 im Einsatz. „Du bist der Autor!" Vom Nutzer zum wikiBlog-caster.* Boizenburg: Verlag Werner Hülsbusch

Betz, H.-J. 1995. Spielerisch agieren, imaginieren und kommunizieren - ein Weg zu mehr Ganzheitlichkeit im Englischunterricht. In: Timm 1995a, 78-104.

Bever, T. G. 1970. The cognitive basis for linguistic structure. In: Hayes 1970, 279-362.

Bialystok, E. 1994. Representation and ways of knowing: Three issues in second language acquisition. In: N. C. Ellis 1994b, 549-657.

BIG-Kreis 2005. *Standards, Unterrichtsqualität, Lehrerbildung. Empfehlungen des BIG-Kreises in der Stiftung LERNEN.* München: Domino Verlag. Online: http://www.praktisches-lernen.de/btk/pdf/big_veroeffentlichung_2005_Auflage2_von_2004.pdf

BIG-Kreis 2007. *Standards für die Lehrerbildung. Empfehlungen des BIG-Kreises in der Stiftung LERNEN.* München: Domino Verlag. Online: http://www.floh-stiftung.de/btk/pdf/big_standards_01_2007.pdf

BIG-Kreis 2009. *Fremdsprachenunterricht als Kontinuum Der Übergang von der Grundschule in die weiterführenden Schulen.* München: Domino Verlag. Online: http://www.floh-stiftung.de/btk/pdf/Fremdsprachenunterricht_als_Kontinuum.pdf

Billows, F. L. 1961. *The techniques of language teaching.* London: Longman.

Blair, R. W. (Hg.) 1982. *Innovative approaches to language teaching.* Rowley, Mass.: Newbury House.

Bleyhl, W. 1982. Variationen über das Thema: Fremdsprachenmethoden. *Praxis des neusprachlichen Unterrichts,* 29: 3-14.

Bleyhl, W. 1984. Verbessern oder nicht verbessern? Das ewige Dilemma des Fremdsprachenlehrers. *Der Fremdsprachliche Unterricht Englisch* 18: 171-183.

Bleyhl, W. 1988. Fortschritt im Fremdsprachenunterricht - auf dem Weg zu einem besseren Verständnis des „komplexen Systems" Fremdsprachenlerner. In: Bausch et al. 1988, 15-21.

Bleyhl, W. 1995. Nicht Grammatik, sondern Sprache! *Der Fremdsprachliche Unterricht Englisch* 29: 14-19.

Bleyhl, W. 1998. Selbstorganisation des Lernens - Phasen des Lehrens. In: Timm 1998a, 60-69.

Bleyhl, W. 2000a. Wie funktioniert das Lernen einer fremden Sprache? In: Bleyhl 2000d, 9-23.

Bleyhl, W. 2000b. Sprache und Handeln - die mehrsinnige Erfahrung von Sprache in der Welt mittels der Technik des *Total Physical Response*. In: Bleyhl 2000d, 31-35.

Bleyhl, W. 2000c. Sprachenlernen, ein konstruktiver, nichtlinearer Selbstorganisationsprozeß - oder Die Fehler des Fremdsprachenunterrichts und wie sie zu beheben sind. *Fremdsprachen Lehren und Lernen* 29, 71-90.

Bleyhl, W. (Hg.) 2000d. *Fremdsprachen in der Grundschule. Grundlagen und Praxisbeispiele*. Hannover: Schroedel.

Bleyhl, W. 2001a. Was heißt es, eine Sprache zu erwerben, und dies in der Schule? *Fremdsprachenunterricht* 45: 246-251.

Bleyhl, W. 2001b. Projekt ‚Implizite und explizite Lernstrategien im fremdsprachlichen Anfangsunterricht'. In: Bonnet/Kahl 2001, 58-77.

Bleyhl, W. 2002. *Was wissen wir über das Lernen von Sprache?* Ein Vortrag zum Stand der Forschung der Sprachaneignung. Universität Hamburg: Institut für Didaktik der Sprachen: 29-43.

Bleyhl, W. 2009. The Hidden Paradox of Foreign Language Instruction - Or: Which are the Real Foreign Language Learning Processes? In: Piske/Young-Scholten 2009, 137-155.

Bleyhl, W./Timm, J.-P. 1998. Wortschatz und Grammatik im Kontext. In: Timm 1998a, 259-271.

BLK-Portfolio: Grundportfolio/Aufbauportfolio 2006. Kultusministerium der Länder Berlin; Bremen; Hessen; Nordrhein-Westfalen.

BLK-Verbundprojekt Sprachen lehren und lernen als Kontinuum 2006. *Coming together. Videogestützte Lehrerfortbildung zum Übergang im Englischunterricht von der Grundschule in die weiterführenden Schulen*. Bad Berka: Thüringer Institut für Lehrerfortbildung, Lehrplanentwicklung und Medien (ThILLM).

Blondin, C. et al. 1998. *Fremdsprachen für die Kinder Europas. Ergebnisse und Empfehlungen der Forschung*. Berlin: Cornelsen.

Bode, C. 1992. Crossing the border – closing a gap: notes on the hermeneutics of teaching English poetry to foreign students. In: Ahrens/Antor 1992, 165-186.

Bonnet, A. 2000. Naturwissenschaften im bilingualen Sachfachunterricht: *Border Crossings*. In: Abendroth-Timmer/Breidbach 2000, 149-160.

Bonnet, A. 2004. *Chemie im bilingualen Unterricht – Kompetenzerwerb durch Interaktion*. Opladen: Leske & Budrich.

Bonnet, A. 2007. Fach, Sprache, Interaktion - Eine Drei-Säulen-Methodik für CLIL. *Fremdsprachen Lehren und Lernen* 36: 126-141.

Bonnet, A. 2009. Kooperatives Lernen. *Der Fremdsprachliche Unterricht Englisch* 43: 2-9.

Bonnet, A./Breidbach, S. (Hg.) 2004. *Didaktiken im Dialog. Konzepte des Lehrens und Wege des Lernens im bilingualen Sachfachunterricht.* Frankfurt/M.: Lang.

Bonnet, A./Kahl, P. W. (Hg.) 2001. *Innovation und Tradition im Englischunterricht.* Stuttgart: Klett.

Bonnet, A. et al. 2002. Fremdsprachlichkeit als Spezifikum - Auf der Suche nach einer integrativen Didaktik für den bilingualen Unterricht. In: Voss/Stahlheber 2002, 151-163.

Börner, W. 1999. Fremdsprachliche Lernaufgaben. *Zeitschrift für Fremdsprachenforschung* 10: 209-230.

Börner, W./Vogel, K. (Hg.) 2004. *Emotion und Kognition im Fremdsprachenunterricht.* Tübingen: Narr.

Bos, W./Pietsch, M. (Hg.) 2006. *KESS 4 - Kompetenzen und Einstellungen von Schülerinnen und Schülern am Ende der Jahrgangsstufe 4 in Hamburger Grundschulen.* Münster: Waxmann.

Bot, K. de 1996. The psycholinguistics of the output hypothesis. *Language Teaching* 46: 529-555.

Böttger, H. (Hg.) 2008. *Fortschritte im frühen Fremdsprachenlernen. Ausgewählte Tagungsbeiträge Nürnberg 2007.* München: Domino Verlag.

Brammertz, C. 2009. Europas Wirtschaft: Ohne Mehrsprachigkeit keine Chance im globalen Wettbewerb. Online: http://www.goethe.de/ges/spa/prj/sog/fst/de4194803.htm

Branden, K. van den (Hg.) 2006. *Task-Based Language Education: From Theory to Practice.* Cambridge: CUP.

Bredella, L. 1985. Leseerfahrungen im Unterricht: kognitive und affektive Reaktionen bei der Lektüre literarischer Texte. In: Bredella/Legutke 1985, 54-82.

Bredella, L. 1987. Die Struktur schüleraktivierender Methoden: Überlegungen zum Entwurf einer prozessorientierten Literaturdidaktik. *Praxis des neusprachlichen Unterrichts* 34: 233-248.

Bredella, L. 1995a. Verstehen und Verständigung als Grundbegriffe und Zielvorstellungen des Fremdsprachenlehrens und -lernens. In: Bredella 1995b, 1-34.

Bredella, L. (Hg.) 1995b. *Verstehen und Verständigung durch Sprachenlernen? Fremdsprachenunterricht in einem zukünftigen Europa.* Bochum: Brockmeyer.

Bredella, L./Burwitz-Melzer, E. 2004. *Rezeptionsästhetische Literaturdidaktik mit Beispielen aus dem Fremdsprachenunterricht Englisch.* Tübingen: Narr.

Bredella, L./Christ, H. (Hg.) 1995. *Didaktik des Fremdverstehens.* Tübingen: Narr.

Bredella, L./Hallet, W. (Hg.) 2007. *Literaturunterricht - Kompetenzen - Bildung.* Trier: WVT.

Bredella, L./Legutke, M. K. (Hg.). 1985. *Schüleraktivierende Methoden im Fremdsprachenunterricht Englisch.* Bochum: Kamp.

Bredella, L. et al. (Hg.) 1984. *Encounters. Confidence.* Bochum: Kamp.

Bredella, L. et al. (Hg.) 1997. *Thema Fremdverstehen. Arbeiten aus dem Graduiertenkolleg „Didaktik des Fremdverstehens".* Tübingen: Narr.

Bredella, L. et al. (Hg.) 2000. *Wie ist Fremdverstehen lehr- und lernbar? Vorträge aus dem Graduiertenkolleg „Didaktik des Fremdverstehens"*. Tübingen: Narr.

Breen, M. 1985. The social context for language learning – a neglected situation? *Studies in Second Language Acquisition* 7: 135-158.

Breen, M. 1987. Learner contributions to task design. In: Candlin/Murphy 1987, 23-46.

Breen, M./Candlin, C. N. 1980. The essentials of a communicative curriculum in language teaching. *Applied Linguistics* 1: 89-112.

Breen, M./Littlejohn, A. 2000a. The significance of negotiation. In: Breen/Littlejohn 2000b, 5-38.

Breen, M./Littlejohn, A. (Hg.) 2000b. *Classroom decision-making. Negotiation and process syllabuses in practice*. Cambridge: CUP.

Breidbach, S. 2007. *Bildung, Kultur, Wissenschaft. Reflexive Didaktik für den bilingualen Sachfachunterricht*. Münster: Waxmann.

Breidbach, S. et al. (Hg.) 2002. *Bilingualer Sachfachunterricht: Didaktik, Lehrer-/Lernerforschung und Bildungspolitik zwischen Theorie und Empirie*. Frankfurt/M.: Lang.

Breuer, H./Weuffen, M. 1993. *Lernschwierigkeiten am Schulanfang. Schuleingangsdiagnostik zur Früherkennung und Frühförderung*. Weinheim: Beltz.

Brinkmann, E. 2000. Vier Säulen des Rechtschreibunterrichts als Organisations- und Strukturierungshilfe im Deutschunterricht. In: Valtin 2000, 59-63.

Brown, I. 2007. Vocabulary: Are we losing our lexicon? *Globe and Mail*. 16.07.07. Online: http://www.theglobeandmail.com/archives/article794169.ece

Brügelmann, H. 2001. Kindgemäßheit. *Die Grundschulzeitschrift* 144: 50-52.

Bruner, J. 1986. *Actual minds, possible worlds*. Cambridge, Mass: Harvard UP.

Bruner, J. 1997. *Sinn, Kultur und Ich-Identität*. Heidelberg: Carl Auer.

Brusch, W. 1989. Die Rolle der Literatur beim Spracherwerb. *Neusprachliche Mitteilungen* 42: 11-19.

Brusch, W. 1994. Erziehung zum Lesen im Englischen durch Klassenbibliotheken – ein empirisches Unterrichtsprojekt. *Praxis des neusprachlichen Unterrichts* 41: 17-26.

Brusch, W./Heimer D. 2000. The power of reading: Extensives Lesen und kreatives Schreiben mit Hilfe der Bücherkiste. *Englisch* 35: 48-57.

Bublitz, H. et al. 1998. *Das Wuchern der Diskurse. Perspektiven der Diskursanalyse Foucaults*. Frankfurt/M.: Campus.

Buchloh, I. et al. (Hg.) 1996. *Konvergenzen. Fremdsprachenunterricht: Planung – Praxis – Theorie*. Tübingen: Narr.

Burke, J./Legutke, M. K. 1992. "Kleinstadtgespräche." A project on intercultural learning and understanding through GAPP exchange. *Die Unterrichtspraxis: Teaching German* 25: 71-78.

Burmeister, P. et al. (Hg.) 2002. *An integrated view of language development. Papers in honor of Henning Wode*. Trier: Wissenschaftlicher Verlag Trier.

Burwitz-Melzer, E. 2001. *Such is the power of poets ...*: Gedichte und interkulturelles Bewusstsein in der Sekundarstufe I. *Der Fremdsprachliche Unterricht Englisch* 53: 17-26.

Burwitz-Melzer, E. 2003. *Allmähliche Annäherungen: fiktionale Texte im interkulturellen Fremdsprachenunterricht der Sekundarstufe I*. Tübingen: Narr.

Burwitz-Melzer, E. 2004a. Das Lehramtsportfolio für Fremdsprachenlehrkräfte. *Zeitschrift für Fremdsprachenforschung* 15/1: 143-157.

Burwitz-Melzer, E. 2004b. Mit Literatur verbinden: Bilderbücher in den Klassen 3-6. *Der Fremdsprachliche Unterricht Englisch* 69: 15-21.

Burwitz-Melzer, E. 2005. Kompetenzen für den Literaturunterricht heute. Ein Beitrag zur standardorientierten Didaktik des Fremdsprachenunterrichts. *Fremdsprachen Lehren und Lernen* 34: 94-110.

Burwitz-Melzer, E./Legutke, M. 2004. Die Übergangsproblematik. *Der Fremdsprachliche Unterricht Englisch*, 69: 2–7.

Buttjes, D. 1996. Lernziel Kulturkompetenz. In: Bach, G./Timm, J.-P. (Hg.) 1996. *Englischunterricht. Grundlagen und Methoden einer handlungsorientierten Unterrichtspraxis* (2. Aufl.). Tübingen: Francke, 69-102.

Butzkamm, W. 1981. Rationaler und ratiomorpher Grammatikerwerb. *Linguistik und Didaktik* 12: 49-64.

Butzkamm, W. 1998. Zehn Prinzipien des Fremdsprachenlernens und -lehrens. In: Timm 1998a, 45-52.

Butzkamm, W. 2002. *Psycholinguistik des Fremdsprachenunterrichts* (3. neubearb. Aufl.). Tübingen: Francke. (1. Aufl. 1989).

Butzkamm, W. 2006. Quousque tandem - Die Einsprachigkeit in der gegenwärtigen Praxis und ihre Korrektur. *Neusprachliche Mitteilungen* 59/1: 12-20.

Byram, M. 1997. *Teaching and assessing intercultural communicative competence.* Clevedon: Multilingual Matters.

Byrnes, H. et al. 2006. Taking Text to Task: Issues and Choices in Curriculum Construction. *International Journal of Applied Linguistics* 152: 85-109.

Candlin, C. N. 1987. Towards task-based language learning. In: Candlin/Murphy 1987, 5-22.

Candlin, C. N. 2003. Communicative language teaching revisited. In: Legutke/Schocker-v. Ditfurth 2003, 41-58.

Candlin, C. N./Murphy, D. (Hg.) 1987. *Language learning tasks.* Englewood Cliffs, NJ.: Prentice-Hall.

Carter, G./Thomas, H. 1986. 'Dear Brown Eyes': experiential learning in a project-oriented approach. *English Language Teaching Journal* 40: 196-204.

Carter, R./McCarthy, M. 2006. *Cambridge Grammar of English.* Cambridge: CUP.

Caspari, D. 1994. *Kreativität im Umgang mit literarischen Texten im Fremdsprachenunterricht: Theoretische Studien und unterrichtspraktische Erfahrungen.* Frankfurt/M.: Lang.

Caspari, D. et al. (Hg.) 2009. *Bilingualer Unterricht macht Schule. Beiträge aus der Praxisforschung.* (2. Aufl.) Frankfurt/M.: Lang. (1. Aufl. 2007).

Caspary, R. (Hg.) 2009. *Lernen und Gehirn* (6. Aufl.). Freiburg: Herder. (1. Aufl. 2006).

Chamot, A. U. 1987. The learning strategies of ESL students. In: Wenden/Rubin 1987, 71-82.

Chamot, A. U. 2004. Issues in Language Learning Strategy Research and Teaching. *Electronic Journal of Foreign Language Teaching* 1: 14-26; online: http://e-flt.nus.edu.sg/v1n12004/chamot.htm

Christ, H. 2007. Erwerb von Fremdsprachen im Vorschul- und Primarschulalter. In: Bausch et al. 2007, 449-454.

CILT (National Centre for Languages) 2006. *ELAN: Auswirkungen mangelnder Fremdsprachenkenntnisse in den Unternehmen auf die europäische Wirtschaft*. Online: http://ec.europa.eu/education/languages/Focus/docs/elan_de.pdf

Cobern, W. W./Aikenhead, G. S. 1998. Cultural aspects of learning science. In: Fraser/Tobin 1998, 39-52.

COE (Council of Europe) 2001. *Common European Framework of Reference for Languages: Learning, Teaching, Assessment*. Cambridge: CUP.

COE (Council of Europe) 2009. Education for democratic citizenship and human rights (EDC/HRE): questions and answers. Online: http://www.coe.int/t/dg4/education/edc/What_is_EDC/EDC_Q&A_en.asp

COE (Council of Europe) 2009. *Teaching democracy – A collection of models for democratic citizenship and human rights education* (EDC/HRE Volume VI).

Cohen, E. et al. (Hg.) 2004. *Learning to Teach with Cooperative Learning: Challenges in Teacher* Education. Albany: State University of New York Press.

Collie, J./Slater, S. 2000. *Literature in the language classroom. A resource book of ideas and activities* (13. Aufl.). Cambridge: CUP (1. Aufl. 1987).

Conacher, J./Kelly-Holmes, H. (Hg.) 2007. *New Learning Environments for Language Learning: Moving Beyond the Classroom?* Frankfurt/M.: Lang.

Corder, S. P. 1967. The significance of learners' errors. *International Review of Applied Linguistics in Language Teaching* 5: 161-171.

Correll, W. 1967. *Lernpsychologie. Grundfragen und pädagogische Konsequenzen* (5. Aufl.). Donauwörth: Auer (1. Aufl. 1961).

Coyle, D. 2006. The CLIL quality challenge. In: Marsh/Wolff 2006, 47-58.

Csikszentmihalyi, M./Schiefele, U. 1993. Die Qualität des Erlebens und der Prozeß des Lernens. *Zeitschrift für Pädagogik* 39: 207-221.

Cube, F. von/Alshuth, D. 1986. *Fordern statt Verwöhnen. Die Erkenntnisse der Verhaltensbiologie in Erziehung und Führung*. München: Piper.

Cummins, J./Davison, C. (Hg.) 2007. *International Handbook of English Language Teaching*. New York: Springer.

Dalton-Puffer, C. 2006. Academic language functions in a CLIL environment. In: Marsh/Wolff 2006, 201-209.

Dalton-Puffer, C. 2007. *Discourse in Content and Language Integrated Learning (CLIL) Classrooms*. Amsterdam: Benjamins.

Damasio, A. R. 1994. *Descartes' Irrtum. Fühlen, Denken und das menschliche Gehirn*. München: dtv.

Davison, C. et al. 2001. *Innovation and language education.* Hong Kong: The University of Hong Kong, Department of Curriculum Studies.

Dechert, H./Raupach, M. (Hg.) 1989. *Interlingual processes.* Tübingen: Narr.

Decke-Cornill, H. 1999. Einige Bedenken angesichts eines möglichen Aufbruchs des Fremdsprachenunterrichts in eine bilinguale Zukunft. *Neusprachliche Mitteilungen* 52: 164-170.

DESI-Konsortium (Hg.) 2008. *Unterricht und Kompetenzerwerb in Deutsch und Englisch. Ergebnisse der DESI-Studie.* Weinheim, Basel: Beltz.

DIN (Deutsches Institut für Normung) 2006. *Normung und damit zusammenhängende Tätigkeiten: Allgemeine Begriffe (ISO/IEC Guide 2:2004.* Dreisprachige Fassung EN 45020:2006. Berlin: Deutsches Institut für Normung.

Dickinson, L. 1987. *Self-instruction in language learning.* Cambridge: CUP.

Diehl, E. et al. 2000. *Grammatikunterricht: alles für die Katz? Untersuchungen zum Zweitsprachenerwerb Deutsch.* Tübingen: Niemeyer.

Diehr, B. 2007. Sprechleistungen im Grundschulenglisch erheben und bewerten. Ziele und Konzepte der TAPS Studie. In: Möller et al. 2007, 95-98.

Diehr, B./Frisch, S. 2008. *Mark their words. Sprechleistungen im Englischunterricht der Grundschule fördern und beurteilen.* Braunschweig: Westermann.

Dietrich, I. 1976. Mitbestimmung als Motivationsfaktor im Fremdsprachenunterricht. In: Solmecke 1976, 59-70.

Dijk, T. A. van/Kintsch, W. 1983. *Strategies of discourse comprehension.* London: Academic Press.

Dirks, U. 2004. Kulturhüter oder Weltenwanderer? Zwei „ideale" Realtypen bilingualen Sachfachunterrichts. In: Bonnet/Breidbach 2004, 129-140.

Ditze, S.-A./Halbach, A. (Hg.) 2009. *Bilingualer Sachfachunterricht im Kontext von Sprache, Kultur und Multiliteralität.* Frankfurt/M.: Lang.

Dörnyei, Z. 1997. Psychological process in cooperative language learning: group dynamics and motivation. *The Modern Language Journal* 81: 482-493.

Dörnyei, Z. 2005. *The Psychology of the Language Learner: Individual Differences in Second Language Acquisition.* Mahwah, N. J: Erlbaum.

Dorok, S. 2008. Hausaufgaben-Podcasts im Englischunterricht. *Praxis Fremdsprachenunterricht* 1: 31-36.

Dowson, M. et al. 2007. The State of Play in Standards and Standards Reform. In: McInerney et al. 2007, 3-10.

Doyé, P. 1999. *The Intercultural Dimension. Foreign Language Education in the Primary School.* Berlin: Cornelsen.

Doyé, P. (Hg.) 2005. *Kernfragen des Fremdsprachenunterrichts in der Grundschule.* Braunschweig: Westermann.

Doyé, P./Lüttge, D. 1977. *Untersuchungen zum Englischunterricht in der Grundschule. Bericht über das Braunschweiger Forschungsprojekt „Frühbeginn des Englischunterrichts" FEU.* Braunschweig: Westermann.

Drechsel, B./Artelt, C. 2007. Lesekompetenz. In Prenzel et al. 2007, 225-248.

Drese, K. et al. 2007. *Europäisches Portfolio der Sprachen: Grund- und Aufbauportfolio*. Berlin: Cornelsen-Diesterweg-Klett.

Drese, K. 2008. *Einschätzung der Sprechleistung von Lernern im Englischunterricht der Grundschule*. Online: http://geb.uni-giessen.de/geb/volltexte/2008/6338/pdf/DreseKarin-2008-06-26.pdf

Dunn, O. 1983. *Beginning English with young children*. London: Macmillan.

Düwell, H. 2007. Fremdsprachenlerner. In: Bausch et al. 2007, 347-352.

Eckerth, J. 2003. *Fremdsprachenerwerb in aufgabenbasierten Interaktionen*. Tübingen: Narr.

Edelenbos, P. et al. 2006. *The main pedagogical principles underlying the teaching of languages to very young learners. Languages for the children of Europe. Published Research, Good Practice & Main Principles*. Strasbourg: European Commission.

Edelhoff, C. (Hg.) 2001. *Neue Wege im Fremdsprachenunterricht*. Hannover: Schroedel.

Edelhoff, C./Liebau, E. (Hg.) 1988. *Über die Grenze. Praktisches Lernen im fremdsprachlichen Unterricht*. Weinheim: Beltz.

Edelhoff, C./Weskamp, R. (Hg.) 1999. *Autonomes Fremdsprachenlernen*. Ismaning: Hueber.

Edelhoff, C./Weskamp, R. (Hg.) 2002. *Leistungsbeurteilung*. [Themenheft Fremdsprachenunterricht 4/2002]. Berlin: Pädagogischer Zeitschriftenverlag.

Edelstein, W. et al. 1982. Entwicklung sozial-kognitiver Prozesse: eine theoretische und empirische Rekonstruktion. In: Geulen 1982, 181-204.

Edmondson, W./House, J. 2006. *Einführung in die Sprachlehrforschung* (3. Aufl.). Tübingen, Basel: Francke 2006 (1. Aufl. 1993).

Edwards, V./Corson, D. (Hg.) 1997. *Encyclopedia of Language and Education*. Vol. 2: Literacy. Dordrecht, Boston, London: Kluver.

Ek, J. A. van/Trim, J. L. M. 1991. *Threshold level 1990*. Cambridge: CUP.

Ellermann, C. 2008. *Halfway Around the World in 80 Clicks*. Im Weblog mit einer Partnerklasse diskutieren. *Der Fremdsprachliche Unterricht Englisch* 96: 14-19.

Ellis, G. 2006. Teacher competencies in a storybased approach. In: Enever/Schmid-Schönbein 2006, 93-107.

Ellis, G./Brewster, J. 1991. *The storytelling handbook. A guide for primary teachers of English*. London: Penguin.

Ellis, N. C. 1994a. Implicit and explicit language learning - an overview. In: N. C. Ellis 1994b, 1-31.

Ellis, N. C. (Hg.) 1994b. *Implicit and explicit learning of languages*. San Diego, Cal.: Academic Press.

Ellis, R. 1988. The role of practice in classroom learning. In: Kasper 1988, 20-39.

Ellis, R. 1992. On the relationship between formal practice and second language acquisition: a study of the effects of formal practice on the acquisition of German word order rules. *Die Neueren Sprachen* 91: 131-147.

Ellis, R. 1994. *The study of second language acquisition*. Oxford: OUP.

Ellis, R. 1999 *Learning a second language through interaction*. Amsterdam: Benjamins.

Ellis, R. 2003. *Task-based Language Learning and Teaching.* Oxford: Oxford UP.

Els, T. van et al. 1984. *Applied linguistics and the learning and teaching of foreign languages.* London: Edward Arnold.

Elschenbroich, D. 2001. *Das Weltwissen der Siebenjährigen. Wie Kinder die Welt entdecken können.* München: Kunstmann.

Elsner, D. 2007. *Hörverstehen im Englischunterricht der Grundschule. Ein Leistungsvergleich zwischen Kindern mit Deutsch als Muttersprache und Deutsch als Zweitsprache.* Frankfurt/M.: Lang.

Elsner, D. et al. (Hg.) 2007. *Fremdsprachenkompetenzen für ein wachsendes Europa: Das Leitziel „Multiliteralität".* Frankfurt/M.: Lang.

Enever, J. 2006. The use of authentic picture books in the development of critical visual and written literacy in English as a foreign language. In: Enever/ Schmid-Schönbein 2006, 58-70.

Enever, J./Schmid-Schönbein, G. (Hg.) 2006. *Picturee Books and Young Learners of English.* München: Langenscheidt.

Engel, G./Thürmann, E. 2007. Englisch in der Grundschule. Evaluation und erste Ergebnisse. *Schule NRW,* Heft 1 /2007: S. 21-23.

Engel, G. et al. (Hg.) 2009. *Englisch in der Primarstufe: Chancen und Herausforderungen.* Berlin: Cornelsen.

Ertelt-Vieth, A. 2007. Schülerbegegnung und Schüleraustausch. In: Bausch et al. 2007, 274-276.

Europäische Kommission 1995. *Weißbuch zur allgemeinen und beruflichen Bildung. Lehren und Lernen. Auf dem Weg zur kognitiven Gesellschaft.* Strasbourg: Council of Europe.

Europäische Kommission 2005. Eine neue Rahmenstrategie für Mehrsprachigkeit. Online: http://ec.europa.eu/education/languages/archive/doc/com596_de.pdf

Europäische Kommission 2008. Mehrsprachigkeit: Trumpfkarte Europas, aber auch gemeinsame Verpflichtung. Online: http://www.semlang.eu/Telechargement/doc5_de.pdf

Europarat 2001. *Gemeinsamer Europäischer Referenzrahmen für Sprachen: Lernen, Lehren, Beurteilen.* München: Langenscheidt.

European Commission 2005. Europeans and Languages. Eurobarometer 63.4. Online: http://ec.europa.eu/public_opinion/archives/ebs/ebs_237.en.pdf

European Commission 2007. Young Europeans. Flash EB No 202 . Youth Survey. Online: http://ec.europa.eu/public_opinion/flash/fl_202_sum_en.pdf

Færch, C. et al. 1984. *Learner language and language learning.* Clevedon: Multilingual Matters.

Færch, C./Kasper, G. (Hg.) 1987a. *Introspection in second language research.* Clevedon: Multilingual Matters.

Færch, C./Kasper, G. 1987b. From product to process - introspective methods in second language research. In: Færch/Kasper 1987a, 5-23.

Fairclough, N. 1999. Global Capitalism and Critical Awareness of Language. *Language Awareness* 8/2: 71-83.

Fanselow, G. 2002. Wie ihr Gebrauch die Sprache prägt. In: Krämer/König 2002, 229-261.

Fehse, K.-D./Kocher, D. 2000. Das fremdsprachliche Klassenzimmer als Erzählraum und Bühne. Ein Beispiel zum Storyline-Konzept (7. Schuljahr). *Der Fremdsprachliche Unterricht Englisch* 34: 18-23.

Finkbeiner, C. 1995. Zur Erhebung von textverstehensrelevanten Lernstrategien und Interessen im Fremdsprachenunterricht: Entwicklung zweier Fragebögen. *Empirische Pädagogik* 9: 193-219.

Finkbeiner, C. 1998. Sind gute Leser/-innen auch gute Strategen? Was Fremdsprachenlehrer und -lehrerinnen darüber denken. *Fremdsprachen Lehren und Lernen* 27: 180-203.

Finkbeiner, C. 2001a. Englische Texte lesen und verstehen - Beispiel der Kontextualisierung einer Forschungsfrage. In: Bayrhuber et al. 2001, 121-140.

Finkbeiner, C. 2001b. Zur Förderung expliziter *und* impliziter Lernstrategien im Englischunterricht: ein notwendiges Desiderat? In: Klein et al. 2001, 189-222.

Finkbeiner, C. 2001c. One and all in CALL? Learner - moderator - researcher. *Computer assisted language learning* 14: 129-151.

Finkbeiner, C. 2004. Cooperation and Collaboration in a Foreign Language Teacher Training Program: The LMR Plus Model. In: Cohen et al. 2004, 111-127.

Finkbeiner, C. 2005. *Interessen und Strategien beim fremdsprachlichen Lesen. Wie Schülerinnen und Schüler englische Texte lesen und verstehen*. Tübingen: Narr.

Finkbeiner, C. 2008. Culture and Good Language Learners. In: Griffiths 2008, 131-141).

Finkbeiner, C./Knierim, M. 2008a. Developing L2 strategic competence online. In: Zhang/Barber 2008, 377-402.

Finkbeiner, C./Knierim, M. 2008b. Aufgabenorientiertes Lernen im Englischunterricht: Beispiele zur Förderung kognitiver, metakognitiver und sozial-affektiver Lernprozesse. In: Thonhauser 2008, 149-167.

Finkbeiner, C. et al. 2006. ADEQUA – Bericht über ein DFG-Forschungsprojekt zur Förderung von Lernstrategien im Englischunterricht. *Zeitschrift für Fremdsprachenforschung*, 15/2: 257-274.

Fischer, H. R. (Hg.) 1995a. *Die Wirklichkeit des Konstruktivismus. Zur Auseinandersetzung um ein neues Paradigma*. Heidelberg: Auer.

Fischer, H. R. 1995b. Abschied von der Hinterwelt? Zur Einführung in den Radikalen Konstruktivismus. In: Fischer 1995a, 11-34.

Fitzner, T. (Hg.) 2002. *Alphabetisierung und Sprachenlernen*. Stuttgart: Klett.

Flavell, J. J. et al. 1966. Spontaneous verbal rehearsal in a memory task as a function of age. *Child Development* 37: 283-299.

Foerster, H. von 1995. Das Konstruieren einer Wirklichkeit. In: Watzlawick 1995, 39-60.

Foerster, H. von et al. (Hg.) 2009. *Einführung in den Konstruktivismus* (10. Aufl.). München: Piper Taschenbuch (1. Aufl. 1992).

Fraser, B. J./Tobin, K. G. (Hg.) 1998. *International handbook of science education*. London: Kluwer.

Freudenstein, R. 1998. „Was Hänschen nicht lernt ... ". Einige Überlegungen zum frühen Fremdsprachenunterricht. *Grundschulunterricht* 44: 2-4.

Friedrich, H. F./Mandl, H. 1992. Lern- und Denkstrategien - ein Problemaufriß. In: Mandl/Friedrich 1992, 3-54.

Fuchs, T. 2008. *Das Gehirn - ein Beziehungsorgan. Eine phänomenologisch-ökologische Konzeption*. Stuttgart: Kohlhammer.

FWU 1984. *The American short story. Richard Wright's 'Almos' a Man'*. Videofilm, VHS, Farbe, 36 Min. Grünwald: FWU. Begleitkarte: L. Bredella/M. K. Legutke.

Gardner, H. 1993. *Frames of Mind: The Theory of Multiple Intelligences*. New York: Basic Books.

Garner, R. 1990. When children and adults do not use learning strategies: towards a theory of setting. *Review of Educational Research* 60: 517-529.

Gass, S. M./Madden, C. (Hg.) 1985. *Input in second language acquisition*. Rowley, Mass.: Newbury House.

Gass, S. M./Selinker, L. 2001. *Second Language Acquisition. An Introductory Course* (2. Aufl.). Mahwah, NJ: Erlbaum (1. Aufl. 1994).

Gebhard, J. G./Oprandy, R. 1999. *Language teaching awareness*. Cambridge: CUP.

Gelder, T. van 1999. Wooden Iron? Husserlian phenomenology meets cognitive science. In: Petitot et al. 1999, 245-265.

Gerngross, G./Puchta, H. 2001. *Playway to English. Rainbow edition*. Band 3 und 4. Leipzig: Klett.

Geulen, D. (Hg.). 1982. *Perspektivenübernahme und soziales Handeln. Texte zur sozialkognitiven Entwicklung*. Frankfurt/M.: Suhrkamp.

Glaap, A.-R. 1987. Dramentexte als Spielvorlage lesen: auch eine Aufgabe für den Literaturunterricht? *Der Fremdsprachliche Unterricht Englisch* 21/86: 5-8.

Glasersfeld, E. von. 1995. Einführung in den radikalen Konstruktivismus. In: Watzlawick 1995, 16-38.

Glasersfeld, E. von. 2008. *Radikaler Konstruktivismus. Ideen, Ergebnisse, Probleme* (5. Aufl.). Frankfurt/M.: Suhrkamp (1. Aufl. 1997).

Gnutzmann, C. 1997a. Normen im Englischunterricht: Zur Rolle des Sprachbewußtseins (‚Language Awareness') und seiner kognitiven, affektiven und sozialen Vernetzung. *Zeitschrift für Fremdsprachenforschung* 8: 216-226.

Gnutzmann, C. 1997b. *Language Awareness*. Geschichte, Grundlagen, Anwendungen. *Praxis des neusprachlichen Unterrichts* 44: 227-236.

Gnutzmann, C. 2007. Language Awareness, Sprachbewusstheit, Sprachbewusstsein. In: Bausch et al. 2007, 335-339.

Gnutzmann, C./Kiffe, M. 1998. Language Awareness und Bewußtmachung auf der Sekundarstufe II. In: Timm 1998a, 319-327.

Gompf, G. 1975. *Englischunterricht auf der Primarstufe. Didaktische Modelle und Perspektiven*. Weinheim: Beltz.

Gopnik, A. et al. 2000. *Forschergeist in Windeln. Wie Ihr Kind die Welt begreift*. Kreuzlingen: Ariston.

Gouin, F. 1884. *Exposé d'une nouvelle méthode linguistique: L'art d'enseigner et d'étudier les langues* (2. Aufl.). Paris.

Grabes, H. 2000. Das inszenierte Fremde: Dramen als Wege zum Fremdverstehen. In: Bredella et al. 2000, 253-265.

Graddol, D. 2006. *English Next. Why global English may mean the end of 'English as a Foreign Language'*. The British Council. Online: http://www.teachingenglish.org.uk/sites/teacheng/files/english_next.pdf

Grau, M. 2001. *Arbeitsfeld Begegnung. Eine Studie zur grenzüberschreitenden Lehrertätigkeit in europäischen Schulprojekten.* Tübingen: Narr.

Grau, M./Legutke, M. (Hg.) 2008a. *Fremdsprachen in der Grundschule. Auf dem Weg zu einer neuen Lern- und Leistungskultur.* Frankfurt/M.: Grundschulverband.

Grau, M./Legutke, M. 2008b. Fremdsprachen in der Grundschule. Bestandsaufnahme, Prinzipien und Perspektiven. In: Grau/Legutke 2008a, 14–38.

Grau, M./Müller-Hartmann, A. 2004. Nur Tourist sein oder den Dialog wagen? Interkulturelles Lernen in der Begegnung. *Der Fremdsprachliche Unterricht Englisch* 38: 2-11.

Green, J.-P. 1992. Lob und Ermutigung auf amerikanisch. *Praxis des neusprachlichen Unterrichts* 39: 29-35.

Greffrath, M. 2009. „Das Tier, das 'Wir' sagt". Michael Tomasello sucht nach der Einzigartigkeit des Menschen und findet sie in dessen Kooperationsfähigkeit. *DIE ZEIT*, Nr. 16, 8. April 2009, 33.

Grenfell, M. 2002. *Modern Languages Across the Curriculum.* London: Routledge.

Grimm, H. (Hg.). 2000. *Sprachentwicklung* (*Encyklopädie der Psychologie*, Themenbereich C, Serie III, Band 3). Göttingen: Hogrefe.

Griffiths, C. (Hg.) 2008. *Lessons from Good Language Learners.* Cambridge: CUP.

Grotjahn, R. 2007. Lernstile/Lernertypen. In: Bausch et al. 2007, 326-331.

Grzesik, J. 1990. *Textverstehen lernen und lehren. Geistige Operationen im Prozeß des Textverstehens und typische Methoden für die Schulung zum kompetenten Leser.* Stuttgart: Klett.

Haas, G. et al. 1994. Handlungs- und produktionsorientierter Literaturunterricht. *Der Altsprachliche Unterricht* 37: 37-52.

Haller, D./Meyer, H. (Hg.) 1986. *Ziele und Inhalte der Erziehung und des Unterrichts* (Enzyklopädie Erziehungswissenschaft Bd. 3). Stuttgart: Klett-Cotta.

Hallet, W. 1998. *The bilingual triangle.* Überlegungen zu einer Didaktik des bilingualen Sachfachunterrichts. *Praxis des neusprachlichen Unterrichts* 45: 115-125.

Hallet, W. 2002. Auf dem Weg zu einer bilingualen Sachfachdidaktik. Bilinguales Lernen als fremdsprachige Konstruktion wissenschaftlicher Begriffe. *Praxis des neusprachlichen Unterrichts* 49: 115-126.

Hallet, W. 2006. *Didaktische Kompetenzen: Lehr- und Lernprozesse erfolgreich gestalten.* Stuttgart: Klett.

Hallet, W. 2007. Scientific Literacy und Bilingualer Sachfachunterricht. *Fremdsprachen Lehren und Lernen* 36: 95-110.

Hallet, W. 2009. *Available Design.* Kulturelles Handeln, Diskursfähigkeit und generisches Lernen im Englischunterricht. In: Abendroth-Timmer et al. 2009, 117-142.

Hallet, W./Müller-Hartmann, A. 2006. For Better or Worse? Bildungsstandards Englisch im Überblick. *Der Fremdsprachliche Unterricht Englisch* 40: 1-11.

Hallet, W./Nünning, A. (Hg.) 2007. *Neue Ansätze und Konzepte der Literatur- und Kulturdidaktik.* Trier: WVT.

Hallet, W. /Nünning, A. (Hg.) 2009. *Romandidaktik. Theoretische Grundlagen, Methoden, Lektüreanregungen.* Trier: WVT.

Han, Z./Odlin, T. 2006. *Studies of fossilization in second language acquisition.* Clevedon: Multilingual Matters.

Haspelmath, M. 2002. Grammatikalisierung: von der Performanz zur Kompetenz ohne angeborene Grammatik. In: Krämer/König 2002, 262-286.

Häuptle-Barceló, M. 2007. Fehlertherapie als Lernstrategie. *Der Fremdsprachliche Unterricht Englisch* 41: 28-30.

Häussermann, U./Piepho, H.-E. 1996. *Aufgaben-Handbuch Deutsch als Fremdsprache: Abriß einer Aufgaben- und Übungstypologie.* München: Iudicium.

Havranek, G. 2002. *Die Rolle der Korrektur beim Fremdsprachenlernen.* Frankfurt/M.: Lang.

Hawkins, E. 1984. *Awareness of language: an introduction.* Cambridge: CUP.

Hawkins, R. 1998. Error analysis. In: Johnson/Johnson 1998, 110-114.

Hayes, J. R. (Hg.) 1970. *Cognitive development of language.* New York: Wiley.

Hecht, K./Green, P. S. 1991a. Kommunikationsstrategien - ein Lern- und Lehrproblem? *Praxis des neusprachlichen Unterrichts* 38: 133-144.

Hecht, K./Green, P. S. 1991b. Schülerselbstkorrektur beim Einsatz des Englischen in mündlicher Kommunikation - eine empirische Untersuchung. *Die Neueren Sprachen* 90: 607-623.

Hecht, K./Green, P. S. 1992. Grammatikwissen unserer Schüler: gefühls- oder regelgeleitet? *Praxis des neusprachlichen Unterrichts* 39: 151-162.

Heitz, S. 1985. *Zigger-Zagger.* Die Behandlung und Aufführung eines Dramas im Englischunterricht in einer 10. Gymnasialklasse. In: Bredella/Legutke 1985, 185-200.

Hellwig, K.-H. 1995. *Fremdsprachen an Grundschulen als Spielen und Lernen. Dargestellt am Beispiel Englisch.* München: Hueber.

Helmke, A. 2002. *Unterrichtsqualität: Konzepte, Messung, Veränderung. Studienbrief SEM 0900.* Kaiserslautern: Universität Kaiserslautern, Zentrum für Fernstudien und universitäre Weiterbildung.

Helmke, A. 2006. Was wissen wir über guten Unterricht? *Pädagogik* 58 (2): 42-45.

Helmke, A. et al. 2002. Selbstkonzept und schulische Leistungen im Kulturvergleich: Ergebnisse der Grundschulstudie SCHOLASTIK in München und Hanoi. In: Schneider et al. 2002, 187-206.

Hélot, C./Young, A. 2006. Imagining Multilingual Education in France. A Language and Cultural Awareness Project at the Primary Level. In: Skutnabb-Kangas/Garcia 2006, 69-90.

Henseler, R./Surkamp, C. 2007. Leselust statt Lesefrust. Lesemotivation in der Fremdsprache Englisch fördern. *Der Fremdsprachliche Unterricht Englisch* 41: 2-11.

Hermes, L. 1994. Romanerarbeitung im fremdsprachlichen Unterricht. *Fremdsprachenunterricht* 38: 249-254.

Hesse, M. 2002. *Jugendliteratur als Schreiblehre. Untersuchungen zum Verhältnis von Lesen und Schreiben im Englischunterricht der Sekundarstufe I.* Tübingen: Narr.

Himpsl, K. 2007. *Wikis im Blended Learning. Ein Werkstattbericht.* Boizenburg: Verlag Werner Hülsbusch

Hinkel, E. (Hg.) 2005. *Handbook on research in second language teaching and learning.* Mahwah, NJ: Lawrence Erlbaum.

Hoeksema, K./Kuhn, M. 2008. *Unterrichten mit Moodle. Praktische Einführung in das E-Teaching.* München: Open Source Press.

Hörmann, H. 1981. *Einführung in die Psycholinguistik.* Darmstadt: Wissenschaftliche Buchgesellschaft.

Horner, D. 1988. Classroom correction: Is it correct? *System* 16: 213-220.

Hüllen, W. 1976. *Linguistik und Englischunterricht 2. Didaktische Analysen.* Heidelberg: Quelle & Meyer.

Hüllen, W. 1987. *Englisch als Fremdsprache. Beiträge zur Theorie des Englischunterrichts an deutschen Schulen.* Tübingen: Francke.

Hulme, C. et al. 1995. The role of long-term memory mechanisms in memory span. *British Journal of Psychology* 86: 527-536.

Hulstijn, J. H. 1989. Implicit and incidental second language learning: Experiments in the processing of natural and artificial input. In: Dechert/Raupach 1989, 50-73.

Hulstijn, J. H./Laufer, B. 2001. Some empirical evidence for the involvement load hypothesis in vocabulary acquisition. *Language Learning* 51/3: 539-558.

Hulstijn, J. H./Schmidt, R. (Hg.) 1994. *Consciousness in second language learning* [Themenheft], *AILA Review* 11.

Humburg, L. et al. 1983. *Airport – Ein Projekt für den Englischunterricht in Klasse 6.* Videofilm VHS, Farbe, 29 Min. Grünwald: FWU 420379. Begleitheft: M. K. Legutke/W. Thiel.

Hunfeld, H. 1986. Das deutliche Gegenüber. Zur Hermeneutik des Fremdsprachenunterrichts. In: Krull/Wefelmeyer 1986, 25-44.

Inglin, O. 2005. Das Portfolio: Sein Einsatz im Unterricht und in Prüfungen moderner Sprachfächer. *Praxis Fremdsprachenunterricht* 2/6: 6-11.

IQB (Institut zur Qualitätsentwicklung im Bildungswesen) 2007. *Perspektiven und Visionen.Tätigkeitsbericht 2005/06.* Berlin: Humboldt Universität.

Irmischer, T./Irmischer, E. (Hg.) 1988. *Bewegung und Sprache.* Schorndorf: Hofmann.

Irrgang, B. 2001. *Lehrbuch der Evolutionären Erkenntnistheorie: Thesen, Konzeptionen, Kritik* (2. Aufl.). München, Basel: E. Reinhardt (1. Aufl. 1993).

Jaffke, C. 1996. *Fremdsprachenunterricht auf der Primarstufe. Seine Begründung und Praxis in der Waldorfpädagogik.* (2. rev. Aufl.). Weinheim: Deutscher Studien Verlag (1. Aufl. 1994).

Jaffke, C./Maier, M. 1997. *Fremdsprachen für alle Kinder. Erfahrungen der Waldorfpädagogik mit dem Frühbeginn.* Leipzig: Klett.

Johnson, K./Johnson, H. (Hg.). 1998. *Encyclopedic dictionary of applied linguistics.* Oxford: Blackwell.

Jung, U. O. H. (Hg.) 1998. *Praktische Handreichung für Fremdsprachenlehrer* (2. Aufl.). Frankfurt/M.: Lang (1. Aufl. 1992).

Kahl, P./Knebler, U. 1996. *Englisch in der Grundschule – und dann? Evaluation des Hamburger Schulversuchs „Englisch ab Klasse 3".* Berlin: Cornelsen.

Kallenbach, C. 1996. *Subjektive Theorien. Was Schüler und Schülerinnen über Fremdsprachenlernen denken.* Tübingen: Narr.

Kaltwasser, V. 1999. Unterrichtsmodell zu dem Einakter ‚Nuts' von Peter Terson. *Der Fremdsprachliche Unterricht Englisch* 33: 23-27.

Karpf, A. 1990. *Selbstorganisationsprozesse in der sprachlichen Ontogenese: Erst- und Fremdsprache(n).* Tübingen: Narr.

Kasper, G. (Hg.) 1988. Classroom research [Themenheft]. AILA Review 5.

Kasseler Forschergruppe Empirische Bildungsforschung (Hg.) 2008. *Lernumgebungen auf dem Prüfstand.* Kassel: Kassel University Press.

Kauschke, C. 2000. *Der Erwerb des frühkindlichen Lexikons. Eine empirische Studie zur Entwicklung des Wortschatzes im Deutschen.* Tübingen: Narr.

Keller, R. 1994. *Sprachwandel. Von der unsichtbaren Hand in der Sprache.* (2., überarb. U. erw. Aufl .) Tübingen: Francke. (1. Aufl. 1990).

Kelly, M. et al. 2004. European Profile for Language Teacher Education – A Frame of Rereference. Online: http://ec.europa.eu/education/languages/pdf/doc477_en.pdf

Kennedy, C./Kennedy, J. 1996. Teacher attitudes and change implementation. *System* 24: 351-360.

Keßler, J.-U. (Hg.) 2008. *Processability Approaches to Second Language Development and Second Language Learning.* Newcastle: Cambridge Scholars Publishing.

Kierepka, A. et al. 2006. *BLK-Verbundprojekt: Fremdsprachen lehren und lernen in Grundschule und weiterführender Schule.* Ein Handbuch zum Übergang für Schulpraxis, Lehrerbildung und Schulverwaltung. Bad Berka: Thüringer Institut für Lehrerfortbildung, Lehrplanentwicklung und Medien (ThILLM).

Kiersch, J. 1992. *Fremdsprachen in der Waldorfschule: Rudolf Steiners Konzept eines ganzheitlichen Fremdsprachenunterrichts.* Stuttgart: Verlag Freies Geistesleben.

Kieweg, W. 2007. Fehler erkennen – Fehler vermeiden. *Der Fremdsprachliche Unterricht Englisch* 41: 2-9.

Kintsch, W. 1994. Kognitionspsychologische Modelle des Textverstehens: literarische Texte. In: Reusser/Reusser-Weyeneth 1994, 39-53.

Klafki, W. 1994. *Neue Studien zur Bildungstheorie und Didaktik: Zeitgemäße Allgemeinbildung und kritisch-konstruktive Didaktik.* (4. Aufl.). Weinheim: Beltz. (1. Aufl. 1985).

Klein, E. et al. (Hg.) 2001. *Anglistik in der Remediatisierung der Informationsgesellschaft.* Trier: Wissenschaftlicher Verlag.

Klemm, U. 2008. *Weblog „A long way down"* - Das Internet auf dem Weg zum Mitmach-Netz. *Praxis Fremdsprachenunterricht* 1: 1-4.

Kleppin, K. 1997. *Fehler und Fehlerkorrektur.* Berlin: Langenscheidt.

Kleppin, K. 1998. Mündlich korrigieren: ja, aber wie? Anregungen zum Nachdenken über das eigene Korrekturverhalten. In: Jung 1998, 323-328.

Kleppin, K./Königs, F. G. 1987. „Was willst du, daß ich tun soll?". Überlegungen und Beobachtungen zur Rolle der Erwartungen im Fremdsprachenunterricht. *Zielsprache Deutsch* 18: 10-21.

Kleppin, K./Königs, F. G. 1991. *Der Korrektur auf der Spur. Untersuchungen zum mündlichen Korrekturverhalten von Fremdsprachenlehrern.* Bochum: Brockmeyer.

Kleppin, K./Königs, F. G. 1993. Grundelemente der mündlichen Fehlerkorrektur – Lernerurteile im (interkulturellen) Vergleich. *Fremdsprachen Lehren und Lernen,* 22: 76-90.

Klieme, E. (Hg.) 2008. *Unterricht und Kompetenzerwerb in Deutsch und Englisch. Ergebnisse der DESI-Studie.* Weinheim: Beltz.

Klieme, E. et al. 2003. *Zur Entwicklung nationaler Bildungsstandards: Eine Expertise.* Berlin: Bundesministerium für Bildung und Forschung.

Klippel, F. 1994. Cultural Aspects in Foreign Language Teaching. *Journal for the Study of British Cultures* 94: 49-61.

KMK (Ständige Konferenz der Kultusminister der Länder in der Bundesrepublik Deutschland) 2003. *Bildungsstandards für die erste Fremdsprache (Englisch/Französisch) für den Mittleren Schulabschluss.* Neuwied: Luchterhand.

KMK (Ständige Konferenz der Kultusminister der Länder in der Bundesrepublik Deutschland) 2008. *Ländergemeinsame inhaltliche Anforderungen für die Fachwissenschaften und Fachdidaktiken in der Lehrerinnen- und Lehrerausbildung.* Beschluss der Kultusministerkonferenz vom 16. Oktober 2008. Online: http://www.kmk.org/fileadmin/veroeffentlichungen_beschluesse/2008/2008_10_16-Fachprofile.pdf

Knapp-Potthoff, A./Knapp, K. 1982: *Fremdsprachenlernen und -lehren. Eine Einführung in die Didaktik der Fremdsprachen vom Standpunkt der Zweitsprachenerwerbsforschung.* Stuttgart: Kohlhammer.

Kohonen, V. 1989. Experiential language learning – towards second language learning as learner education. *Bilingual Research Group Working Papers.* Santa Cruz, Cal.: University of California, Santa Cruz.

Kohonen, V. et al. 2001. *Experiential learning in foreign language education.* Harlow, Essex: Longman.

Köhring, K. H./Beilharz, R. 1973. *Begriffswörterbuch Fremdsprachendidaktik und -methodik.* München: Hueber.

Kolb, A. 2007. *Portfolioarbeit. Wie Kinder ihr Sprachenlernen reflektieren.* Tübingen: Narr.

Kolb, A. 2009. Neue Formen der Leistungsbeurteilung. In: Mayer/Köhler 2009, 105-122.

Kolb, A./Mayer, N. erscheint 2010. Mehr Kontinuität! Englischunterricht in der Primarstufe und Sekundarstufe. *Der Fremdsprachliche Unterricht Englisch* [Themenheft Kontinuität im Fremdsprachenunterricht].

Koll, B.-M. 1999. Leben in naturwissenschaftlicher und kultureller Anschauung. Ein Modell für die Mittelstufendifferenzierung: Englisch/Biologie (Gymnasium). *Neusprachliche Mitteilungen* 52: 117-127.

Königlich Preussischer Minister der geistlichen, Unterrichts- und Medizinal-Angelegenheiten. 1882. *Lehrpläne für die höheren Schulen nebst der darauf bezüglichen Cirkularverfügung vom 31. März 1882.* Berlin: Herz.

Königs, F. G. 2007. Fehlerkorrektur. In: Bausch et al. 2007, 377-382.

Kramer, J. 1981. Versuch, drei Fragen zur ‚Inhaltsproblematik im Fremdsprachenunterricht' in Kürze zu beantworten. In: Zapp et al. 1981, 192-196.

Krämer, S. 2002. Sprache und Sprechen oder: Wie sinnvoll ist die Unterscheidung zwischen einem Schema und seinem Gebrauch?. In: Krämer/König 2002, 97-125.

Krämer, S./König, E. (Hg.) 2002. *Gibt es eine Sprache hinter dem Sprechen?* Frankfurt/M.: Suhrkamp.

Kramsch, C. 2008. Ecological Perspectives on Foreign Language Education. *Language Teaching* 41: 389-408.

Krashen, S. D. 1982. *Principles and practice in second language acquisition.* Oxford: Pergamon.

Krashen, S. D. 1994. The input hypothesis and its rivals. In: N. C. Ellis 1994b, 45-77.

Krashen, S. D./Terrell, T. D. 1983. *The natural approach. Language acquisition in the classroom.* Oxford: Pergamon.

Krechel, H.-L. 1996. Französisch als Vehikularsprache im bilingualen Sachfach Erdkunde. In: Buchloh et al. 1996, 17-33.

Krechel, H.-L. 2003. Bilingual Modules - Flexible Formen bilingualen Lernens und Lehrens. In: Wildhage/Otten 2003, 194-216.

Kröger, K. 2000. Hilfe, die Amerikaner kommen! Eine *USA-week* im Rahmen des deutsch-amerikanischen Schüleraustauschs (8.-12. Schuljahr). *Der Fremdsprachliche Unterricht Englisch* 34: 24-28.

Krull, W./Wefelmeier, F. (Hg.) 1986. *Textarbeit. Literarische Texte.* München: Iudicium.

Krumm, H.-J. 2007. Fremdsprachenlehrer. In: Bausch et al. 2007, 352-358.

Kubanek-German, A. 2001. *Kindgemäßer Fremdsprachenunterricht. Band I. Ideengeschichte.* Münster: Waxmann.

Kuhn, T. 2006. *Grammatikunterricht im Englischunterricht der Primarstufe. Theoretische Grundlagen und praktische Unterrichtsvorschläge.* Heidelberg: Winter.

Kultusministerium Baden-Württemberg 2004. *Bildungsplan 2004: Grundschule.* Ditzingen: Reclam.

Kumaravadivelu, B. 2006. Learner Perception of Learning Tasks. *International Journal of Applied Linguistics* 152: 127-149.

Küpers, H./Souchon, M. (Hg.) 2002. *Appropriation des langues au centre de la recherche. Spracherwerb als Forschungsgegenstand*. Frankfurt/M.: Lang.

Küppers, A./Quetz, J. (Hg.) 2006. *Motivation Revisited*. Festschrift für Gert Solmecke. Hallenser Studien zur Anglistik und Amerikanistik, Volume 12. Münster: LIT.

Kurtz, J. 2001. *Improvisierendes Sprechen im Fremdsprachenunterricht. Eine Untersuchung zur Entwicklung spontansprachlicher Handlungskompetenz in der Zielsprache*. Tübingen: Narr.

Lamb, T./Reinders, H. (Hg.) 2008. *Learner and Teacher Autonomy: Concepts, Realities and Responses*. Amsterdam: Benjamins.

Lamsfuß-Schenk, S. 2008. *Fremdverstehen im bilingualen Geschichtsunterricht Französisch. Eine qualitativ-empirische Studie*. Frankfurt/M.: Lang.

Lantolf, J. P. (Hg.) 2000. *Sociocultural theory and second language learning*. Oxford: OUP.

Lantolf, J. P. 2009. Dynamic Assessment: The Dialectic Integration of Instruction and Assessment. *Language Teaching* 42: 355-368.

Larsen-Freeman, D. 1997. Chaos/complexity science and second language acquisition. *Applied Linguistics* 18: 141-165.

Lauerbach, G. 1997. Fünf Mikroanalysen unterrichtlicher Interaktion aus dem Goethe-Institut Projekt Sprachbrücke (GPS). In: Legutke 1997, 133-176.

Laufer, B./Hulstijn, J. H. 2001. Incidental vocabulary acquisition in a second language: The construct of task-induced involvement. *Applied Linguistics* 22(1), 1-26.

Lave, J. /Wenger, E. 1991. *Situated Learning. Legitimate peripheral participation*. Cambridge: CUP.

Ledl, V. 1994. *Kinder beobachten und fördern. Eine Handreichung zur gezielten Beobachtung und Förderung von Kindern mit besonderen Lern- und Erziehungsbedürfnissen*. Wien: Verlag Jugend & Volk.

Legenhausen, L. 1975. *Fehleranalyse und Fehlerbewertung. Untersuchungen an englischen Reifeprüfungsnacherzählungen*. Berlin: Cornelsen-Velhagen & Klasing.

Legenhausen, L. 1985. Typische Fehler im Bereich der englischen Satzkomplemente. *Der Fremdsprachliche Unterricht Englisch* 19: 184-196.

Legenhausen, L. 1998. Wege zur Lernerautonomie. In: Timm 1998a, 78-85.

Legutke, M. K. 1988. *Lebendiger Englischunterricht. Kommunikative Aufgaben und Projekte für schüleraktiven Fremdsprachenunterricht*. Bochum: Kamp.

Legutke, M. K. (Hg.) 1997. *Sprachenlernen – Primarstufe – Unterrichtsanalyse*. München: Goethe-Institut.

Legutke, M. K. 1998. Handlungsraum Klassenzimmer *and beyond*. In: Timm 1998a, 93-109.

Legutke, M. K. 2000. Fremdsprachen in der Grundschule: Brennpunkt Weiterführung. In: Riemer 2000, 38-54.

Legutke, M. K. 2001a. Redesigning the foreign language classroom: a critical perspective on information technology and educational change. In: Davison et al. 2001, 35-51.

Legutke, M. K. 2001b. Portfolio für Sprachen in der Grundschule. Anmerkungen zu einem hessischen Pilotprojekt. *Grundschulunterricht* 4: 20-23.

Legutke, M. K. 2006. Projekt Airport - *Revisited*: Von der Aufgabe zum Szenario. In: Küppers/Quetz 2006, 71-80.

Legutke, M. K. 2007. Projektunterricht. In: Bausch et al. 2007, 259-263.

Legutke, M. K. (Hg.) 2008a. *Kommunikative Kompetenz als fremdsprachendidaktische Vision*. Tübingen: Narr.

Legutke, M. K. (2008b) Alte und neue Medien im fremdsprachlichen Klassenzimmer: Discourse - Szenario - Task. In: Müller-Hartmann/Schocker-v. Ditfurth 2008, 65-84.

Legutke, M. K. 2009. Lernertexte im handlungsorientierten Fremdsprachenunterricht. In: Abendroth-Timmer et al. 2009, 203-216.

Legutke, M. K./Müller-Hartmann, A. 2000. Lernwelt Klassenzimmer - *and beyond. Der Fremdsprachliche Unterricht Englisch* 34: 4-10.

Legutke, M. K./Schmidt, S. 2009. Nick Hornby's *Slam*: Szenarien für ein Textprojekt. In: Hallet/Nünning 2009, 147-164.

Legutke, M. K./Schocker-v. Ditfurth, M. (Hg.) 2003. *Kommunikativer Fremdsprachenunterricht: Rückblick nach vorn. Festschrift für Christoph Edelhoff.* Tübingen: Narr.

Legutke, M. K./Thiel, W. 1983. *Airport. Ein Projekt für den Englischunterricht in Klasse 6* (Materialien zum Unterricht Sekundarstufe I. Heft 40. Neue Sprachen - Englisch 3. Hg. v. Hessisches Institut für Bildungsplanung und Schulentwicklung). Frankfurt/M.: Diesterweg.

Legutke, M. K./Thomas, H. 1991. *Process and experience in the language classroom*. London: Longman.

Legutke, M. K. et al. 2009. *Teaching English in the Primary School*. Stuttgart: Klett.

Leisen, J. 2000a. Fach und Sprache. In: Leisen 2000b, 1-26.

Leisen, J. (Hg.) 2000b. *Methoden-Handbuch Deutschsprachiger Fachunterricht (DFU)*. Unter Mitarbeit von Rolf Bennung. Bonn: Varus.

Lenneberg, E. 1967. *The biological foundation of language*. New York: Wiley & Sons.

Lewandowski, T. 1990. *Linguistisches Wörterbuch* (3 Bände) (5. Aufl.). Heidelberg: Quelle & Meyer (1. Aufl. 1976).

Lewis, M. 1993. *The lexical approach. The state of ELT and a way forward*. Hove: Language Teaching Publications.

Liebelt, W. 1996. *The language of film. Fachausdrücke, Interpretationsfragen und Redemittellisten für die Arbeit mit Filmen im Englischunterricht*. Hannover: Niedersächsisches Landesverwaltungsamt. Landesmedienstelle.

Lier, L. van 1996. *Interaction in the language curriculum. Awareness, autonomy and authenticity*. Harlow: Longman.

Lier, L. van 2000. From input to affordance: social-interactive learning from an ecological perspective. In: Lantolf 2000, 245-259.

Lightbown, P./Spada, N. 2006. *How languages are learned*. 3. Aufl. Oxford: OUP. (1. Aufl. 1993)

Linden, W./Fleissner, A. (Hg.) 2004. *Geist, Seele und Gehirn. Entwurf eines gemeinsamen Menschenbildes von Neurobiologen und Geisteswissenschaftlern.* Münster: LIT.

Little, D. 2002. The European Language Portfolio: Structure, Origins, Implementation and Challenges. *Language Teaching* 35: 182-189.

Little, D./Dam, L. 1998. Learner Autonomy: What and why? Online: http://www.jalt-publications.org/tlt/files/98/oct/littledam.html

Littlewood, W. T. 1975. The acquisition of communicative competence in an artificial environment. *Praxis des neusprachlichen Unterrichts* 22: 13-21.

Lochtmann, K. 2002. *Korrekturhandlungen im Fremdsprachenunterricht.* Bochum: AKS-Verlag.

Löffler, R. 1981. *Spiele im Englischunterricht. Vom lehrergelenkten Lernspiel zum schülerorientierten Rollenspiel* (2. Aufl.). München: Urban & Schwarzenberg (1. Aufl. 1979).

Löffler, R. 1996. Ganzheitliches Lernen: Grundlagen und Arbeitsformen. In: Bach, G./Timm, J.-P. (Hg.) 1996. *Englischunterricht. Grundlagen und Methoden einer handlungsorientierten Unterrichtspraxis* (2. Aufl.). Tübingen: Francke, 42-68.

Löffler, R./Kuntze, W.-M. 1983. *Spiele im Englischunterricht 2. Lernspiele, darstellende Spiele, Interaktionsspiele* (2. Aufl.). Weinheim: Beltz (1. Aufl. 1980).

Löffler, R./Schweitzer, K. 1988. *Brainlinks. Bausteine für einen ganzheitlichen Englischunterricht.* Weinheim: Beltz.

Long, M. H. 1983. Native speaker/non-native speaker conversation and the negotiation of comprehensible input. *Applied Linguistics* 4(2): 126-141.

Long, M. H. 1996. The role of the linguistic environment in second language acquisition. In: Ritchie/Bathia 1996, 413-468.

Luhmann, N. 2008. *Soziale Systeme. Grundriss einer allgemeinen Theorie* (13. Aufl.). Frankfurt/M.: Suhrkamp (1. Aufl.1984).

Luke, A. 1997. Critical Approaches to Literacy. In: Edwards/Corson 1997, 143-151.

Macht, K. 1998. Vom Umgang mit Fehlern. In: Timm 1998a, 353-365.

Maalouf, A. 2008. *Eine lohnende Herausforderung, wie die Mehrsprachigkeit zur Konsolidierung Europas beitraen kann.* Strasbourg: Europäische Kommission. Online: http://ec.europa.eu/education/languages/pdf/doc1646_de.pdf

Mandl, H./Friedrich, H. F. (Hg.). 2006. *Handbuch Lernstrategien.* Göttingen: Hogrefe.

Mandl, H./Spada, H. (Hg.) 1988. *Wissenspsychologie.* München, Weinheim: PVU.

Mandl, H. et al. 1988. Theoretische Ansätze zum Wissenserwerb. In: Mandl/Spada 1988, 123-160.

Marchman, V. /Bates, E. 1994. Continuity in lexical and morphological development: a test of the critical mass hypothesis. *Journal of Child Language* 21: 339-366.

Marotzki, W. 1990. *Entwurf einer strukturalen Bildungstheorie: biographietheoretische Auslegung von Bildungsprozessen in hochkomplexen Gesellschaften.* Weinheim: Deutscher Studien Verlag.

Marsh, D./Wolff, D. (Hg.) 2006. *Diverse Contexts – Converging Goals. CLIL in Europe.* Frankfurt/M.: Lang.

Martin, J.-P. 1986. Für eine Übernahme von Lehrfunktionen durch Schüler. *Praxis des neusprachlichen Unterrichts* 33: 395-404.

Martin, J.-P. 1988. Schüler in komplexen Lernumwelten. Vorschlag eines kognitionspsychologisch fundierten Curriculums für den Fremdsprachenunterricht. *Praxis des neusprachlichen Unterrichts* 35: 294-302.

Martin, J.-P. 1996. Das Projekt „Lernen durch Lehren" - eine vorläufige Bilanz. *Fremdsprachen Lehren und Lernen* 25: 70-86.

Martin, J.-P./Kelchner, R. 1998. Lernen durch Lehren. In: Timm 1998a, 211-219.

May, P. 2006. Englisch-Hörverstehen am Ende der Grundschulzeit. In: Bos/ Pietsch 2006, 203–224.

Mayer, N./Köhler, G. 2009. *Englischunterricht.* Reihe *Kompetent im Unterricht der Grundschule,* Band 4. Baltmansweiler: Verlag Schneider Hohengehren.

Mayer, N./Rothermel, C. 2009. Biografien mit Bruchstellen. Am Übergang von der Primarstufe zur Sekundarstufe. *Praxis Fremdsprachenunterricht* 4/2009: 62-65.

MBWFK (Ministerium für Bildung, Wissenschaft, Forschung und Kultur des Landes Schleswig-Holstein) 2004. *Bildungsstandards für den Mittleren Schulabschluss* (Beschluss der KMK vom 04.12.2003): Handreichung für die Arbeit an Realschulen, Gymnasien, Gesamtschulen und Berufsbildenden Schulen in Schleswig-Holstein. Kiel: MBWFK.

McInerney, D. M. et al. (Hg.) 2007. *Standards in Education.* Charlotte, NC : IAP.

McNamara, T. 2000. *Language Testing.* Oxford: OUP.

Menzel, W. 2001. „Die Textlupe". Ein Verfahren zur Überarbeitung selbst verfasster Texte. *Praxis Deutsch* 164: 14-15.

Mercer, N. 1995. *The guided construction of knowledge. Talk amongst teachers and learners.* Clevedon: Multilingual Matters.

Mertens, J. 2002. Diskrepanz zwischen Laut und Schrift? Zum Einsatz der Schrift im frühen (Fremd-)Spracherwerb. In: Fitzner 2002, 255-272.

Meyer, H. 1980. *Leitfaden zur Unterrichtsvorbereitung.* Königstein: Scriptor.

Meyer, H. 1987. *UnterrichtsMethoden.* Bd. I: Theorieband, Bd. II: Praxisband. Frankfurt/M.: Scriptor.

Meyer, H. 2004. *Was ist guter Unterricht?* Berlin: Cornelsen-Scriptor.

Miller, G. A. 1956. The magical number seven, plus or minus two: some limits on our capacity for processing information. *The Psychological Review* 63: 81-97.

Möller, K. et al. (Hg.) 2007. *Qualität von Grundschulunterricht entwickeln, erfassen und bewerten.* Wiesbaden: Verlag für Sozialwissenschaften.

Mühlmann, H./Otten, E. 1991. Bilinguale deutsch-englische Bildungsgänge an Gymnasien: Diskussion didaktisch-methodischer Probleme. *Die neueren Sprachen* 90: 2-23.

Müller, R. M. 1989. Fremdsprachenlehrer als Trainer. Oder: Was heißt, „eine sprachliche Regelung gelernt haben"? *Praxis des neusprachlichen Unterrichts* 36: 15-21.

Müller-Hartmann, A./Raith, T. 2008: *Web 2.0.* Das Mitmach-Internet für den Fremdsprachenunterricht nutzen. *Praxis Fremdsprachenunterricht* 1: 2-8.

Müller-Hartmann, A./Schocker-v. Ditfurth, M. (Hg.) 2004. *Aufgabenorientierung im Fremdsprachenunterricht. Task-Based Language Learning and Teaching*. Tübingen: Narr.

Müller-Hartmann, A./Schocker-v. Ditfurth, M. 2006. Aufgaben bewältigen. Weg und Ziel des Fremdsprachenunterrichts. *Der Fremdsprachliche Unterricht Englisch* 40: 2-11.

Müller-Hartmann, A./Schocker-v. Ditfurth, M. (Hg.) 2008. *Aufgabenorientiertes Lernen und Lehren mit Medien. Ansätze, Erfahrungen, Perspektiven in der Fremdsprachendidaktik*. Frankfurt/M.: Lang.

Müller-Schneck, E. 2006. *Bilingualer Geschichtsunterricht. Theorie, Praxis, Perspektiven*. Frankfurt/M.: Lang.

Multhaup, U./Wolff, D. (Hg.) 1992a. *Prozeßorientierung in der Fremdsprachendidaktik*. Frankfurt/M.: Diesterweg.

Multhaup, U./Wolff, D. 1992b. Prozeßorientierung in der Fremdsprachendidaktik: Statt einer Einleitung. In: Multhaup/Wolff 1992a: 7-13.

Mundzeck, F. 1991. Schüler machen Fehler – Überlegungen aus pädagogischer und fremdsprachendidaktischer Sicht. *Die Neueren Sprachen* 90: 586-606.

Nadorf, B. 2009. *Non scholae, sed vitae discimus*. Plädoyer für eine Reform der Abiturprüfung im Fach Englisch. *What's New*: 1-2. [Berlin: Cornelsen].

NCES (National Center for Education Statistics) 2002. *Defining and Assessing Learning: Exploring Competency-Based Initiatives*. Jessup, MD: U.S. Department of Education.

Nebraska Department of Education. 1996. *Nebraska K-12 Foreign Language Frameworks*. Lincoln, NE: Nebraska Department of Education.

Neuner, G. 2007. Vermittlungsmethoden: historischer Überblick. In: Bausch et al. 2007, 225-234.

Neuner, G. et al. 1981. *Übungstypologie zum kommunikativen Deutschunterricht*. München: Langenscheidt.

Newby, D. 2007. The European Portfolio for Student Teachers of Languages. *Babylonia* 3: 23-26. Online: http://www.babylonia-ti.ch/BABY307/PDF/newby. pdf

Newby, D. et al. (Hg.) 2007. *European Portfolio for Student Teachers of Languages - A reflection tool for language teacher education*. Strasbourg, Graz: Council of Europe.

Niemeier, S. 2008. Bilingualismus und „bilinguale" Bildungsgänge aus kognitiv-linguistischer Sicht. In: Bach/Niemeier 2008, 23-45.

Nold, G./Schnaitmann, G. W. 1997. Lernstrategien in verschiedenen Tätigkeitsbereichen des Fremdsprachenunterrichts. Lassen sich passende Strategien finden? (Ein Zwischenbericht). In: Rampillon/Zimmermann 1997, 135-149.

NRW (Ministerium für Schule und Weiterbildung des Landes Nordrhein-Westfalen) 2007. *Kernlehrplan für den verkürzten Bildungsgang des Gymnasiums – Sekundarstufe I (G8) in Nordrhein-Westfalen: Englisch*. Frechen: Ritterbach.

Nünning, A. 1997. Perspektivenübernahme und Perspektivenkoordinierung: Prozessorientierte Schulung des Textverstehens und der Textproduktion bei der Behandlung von John Fowles' ‚The Collector'. *Anglistik und Englischunterricht* 59: 137-161.

Nünning, A. 2000. ‚Intermisunderstanding'. Prolegomena zu einer literaturdidaktischen Theorie des Fremdverstehens: erzählerische Vermittlung, Perspektivenwechsel und Perspektivenübernahme. In: Bredella et al. 2000, 84-132.

Nünning, A. (Hg.) 2001. *Fremdverstehen durch Literatur*. Themenheft *Der Fremdsprachliche Unterricht Englisch* 35.

Nünning, A./Surkamp, C. 2009. *Englische Literatur unterrichten 1: Grundlagen und Methoden* (2. Aufl.). Seelze-Velber: Kallmeyer/Klett. (1. Aufl. 2006)

Nünning, V./Nünning, A. 2003. *Grundkurs anglistisch-amerikanistische Literaturwissenschaft* (3. Aufl.) Stuttgart: Klett (1. Aufl. 2001).

Oebel, G. (Hg.) 2009. *LdL - Lernen durch Lehren goes global: Paradigmenwechsel in der Fremdsprachendidaktik und kulturspezifische Lerntraditionen*. Hamburg: Dr. Kovac

OECD 2005. Are Students Ready for a Technology-Rich World? Online: http://www.oecd.org/dataoecd/28/4/35995145.pdf

Oelkers, J./Reusser, K. 2008. *Expertise: Qualität entwickeln – Standards sichern – mit Differenz umgehen*. Berlin: Bundesministerium für Bildung und Forschung.

O'Malley, J. M./Chamot, A. U. 1990. *Learning strategies in second language acquisition*. Cambridge: CUP.

O'Malley, J. M./Chamot, A. U. 1994. Language learner and learning strategies. In: N. C. Ellis 1994b, 371-392.

O'Shea, K. 2004. *Education for Democratic Citizenship 2001-2004: Developing a Shared Understanding*. Strasbourg: Council of Europe. Online: http://www.coe.int/t/dg4/education/edc/Source/Pdf/Documents/2003_29_GlossaryEDC_En.PDF

Oxford, R. L. 1990. *Language learning strategies: What every teacher should know*. New York: Newbury House.

Pajares, M. F. 1992. Teachers' beliefs and educational research: cleaning up a messy construct. *Review of Educational Research* 62: 302-332.

Palmer, H. E./ Palmer, D. 1970. *English through actions* (3. Aufl.). London: Longman (1. Aufl. 1925).

Peltzer-Karpf, A./Zangl, R. 1998. *Die Dynamik des frühen Fremdsprachenerwerbs*. Tübingen: Narr.

Pelz, M. (Hg.) 1989. *Lerne die Sprache deines Nachbarn. Grenzüberschreitende Spracharbeit zwischen Deutschland und Frankreich*. Frankfurt/M.: Diesterweg.

Penman, C. (Hg.) 2005. *Holistic Approaches to Language Learning*. Frankfurt/M.: Lang.

Petit, J. 2002. Acquisition strategies of German in Alsatian immersion classrooms. In: Burmeister et al. 2002, 433-448.

Petitot, J. et al. (Hg.) 1999. *Naturalizing Phenomenology. Issues in contemporary phenomenology and cognitive science*. Stanford, Cal.: Stanford University Press.

Phillipson, R. 2003. *English-Only Europe? Challenging Language Policy*. London: Routledge.

Phillipson, R. 2008. The new linguistic imperial order: English as a European Union *lingua franca* or *lingua frankensteinia? Journal of Irish and Scottish Studies* 1/2: 189-203.

Piaget, J. 1973. *Einführung in die genetische Erkenntnistheorie.* Frankfurt/M.: Suhrkamp.

Pienemann, M. 1989. Is language teachable? Psycholinguistic experiments and hypotheses. *Applied Linguistic* 10: 52-79.

Pienemann, M. 1998. *Language processing and second language development: processability theory.* Amsterdam: John Benjamins.

Pienemann, M. (Hg.) 2005. *Cross-linguistic aspects of Processablity Theory.* Amsterdam: Benjamins.

Pienemann; M. 2006. Spracherwerb in der Schule. Was in den Köpfen der Kinder vorgeht. In: Pienemann et al. 2006, 33-63.

Pienemann, M. et al. (Hg.) 2006. *Englischerwerb in der Grundschule.* Paderborn: Schöningh UTB.

Piepho, H.-E. 1974. *Kommunikative Kompetenz als übergeordnetes Lernziel im Englischunterricht.* Dornburg-Frickhofen: Frankonius.

Piepho, H.-E. 1979. *Kommunikative Didaktik des Englischunterrichts Sekundarstufe I. Theoretische Begründung und Wege zur praktischen Einlösung eines fachdidaktischen Konzepts.* Limburg: Frankonius.

Piepho, H.-E. 2000. Storytelling - which, when, why. In: Bleyhl 2000d, 43-58.

Piepho, H.-E. 2001. Stufenprofile als verbindliche Etappen erfolgreichen fremdsprachlichen Wachstums. In: Edelhoff 2001, 12-22.

Piepho, H.-E. 2003. *Lerneraktivierung im Fremdsprachenunterricht. ‚Szenarien' in Theorie und Praxis.* Hannover: Schroedel, Diesterweg, Klinckhardt.

Piske, T./Young-Scholten, M. (Hg.) 2009. *Input Matters in SLA.* Bristol: Multilingual Matters.

Pitton, A. 1997. *Sprache und Kommunikation im Chemieunterricht. Eine Untersuchung ihrer Bedeutung für Lern- und Problemlösungsprozesse.* Münster: LIT.

Popper, K./ Eccles, J. C. 1984. *Das Ich und sein Gehirn* (3. Aufl.). München: Piper (1. Aufl. 1982).

Prabhu, N. S. 1990. There is no best method - why? *TESOL Quarterly* 24: 161-176.

Prenzel, M. et al. (Hg.) 2007. *PISA´06. Die Ergebnisse der dritten internationalen Vergleichsstudie.* Münster: Waxmann.

Preuss-Lausitz, U. 1993. *Die Kinder des Jahrhunderts. Zur Pädagogik der Vielfalt im Jahr 2000.* Weinheim: Beltz.

Prokop, M. 1989. *Strategies for success in second language learning.* New York: Edwin Mellen Press.

Puchta, H./Schratz, M. 1984. *Handelndes Lernen im Englischunterricht* (3 Bde.) München: Hueber.

Raith, M./Raith, T. 2008: *Kooperative Schreibprozesse mit Wikis gestalten.* Ein Literaturprojekt zum Roman Lupita Manana. *Der Fremdsprachliche Unterricht Englisch* 96: 20-25.

Raizen, S. 1991. *Learning and work: the research base.* Paper of the U.S. Department of Education and OECD Seminar, March 1991. Phoenix, AZ.

Rampillon, U. 1985. *Lerntechniken im Fremdsprachenunterricht. Handbuch.* München: Hueber.

Rampillon, U. 1995. Grammatiklernen durch weniger Unterrichten: selbstverantwortetes Lernen. *Der Fremdsprachliche UnterrichtEnglisch* 19: 53-58.

Rampillon, U. 2003. Autonomes Fremdsprachenlernen: Wege zu einer veränderten Lernkultur. *Der Fremdsprachliche Unterricht Englisch* 6: 4-12.

Rampillon, U. 2007. Lerntechniken. In: Bausch et al. 2007, 340-344.

Rampillon, U./Zimmermann, G. (Hg.) 1997. *Strategien und Techniken beim Erwerb fremder Sprachen.* München: Hueber.

Rattunde, E. 1982. Sprachlern- und Spracherwerbsphasen im Fremdsprachenunterricht. *Die Neueren Sprachen* 81: 611-624.

Rau, N. 2009. *A Teddy Bear Project* - Ein Klassenkorrespondenzprojekt im Fremdsprachenunterricht der Grundschule. *Forum Sprache* 1, 88-108. Online: www.hueber.de/forum-sprache/

Rau, N./Legutke, M. 2008. Sprachliches Können dokumentieren und präsentieren. Anmerkungen zur Arbeit mit dem Dossier (der ‚Schatztruhe') des Juniorportfolios. In: Grau/Legutke 2008a, 211-231.

Ravitch, D. 1995. *National Standards in American Education: A Citizen's Guide.* Washington, DC.: Brookings Institution Press.

Reich, K. 2005. *Systemisch-konstruktivistische Pädagogik* (5. Aufl.). Weinheim: Beltz (1. Aufl. Neuwied: Luchterhand 1996).

Reich, K. 2008. *Konstruktivistische Didaktik. Lehr- und Studienbuch mit Methodenpool* (4. Aufl.). Weinheim: Beltz (1. Aufl. Neuwied: Luchterhand 2002).

Reich, K. 2009. *Die Ordnung der Blicke. Perspektiven des interaktionistischen Konstruktivismus* (2 Bde.). Band 1 (2. Aufl.). Online: http://www.uni-koeln.de/hf/konstrukt/reich_works/buecher/ordnung/band1.html; Band 2 (2. Aufl.): Online: http://www.uni-koeln.de/hf/konstrukt/reich_works/buecher/ordnung/band2.html

Reichart-Wallrabenstein, M. 2001. „Nein, das steht da nicht!" - Geschichtenforscher und Lesekonferenz beim Lesen im Englischunterricht in der Grundschule. In: Bonnet/Kahl 2001, 112-127.

Reinmann-Rothmeier, G. 2003. *Didaktische Innovation durch Blended Learning.* Bern: Verlag Hans Huber.

Reiss, M.-A. 1985. The good language learner: another look. *Canadian Modern Language Review* 41: 511-523.

Reusser, K./Reusser-Weyeneth, M. (Hg.) 1994. *Verstehen: psychologischer Prozeß und didaktische Aufgabe.* Bern: Huber.

Richards, J./Lockhart, C. 1996. *Reflective teaching in second language classrooms.* Cambridge: CUP.

Richter, A. 2000. Neue Welten erschließen - Chinese American Literature (Sekundarstufe II). *Der Fremdsprachliche Unterricht Englisch* 34: 34-41.

Richter, K./Rost, J.-M. 2002. *Komplexe Systeme.* Frankfurt/M.: Fischer.

Riedl, R. 1981. *Biologie der Erkenntnis. Die stammesgeschichtlichen Grundlagen der Vernunft* (3. Aufl.). Berlin: Parey (1. Aufl. 1979).

Riemer, C. (Hg.) 2000. *Kognitive Aspekte des Lehrens und Lernens von Fremdsprachen.* Tübingen: Narr.

Ritchie, W./Bathia, T. (Hg.) 1996. *Handbook of research on second language acquisition.* New York: Academic Press.

Robinson, P. (Hg.) 2001. *Cognition and second language instruction.* Cambridge: CUP.

Rosen, M./Langley, J. 1998. *Snore!* London: HarperCollins.

Roth, G. 1995. Die Konstruktivität des Gehirns: der Kenntnisstand der Hirnforschung. In: Fischer 1995a, 47-61.

Roth, G. 2003. *Fühlen, Denken, Handeln. Wie das Gehirn unser Verhalten steuert* (3. Aufl.) Frankfurt/M.: Suhrkamp (1. Aufl. 2001).

Roth, G. 2007. *Persönlichkeit, Entscheidung und Verhalten. Warum es so schwierig ist, sich und andere zu ändern.* Stuttgart: Klett-Cotta.

Roth, G. 2009. Möglichkeiten und Grenzen von Wissensvermittlung und Wissenserwerb - Erklärungsansätze aus Lernpsychologie und Hirnforschung. In: Caspary 2009, 54-69.

Roy, J.-M. et al. 1999. Beyond the gap: an introduction to naturalizing phenomenology. In: Petitot et al. 1999, 1-80.

Rück, H. 1987. Poetische Texte als Anstoß zu kreativem Handeln. *Praxis des neusprachlichen Unterrichts* 34: 173-181.

Rück, H. 2001. Klang und Rhythmus im Fremdsprachenfrüherwerb. Input, Klang, Bewegung. *Grundschulunterricht* 4: 46-51.

Rymarczyk, J. 2008. Früher oder später? Zur Einführung des Schriftbildes in der Grundschule. In: Böttger 2008: 170-182.

Salmon, G. 2004: *E-tivities. Der Schlüssel zu aktivem Online-Lernen.* Zürich: Orell Füssli Verlag.

Saskatchewan Ministry of Education. 2008. *English Language Arts 7.* Regina, SK: Saskatchewan Ministry of Education.

Sauer, H. 2000a. *Fremdsprachenlernen in Grundschulen. Der Weg ins 21. Jahrhundert. Eine annotierte Bibliographie und das Beispiel Nordrhein-Westfalen.* Leipzig: Klett.

Sauer, H. 2000b. Frühes Fremdsprachenlernen in der Grundschule - ein Irrweg? *Neusprachliche Mitteilungen* 53: 2-7.

Saxton, M. 1997. The contrast theory of negative input. *Journal of Child Language* 24: 139-161.

Schärer, R. 2003. Sprachenportfolio. In: Bausch et al. 2003a, 387-390.

Scharle, A./Szabo, A. 2000. *Learner Autonomy: A Guide to Developing Learner Responsibility.* Cambridge: CUP.

Schelhaas, C. 2003. *‚Lernen durch Lehren' für einen produktions- und handlungsorientierten Fremdsprachenunterricht – Ein praktischer Leitfaden mit zahlreichen kreativen Unterrichtsideen und reichhaltiger Materialauswahl.* Marburg: Tectum.

Scheller, I. 2004. *Szenische Interpretation. Theorie und Praxis eines handlungs- und erfahrungsbezogenen Literaturunterrichts in Sekundarstufe I und II*. Seelze-Velber: Kallmeyer.

Schiefele, U. 1996. *Motivation und Lernen mit Texten*. Göttingen: Hogrefe.

Schinschke, A. 1995. Perspektivenübernahme als grundlegende Fähigkeit im Umgang mit Fremdem. In: Bredella/Christ 1995, 36-50.

Schlosser, W. 1992. Methoden des handlungs- und produktionsorientierten Literaturunterrichts in der Realschule. *Lehren und Lernen* 18: 41-51.

Schmid-Schönbein, G. 2001. *Didaktik: Englisch in der Grundschule*. Berlin: Cornelsen.

Schmidt, R. 1994. Deconstructing consciousness in search of useful definitions for applied linguistics. In: Hulstijn/Schmidt 1994, 11-26.

Schmidt, R. (Hg.) 1995a. *Attention and awareness in foreign language learning*. Honolulu: University of Hawaii Press.

Schmidt, R. 1995b. Consciousness and foreign language learning: A tutorial on the role of attention and awareness in learning. In: Schmidt 1995a, 1-64.

Schmidt, R. 2001. Attention. In: Robinson 2001, 3-32.

Schmidt, T. 2008: *Junk food – I'm Loving It?* Eine Talkshow als Podcast produzieren. *Der Fremdsprachliche Unterricht Englisch* 96: 29-35.

Schmidt, T. 2009: *Mündliche Lernertexte auf der 2.0-Bühne* - Mediale Inszenierungen im Englischunterricht am Beispiel eines Schulpodcast-Projekts. *Forum Sprache* 1: 24-42. Online: http://www.hueber.de/forum-sprache/

Schnaitmann, G. W. 2002. *Forschungsmethoden in der Erziehungswissenschaft: zum Verhältnis von qualitativen und quantitativen Methoden in der Lernforschung*. Heidelberg: Universität Heidelberg.

Schnaitmann, G. 2004. *Forschungsmethoden in der Erziehungswissenschaft. Zum Verhältnis von Qualitativen und Quantitativen Methoden in der Lernforschung an einem Beispiel der Lernstrategienforschung*. Frankfurt/M.: Lang.

Schneider, W. et al. (Hg.) 2002. *Entwicklung und Lernen*. Göttingen: Hogrefe.

Schocker-v. Ditfurth, M. 2001. Reviving Native American culture in the German EFL-classroom. Ein handlungsorientiertes Internet-Rechercheprojekt (8. Schuljahr Realschule). *Der Fremdsprachliche Unterricht Englisch* 35: 23-29.

Schrader, F.-W. et al. 2008. Lernstrategien im Fach Englisch. In: Klieme 2008, 270-282.

Schultheis, K. 1998. *Leiblichkeit - Kultur - Erziehung. Zur Theorie der elementaren Erziehung*. Weinheim: Deutscher Studien Verlag.

Schulz von Thun, F. 1988. *Miteinander reden: Störungen und Klärungen*. Reinbek: Rowohlt.

Schwerdtfeger, I. 1977. *Gruppenarbeit im Fremdsprachenunterricht. Ein adaptives Konzept*. Heidelberg: Quelle & Meyer.

Schwerdtfeger, I. 2001. *Gruppenarbeit und innere Differenzierung*. München: Langenscheidt.

Seidler, K. 1988. Kontakte ohne zu reisen: *video-letter exchange*. In: Edelhoff/Liebau 1988, 149-158.

Seidlhofer, B. 2007. Common property: English as a lingua franca in Europe. In: Cummins/Davison 2007, 137-153.

Selinker, L. 1972. Interlanguage. *International Review of Applied Linguistics in Language Teaching* 10: 209-231.

Sifakis, N. C. 2004. Teaching EIL – Teaching International or Intercultural English? What Teachers Should Know. *System* 32: 237-250.

Simon, F. B. 1984. *Der Prozeß der Individuation. Über den Zusammenhang von Vernunft und Gefühlen*. Göttingen: Vandenhoeck & Ruprecht.

Singleton, D. M. 1995. A critical look at the critical period hypothesis in second language acquisition research. In: Singleton/Lengyel 1995, 1-29.

Singleton, D. M./Lengyel, Z. (Hg.) 1995. *The age factor in second language acquisition: a critical look at the critical period hypothesis*. Clevedon: Multilingual Matters.

Sippel, V. 2003. *Ganzheitliches Lernen im Rahmen der ,Simulation globale'. Grundlagen – Erfahrungen – Anregungen*. Tübingen: Narr.

Skutnabb-Kangas, T./Garcia, O. (Hg.) 2006. *Imagining Multilingual Schools*. Clevedon: Multilingual Matters.

Solmecke, G. (Hg.) 1976. *Motivation im Fremdsprachenunterricht*. Paderborn: Schöningh.

Spitzer, M. 2006. *Lernen: Gehirnforschung und die Schule des Lebens*. Heidelberg: Spektrum Akademischer Verlag

Spitzer, M. 2009. *Das Wahre, Schöne. Gute. Brücken zwischen Geist und Gehirn*. Stuttgart: Schattauer.

Starkey, H. 2002. *Democratic Citizenship, Languages, Diversity and Human Rights*. Strasbourg: Council of Europe.

Stenger, H. 1998. Soziale und kulturelle Fremdheit. Zur Differenzierung von Fremdheitserfahrungen am Beispiel ostdeutscher Wissenschaftler. *Zeitschrift für Soziologie* 27/1: 18-38.

Stern, H. H. 1975. What can we learn from the good language learner? *Canadian Modern Language Review* 34: 304-318.

Stern, H. H. 1990. *Fundamental concepts of language teaching* (6. Aufl.). Oxford: OUP (1. Aufl. 1983).

Sternberg, R. J./Grigorenko, E. L. 2002. *Dynamic Testing: The Nature and Measurement of Learning Potential*. Cambridge: CUP.

Stotz, D. (erscheint). Encart didactique: Aufgaben für den Stufenübergang. *Babylonia* 2. Online: http://www.babylonia-ti.ch/site/front/welcome9.php

Stritzelberger, I. 2007. Living and Loving. Ein szenisches Projekt in kurzen Texten. *Der Fremdsprachliche Unterricht Englisch* 41: 64-68.

Surkamp, C. 2007. Handlungs- und Produktionsorientierung im fremdsprachlichen Literaturunterricht. In: Hallet/Nünning 2007, 89-106.

Surkamp, C./Nünning, A. 2009. *Englische Literatur unterrichten 2. Unterrichtsmodelle und Materialien*. Seelze-Velber: Kallmeyer/Klett.

Surkamp, C./Sommer, R. 2002. „Mit anderen Augen" - Multikulturalismus und Fremdverstehen am Beispiel ausgewählter britischer multikultureller Erzähltexte. *Neusprachliche Mitteilungen* 55: 227-237.

Svalberg, A. 2007. Language awareness and language learning. *Language Teaching* 40: 287-308.

Swain, M. 1985. Communicative competence: some roles of comprehensible input and comprehensible output in its development. In: Gass/Madden 1985, 235-253.

Swain, M. 1993. The output hypothesis: Just speaking and writing aren't enough. *The Canadian Modern Language Review* 50: 158-163.

Swain, M. 2000. The output hypothesis and beyond: Mediating acquisition througg collaborative dialogue. In: Lantolf 2000, 97-114.

Swain, M. 2005. The output hypothesis: theory and research. In: Hinkel 2005, 471-484.

Swan, M. 1974. How to be charming and popular and get what you want in England. *Englisch* 9: 27-29.

Terhart, E. 2007. Was wissen wir über gute Lehrer? *Friedrich Jahresheft* XXV: 20-24.

Terrell, T. D. 1982. A natural approach. In: Blair 1982, 160-173.

Thinnes, N. 1990. Thesen und Erläuterungen zum produktionsorientierten Umgang mit Texten. In: Pädagogisches Zentrum des Landes Rheinland-Pfalz Bad Kreuznach. *Produktions- und handlungsorientierter Literaturunterricht. PZ-Informationen Deutsch* 1: 1-21.

Thonhauser, J. (Hg.) 2008. *Aufgaben als Katalysatoren von Lernprozessen*. Münster: Waxmann.

Thürmann, E. 2002. Eine eigenständige Methodik für den bilingualen Sachfachunterricht? In: Bach/Niemeier 2002, 75-93.

Thürmann, E. 2008. Eine eigenständige Methodik für den bilingualen Sachfachunterricht? In: Bach/Niemeier 2008, 71-89.

Timm, J.-P. 1986. The consistency of interlanguage in task-bound second-language production. *Applied Linguistics* 7: 86-107.

Timm, J.-P. 1987. Plädoyer für ein ganzheitliches Sprach- und Methodenkonzept im Fremdsprachenunterricht der Sekundarstufe I. In: Bausch et al. 1987, 190-197.

Timm, J.-P. (Hg.) 1995a. *Ganzheitlicher Fremdsprachenunterricht*. Weinheim: Deutscher Studien Verlag.

Timm, J.-P. 1995b. Die ,Fuzziness' der Sprache als Begründung für einen ganzheitlich-funktionalen, erfahrungsorientierten Grammatikunterricht. In: Timm 1995a, 120-148.

Timm, J.-P. 1995c. Dem ,Sprachgefühl' auf der Spur: Fuzzy Concepts in der englischen Grammatik. In: Bredella 1995b, 225-235.

Timm, J.-P. (Hg.) 1998a. *Englisch lernen und lehren. Didaktik des Englischunterrichts*. Berlin: Cornelsen.

Timm, J.-P. 1998b. Entscheidungsfelder des Englischunterrichts. In: Timm 1998a, 7-14.

Timm, J.-P. 1998c. Grammatiklernen: die Entwicklung praktischer Sprachkenntnisse. In: Timm 1998a, 299-318.

Timm, J.-P. 1998d. Pop- und Rocksongs als ‚Lernschrittmacher'. In: Timm 1998a, 178-184.

Timm, J.-P. 2002. Bilingualer Unterricht *revisited*. Fremdsprachenlernen in einem ‚integrierten Sachfach- und Fremdsprachenunterricht. *Praxis des neusprachlichen Unterrichts*. 49: 12-16.

Tomasello, M. 1999. *The Cultural Origins of Human Cognition*. Cambridge, Mass.: Harvard Univ. Press.

Tomasello, M. 2008. *Origins of Human Communication*. Cambridge, Mass.: MIT Press.

Tönshoff, W. 2005. Mündliche Fehlerkorrektur im Fremdsprachenunterricht. Ein Blick auf neuere empirische Untersuchungen. *Zeitschrift für Fremdsprachenforschung* 16: 3-21.

Tönshoff, W. 2007. Lernerstrategien. In: Bausch et al. 2007, 331-335.

Tracy, R. 2000. Sprache und Sprachentwicklung: Was wird erworben? In: Grimm 2000, 3-39.

Tracy, R. 2008. *Wie Kinder Sprachen lernen. Und wie wir sie dabei unterstützen können*. 2., überarbeitete Auflage. Tübingen: Francke. (1. Aufl. 2007).

Tudor, I. 2003. Learning to Live with Complexity: Towards an Ecological Perspective on Language Teaching. *System* 31: 1-12.

Valtin, R. (Hg.) 2000. *Rechtschreiben lernen in den Klassen 1-6. Grundlagen und didaktische Hilfen*. Frankfurt/M.: Arbeitskreis Grundschule.

Varela, F. J. 1999. The specious present: a neurophenomenology of time consciousness. In: Petitot et al. 1999, 266-314.

Vester, F. 1985. *Neuland des Denkens. Vom technokratischen zum kybernetischen Zeitalter* (3. Aufl.). München: dtv (1. Aufl. 1984).

Vollmer, G. 2002. *Evolutionäre Erkenntnistheorie* (8. Aufl.). Stuttgart: Hirzel (1. Aufl. 1975).

Vollmer, H. J. 2002: Leistungsfeststellung und Leistungsbewertung im bilingualen Sachfachunterricht. Ein Desideratum. In: Breidbach et. al. 2002, 101-121.

Vollmer, H. J. 2006. Bildungsstandards von oben, Bildungsstandards von unten. *Der Fremdsprachliche Unterricht Englisch* 40: 12-16.

Vollmer, H. J. 2009. Diskursfunktionen und fachliche Diskurskompetenz bei bilingualen und monolingualen Geografielernern. In: Ditze/Halbach 2009, 165-185.

Voss, B. 1998. Sprache im Unterricht – Unterrichtssprache: zur Bedeutung der Unterrichtssprache im Fremdsprachenunterricht. In: Jung 1998, 105-112.

Voss, B./Stahlheber E. (Hg.) 2002. *Fremdsprachen auf dem Prüfstand. Qualitätssicherung und Qualitätsverbesserung im Schul- und Hochschulbereich*. Berlin: Pädagogischer Zeitschriftenverlag.

Wagenschein, M. 1995. *Die pädagogische Dimension der Physik* (1. Neuaufl.). Aachen-Hahn: Hahner.

Waldmann, G. 1998. *Produktiver Umgang mit Lyrik. Eine systematische Einführung in die Lyrik, ihre produktive Erfahrung und ihr Schreiben*. Baltmannsweiler: Schneider Verlag Hohengehren.

Waldmann, G. 2004. *Produktiver Umgang mit dem Drama*. Baltmannsweiler: Schneider-Verlag Hohengehren.

Waldmann, G./Bothe, K. 1992. *Erzählen. Eine Einführung in kreatives Schreiben und produktives Verstehen von traditionellen und modernen Erzählformen*. Stuttgart: Klett.

Warschauer, M. 2001. Millennialism and media: language, literacy, and technology in the 21st century. *The AILA Review* 1: 49-59.

Watzlawick, P. (Hg.) 1995. *Die erfundene Wirklichkeit. Wie wissen wir, was wir zu wissen glauben? Beiträge zum Konstruktivismus* (6. Aufl.). München, Zürich: Piper (1. Aufl. 1985).

Watzlawick, P. et al. 1985. *Menschliche Kommunikation* (7. Aufl.). Bern: Huber (1. Aufl. 1969).

Weinert, F. E. 1996. *Psychologie des Lernens und der Instruktion* (Enzyklopädie der Psychologie. Pädagogische Psychologie, Vol. 2). Göttingen: Hogrefe.

Weinert, F. E. 2001a. Vergleichende Leistungsmessung in Schulen - eine umstrittene Selbstverständlichkeit. In: Weinert 2001b, 17-32.

Weinert, F. E. (Hg.) 2001b. *Leistungsmessungen in Schulen*. Weinheim: Beltz.

Weinert, F. E./Waldmann, M. R. 1988. Wissensentwicklung und Wissenserwerb. In: Mandl/Spada 1988, 161-199.

Weinert, S. 2000. Beziehungen zwischen Sprach- und Denkentwicklung. In: Grimm 2000, 311-361.

Wells, G. 1979. Describing children's linguistic development at home and at school. *British Educational Research Journal* 5: 75-89.

Wenden, A. L. 1986a. Helping L2 learners to think about learning. *English Language Teaching Journal* 40: 3-12.

Wenden, A. L. 1986b. What do L2 learners know about their language learning? A second look at retrospective accounts. *Applied Linguistics* 7: 186-201.

Wenden, A. L. (Hg.) 1999. Metacognitive knowledge and beliefs in learning. *System* 24/7 (Special Issue).

Wenden, A. L./Rubin, J. (Hg.) 1987. *Learner strategies in language learning*. New York: Prentice-Hall.

Wendt, M. 1996. *Konstruktivistische Fremdsprachendidaktik. Lerner- und handlungsorientierter Fremdsprachenunterricht aus neuer Sicht*. Tübingen: Narr.

Wendt, M. 1997. Strategien und Strategieebenen am Beispiel von Lernaktivitäten im Spanischunterricht. In: Rampillon/Zimmermann 1997, 77-94.

Wendt, M. 2002. Kontext und Konstruktion: Fremdsprachendidaktische Theoriebildung und ihre Implikationen für die Fremdsprachenforschung. *Zeitschrift für Fremdsprachenforschung* 13: 1-62.

Werlen, E. et al. 2005. *Praxis des Grundschul-Fremdsprachenunterrichts: Bildungsstandards und Kompetenzmodell. Schlussbericht der Wissenschaftlichen Begleitung der Pilotphase Fremdsprache in der Grundschule – Zielsprache Englisch und Zielsprache*

Französisch (WiBe). Basel: Universität Basel, Winterthur: Zürcher Hochschule. Online: http://www.zhwin.ch/departement-l/download-l/sfe/WiBe_sb.pdf

Werner, B. 2009. Entwicklungen und aktuelle Zahlen bilingualen Unterrichts in Deutschland und Berlin. In: Caspari et al. 2009, 19-28.

Weskamp, R. 1996. Pädagogisierung des Fremdsprachenunterrichts - Schritte in Richtung zeitgemäßen Lernens. *Praxis des neusprachlichen Unterrichts* 43: 347-356.

Weskamp, R. 2001. *Fachdidaktik: Grundlagen & Konzepte – Anglistik/Amerikanistik*. Berlin: Cornelsen.

Weskamp, R. 2003. *Fremdsprachenunterricht entwickeln. Grundschule – Sekundarstufe I – Gymnasiale Oberstufe*. Hannover: Schroedel.

Weskamp, R. 2004. Aufgaben im fremdsprachlichen Unterricht. *Praxis Fremdsprachenunterricht* 1: 162-170.

Weskamp, R. 2007a. Self-assessment/Selbstkontrolle, Selbsteinschätzung und -einstufung. In: Bausch et al. 2007, 382-384.

Weskamp, R. 2007b. *Mehrsprachigkeit: Sprachevolution, kognitive Sprachverarbeitung und schulischer Fremdsprachenerwerb*. Braunschweig: Schroedel-Diesterweg-Klinkhardt.

Weskamp, R. 2009. Fremdsprachenlernen in der Grundschule: Das baden-württembergische Forschungsprojekt ‚WiBe'. In: Engel et al. 2009, 47-66.

Widdowson, H. G. 1978. *Teaching language as communication*. Oxford: OUP.

Wildhage, M. 2003. *History*. In: Wildhage/Otten 2003, 77-115.

Wildhage, M./Otten, E. (Hg.) 2003. *Praxis des bilingualen Unterrichts*. Berlin: Cornelsen.

Wilts, J. 2002. Sprachenvielfalt an der Grundschule: Englisch! Ein Plädoyer für Französisch als frühe Fremdsprache. *Neusprachliche Mitteilungen* 55: 22-24.

Winitz, H. (ed.). 1981. *The comprehension approach to foreign language instruction*. Rowley, Mass.: Newbury House.

Winter, F. 2004. *Leistungsbewertung. Eine neue Lernkultur braucht einen anderen Umgang mit Schülerleistungen*. Baltmannsweiler: Schneider Verlag Hohengehren.

Winter, H. 1999. Text- oder Handlungsorientierung? Zur integrativen Kraft einer Prozessorientierung im fremdsprachlichen Literaturunterricht (Beispiel Englisch). *Neusprachliche Mitteilungen* 52: 177-183.

Winzer, H.-J. 2001. *Handlungs- und produktionsorientierter Literaturunterricht. Möglichkeiten und Grenzen – eine Bilanz*. Oldenburger Vordrucke 432.

Wittgenstein, L. 1963. *Tractatus logico-philosophicus*. Frankfurt/M.: Suhrkamp.

Wode, H. 2002. Fremdsprachen im Kindergarten: ein Modell in der Erprobung. Teil 1: *Fremdsprachen Frühbeginn* 1: 18-21; Teil 2: *Fremdsprachen Frühbeginn* 2: 25-28.

Wolff, D. 1993. Sprachbewußtheit und die Begegnung mit Sprachen. *Die Neueren Sprachen* 92: 510-531.

Wolff, D. 1997. Strategien des Textverstehens: Was wissen Fremdsprachenlerner über den eigenen Verstehensprozeß? In: Rampillon/Zimmermann 1997, 270-289.

Wolff, D. 2007. Lernerautonomie und selbst gesteuertes fremdsprachliches Lernen: Überblick. In: Bausch et al. 2007, 321-326.

Wolff, D. 2008. Möglichkeiten zur Entwicklung von Mehrsprachigkeit in Europa. In: Bach/Niemeier 2008, 151-164.

Woods, D. 1996. *Teacher cognition in language teaching. Beliefs, decision-making and classroom practice*. Cambridge: CUP.

Wopp, C. 1986. Unterricht, handlungsorientierter. In: Haller/Meyer 1986, 600-606.

Wygotski, L. S. 1962. *Thought and language*. Cambridge, Mass: MIT Press.

Wygotski, L. S. 1978. *Mind in society*. Cambridge, Mass: Harvard UP.

Zapp, J. A. et al. (Hg.) 1981. *Kommunikation in Europa. Probleme der Fremdsprachendidaktik in Geschichte und Gegenwart*. Frankfurt/M.: Diesterweg.

Zhang, F./Barber, B. (Hg.) 2008. *Handbook of research on computer-enhanced language acquisition and learning*. Hershey, PA: Information Science Reference.

Zimmermann, G. 1992. Zur Funktion von Vorwissen und Strategien beim Lernen mit Instruktiontexten. *Zeitschrift für Fremdsprachenforschung* 3: 57-79.

Zydatiß, W. 2000. *Bilingualer Unterricht in der Grundschule – Entwurf eines Spracherwerbskonzepts für zweisprachige Immersionsprogramme*. München: Hueber.

Zydatiß, W. 2002a. Konzeptuelle Grundlagen einer eigenständigen Didaktik des bilingualen Sachfachunterrichts: Forschungsstand und Forschungsprogramm. In: Breidbach et al. 2002, 31-61.

Zydatiß, W. 2002b. *Leistungsentwicklung und Sprachstandserhebungen im Englischunterricht. Methoden und Ergebnisse der Evaluierung eines Schulversuchs zur Begabtenförderung: gymnasiale Regel- und Expressklassen im Vergleich*. Frankfurt/M.: Lang.

Zydatiß, W. 2007. *Deutsch-Englische Züge in Berlin (DEZIBEL). Eine Evaluation des bilingualen Sachfachunterrichts an Gymnasien. Kontext, Kompetenzen, Konsequenzen*. Frankfurt/M.: Lang.

Personenindex

Sachindex

Die Autoren

Gerhard Bach, Prof. Dr.
FB 10 - Fremdsprachendidaktik Englisch, Universität Bremen
Postfach 330440, D-28334 Bremen

Werner Bleyhl, Prof. Dr.
Hohenackerstraße 34/1, D-73733 Esslingen

Andreas Bonnet, Prof. Dr.
Fakultät für Erziehungswissenschaft, Universität Hamburg
Von-Melle-Park 8, D-20146 Hamburg

Stephan Breidbach, Prof. Dr.
Dept. of English and American Studies, Humboldt-Universität zu Berlin
Unter den Linden 6, D-10099 Berlin

Reinhard Donath
Kampenland 19, D-26605 Aurich

Claudia Finkbeiner, Prof. Dr.
FB 8 Anglistik/Romanistik - Didaktik, Universität Kassel
Georg-Forster-Straße 3, D-34127 Kassel

Wolfgang Hallet, Prof. Dr.
Institut für Anglistik/Didaktik, Justus-Liebig-Universität Giessen
Otto-Behaghel-Straße 10B, D-35394 Giessen

Uwe Klemm
Mädertal 12, D-07745 Jena

Michael Legutke, Prof. Dr.
Institut für Anglistik/Didaktik, Justus-Liebig-Universität Giessen
Otto-Behaghel-Str. 10B, D-35394 Giessen

Nikola Mayer, Prof. Dr.
Fakultät II - Englisch, Pädagogische Hochschule Heidelberg
Im Neuenheimer Feld 561, D-69120 Heidelberg

Ansgar Nünning, Prof. Dr.
Institut für Anglistik, Justus-Liebig-Universität Giessen
Otto-Behaghel-Str. 10B, D-35394 Giessen

Carola Surkamp, Prof. Dr.
Seminar für Englische Philologie, Georg-August-Universität Göttingen
Käte-Hamburger-Weg 3, D-37073 Göttingen

Johannes-Peter Timm, Prof. Dr.
Schwarze-Bären-Straße 8, D-93047 Regensburg

Ralf Weskamp, Dr., OStD
Bundespräsident-Theodor-Heuss-Schule
Ziegenhainer Straße 8, 34576 Homberg/Efze

Rosemarie Tracy

Wie Kinder Sprachen lernen

Und wie wir sie dabei unterstützen können

2., überarb. Auflage 2008
XII, 236 Seiten,
€[D] 19,90 / SFr 35,90
ISBN 978-3-7720-8306-8

Offensichtlich ist Spracherwerb ein Kinderspiel! In einem Alter, in dem wir Kinder nicht unbeaufsichtigt eine Straße überqueren lassen würden, erschließen sie sich zielstrebig die Strukturen ihrer Erstsprachen. Wie wir mittlerweile wissen, gilt dies nicht nur für den Erwerb *einer* Sprache, denn Kinder können von Anfang an mit mehr als einer Sprache aufwachsen. Auch der frühe Erwerb einer zeitversetzt hinzutretenden Zweitsprache ist ohne Risiko für die Entwicklung des Kindes möglich. Diese Kompetenzen gilt es zu nutzen, vor allem auch für die frühe Zweitsprachförderung von Kindern aus Einwandererfamilien, denen ohne ausreichende Sprachkenntnisse Bildungs- und Berufschancen verwehrt bleiben.
Dieses Buch bietet anhand vieler Beispiele einen verständlichen Überblick über den Spracherwerb und schildert die Rahmenbedingungen für eine erfolgreiche Unterstützung frühkindlicher Mehrsprachigkeit. Verdeutlicht wird auch, welche sprachlichen Bereiche für Zweitsprachlerner problematisch bleiben, wenn angemessene Unterstützung fehlt. Der Text enthält eine Anleitung für die gezielte Beobachtung von Kindern und eine Fülle von Anregungen für die Förderung. Darüber hinaus weckt er Interesse an Sprache im Allgemeinen und fördert den Spaß an der eigenen Sprachkompetenz.

Narr Francke Attempto Verlag GmbH + Co. KG
Postfach 2560 · D-72015 Tübingen · Fax (07071) 9797-11
Internet: www.francke.de · E-Mail: info@francke.de

Willis J. Edmondson /
Juliane House

Einführung in die Sprachlehrforschung

UTB 1697 S
3. aktualisierte und erweiterte Aufl. 2006
XVIII, 370 Seiten,
€ 18,90 / SFr 33,40
ISBN 13 UTB: 978-3-8252-1697-9
ISBN 10 UTB: 3-8252-1697-7

Welche Faktoren beeinflussen das Erlernen einer Fremdsprache, und was folgt daraus für den Fremdsprachenunterricht? Dieser Schlüsselfrage unterrichtlichen Geschehens geht die Sprachlehrforschung nach. Sie verbindet dabei lerntheoretische mit didaktischen Überlegungen und zieht Ergebnisse aus Nachbardisziplinen wie Zweitsprachenerwerbsforschung, Linguistik und Psychologie heran.

Die 3. Auflage dieser bewährten Einführung in Grundlagen und Methoden der Sprachlehrforschung greift neuere Entwicklungen des Fachs auf, darunter Mehrsprachigkeit, Englisch als globale lingua franca, „Task-Based Learning" und der Gemeinsame Europäische Referenzrahmen für Sprachen. Mit zahlreichen Abbildungen und Beispielen stellt das Buch auf anschauliche Weise die Verbindung zwischen Theorie und Praxis her.

„[E]ine umfassende und aktuelle Darstellung des Fachgebiets, die Studierenden und [...] PraktikerInnen einen guten Einstieg als Basis für weitere spezialisierte Lektüre bieten kann."

(Jahrbuch Deutsch als Fremdsprache)

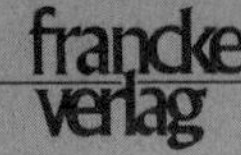

Narr Francke Attempto Verlag GmbH + Co. KG
Postfach 25 60 · D-72015 Tübingen · Fax (07071) 9797-11
Internet: www.francke.de · E-Mail: info@francke.de